Peter Stein
Kreolisch und Französisch

Romanistische Arbeitshefte

Herausgegeben von
Volker Noll und Georgia Veldre-Gerner

Band 25

Peter Stein

Kreolisch und Französisch

2., neu bearbeitete und ergänzte Auflage

Unter Mitwirkung von Katrin Mutz

DE GRUYTER

ISBN 978-3-11-040088-5
e-ISBN (PDF) 978-3-11-040089-2
e-ISBN (EPUB) 978-3-11-040115-8
ISSN 0344-676X

Library of Congress Cataloging-in-Publication Data
A CIP catalog record for this book has been applied for at the Library of Congress.

Bibliografische Information der Deutschen Nationalbibliothek
Die Deutsche Nationalbibliothek verzeichnet diese Publikation in der Deutschen Nationalbibliografie; detaillierte bibliografische Daten sind im Internet über http://dnb.dnb.de abrufbar.

© 2017 Walter de Gruyter GmbH, Berlin/Boston
Druck und Bindung: CPI books GmbH, Leck
♾ Gedruckt auf säurefreiem Papier
Printed in Germany

www.degruyter.com

Inhalt

Abkürzungsverzeichnis —— XI

1	**Einleitung** —— **1**	
1.1	Vorbemerkungen —— 1	
1.2	Sprachnamen und Sprachbenennungen —— 6	
1.2.1	Kreolisch (frz. *créole*, span. *criollo,* port. *crioulo*, engl. *creole*) —— 6	
1.2.2	Pidgin —— 12	
1.2.3	Das terminologische Umfeld —— 14	
1.3	Die Kreolsprachen und ihre Verbreitung —— 16	
1.3.1	Die französisch basierten Kreolsprachen —— 18	
1.3.2	Spanisch und portugiesisch basierte Kreolsprachen —— 22	
1.3.3	Englisch basierte Kreolsprachen —— 23	
1.3.4	Niederländisch basierte Kreolsprachen —— 24	
1.3.5	Kreolsprachen auf nicht-europäischer Grundlage —— 24	
1.4	Arbeitsaufgaben —— 25	
2	**Aktuelle Forschungsfragen der Kreolistik (Katrin Mutz)** —— **26**	
2.1	Sprachgenese und Sprachwandel —— 27	
2.1.1	Genesetheorien —— 29	
2.1.2	Sprachliche Prozesse bei Kreolisierung und historischem Wandel der Kreolsprachen —— 35	
2.2	Typologische Fragestellungen —— 38	
2.3	Ausgewählte Sprachstrukturen —— 40	
2.3.1	Morphologie (Flexionsmorphologie, Wortbildungsmorphologie) —— 41	
2.3.2	Tempus-Modus-Aspekt-Markierung (TMA) —— 43	
2.3.3	Serielle Verben —— 44	
2.3.4	Syntaktiko-pragmatische Strukturen —— 45	
2.3.5	Lautung und Prosodie —— 46	
2.4	Soziolinguistische und sprachpolitische Fragestellungen —— 48	
2.4.1	Diglossie, Kontinuum und Interlekt —— 48	
2.4.2	Standardisierung von Kreolsprachen —— 50	
2.4.3	Sprechereinstellungen, Sprachunsicherheit, Identitätsbildung und sprachpolitische Programme —— 51	
2.5	Arbeitsaufgaben —— 53	
3	**Phonetik und Phonologie der FKS** —— **54**	
3.1	Die Vokale des Französischen und der FKS —— 54	
3.2	Halbvokale und Diphthonge —— 57	
3.3	Die Konsonanten —— 59	

3.4	Veränderungen im Lautsystem der FKS —— 60	
3.4.1	Palatalisierung —— 60	
3.4.2	Der Vibrant /R/ —— 62	
3.4.3	Das *h aspiré* —— 64	
3.4.4	Nasalierung —— 65	
3.4.5	Veränderungen im Wortauslaut —— 67	
3.5	Arbeitsaufgaben —— 68	
4	**Die (Ortho-)Graphiesysteme der FKS und ihre Entstehung —— 69**	
4.1	Vorüberlegungen —— 69	
4.2	Kreolisch schreiben – die Anfänge: etymologische Anlehnung ans Französische —— 70	
4.3	Die Entwicklung phonologischer Orthographiesysteme —— 72	
4.4	Auf dem Weg zur Standardisierung —— 77	
4.5	Arbeitsaufgaben —— 84	
5	**Der Wortschatz —— 85**	
5.1	Vorbemerkungen und allgemeiner Überblick —— 85	
5.2	Die Herkunft des Wortschatzes —— 85	
5.3	Der Wortschatz französischen Ursprungs —— 87	
5.3.1	Ohne Veränderung übernommene Wörter —— 88	
5.3.1.1	Der Erbwortschatz —— 88	
5.3.1.2	Spätere Entlehnungen —— 89	
5.3.2	Veränderungen in der Form der Wörter —— 92	
5.3.2.1	Agglutination des französischen Artikels —— 92	
5.3.2.2	Ausfall der Anlautsilbe (Aphärese) —— 93	
5.3.3	Veränderungen der syntaktischen Funktion —— 94	
5.3.3.1	Französische Substantive werden in den FKS zu Verben —— 95	
5.3.3.2	Adjektive und Adverbien als Prädikat —— 95	
5.3.3.3	Substantivische oder adjektivische Verwendung von Verben —— 97	
5.3.3.4	Neue Präpositionen und grammatische Partikeln —— 98	
5.3.3.5	KrMau *soz* —— 99	
5.3.4	Veränderungen der Bedeutung —— 99	
5.3.5	Archaismen und Dialektalismen —— 101	
5.3.6	Neologismen durch Wortbildung —— 103	
5.3.6.1	Suffigierung —— 104	
5.3.6.2	Präfigierung —— 105	
5.3.6.3	Komposition —— 105	
5.3.6.4	Reduplikation —— 107	
5.3.6.5	Serielle Verben —— 107	
5.4	„Le vocabulaire des Isles" —— 109	
5.5	Der Wortschatz nicht-französischen Ursprungs —— 109	
5.5.1	Portugiesische und spanische Wörter —— 109

5.5.2	Anglizismen —— **109**	
5.5.3	Wörter aus nicht-europäischen Sprachen (Substratsprachen) —— **110**	
5.6	Arbeitsaufgaben —— **113**	

6	**Morphologie und Syntax** —— **114**	
6.1	Vorüberlegungen und Überblick —— **114**	
6.2	Die Nominalsyntagmen —— **116**	
6.2.1	Die Markierung des Genus —— **117**	
6.2.2	Die Markierung des Numerus —— **118**	
6.2.3	Die Markierung der syntaktischen Funktion: das indirekte Objekt —— **118**	
6.2.4	Determinanten des Nomens —— **119**	
6.2.5	Possessivkonstruktionen —— **122**	
6.2.5.1	Nominales Besitztum + Nominaler Besitzer —— **122**	
6.2.5.2	Die verbundenen Possessivpronomina (*Les adjectifs possessifs*) —— **123**	
6.2.5.3	Die unverbundenen Possessivpronomina (*Les pronoms possessifs*) —— **124**	
6.2.6	Bemerkungen zum attributiven Adjektiv, zur Steigerung der Adjektive und zum Relativsatz —— **125**	
6.2.7	Personalpronomina als Nominalsyntagmen —— **126**	
6.2.8	Reflexivkonstruktionen —— **129**	
6.3	Adverbialsyntagmen —— **130**	
6.3.1	Nominale Adverbialsyntagmen —— **130**	
6.3.2	Adverbien und Pronominaladverbien —— **132**	
6.3.3	Adverbiale Nebensätze —— **132**	
6.4	Das Verbalsyntagma —— **133**	
6.4.1	Die Form der Verben in den FKS —— **133**	
6.4.2	Die Markierung der Person —— **136**	
6.4.3	Das Tempus- und Aspektsystem der FKS —— **137**	
6.4.3.1	Die partikellose Verbform —— **140**	
6.4.3.2	Die Aspektpartikeln *ka* und *apre*, *(a)p(e)* —— **141**	
6.4.3.3	Die bestimmte Vergangenheit —— **143**	
6.4.3.4	Unbestimmte Vergangenheit und Vorvergangenheit —— **143**	
6.4.3.5	Passé récent —— **144**	
6.4.3.6	Zukunft —— **144**	
6.4.3.7	Konditional —— **145**	
6.4.4	Die Negation —— **145**	
6.4.5	Das Schicksal von frz. *être* in den FKS —— **146**	
6.4.6	Das Passiv —— **148**	
6.5	Die Wortstellung in den FKS —— **149**	
6.6	Der Fragesatz in den FKS —— **150**	
6.7	Arbeitsaufgaben —— **151**	

7	**Die Entstehung der FKS und ihr Verhältnis zum Französischen —— 152**	
7.1	Die Herkunft der Sprecher – Sklavenhalter und Sklaven —— 152	
7.2	Die Kommunikationsbedingungen und die Anfänge der Kreolsprachen —— 155	
7.3	Die Sonderstellung des KrRéu —— 157	
7.4	Erklärungsversuche und Entstehungstheorien —— 158	
7.4.1	Wer ist verantwortlich für die Entstehung der (F)KS? —— 158	
7.4.2	Wie sind die (F)KS entstanden? —— 161	
7.4.3	Polygenese oder Monogenese? —— 163	
7.4.4	Der Einfluss der beteiligten Sprachen und die genetische Klassifizierung der FKS —— 164	
7.4.5	Sind die FKS *Sprachen* oder *Dialekte?* —— 168	
7.4.6	Wie viele FKS gibt es? —— 169	
7.5	Arbeitsaufgaben —— 170	

8 Das Kreolische in der Gesellschaft —— 171
8.1 Kreolisch und Französisch —— 171
8.1.1 Sprachkenntnis: individueller vs. sozietaler Bilinguismus —— 171
8.1.2 Sprachverwendung: Die Diglossie Französisch–Kreolisch —— 172
8.1.3 Die soziolinguistische Analyse: Substratsprachen und Superstratsprache —— 177
8.1.4 Sprachvariation: Gibt es ein *Kontinuum* Kreolisch–Französisch? —— 177
8.1.5 Sprachkontakt und Sprachwandel: Dekreolisierung —— 180
8.1.6 Zusammenfassung —— 184
8.2 Die gegenwärtige Situation der FKS —— 185
8.2.1 Die (F)KS und ihr (fehlendes) Prestige —— 185
8.2.2 Die Überwindung der Vorurteile gegen die FKS —— 186
8.2.3 Der politische Aspekt —— 189
8.2.4 Haiti —— 190
8.2.5 Die FKS in den DOM, von der Gründung des GEREC bis zur Etablierung des CAPES créole —— 192
8.2.6 Der praktische Aspekt: die Standardisierung der FKS —— 195
8.2.6.1 Wörterbücher —— 196
8.2.6.2 Grammatiken, Sprachbeschreibungen, Sprachlehrwerke —— 197
8.2.7 Die FKS als Schriftsprachen —— 199
8.3 Arbeitsaufgaben —— 200

9 Ressourcen (Katrin Mutz und Peter Stein) —— 201
9.1 Fachspezifische Zeitschriften und Publikationsreihen —— 201
9.2 Handbücher und einführende Werke —— 203
9.3 Internetadressen —— 205

9.4	Dokumentation —— **206**	
9.4.1	Sprachatlanten —— **206**	
9.4.2	Textsammlungen und Korpora —— **206**	
9.5	Grammatiken und Wörterbücher der FKS —— **207**	
9.5.1	Grammatiken und Sprachbeschreibungen —— **208**	
9.5.2	Wörterbücher und Wortlisten —— **209**	
10	**Literaturverzeichnis** —— **212**	

Abkürzungsverzeichnis

Abkürzungen/Akronyme für Kreolsprachen

AAVE	African American Vernacular English
FKS	französisch basierte Kreolsprache(n)
FKS-Am	die in der „amerikanischen Zone" gesprochenen FKS
FKS-IO	die auf den Inseln des westlichen Indischen Ozeans gesprochenen FKS
HCE	Hawaiian Creole English
KrAnt	1. die auf den Inseln der Kleinen Antillen gesprochenen FKS, oder
	2. der Versuch der Schaffung einer einheitlichen Schriftsprache für diese Inseln
KrDom	die auf Dominica gesprochene FKS
KrGua	die auf Guadeloupe gesprochene FKS
KrGuy	die in Französisch-Guayana gesprochene FKS
KrHai	die in Haiti gesprochene FKS
KrLou	die in Louisiana gesprochene FKS
KrMar	die auf Martinique gesprochene FKS
KMau	die auf Mauritius gesprochene FKS
KrRéu	die auf La Réunion gesprochene FKS
KrRod	die auf Rodrigues gesprochene FKS
KrSey	die auf den Seychellen gesprochene FKS[1]
KrSLu	die auf St. Lucia gesprochene FKS
KrTri	die auf Trinidad gesprochene FKS
KS	Kreolsprache(n)
VIDC	Virgin Islands Dutch Creole

Weitere Abkürzungen/Akronyme (weitere Sprachen, Werke, Organisationen, Periodika, Reihen, Verlage, grammatikalische Kategorien etc.)

Adv	Adverb
ALF	*Atlas Linguistique de la France* = Gilliéron/Edmont (1903–1910)
API/IPA	Association Phonétique Internationale / International Phonetic Association
APiCS	*Atlas of Pidgin and Creole Language Structures* = Michaelis/Maurer et al. (2013b)
AS	Adverbialsyntagma
BHEA	Bureau haïtien de l'éducation des adultes
B.I.O.T.	British Indian Ocean Territory
CAPES	Certificat d'aptitude au professorat de l'enseignement du second degré
CLA	Comité de littérature et d'alphabétisation

---

[1] Bei der Frage, ob „auf" oder „in", haben wir uns hier bei den Festlandsgebieten und der größten Insel Haiti für „in" entschieden, bei den übrigen Inseln für „auf". In der Darstellung selbst finden beide Verwendung, ohne dass damit eine Differenzierung verbunden ist.

CLL	Creole Language Library
CV	consonant-vowel (Konsonant-Vokal)
DECA	*Dictionnaire étymologique des créoles français d'Amérique* = Bollée/Fattier/Neumann-Holzschuh in Vorb.
DECOI	*Dictionnaire étymologique des créoles français de l'Océan Indien* = Bollée (1993–2007)
Det.	Determinant
DGEA	Direction générale de l'éducation des adultes
DOM / D.O.M.	Département d'Outre-Mer
DROM	Département et Région d'Outre-Mer
éc	*études créoles*
FEW	*Französisches Etymologisches Wörterbuch* = Wartburg (1922–2002)
GEREC	Groupe d'Etudes et de Recherches en Espace Créolophone
GEREC-F	Groupe d'Etudes et de Recherches en Espace Créolophone et Francophone
GRAL	Groupe de Recherches et d'Expérimentation en Alphabétisation
GREKA	Gwoup Rechèch pou Etidye Kreyòl Ayisyen
HSK	Handbücher zur Sprach- und Kommunikationswissenschaft
IPN	Institut Pédagogique National
JCL	*Journal of Creole Languages*
JPCL	*Journal of Pidgin and Creole Languages*
KrBibl	Kreolische Bibliothek
LBH	Language Bioprogram
LPT	Ledikasyon pu Travayer
LRL	*Lexikon der Romanistischen Linguistik*
MMM	Mouvement Militant Mauricien
MMM-SP	Mouvement Militant Mauricien Socialiste Progressiste
NS	Nominalsyntagma
ONAAC	Office National d'Alphabétisation et d'Action Communautaire
ONDC	Office National de Développement Communautaire
ONEC	Office National d'Education Communautaire
ONECA	Office National d'Éducation Communautaire et d'Alphabétisation
ONPEP	Office National de Participation et d'Éducation Populaire
PACE	*Pidgins and Creoles in Education*
PAPIA	*Revista Brasileira de Estudos Crioulos e Similares*
PEO	Programme d'Éducation Ouvrière
Pers.	Person
Pl.	Plural
Poss. Pron.	Possessivpronomen
Präp.	Präposition
SEA	Secrétairerie d'État d'Alphabétisation
Sg.	Singular
SPCL	Society of Pidgin and Creole Languages
Subj.	Subjekt
TMA	Tempus-Modus-Aspekt
UAG	Université des Antilles-Guyane
UP / PU	University Press / Presses Universitaires
U / Univ.	Universität / Université / University
VS	Verbalsyntagma
WALS	*World Atlas of Language Structures* = Dryer/Haspelmath (2013)

1 Einleitung

1.1 Vorbemerkungen

Nach der Entdeckung Amerikas zu Ende des 15. Jahrhunderts begannen die Europäer, immer mehr Länder und Gebiete zu erkunden, zu erobern und zu *kolonisieren*. Die autochthone Bevölkerung wurde unterworfen, vielfach versklavt, und oft schon nach wenigen Jahrzehnten ausgerottet, da sie sich den neuen Herren widersetzte, den geforderten Arbeitsleistungen nicht gewachsen war oder von den Europäern eingeschleppten Epidemien erlag. An ihre Stelle traten als neue Arbeitskräfte afrikanische Sklaven, die die Spanier schon bald nach ihrer Ankunft (die ersten Belege dafür stammen aus dem Jahr 1501) mit in die Neue Welt brachten.

Mit fortschreitender Kolonialisierung ging ein wachsender Bedarf an Arbeitskräften einher, so dass der *Import* afrikanischer Sklaven stetig zunahm; ihren Höhepunkt erreichten der Sklavenhandel und die Sklavenhaltung im 17. und 18. Jahrhundert. Zwischen den schwarzen Sklaven, die in den meisten Fällen der weißen Bevölkerung schon bald um ein Vielfaches an Zahl überlegen waren, und ihren weißen Herren fehlte jedoch ein gemeinsames Kommunikationsmittel; und gleiches galt in den meisten Fällen auch für die Sklaven untereinander, denn sie wurden ohne Rücksicht auf ihre ethnische und geographische Herkunft, und damit auch ihre sprachliche Identität, auf die Plantagen und anderen Arbeitsplätze verteilt. Die Trennung von Sprechern einer gemeinsamen Sprache geschah oft sogar bewusst, um Verschwörungen vorzubeugen – es gibt aber auch dem entgegengesetzte Belege für das bewusste Zusammenbringen ethnischer (Sklaven-)Gruppen.[1] So kam es unter diesen speziellen Bedingungen der auf Sklavenarbeit beruhenden Plantagengesellschaften bald zum Entstehen neuer Sprachformen, die zu Anfang nur Zweitsprache zur gegenseitigen Verständigung waren (*Pidginsprachen*), aber schon bald zur Muttersprache und einzigen Sprache für die Sklavenbevölkerung wurden (*Kreolsprachen*). Es gibt in der Kreolistik unterschiedliche Meinungen und Theorien darüber, was zum Entstehen der neuen Sprachen geführt hat, wie auch darüber, ob Pidginsprachen die Voraussetzung und Vorstufe für das Entstehen von Kreolsprachen sind oder ob *Kreolisierung* auch ohne vorausgehende *Pidginisierung* möglich ist.[2]

Für die Entstehung (oder Entwicklung) von Kreolsprachen genügte eine recht kurze Zeitspanne, und die zweite, vielleicht auch schon die erste, in der Kolonie geborene Generation der Sklavenbevölkerung lernte bereits anstelle der afrikanischen

---

[1] Siehe dazu z. B. Fleischmann (1979; 1983).
[2] Die hier eingeführten Termini lassen wir zunächst ohne weitere Erläuterungen stehen. Sie werden Gegenstand der weiteren Abhandlung sein und konkret auf die französisch basierten Kreolsprachen (FKS) angewendet werden. In Kap. 2 führt Katrin Mutz in ihrem Beitrag in den aktuellen Stand der allgemeinen, sprachübergreifenden Diskussion und kreolistischen Forschung ein und diskutiert die verschiedenen Theorien und Ansätze.

Muttersprache ihrer Eltern diese neu entstandene Sprache als ihre erste Sprache. Damit hatten die (Kreol-)Sprachen ihren festen Platz in der Gesellschaft der Kolonien, denn auch die weiße, europäischstämmige Bevölkerung lernte und gebrauchte diese Sprachen als Zweitsprache oder lernte sie schon als Kinder von den schwarzen Ammen, nicht selten sogar eher oder zumindest gleichzeitig mit der europäischen Sprache. Aber auch die afrikanischen Sprachen (über)lebten vermutlich deutlich länger und lebten neben dem Kreolischen unter den Sklaven weiter. Da alle Dokumente, die wir aus dieser Zeit haben, von (weißen) Europäern, verfasst sind, und diese kein Interesse an den Sprachen der Sklaven hatten, die sie ja sowieso nicht verstehen konnten, wissen wir wenig darüber. Eine Quelle für das Weiterleben afrikanischer Sprachen der Sklaven ist Oldendorp (1777/2000 – 2002), der Sprecher von mehr als 20 afrikanischen Sprachen auf St. Thomas in den Jahren 1767–1768 befragen konnte und Sprachproben von mehr als 20 Sprachen zusammengestellt hat (Oldendorp 2000, 457–465).

Die Kreolsprachen (KS), und damit auch die uns hier speziell interessierenden französischen Kreolsprachen – oder besser: französisch basierten Kreolsprachen (FKS) – haben sich auf der Grundlage europäischer Sprachen entwickelt, und zwar auf der Grundlage der jeweils dominierenden Sprache, in der Regel die Sprache des Kolonialherren. Dementsprechend gibt es außer den französisch basierten auch portugiesisch, spanisch, englisch und niederländisch basierte Kreolsprachen. Die Entwicklung und Verselbstständigung der Kreolsprachen geht so weit, dass sie heute als eine eigene Gruppe von Sprachen *sui generis* angesehen werden, die sich durch eine Reihe von ihnen eigenen Charakteristika von den uns bekannten europäischen (und auch nicht-europäischen) Sprachen unterscheiden.

Von den Sprachen der afrikanischen Sklaven und/oder der ursprünglichen, autochthonen Bevölkerung findet man oberflächlich nur noch wenige Spuren in den heutigen KS, deren Wortschatz und grammatische Elemente sich zu 90 % und mehr auf die jeweiligen europäischen Sprachen zurückführen lassen. Inwieweit die afrikanischen und/oder autochthonen Sprachen die phonetische und/oder die grammatische Struktur der neu entstandenen Sprachen beeinflusst haben, ist noch nicht mit Sicherheit geklärt, und die Meinungen gehen hier weit auseinander.[3] Denn auch wenn sich die morphologischen Formen der KS auf Formen der europäischen Sprachen zurückführen lassen, so lässt sich doch keine Kontinuität, keine allmähliche Abfolge in der Entwicklung erkennen. Vielmehr hat ein Bruch stattgefunden, auf den ein Neuaufbau mit dem vorhandenen Material folgte; und dieser Neuaufbau erfolgte in allen KS, unabhängig von der ihnen jeweils zugrundeliegenden Sprache, auf sehr ähnliche, (sprach-)typische Weise.

Die Eigenständigkeit der KS betrifft aber nicht nur ihre sprachliche Struktur, sondern auch ihre Entstehung, Geschichte und gegenwärtige soziolinguistische Si-

---

3 Die Argumente und die Gewichtung der Fakten spiegeln nicht selten die persönliche Einstellung der Betreffenden über Kreolsprachen wider und können durchaus auch politisch motiviert sein.

tuation. Dabei sind die soziolinguistischen und historischen Kriterien noch entscheidender für die Charakterisierung einer Sprache als Kreolsprache als rein sprachimmanente Kriterien; denn die KS haben sich so weit zu normalen Sprachen entwickelt, dass erst im Vergleich mit der jeweiligen Ausgangssprache – im Fall der FKS also mit dem Französischen – ihre typischen sprachlichen Strukturen deutlich erkennbar sind.

Nachdem das Konzept der Kreolsprachen und der zu ihnen hinführenden Kreolisierung zum Gegenstand der Linguistik geworden waren, entdeckte man immer mehr Sprachen und Sprachvarietäten, die unter diesem Dach Platz finden konnten, so dass die Zahl der erfassten Sprachen und Sprachvarietäten immer größer wird. Auf diese Ausweitung (und damit auch einhergehende Verwässerung) des Konzeptes wollen wir an dieser Stelle nicht weiter eingehen – vielleicht führt sie ja eines Tages zu dem Ergebnis, dass eigentlich alle uns bekannten Sprachen Kreolsprachen sind – vielmehr wollen wir uns von einer engen Definition ausgehend auf die klassischen Kreolsprachen, wie sie in den Plantagengesellschaften der damaligen Kolonien im Kontakt zwischen den europäischen Plantagen- und Sklavenbesitzern und ihren Sklaven entstanden sind, beschränken und uns auf diejenigen konzentrieren, die auf der Grundlage des Französischen entstanden sind.

In diesem Sinn versteht sich das vorliegende Arbeitsheft als eine Einführung aus sprachwissenschaftlich-romanistischer Perspektive in die sprachwissenschaftliche Beschäftigung mit den französisch basierten Kreolsprachen und in die mit ihnen verbundenen Probleme. Es will sowohl die Abhängigkeit der FKS vom Französischen aufzeigen, als auch ihre charakteristischen Besonderheiten, die sie zu eigenständigen Sprachen gegenüber ihren Ausgangssprachen machen. Diese liegen
– in ihrer sprachlichen Struktur,
– in ihrer Entstehung und weiteren Entwicklung,
– in ihrer gegenwärtigen soziolinguistischen Situation.

Diese drei Themenbereiche werden folglich Gegenstand des Arbeitsheftes sein. Dabei gilt es nicht nur, die Stellung der FKS insgesamt gegenüber dem Französischen aufzuzeigen, vielmehr sollen auch ihre Beziehungen untereinander und zu den anderen KS zur Sprache kommen.

Die Analyse und Darstellung der sprachlichen Struktur wird den größten Raum einnehmen, da an ihr konkret gezeigt werden kann, inwieweit sich die FKS in der Tradition des Französischen befinden und inwieweit sie aus dieser Tradition ausgebrochen sind, um zusammen mit den übrigen KS eine neue Gruppe von Sprachen zu bilden. Wir werden sowohl diachron vorgehen und die Entwicklung vom Französischen zu den FKS aufzeigen, als auch synchron, indem wir bestimmte Teile beider Sprachsysteme einander gegenüberstellen. Die Trennung zwischen beiden Vorgehensweisen bzw. Fragestellungen lässt sich nicht immer streng durchführen. Der Charakter der jeweiligen Darstellungsweise, die weitgehend vom Gegenstand abhängt, wird jedoch deutlich hervortreten: synchron-beschreibend oder diachron-erklärend.

In der ersten Auflage von 1984 stand zu lesen: „Unsere Darstellung hängt fast vollständig von der vorhandenen Literatur ab, die für die verschiedenen FKS jedoch sowohl quantitäts- als auch qualitätsmäßig immer noch sehr unterschiedlich, z.T. auch widersprüchlich ist. Lücken, Ungenauigkeiten und kleinere Fehler werden sich deswegen in unserer Darstellung kaum völlig vermeiden lassen." Inzwischen ist in der Kreolistik so viel passiert wie in kaum einem anderen Gebiet der Linguistik. Während es 1984 noch möglich war, einen annähernd vollständigen Überblick über die einschlägigen Publikationen zu haben, sind diese inzwischen so zahlreich geworden und erfolgen an so vielen Orten, oft in ganz unerwarteten Zusammenhängen, dass ein Anspruch auf Vollständigkeit kaum mehr erfüllt werden kann. Gleichzeitig lassen sich jetzt aber viele, wenn nicht alle der Lücken und Ungenauigkeiten auffüllen – dafür können aber wiederum neue Widersprüchlichkeiten hinzugekommen sein. Der Versuch eines solchen Updates ist das Ziel der Überarbeitung und Neuauflage des Arbeitsheftes. Wir wollen versuchen, in jeweils passender Form auf die Entwicklung der Forschung und des Kenntnisstandes hinzuweisen, um damit auch etwas aktuelle Forschungsgeschichte erkennbar zu machen. Wir werden uns nichtsdestotrotz weiterhin, entsprechend dem einführenden Charakter des Arbeitsheftes, auf das Wesentliche und Regelmäßige konzentrieren und Sonderentwicklungen und Einzelerscheinungen weitgehend außer Acht lassen. Es geht uns um einen möglichst ausführlichen Überblick, nicht aber um Vollständigkeit im Detail.

Beginnen wollen wir unsere Darstellung mit der Lautebene, um uns dann der Herkunft und Zusammensetzung des Wortschatzes der FKS zuzuwenden. Den größten Raum wird die Behandlung der speziellen Züge der Morphologie und Syntax der FKS einnehmen, da in diesem Bereich die Unterschiede zu ihrer Ausgangssprache, dem Französischen, am deutlichsten hervortreten und hier ihre Eigenständigkeit am offensichtlichsten ist. Die Überarbeitung dieser Teile gegenüber der Erstauflage wird über das Auffüllen von Lücken und Korrigieren von Fehlern hinaus auf die Vorstellung und Diskussion neuer Forschungsansätze gerichtet sein, im Wesentlichen aber der Vorlage folgen. Zu diesen neuen Forschungsansätzen gehören die Grammatikalisierung und die Reanalyse, durch die sich die sprachlichen Prozesse, die zu den Kreolsprachen geführt haben, in einen größeren, sprachübergreifenden Rahmen einordnen. Weitere Stichwörter, die 1984 noch kaum das Interesse der Kreolistik gefunden hatten oder gerade dabei waren, es zu finden, sind z. B. die Verbserialisierung, die Topikalisierung, die TMA-Markierung der Verben.

Ein weiterer Aspekt betrifft die Verschriftlichung der zunächst rein mündlichen Kreolsprachen. Einerseits betrifft diese die Analyse und Interpretation der frühen schriftlichen Belege, die in den letzten Jahrzehnten in den Fokus des Interesses gerückt sind, andererseits die bewusste Verwendung der Kreolsprachen als Schrift- und Literatursprache, wozu neben der Standardisierung auch ein anderer Umgang mit der Sprache gehört.

Im Anschluss an diese Kapitel zur Struktur der FKS und ihrem Vergleich mit der Struktur des Französischen werden wir uns der Entstehung der FKS und der KS überhaupt zuwenden, wobei es einerseits um die historischen und linguistischen

Fakten gehen wird, andererseits um die zahlreichen Theorien, die in der Kreolistik in den letzten Jahrzehnten einen zentralen Platz eingenommen haben und immer noch einnehmen. Genannt sei nur Bickertons Bioprogramm, das 1984 gerade anfing, ins Zentrum der Diskussion zu rücken. Ausführlich wird Katrin Mutz in ihrem Beitrag zur aktuellen Kreolistik auf diese Diskussion eingehen.

Es folgt eine kritische Auseinandersetzung mit der gegenwärtigen Situation der FKS und ihrem Verhältnis zum Französischen, wozu über soziolinguistische Aspekte hinaus auch der Umgang der Politik mit diesen Sprachen gehört: Das Kreolische in der Gesellschaft. In diesen Zusammenhang gehört auch ein Blick auf praktische Probleme, die mit der beginnenden Standardisierung und Anerkennung der FKS als vollwertige Sprachen verbunden sind. Diese Teile vor allem sind es, die gegenüber 1984 aktualisiert und erweitert wurden. Die Entwicklungen, die in diesem Bereich stattgefunden haben, waren 1984 noch nicht abzusehen. Stichwörter sind hier u. a. Standardisierung, Anerkennung durch die Politik, damit verbunden die Einführung in das Unterrichtswesen, das Entstehen von kreolsprachigen Literaturen.

Auf eine Anthologie kreolischer Texte wie in der Auflage von 1984 haben wir verzichtet. Ein Grund dafür ist ganz praktisch der Umfang dieses Arbeitsheftes, der am oberen Rand des Üblichen liegt. Wichtiger aber ist, dass kreolische Texte jetzt um vieles einfacher zugänglich sind als dies 1984 der Fall war. Das Internet ist hier als vielleicht erster Zugang zu nennen, man braucht nur mit entsprechendem Geschick, „Phantasie" und Geduld zu suchen, besser mit französischen als mit deutschen Suchbegriffen. Das KrHai ist sogar eine der Sprachen von Wikipedia. Außerdem sind die Publikationen in und zu kreolischen Sprachen inzwischen so zahlreich geworden, dass eigentlich jede romanistische Fachbibliothek bzw. die entsprechenden Abteilungen der Universitätsbibliotheken über eine Auswahl an kreolsprachigen Texten verfügen sollte. Und schließlich haben wir nicht wenige, auch längere kreolische Texte in unsere Darstellung aufgenommen, die zur kreolischen Lektüre einladen, auffordern und herausfordern möchten. Ihr Verständnis ist begleitend zu und nach der Beschäftigung mit diesem Arbeitsheft leichter als es zunächst scheinen mag. Zusätzlich ist eine möglichst textnahe Übersetzung im Internet auf der Seite des Verlags De Gruyter eingestellt. Neu ist Kapitel 9, Ressourcen, in dem wir einen Überblick über Primär- und Sekundärquellen zu den Kreolsprachen und ihrer Erforschung geben.

Im Verlauf der Darstellung werden wir zahlreiche Beispiele und Belege aus einzelnen FKS anführen, wir werden jedoch keine geschlossene Darstellung einer bestimmten FKS bringen. Da es uns um das Gemeinsame geht, führen wir solche Formen, Situationen und Belege an, die für alle FKS Gültigkeit haben oder haben könnten. Für die geschlossene Darstellung der sprachlichen Struktur, der Geschichte oder der gegenwärtigen Situation einer bestimmten FKS sei auf die entsprechenden Arbeiten verwiesen, von denen eine repräsentative Auswahl in der Bibliographie zu finden ist.

Mit Blick auf die Entwicklung und Relevanz der aktuellen Themen wurde der Band um den bereits erwähnten Beitrag von Katrin Mutz zu den zentralen Punkten der kreolistischen Forschung in den letzten Jahrzehnten erweitert. Dieser Beitrag befindet sich im Anschluss an das einleitende Kapitel zur Terminologie und Verbreitung der

Kreolsprachen und vor der Darstellung ihrer sprachlichen Strukturen. Den Lesern bleibt es überlassen, ob sie ihn gleich zu Anfang lesen oder erst nachdem sie das Gebiet der (Franko-)Kreolistik kennengelernt haben.

Bei der Schreibung der kreolischen Belege, Beispiele und Texte befinden wir uns in einem Dilemma zwischen Einheitlichkeit in der Schreibung und originalgetreuer Übernahme. Wenn wir alle Belege auf die gleiche Weise schreiben wollten, müssten wir die (Ortho-)Graphie der Quellen verändern und zu den zahlreichen existierenden Systemen ein weiteres hinzufügen, das über dieses Buch hinaus nicht funktionieren und gleichzeitig die Quellen verfälschen würde. Dazu kommt das Problem, dass vermutlich nicht wenige Fehler und Unsicherheiten entstehen würden. Wir werden deswegen zunächst in Kap. 3 (Phonetik und Phonologie) alle kreolischen Beispiele in der Lautschrift der API/IPA (Association Phonétique Internationale / International Phonetic Association) schreiben, die den Nutzern des Buches vertraut sein sollte. Kap. 4 gilt dann der Orthographie und den Schreibsystemen der verschiedenen FKS. Die Ausführungen sollten es ermöglichen, die kreolischen Texte und Belege im Original zu lesen und, wenn auch nicht vollständig, so doch jeweils kontextangemessen zu verstehen. Mit Blick auf den Wortschatz hilft sicher lautes Lesen, um den Bezug zum Französischen zu erkennen. Die grammatischen Elemente werden in einem eigenen Kapitel vorgestellt und erklärt.

1.2 Sprachnamen und Sprachbenennungen

Wenn etwas neu ist, braucht es einen Namen, um darüber reden zu können. Dies gilt auch für neue Sprachen oder Sprachformen, und es gilt für Sprecher und Sprachgemeinschaften ebenso wie für (Sprach-)Wissenschaftler oder Linguisten. Auch im Zusammenhang mit den Kreolsprachen hat sich so eine spezielle Terminologie entwickelt. Zunächst gaben die Sprachgemeinschaften den neuen Sprachen einen Namen, um sie von den bereits existierenden zu unterscheiden. Später übernahmen die Linguisten diese Benennungen, um sie zu definieren und eine Terminologie aufzubauen. Sie gaben den bestehenden Namen neue, präzisere Inhalte und führten weitere Termini ein. Trotz einer gemeinsamen Grundlage ist diese Terminologie mit ihren Konzepten und Definitionen jedoch nicht einheitlich geworden, und damit auch nicht immer eindeutig. Die linguistische Definition kann zudem deutlich vom Sprachgebrauch der Sprecher abweichen. Eine Klärung und Diskussion dieser Termini soll deswegen am Anfang stehen, wobei auch die Geschichte und die weiteren Bedeutungen dieser zumeist polysemen Wörter nicht ohne Interesse sind.

1.2.1 Kreolisch (frz. *créole*, span. *criollo*, port. *crioulo*, engl. *creole*)

Das Wort *kreolisch, Kreole* ist im Portugiesischen und Spanischen Südamerikas im 16. Jahrhundert entstanden. Abgeleitet vom Verb *criar* („erzeugen, ernähren, aufziehen;

erziehen', von lat. *creare)*,⁴ diente es ursprünglich zur Bezeichnung der in Südamerika geborenen Sklaven oder Weißen (Portugiesen und Spanier), im Gegensatz zu den in Afrika bzw. Europa geborenen und in die Kolonien erst später eingewanderten. Der älteste Beleg, den Boyd-Bowman in einem Archivdokument gefunden hat, ist auf den 23.10.1562 datiert:

> un negro mío [...] de hedad de catorze años [...] **criollo** de la dicha provincia de Yucatán. (Boyd-Bowman 1971, 238; dort auch weitere Belege, alle mit Bezug auf Sklaven.

In einem Brief des García de Castro vom Februar 1567 bezieht sich *criollo* dann auf die in Peru geborenen Spanier:

> [...] porque los Españoles que tienen de comer en ellas, los más de ellos, son biejos y muchos se an muerto y an sucedido sus hijos en sus rrepartimientos y an dexado muchos hijos por manera que esta tierra está llena de **criollos** que son estos que acá an nacido, y como nunca an conocido al rrey ni esperan conocello [...].⁵

In der mehrbändigen *Historia natural y moral de las Indias* des spanischen Paters José de Acosta aus dem Jahr 1590 finden wir das Wort zum ersten Mal gedruckt:

> [...] algunos **criollos** (como allá llaman a los nacidos de españoles en Indias).⁶

Die Tatsache, dass dem Wort in beiden Fällen seine Definition folgt, zeigt, dass es zu diesem Zeitpunkt in Europa noch nicht allgemein bekannt war. Ein weiterer Beleg hierfür findet sich in *La Florida del Inca* von Garcilaso de la Vega el Inca aus dem Jahr 1605, in dem das Wort sowohl die Spanier als auch die Sklaven bezeichnet, wenn sie in der Kolonie geboren sind:

> Los negros llaman **criollos** a los hijos de espanol y espanola y a los hijos de negro y negra que nacen en Indias, por dar a entender que son nacidos alla y no de los que van de aca de Espana. Y este vocablo criollo han introducido los Espanoles ya en su lenguaje para significar lo mismo que los negros.⁷

Schließlich bezeichnete man mit dem Wort alles in den (amerikanischen) Kolonien Geborene und Einheimische im Gegensatz zu dem aus Europa oder Afrika Importierten: Tiere, Pflanzen, Werkzeuge, Kleidung, Gewohnheiten, und zuletzt auch die

---

4 Woll (1997) diskutiert ausführlich die lauthistorische Herleitung. Zur Wortgeschichte siehe Stein (1998). Zu den frühesten Belegen mit Bezug zur Sprache siehe Lang (2007); Stein (1982b).
5 Zitiert nach Lavallé (1980, 15). Hervorhebung durch uns, wie auch in den folgenden Zitaten.
6 Der Satz steht im 4. Buch, Kap. XXV. Der Erstbeleg für das Wort im Französischen befindet sich in der Übersetzung des Werkes von Acosta aus dem Jahr 1598 in der Form *crollo*.
7 1. Teil, 2. Buch, Kap. XIII. Garcilaso war der Sohn eines Spaniers und einer Inkaprinzessin.

unter den speziellen Bedingungen der Sklavenhaltergesellschaften und der Plantagenwirtschaft in einer Reihe von Kolonien neu entstandenen Sprachen.

Dieser Bezug zur Sprache ist Ende des 17. Jahrhunderts zum ersten Mal auf der anderen Seite des Atlantiks belegt und bezieht sich auf eine aus dem Portugiesischen entstandene Sprachform (siehe Lang 2007). Der bisher älteste bekannte Beleg findet sich 1686 in einem Manifest dreier spanischer Kapuzinermönche:

> Y esta palabra [châi] es **criolla** y comun en toda la costa.

Es kann sich hier sowohl auf den Gebrauch eines Wortes beziehen, als auch auf eine Sprachvarietät, und im gleichen Text bezieht es sich auch auf eine Personengruppe:

> Los cristianos **criollos** de esta tierra, que son los que mas entran a comprarlos [esclavos] y siruen de interpretes.

Ein eindeutiger Beleg als Sprachname findet sich dann unter dem 14. Juni 1686 mit Bezug auf den gleichen Kontext im Reisetagebuch des Franzosen La Courbe:

> Il y a parmy eux de certains negres et mulastres qui se disent Portugais, parcequ'ils sont issus de quelques Portugais qui y ont habité autrefois; ces gens la, outre la langue du pays, parlent encore un certain jargon qui n'a que tres peu de ressemblance a la langue portugaise, et qu'on nomme langue **créole**, comme dans la mer Méditerranée la langue franque [...].[8]

Der nächste von Lang (2007) angeführte Beleg stammt aus dem Jahr 1694 und kommt von den Kapverden:

> Le roi africain de l'île de Bissau «Entende muito bem a língua portuguesa, e podera falar o **crioulo** / se quisera; porém, entre todos aqueles reis gentios está introduzido por gravidade o falarem por intérprete ou chalona». Deux ans plus tard, dans son compte rendu du baptême in extremis du même souverain africain, l'évêque rapporte les premiers mots du roi, après son baptême dans les termes suivants: «daua mostras de grande consolação, e pera explica lla, tanto que recebeo o baptismo falou (contra o seu costume) esta palaura **crioulla**: ‚Agora mi esta sabe'».

Offensichtlich hatte das Kreolische die afrikanischen Sprachen auf den Kapverden verdrängt:

> En 1700, dans une nouvelle lettre au même destinataire, le même évêque regrette qu'il n'ait pas trouvé, à Santiago, d'esclaves affranchis qui maîtrisent encore quelque langue africaine, mais seulement quelques esclaves qui «se lembravam das línguas maternas e também falavam esta **crioula**». La langue courante aux îles du Cap Vert est donc aussi le crioulo.

---

[8] La Courbe (1913/1973, 192). Das Werk wurde erst 1913 (Neuausgabe 1973) von Cultru herausgegeben; Chaudenson (1979) weist als Erster explizit auf diesen Beleg für *langue créole* hin.

1736 finden wir den Terminus als Sprachbezeichnung zum ersten Mal auf den Antillen, quasi als Fremdwort, denn das romanische Wort steht für eine germanische (niederländisch basierte) Kreolsprache, und das Tagebuch, aus dem der Beleg stammt, ist auf Deutsch verfasst. Am 8. November, sechs Monate nach seiner Ankunft, notierte Friedrich Martin, ein Missionar der Herrnhuter Brüdergemeine (engl. *Moravian Brethren*, franz. *Frères Moraves*) auf dem damals dänischen St. Thomas, einer der Jungferninseln (seit 1917 *Virgin Islands of the United States*), wo die Herrnhuter ihre Mission 1732 begonnen hatten:

> Br. Cars[tens] war fleissig wolt das neije testament ins **carriolse** bringen: es ist aber sehr schwer: den sie besteht in all zu vieler Sprachen.[9]

Bald darauf wird dann im ersten Band der 1742 erschienenen *Büdingischen Sammlung* des Grafen Nikolaus Ludwig von Zinzendorf (Zinzendorf 1742) auf den Seiten 453 bis 457 ein Text mit dem Titel *Des Hrn. Grafen Zinzendorfs Abschied-Schreiben an die Negers in St. Thomas, in **Cariolischer** Sprache* abgedruckt. Der Band enthält noch einige weitere *cariolische* oder aus dem *Cariolischen* übersetzte Briefe, die von den Sklaven nach Europa geschrieben wurden. Zinzendorfs *Abschied-Schreiben* dürfte der erste längere in einer Kreolsprache gedruckte Text sein. 30 Jahre später finden wir dann im gleichen Kontext die erste Definition:

> Die europäischen Sprachen pflegen in Westindien sehr abzuarten. Mehrenteils können sie nur, die sie in Europa gelernet haben, rein sprechen. Die dort zu Lande gebornen aber, oder Criolen, nicht also, sondern mit vieler oder weniger Veränderung und Einmengung fremder Wörter, welches von dem Zusammenfluß der Menschen von vielen Nationen daselbst herrührt, welche seit langer Zeit untereinander gewohnet oder doch viel Verkehr miteinander gehabt und sich, eine der andern, von ihrer Sprache etwas mitgeteilet haben. Die Kinder hören dort ihre Muttersprache nicht beständig so rein als in Europa, und an manchen Orten verschiedene durcheinander. Die am meisten mit ihnen zu tun haben, reden sie insgemein schlecht. Es gibt auch in Westindien viele in Europa sich nicht befindende Dinge und daher solche Wörter und Ausdrücke, die nur dort im Gebrauch sind. Alles dieses zusammengenommen macht, daß man die Sprache der [hier: weißen, PS] Criolen criolisch zu nennen pflegt, besonders, wenn sie von einer Nationalsprache sehr merklich abgeht und durch Einmischung vieles ihr Fremden sich unterscheidet. Man hat also criolisch Englisch, criolisch Französisch und dergleichen. Die Schwarzen reden dort auch criolisch und verderben die europäischen Sprachen, wenn sie sie nicht in ihrer Jugend und von Blanken hauptsächlich lernen, durch ihre guineische Mundart und Wörter, die sie hineinmengen, insgemein noch mehr (Oldendorp 2000, 681–682).[10]

---

9 Siehe Stein (1982b). Das Tagebuch befindet sich im Archiv der Brüder-Unität in Herrnhut.
10 Oldendorp hielt sich 1767/68 auf den Inseln auf. Das Manuskript verfasste er unmittelbar danach. Eine stark gekürzte Version des Werkes erschien 1777, das vollständige Manuskript wurde erst 2000 publiziert.

Und an anderer Stelle sagt Oldendorp:

> Criolisch braucht man unter den Negern. Es könnens auch die Criolen und meisten weißen Einwohner des Landes. Sie reden es aber nicht alle gern mit Blanken, weil es zugleich die Negersprache ist. [...] Selten wird man aber jemand antreffen, der nicht englisch, deutsch oder criolisch verstehen sollte (Oldendorp 2000, 357).

Oldendorp verwendet das Wort nicht nur für die Sprache, sondern auch in seiner ursprünglichen Bedeutung, in der Kolonie geborene Menschen europäischer Herkunft, allerdings, so in anderen Zusammenhängen, gilt dies auch für die (*Kreol-*) Sklaven im Gegensatz zu den neu importierten, in Afrika geborenen *Bussalen*.

In den französischsprachigen Gebieten hat sich die Bedeutung von *créole* als Ethnonym unterschiedlich entwickelt. Auf den Antillen hat das Wort seine ursprüngliche Bedeutung, auf der Insel geborener Weißer europäischer Abstammung, bewahrt. Auf Réunion bezeichnet es jeden auf der Insel Geborenen europäischer oder afrikanischer Abstammung, nicht aber die Inder und Chinesen; und auf Mauritius und auf den Seychellen werden als *créoles* nur dunkelhäutige Mischlinge und schwarze Nachfahren der ehemaligen Sklaven bezeichnet, wodurch das Wort eine pejorative Konnotation erhalten hat. Diese pejorative Bedeutungsänderung ist jedoch erst in der 2. Hälfte des 19. Jahrhunderts entstanden; Baudelaires „Dame créole" hat noch einen „teint pâle". Inzwischen ist es erneut zu einem Bedeutungswandel und einer Aufwertung des Wortes gekommen, möglicherweise von einer Aufwertung der kreolischen Sprache in der öffentlichen Meinung ausgelöst.[11]

Die ältesten bisher bekannten französischen Belege zur Sprachbezeichnung sind jünger, da diese Sprache in Bezug zum Französischen gesehen wurde und so eben als *patois, jargon, baragouin, mauvais français* oder ähnlich galt:

> Mauritius 1773: Un jeune Negrillon Mozambique, nommé Favori, âgé de 13 ans, appartenant au Sr. Pierre Maheas [...]. Comme ce jeune noir s'est probablement égaré & qu'il n'entend pas **la langue créole**, il n'aura pu dire le nom de son maître ni retrouver sa maison.[12]

> Haiti 1785: Le **langage créole** de cette colonie n'est autre chose que le françois remis en enfance. [...] Il étoit donc bien inutile de dénaturer entiérement & d'affoiblir la langue françoise, pour en tirer un mauvais jargon qui ne remplit pas même l'objet de simplification que l'on s'étoit proposé, d'autant mieux que les negres apprennent aussi facilement le françois que les autres étrangers. [...] Quoi qu'il en soit, le **langage créole** a prévalu. Non-seulement il est celui des gens de couleur, mais même des blancs domiciliés dans la colonie, qui le parlent plus volontiers que le françois, soit par habitude, soit parce qu'il leur plait davantage (Girod-Chantrans 1785, 189–191).

---

11 Dies wurde mir von Freunden in Mauritius wiederholt bestätigt.
12 *Annonces, affiches et avis divers pour les colonies des isles de France et de Bourbon*, 10 février 1773; zitiert nach Baker/Corne (1982, 248).

Kreolisch (*créole*, *criollo*, *creole*) ist heute der Name, den die Sprecher in einer Reihe von Gebieten, aber durchaus nicht überall, ihrer Sprache gegeben haben, aber das Wort ist auch zu einem linguistischen Terminus geworden, für den hier zwei sich ergänzende, nicht mehr ganz neue Definitionen stehen sollen:

> A **creole** is defined as an ordinary language that is derived from a pidgin and that through one or another set of circumstances has become the first language of a community, has been adapted to the full range of functions of community life, and has become notably richer in lexicon and structure than the pidgin from which it arose. In most circumstances in which creoles are found they are considered socially inferior, even though sometimes thought superior in expressiveness (Hymes 1968, 14).

> Akzeptabel erscheint mir jedoch lediglich eine *soziolinguistische* Definition: als Kreolisch bezeichnet man eine Sprache, die in einem geographisch und/oder kulturell isolierten Gebiet, in einer multilingualen Gesellschaft mit sozialem Gefälle – wie der Plantagengesellschaft in den Kolonien – durch unvollkommenes Erlernen, Fehlinterpretation und Vereinfachung der Sprache der sozial höheren Schicht durch die sozial niedrigere Schicht entstanden ist (Bollée 1977b, 15).

Die aus der anglophonen Kreolistik kommende erste Definition ist umfassender und eher ahistorisch, während die zweite aus der frankophonen Kreolistik den Blick mehr auf die soziohistorischen Bedingungen richtet und das Entstehen der Kreolsprachen als ein zeitlich und räumlich begrenztes Phänomen sieht. Eine Pidgin-Vorstufe (siehe dazu im Folgenden) wird nicht erwähnt.

Dieser Unterschied gilt dann auch für neuere Definitionen:

> A creole language can be defined as a language that has come into existence at a point in time that can be established fairly precisely. Non-creole languages are assumed [...] to have emerged gradually (Muysken/Smith 1995a, 3).

> Creoles are natural languages that arose in situations where people of diverse ethnocultural and linguistic backgrounds were brought together and formed distinct communities [...] A creole is, extremely simplified, a natural language spoken as a mother tongue by an entire community that arose due to situations of intense contact. Creoles are fullfledged languages on par with any other natural language in the world (Velupillay 2015, 43).

> Langues nées dans le contexte des colonisations européennes des xvi–xviiie siècles, qui se sont développées dans le contact de langues (diverses) lors des communications quotidiennes entre maîtres et esclaves (Hazaël-Massieux 2011, 154).

Der Verfasser dieses Arbeitsheftes ist Anhänger der engeren Definition: Kreolsprachen sind das Ergebnis der speziellen soziohistorischen Bedingungen der auf Sklavenarbeit beruhenden Plantagenwirtschaft in den tropischen Kolonien des 16., 17. und 18. Jahrhunderts. Das Arbeitsheft wird sich auf diejenigen dieser Sprachen konzentrieren, die unter dem Einfluss des Französischen entstanden sind. Dies schließt nicht aus, dass es unter entsprechenden Bedingungen ähnliche Prozesse und Ergebnisse zu anderen Zeiten und an anderen Orten gegeben hat, die aber nicht zu den Kreolsprachen im engeren Sinn gehören. Bei einer Ausweitung des Konzeptes fallen immer mehr

Sprachen unter das Label *Kreolsprachen*, am Ende vielleicht mehr oder weniger alle Sprachen, so dass das Konzept seine Funktion verliert.[13]

1.2.2 Pidgin

In der *Creole*-Definition von Hymes (1968 finden wir mit *Pidgin* einen Terminus, der in engem Zusammenhang mit *Kreol(isch)* steht. Das Wort stammt aus dem englischen Sprachbereich und bezeichnet die im Kontakt zwischen Einheimischen und Europäern (Engländern) verwendete Sprachform, nicht aber die (Mutter-)Sprache einer Sprachgemeinschaft. Die Etymologie des Wortes ist trotz verschiedener Versuche und Theorien noch nicht eindeutig geklärt. Entstanden ist es wohl in China und entspricht der Aussprache von *business* (*English*).[14] Der erste Beleg stammt von 1826, längere Texte und eine Wortliste liefert Leland (1876). Das Wort ist also wesentlich jünger als *criollo/créole*. Es wurde dann für weitere entsprechende Kontaktsprachvarietäten des Englischen gebraucht, von denen die bekanntest wohl das *Tok Pisin (Melanesian* oder *New Guinea Pidgin [English]*) ist, das als Typ aber kein Pidgin mehr ist, sondern zu einer Kreolsprache, d. h. Muttersprache der betreffenden Sprecher geworden ist.

Zwischen den Termini *Pidgin* und *Kreolisch* gibt es ursprünglich keine Beziehung; diese wurde erst in der linguistischen Terminologie und Theoriebildung hergestellt. Das Wort wurde im Gegensatz zu Kreolisch ursprünglich nicht von den Sprechern selbst zur Bezeichnung ihrer Sprache gebraucht, sondern von Reisenden, die diese Sprache(n) in ihren Berichten mehr oder weniger ausführlich erwähnten. In der Linguistik dient es dann zur Bezeichnung von Sprachen, die im Kontakt zwischen zwei (oder mehr) Sprechergruppen in einer begrenzten Zahl von Situationen verwendet werden, die jedoch Muttersprache für keine von diesen Gruppen sind:

> A **pidgin** is defined as a stable form of speech that is not learned as a first language (mother tongue) by any of its users, but as an auxiliary language by all; whose functions are sharply restricted (e.g., to trade, supervision of work, administration, communication with visitors), and whose vocabulary and overt structure are sharply reduced, in comparison with those of the languages from which they are derived. (Hymes 1968, 14).

Die Beziehung zu Kreolisch wurde zuerst von Bloomfield hergestellt; er spricht von *jargon* und *creolized language* (1933, 472ss.). Zur Grundlage für die weitere Theoriebildung und Diskussion wurde diese Beziehung dann durch Hall seit 1950[15] und vor

---

13 Siehe auch Calvet (2000).
14 Hancock (1979b) stellt die verschiedenen Vorschläge zusammen und diskutiert sie. Siehe auch zuletzt Velupillay (2015, 22–24).
15 Zitiert und damit wohl zum ersten Mal im deutschen Sprachraum erwähnt von Kloss (1952), der auch eine Definition für beide Sprachformen gibt: „Als ‚kreolische Sprache' (engl.: *creolized language*) bezeichnen wir eine ehemalige Pidginsprache, welche zur Muttersprache (Heimsprache) geworden ist oder zu werden beginnt. Pidginsprache nennen wir eine Hilfssprache (Lingua franca), die sich bei der

allem sein grundlegendes Werk von 1966, wo beide im Titel nebeneinander stehen, *Pidgin* vor *Creole*.

> We are using the terms *pidgin* and *creole* in what have become by now their normal acceptance in linguistic analysis: *Pidgin* for a language with drastically reduced linguistic structure and lexicon, not native to any of those who use it; and *creole* for a pidgin which has become the native language of a speech-community, as happened among the slaves on Caribbean plantations and is happening at present in newly formed communities in New Guinea (Hall 1962, 151, Anm. 3).

> [...] two or more people use a language in a variety whose grammar and vocabulary are very much reduced in extent and which is native to neither side. Such a language is a "pidgin". [...] A creole language arises when a pidgin becomes the native language of a speech community (Hall 1966, xii).

Durch ihre Nicht-Muttersprachlichkeit und ihre Situationsgebundenheit unterscheiden sich die Pidginsprachen von den Kreolsprachen, wobei dieser Unterschied im Gebrauch auch Konsequenzen für ihre Struktur hat, die wesentlich weniger entwickelt und ausgebaut ist. In der Theorie klingt diese Unterscheidung zwischen Kreol- und Pidginsprachen unproblematisch, in der Praxis ist es jedoch schwierig, über die allgemeine Charakterisierung hinaus Merkmale zu definieren, die es gestatten, konkrete Äußerungen als Pidgin oder als Kreolisch zu klassifizieren. Entsprechend vage bleiben deswegen die Definitionen.

Außerdem scheint auch die Festlegung, dass Kreolsprachen zu Muttersprachen gewordene Pidginsprachen sind, also Pidginsprachen die Voraussetzung und Vorstufe von Kreolsprachen, nicht mehr unbedingt gültig zu sein. So fehlt sie in der Kreol-Definition von Velupillay, und auch in ihrer Pidgindefinition ist von diesem Kriterium nicht mehr die Rede:

> A pidgin is, very simplified, a language that emerges when groups of people are in close and repeated contact, and need to communicate with each other but have no language in common. [...] that pidgins are not *ad hoc* languages, but that they have a linguistic structure that has to be learned (Velupillai 2015, 15–16).

Hazaël-Massieux (2011) verwendet den Terminus *Pidgin* nicht, gibt nicht einmal eine Definition. Und bereits 1977 hatte Bollée ihrer Studie den damals provokanten Untertitel *Kreolisierung ohne Pidginisierung* (Bollée 1977b) gegeben. In den meisten Definitionen von Kreolsprachen ist jedoch weiterhin das Entstehen aus einem Pidgin ein entscheidendes Kriterium.

Berührung von Angehörigen grundverschiedener Sprachenfamilien bildet, und deren Wortschatz im großen und ganzen der einen, deren Satzbau dagegen eher der anderen Sprache entnommen ist bei gleichzeitiger äußerster Schrumpfung des Formguts und bei Neigung zur Umschreibung der abstrakten Wortklassen und Wortinhalte durch Konkreta" (Kloss 1952, 31).

1.2.3 Das terminologische Umfeld

Lingua franca und Sabir

Die *Lingua franca* (frz. *langue franque*) war eine seit dem Mittelalter (und vielleicht auch schon dem Altertum) in den Häfen des gesamten Mittelmeerraumes zwischen den europäischen (französischen, italienischen, spanischen) und den arabischen und türkischen Händlern gebräuchliche Sprache, „probably the most important pidgin language about which we have information" (Whinnom 1977, 3).[16] Seit dem 19. Jahrhundert findet man zu ihrer Bezeichnung auch den Begriff *Sabir* (aus lat. *sapēre* bzw. seinen romanischen Entsprechungen). Er scheint zu Beginn unseres Jahrhunderts außer Gebrauch gekommen zu sein.

Lingua franca und gelegentlich auch Sabir haben in der Folge als linguistische Termini eine weitere, allgemeinere Bedeutung angenommen und bezeichnen „any language that is used as a *medium* of communication among people who have no other language in common" (Hall 1966, xii). In diesem Fall ist das Wort kein Eigenname mehr, wird also (außer im Deutschen) klein geschrieben und hat die italienische Pluralform *lingue franche*.

Jede Pidginsprache ist also eine Lingua franca (oder Sabir), aber in einer gegebenen Situation muss als Lingua franca nicht notgedrungen eine Pidginsprache entstanden sein, denn jede beliebige Sprache kann auch als Lingua franca verwendet werden. So war das Lateinische im Mittelalter die Lingua franca der Geistlichkeit und der gebildeten Laien Europas, und Englisch ist die wohl wichtigste moderne Lingua franca.

Petit nègre

Petit nègre ist 1898 zum ersten Mal belegt und damit ein noch junger Terminus, der vom *Petit Robert* 1969 definiert wird als „français incorrect et sommaire parlé par les indigènes des colonies" und 2014 als „français rudimentaire, à la syntaxe simplifiée (verbes à l'infinitif, omission de l'article...), stéréotype linguistique des autochtones des anciennes colonies françaises", und zwar besonders der afrikanischen Kolonien. Trotz gewisser typischer Eigenheiten gibt es kein einheitliches *petit nègre*, und es hat sich auch nicht zu einer eigenständigen Sprache entwickelt wie das Kreolische. Vielmehr stellt es nur eine Zwischenstufe bei der Erlernung des Französischen durch die Bevölkerung der Kolonien dar, eine Zwischenstufe freilich, die für viele gleichzeitig auch Endstufe ist.

---

[16] Weitere Literatur: Schuchardt (1909); Foltys (1984); Minervini (1996).

Français d'Abidjan, nouchi, camfranglais
Mit diesen und weiteren Termini werden Varietäten des Französischen in den frankophonen Staaten Afrikas bezeichnet, bei denen sich durchaus gewisse Analogien zu Kreol- und Pidginsprachen beobachten lassen. Während in Michaelis/Maurer et al. (2013a) Varietäten des Englischen in Afrika (Ghana, Nigeria, Kamerun) berücksichtigt wurden, wurden die französischen Varietäten von der (kreolistischen) Linguistik bisher nur wenig beachtet. Zum *français d'Abidjan* siehe z. B. Ploog (2002), zum *nouchi* Kube (2005), zum *camfranglais*, das sich durch den multilingualen Ursprung seines Wortschatzes auszeichnet, Ntsobé/Biloa/Echu (2008).

Baragouin, jargon, (mauvais) patois, Kauderwelsch
Es sind dies gefährliche und missverständliche Ausdrücke, die oft im Zusammenhang mit den Kreolsprachen gebraucht werden. Gerade auch in den alten Dokumenten, als der Terminus *créole* noch nicht als Sprachbezeichnung geläufig war, findet man diese Termini recht oft. Auf den anglophon ausgerichteten Inseln (u. a. Jamaica, Dominica, St. Lucia) ist *patois* der Name der (französisch oder englisch basierten) Kreolsprache geworden.

Negerfranzösisch, -englisch, -spanisch, -holländisch
Dies sind Sprachbezeichnungen, die sich in älteren Arbeiten vom Ende des 19. und Anfang des 20. Jahrhunderts finden. In dieser Zeit ist das Wort *Kreolisch*, *créole* usw. vor allem in deutschen, niederländischen oder englischen Publikationen noch relativ selten, viel häufiger werden die Kreolsprachen als Negersprachen bezeichnet, *Negerfranzösisch*, *Negerenglisch* usw. Auch wenn diese Begriffe heute nicht mehr verwendbar sind, war es doch die damals übliche Terminologie. In einem Fall sind wir rückfällig geworden, ich war sogar selbst beteiligt, als es um die Arbeit mit den alten Quellen des niederländisch basierten Kreolisch der damals dänischen Jungferninseln ging. In Anlehnung an das Buch von Hesseling aus dem Jahr 1905 haben wir es, *faute de mieux*, *negerhollands* genannt. Vielleicht stört es deswegen weniger, weil die Sprecher der Sprache nicht mehr am Leben sind. Aber auch deren Nachfahren scheinen sich nicht an dem Wort zu stören. Ich fühle mich nicht recht wohl mit der Lösung, aber frage mich auch, ob wir es nicht manchmal mit der *political correctness* übertreiben. Die Alternative, die immer mehr in Gebrauch kommt, ist VIDC (*Virgin Islands Dutch Creole*), ähnlich AAVE (*Afro-American Variety of English*) anstelle des noch bis Anfang der 1990er Jahre auch als Buchtitel gebrauchten *Black English* (z. B. Bailey/Maynor/Cukor-Avila 1991). Oder wir benennen dieses Kreolisch nach dem zuvor angeführten Erstbeleg *Cariolisch* oder *cariols(e)*.

1.3 Die Kreolsprachen und ihre Verbreitung

Die meisten der heute existierenden Kreolsprachen sind, entsprechend unserer engen Definition, in bestimmten, jedoch nicht in allen von den Europäern im 16. und vor allem im 17. Jahrhundert eroberten und kolonisierten Gebieten entstanden. Für ihr Entstehen mussten ganz bestimmte geographische, ökonomische, ethnische, soziale usw. Voraussetzungen erfüllt sein; andernfalls entwickelte sich lediglich eine neue, lokale Variante der europäischen Sprache.

Das kreolophone Gebiet par excellence stellt die Inselwelt der Karibik dar, wo es zur Herausbildung von französischen, englischen, spanischen und niederländischen Kreolsprachen kam. Begrenzt wird dieses Gebiet von Louisiana im Nordwesten und den drei Guayanas im Südosten. Hier dürfte die Mehrzahl aller KS anzutreffen sein, auch wenn heute KS auch in anderen Teilen der Welt gesprochen werden, wobei aber der insulare Charakter oder die Nähe zum Meer als besonderes Kennzeichen der betroffenen Gebiete auffallen.

Die Angaben über die Zahl der bekannten oder heute existierenden Kreolsprachen variieren stark, abhängig vom Konzept *Kreolsprache* (oft zusammengenommen mit demjenigen von *Pidgin[sprache]*). Außerdem sind die Zuordnungs- und Differenzierungskriterien nicht eindeutig: Hat jede Insel ihre eigene Sprache oder kann man gewisse KS zusammenfassen und als Varianten (Dialekte) einer KS ansehen? So weisen Zusammenstellungen wie diejenigen von Hancock (1971; 1977) oder Reinecke (1975) trotz relativer Ähnlichkeit in der Anzahl der Sprachen z.T. deutliche Unterschiede auf. Reinecke (1975) unterscheidet auf den Antillen sieben FKS, für ihn hat jede Insel ihre eigene (Kreol-)Sprache, während Hancock (1977) sie nur als eine KS zählt. Umgekehrt kennt Reinecke (1975) nur eine Sektion „West African Pidgin English", während Hancock (1977) hier vier englische KS unterscheidet.

Diese Arbeiten aus den 1970er Jahren kommen insgesamt auf 70 bis 100 Pidgin- und Kreolsprachen. Um vieles höher liegt deren Zahl in der *Annotated List of Creoles, Pidgins and Mixed Languages* von Smith (1995) mit 509 Sprachen und dazu 11 aufgelistete Kontakte von in der Aufstellung erfassten Sprachen. In dieser Zahl spiegelt sich weniger eine Zunahme der betroffenen Sprachen wieder, als vielmehr eine neue, weiter ausgreifende Perspektive, die weitere, in anderen Kontexten aus Kontakt entstandene Sprachformen im Blick hat. Außerdem differenziert Smith hier geographisch sehr detailliert nach dem Motto „jedem Gebiet seine Sprache".

In den drei Bänden des 2013 erschienen *Survey of Pidgin and Creole Languages* (Michaelis/Maurer et al. 2013a) werden die wichtigsten Sprachen mit je eigenen, parallel aufgebauten Artikeln vorgestellt: 25 *English-based*, 3 *Dutch-based*, 14 *Portuguese-based*, 5 *Spanish-based*, 8 *French-based* und 19 *contact languages based on languages from Africa, Asia, Australia, and the Americas*. Das sind zusammen 74, womit die Zahl wieder derjenigen aus den 70er Jahren entspricht, auch wenn die vorgestellten Sprachen bei weitem nicht identisch mit den 40 Jahre früheren Auflistungen sind. Die Kriterien für die Auswahl der berücksichtigten Sprachen bleiben unklar, denn während z.B. fünf englisch basierte Varietäten in Westafrika aufgenommen sind, bleiben die Varietäten des Französischen in diesem Raum (*français populaire d'Abidjan, nouchi, camfranglais*) unberücksichtigt.

Letztendlich zeigt sich damit, dass die Frage, wann eine Sprache eine Kreolsprache oder eine Pidginsprache ist, noch keine definitive Antwort gefunden hat, auch wenn sicher nicht mehr gilt, was Bickerton zur Definitionsproblematik und daraus folgernd über die Aussage eines Teilnehmers an einer Kreolistentagung berichtete:

> In general, the term *creole* is used to refer to any language which was once a pidgin and which subsequently became a native language; some scholars have extended the term to any language, ex-pidgin or not, that has undergone massive structural change due to language contact (one who shall be nameless confessed to me that he did this solely to obtain access to a conference which, like most creole conferences, was held in an exotic tropical setting!). In fact, I think that even the traditional definition is too wide, since it covers a range of situations which may differ in kind rather than in degree (Bickerton 1981, 2).

Eine Zahl von 80 bis 100 KS bzw. Gebieten mit KS, die sich auf der Grundlage einer europäischen Sprache entwickelt haben, dürfte der Realität recht nahe kommen. Diese werden fast alle heute noch gesprochen und sind Muttersprache und häufig auch einzige Sprache für rund 25 bis 30 Millionen Menschen, wobei solche Zahlenangaben durchaus kritisch gesehen werden müssen.

Die französischen Kreolsprachen (FKS) bilden mit ca. 15 Millionen Sprechern[17] (1984 waren es ca. 9 Millionen) in zwei Gebieten, der Karibik von Louisiana im Norden bis Französisch-Guayana im Süden und den Inseln im westlichen Indischen Ozean (Maskarenen und Seychellen), die homogenste und wohl auch wichtigste Gruppe der Kreolsprachen. Portugiesische KS, die einmal in vielen Gebieten entlang der afrikanischen und asiatischen Küsten gesprochen wurden (oder waren es in Asien nur Pidginsprachen, da sie zwar fest etabliert und, wie die alten Dokumente zeigen, gut ausgebaut, aber eben doch nicht Muttersprache waren?), haben aufgrund der historischen Entwicklung viel von ihrer Bedeutung verloren, soweit sie heute überhaupt noch existieren; aus dem Spanischen und aus dem Niederländischen sind nur wenige KS entstanden; und die englischen KS bilden zwar zahlenmäßig die größte Gruppe, sie sind jedoch sehr heterogen, und einige von ihnen beginnen erst jetzt, ins Blickfeld der Kreolistik zu geraten.

In der folgenden Übersicht sollen die FKS möglichst vollständig angeführt werden, da sie ja der eigentliche Gegenstand unseres Arbeitsheftes sind, während wir uns bei den übrigen KS auf eine Auswahl beschränken und dabei entsprechend unserer engen Definition nur diejenigen berücksichtigen wollen, die in den auf Sklavenarbeit beruhenden Plantagengesellschaften seit dem 17. Jahrhundert entstanden und dokumentiert sind.

---

17 Es erfolgt hier der in solchen Texten übliche Hinweis, dass mit den Sprechern natürlich auch die Sprecherinnen angesprochen und eingeschlossen sind. Aus schreib- und auch leseökonomischen Gründen verwenden wir nur die maskuline Form und betrachten sie als genusneutral.

1.3.1 Die französisch basierten[18] Kreolsprachen

Die FKS werden heute in zwei verschiedenen *Zonen* gesprochen: der amerikanischen Zone, die sich von Louisiana im Norden über Haiti und die Kleinen Antillen bis hin nach Französisch-Guayana im Süden erstreckt; und einer Zone im westlichen Indischen Ozean, die östlich bzw. nordöstlich von Madagaskar die Inselgruppen der Maskarenen (La Réunion, Mauritius, Rodrigues) und der Seychellen umfasst. Gemeinsam ist den franko-kreolophonen Gebieten die bereits erwähnte isolierte, zumeist (Insel-)Lage, sowie ihre soziale Struktur von ursprünglich auf Sklavenarbeit beruhenden Plantagengesellschaften, die in vielen Fällen zur Monokultur, zumeist Zuckerrohranbau, geführt hatte, der aber immer mehr durch den Tourismus ersetzt wird.

Die Zahl der Einwohner in den franko-kreolophonen Gebieten ist, wie gerade erwähnt, seit 1984 stark angestiegen und damit auch die Zahl der Kreolsprecher. Um die Entwicklung in den vergangenen 30 Jahren deutlich zu machen, haben wir die Zahlen von 1984 in der folgenden Tabelle übernommen und die aktuellen Zahlen daruntergestellt. Es gibt Gebiete mit großem Bevölkerungszuwachs, in anderen Gebieten stagniert die Bevölkerungszahl oder ist sogar rückläufig. Entsprechendes gilt dann auch für die Zahl der Sprecher der verschiedenen FKS. Als Quelle für die aktuellen Bevölkerungsdaten haben wir die Online-Ausgabe der *Encyclopedia Britannica* benutzt, um für alle Fälle eine einheitliche Quelle zu haben.[19] Die Daten, die man in gedruckten Quellen wie im Internet findet, sind durchaus nicht einheitlich, so dass uns die Verwendung einer gleichen Datenquelle für alle Gebiete wichtig schien. Selbst hinsichtlich der Größe der Gebiete findet man abweichende Angaben.

Einwohnerzahl ist nicht in allen Fällen gleich Sprecherzahl der jeweiligen Kreolsprachen. Deswegen haben wir in einigen Fällen nur die Sprecherzahl angegeben und diese mit einem Asterisk (*) markiert, in anderen Einwohner- und Sprecherzahl (letztere mit * markiert). Wenn nur eine Zahl ohne Markierung angegeben ist, bedeutet dies, dass Einwohner- und Kreolsprecherzahl annähernd identisch sind. Weitere Informationen werden im Anschluss an die tabellarische Zusammenstellung gegeben. Die Gebiete sind geographisch von (Nord-)West nach (Süd-)Ost angeordnet:

---

18 Dies ist der nach aktuellem Sprachgebrauch korrekte Terminus. Wir werden daneben weiterhin auch die kürzere, ältere Bezeichnung „französische Kreolsprachen" (FKS) verwenden.
19 http://www.britannica.com/place/[Name des Landes oder Gebietes, Haiti, Guadeloupe usw.]. Aufruf am 10.06.2016. Dank an Volker Noll für den Vorschlag.

Die franko-kreolophonen Gebiete

	Größe km²	Einwohner / *Sprecher		franz. Besitz	Status	seit
Louisiana[1]	134.275	1984: 2015:	*90.000 *< 7.000	1672–1763/ 1800–1803	18. Bundesstaat der USA	1812
Haiti[2]	27.500	1984: 2014:	5.000.000 + 500.000 10.912.000 + > 1.000.000	1635/97–1804	unabhängig	1804
St. Thomas[3]	83	1984:	*1.500	–	zu USA	1917
Guadeloupe[4]	1.631	1984: 2014:	325.000 406.000	seit 1635	DOM[20]	1946
Dominica[5]	754	1984: 2014:	80.000 71.800 *60–75%	1635–1763	unabhängig	1978
Martinique	1.128	1984: 2014:	325.000 381.000	seit 1635	DOM	1946
Sainte-Lucie[5]	620	1984: 2015:	125.000 174.200 *60–75%	1650–1803	unabhängig	1979
Grenada[6]	344	1984: 2014:	110.000 104.000 *0	1635/50–1763	unabhängig	1974
Trinidad[7]	4.820	2014:	1.350.000 *0	–	unabhängig	1962
Franz.-Guayana[8]	91.000 83.534	1984: 2014:	73.000 267.000 *64.000	seit 1639	DOM	1946
La Réunion	2.503	1984: 2014:	515.000 850.000	seit 1646/65	DOM	1946
Mauritius[9]	1.865	1984: 2014:	920.000 1.264.000	1715/21–1810	unabhängig	1968
Rodrigues[10]	109	1984: 2012:	25.000 38.000	1736–1810	zu Mauritius	
Seychellen	455	1984: 2014:	78.000 97.000	1770–1810	unabhängig	1976
Madagaskar[11]			*ca. 600		unabhängig	1960
Nouvelle Calédonie[12]	18.575	2014	269.000 *ca. 3.000	seit 1853	*Collectivité sui generis*	1998

Anmerkungen zur Tabelle:
[1] Das frankophone Gebiet beschränkt sich auf den Süden Louisianas. Die genaue Zahl der Sprecher des KrLou ist schwer abzuschätzen, da diese FKS stark im Rückgang begriffen ist. Die 1984 genannte

---

20 DOM oder D.O.M. steht für *Département d'Outre-Mer*. Nach der letzten Verwaltungsreform ist die genauere Bezeichnung DROM, *Département et Région d'Outre-Mer*, aber DOM wird daneben weiter verwendet.

Zahl von 90.000 Sprechern war vermutlich deutlich zu hoch, Chaudenson (1979a, 24) spricht von „quelques dizaines de miliers", Klingler/Neumann-Holzschuh (2013) nur noch von weniger als 7.000. In diesem Gebiet werden neben dem *créole français (louisianais)* eine Varietät des Französischen *(français créole)* und das *cajun (acadien)* gesprochen, das die von den Engländern im 18. Jahrhundert aus dem heutigen Neuschottland (damals *Acadie*) vertriebenen französischen Siedler nach Louisiana brachten; das *créole* wird von beiden beeinflusst. Vgl. dazu Smith-Thibodeaux (1977); Neumann (1981; 1983); Valdman, ed. (1997); Valdman (2015).

[2] Das KrHai ist mit über 10 Millionen Sprechern die wichtigste Kreolsprache überhaupt. Neben den rund 10 Millionen Einwohnern von Haiti sprechen es über eine Million haitianische Emigranten vor allem in den USA, in Kanada und in der benachbarten Dominikanischen Republik. Die Zahl der Sprecher hat sich, will man den Daten vertrauen, in 30 Jahren mehr als verdoppelt.

[3] St. Thomas war nie französische Kolonie, sondern bis 1917 dänisch. Die FKS wurde seit den 1870er Jahren von St. Barthélemy und anderen Inseln dorthin gebracht. Es gibt ca. 1.500 Sprecher in zwei Orten mit je eigener Varietät und abnehmender Tendenz (vgl. Highfield 1979). Auf St. Thomas wurde das bereits erwähnte Negerhollands gesprochen, unsere Ausführungen zu Oldendorps Arbeiten beziehen sich auf diese Insel. Das Negerhollands wurde seit dem 19. Jahrhundert durch Englisch bzw. englische KS verdrängt und ist heute ausgestorben.

[4] Zu Guadeloupe gehören einige kleinere Inseln, auf denen dem *guadeloupéen* sehr ähnliche Kreolvarietäten gesprochen werden: Marie Galante (157 km^2, 15.000 Einw.), La Désirade (21 km^2, 1.500 Einw.), Les Saintes (14 km^2, 3.400 Einw.), St. Barthélemy (24 km^2, 9.100 Einw., von 1784–1878 schwedische Kolonie), sowie der französische Teil von St. Martin (53 km^2, 35.000 Einw.).

[5] Dominica (La Dominique) und St. Lucia (Sainte-Lucie) gingen 1763 bzw. 1803 an England verloren, nachdem auf beiden Inseln eine FKS entstanden war und sich etabliert hatte. Beide FKS sind erhalten geblieben und werden heute von einer deutlichen Mehrheit der Bevölkerung gesprochen, während Französisch nicht mehr existiert und durch Englisch ersetzt wurde. Dieses hat dann eigene, lokale Varietäten entwickelt; ob man dieses als Kreolisch klassifizieren soll, sei dahingestellt.

[6] Im Unterschied zu diesen beiden Inseln hat auf Grenada auch die FKS nicht überlebt. In Parsons (1933–1943) und Bricault (1976a; 1976b) findet man noch einige Erzählungen in KrGre. Darüber hinaus existieren kaum Informationen. Roberts (1971) hat nur noch wenige Sprecher mit voller Kompetenz des KrGre getroffen. An seine Stelle ist die englische KS der Inseln getreten.

[7] Trinidad gehörte nie zu Frankreich; die FKS wurde von den Nachbarinseln herübergebracht. Sie spielte jedoch lange Zeit eine wichtige Rolle, und die erste Grammatik einer FKS und eine der frühesten Beschreibungen einer KS überhaupt ist ihr gewidmet (Thomas 1869). Heute findet man Sprecher des KrTri nur noch in der älteren Generation, so dass es wohl in absehbarer Zeit völlig verschwunden und durch Englisch und Spanisch bzw. entsprechende Kreolsprachen ersetzt sein dürfte bzw. bereits ist.

[8] Die nur relative geringe Zahl an Sprechern des KrGuy im Vergleich zur aktuellen Bevölkerung erklärt sich aus der großen Einwanderung in den letzten Jahrzehnten, vor allem von Sprechern anderer FKS (KrHai, KrGua, KrMar, KrSLu).

[9] Die Inselgruppe der Chagos gehörte ebenfalls zu Mauritius, wurde aber von Großbritannien nicht in die Unabhängigkeit entlassen. Die rund 1.200 Einwohner wurden 1972 nach Mauritius gebracht. Die Chagos-Inseln bilden jetzt das British Indian Ocean Territory (B.I.O.T.). Die Hautpinsel Diego Garcia wurde von den Engländern und Amerikanern zu einem Militärstützpunkt ausgebaut. Zu den wenigen Informationen, die über diese Inselgruppe und ihre Kreolsprache existieren, siehe vor allem Papen (1978).

[10] Rodrigues gehört administrativ und politisch zu Mauritius, unterscheidet sich von ihm jedoch völlig in seiner Bevölkerungsstruktur. Die FKS beider Inseln kennt nur wenige Unterschiede.

[11] Die Existenz dieser Sprachgemeinschaft von Muslimen aus dem indischen Staat Gujarat, die über Mauritius nach Madagaskar gekommen sind, wurde erst in den 1980er Jahren durch die Arbeit von Bavoux (1990) bekannt.

[12] Auch das *tayo* wurde erst vor einigen Jahrzehnten als Kreolsprache wahrgenommen, nachdem Ehrhart die Sprachgemeinschaft kennengelernt hatte. Es wird nur von einer geschlossenen Gruppe gesprochen. Siehe Corne (1989b), Ehrhart (1993).

Die französische Anwesenheit auf den Inseln der Antillen begann 1635 mit der Inbesitznahme von Guadeloupe und Martinique, denen bald weitere Gebiete folgten. Konkurrenten der Franzosen waren in diesem Raum vor allem die Engländer und Niederländer, aber auch Spanien und Dänemark. Die Rivalität war groß, einige Inseln wechselten mehrfach den Besitzer, so Sainte-Lucie von 1650 bis 1803 vierzehnmal zwischen England und Frankreich, bis es endgültig englische Kolonie wurde.

Im Indischen Ozean begann die französische Präsenz 1646 auf der (Ile de la) Réunion (bis 1793 und von 1815 bis 1848 Ile Bourbon) und 1721 auf Mauritius (von den Franzosen Isle de France genannt), von wo aus sie Rodrigues (1736) und die Seychellen (1770) in Besitz nahmen und besiedelten. Im Gegensatz zu den amerikanischen Gebieten waren diese Inseln vor Ankunft der Europäer unbewohnt, die Konkurrenz anderer europäische Nationen war, zumindest zu Beginn, nur gering.

Bis auf die vier heutigen *Départements d'Outre-Mer* (Guadeloupe, Martinique, Französisch-Guayana, La Réunion) verlor Frankreich seine Gebiete 1763 nach dem Siebenjährigen Krieg oder 1810/1815 im Verlauf der Napoleonischen Kriege an England. Allerdings waren zu diesem Zeitpunkt das Französische und/oder die französische Kreolsprache in diesen Gebieten schon so fest eingewurzelt, dass sie sich bis heute erhalten konnten.

Für eine Gruppierung und Charakterisierung der franko-kreolophonen Gebiete bieten sich neben der geographischen Lage andere, bessere Kriterien an, die auch die geschichtliche Entwicklung und die heutige Situation berücksichtigen:

1. Die vier DOM Guadeloupe, Martinique, La Guyane und La Réunion bilden die erste Gruppe. Sie gehören als überseeische Departements weiterhin zu Frankreich, und folglich spielt in ihnen neben dem Kreolischen auch das Französische eine wichtige Rolle.
2. Haiti nimmt unter allen kreolsprachigen Gebieten eine Sonderstellung ein, da es sich bereits 1804 die Unabhängigkeit von Frankreich erkämpfte und damit zum ersten unabhängigen Sklavenstaat wurde. Auch hier ist Kreolisch die dominierende und für viele einzige Sprache, Französisch aber die offizielle Sprache.
3. In der dritten Gruppe finden wir Gebiete, die zu Ende des Siebenjährigen Krieges für Frankreich verlorengingen und unter britische Herrschaft kamen: Dominica und Grenada. Sainte-Lucie blieb zwar bis 1803 französisch, hatte aber vorher schon vierzehnmal zwischen Frankreich und England den Besitzer gewechselt; die französische Sprache war hier nie heimisch. Auch auf Dominica und Grenada ist das Französische heute verschwunden und durch Englisch als Standardsprache und offizielle Sprache ersetzt. Louisiana war 1763 ebenfalls verlorengegangen und spanisch geworden; es kam jedoch von 1800 bis 1803 nochmals für kurze Zeit in französischen Besitz, um dann an die Vereinigten Staaten verkauft zu werden,

deren 18. Bundesstaat es 1812 wurde. Außerdem besitzt es weitere Besonderheiten, die es eher zur nächsten Gruppe gehörig erscheinen lassen.

4. Die vierte Gruppe bilden diejenigen Gebiete, die während der Napoleonischen Kriege für Frankreich verlorengingen: Neben Sainte-Lucie, das ja eher zur dritten Gruppe gehört, sind dies das bereits erwähnte Louisiana, sowie im Indischen Ozean Mauritius, Rodrigues und die Seychellen. Diese Gebiete zeichnen sich dadurch aus, dass sich hier das Französische neben dem Englischen erhalten konnte und auch heute noch eine mehr oder minder wichtige Rolle spielt. Im Gegensatz zu den bei Frankreich verbliebenen DOM sind die von England in Besitz genommenen Gebiete in den 60er und 70er Jahren des 20. Jahrhunderts unabhängig geworden. Hier sind z.T. während der englischen Herrschaft neben dem französischen Kreolisch auch englische Kreolsprachen entstanden.
5. Zur fünften Gruppe gehören Gebiete, in die die FKS von außen gebracht wurden: Trinidad, St. Thomas, Madagaskar und Neukaledonien.

1.3.2 Spanisch und portugiesisch basierte Kreolsprachen

Andere romanische Sprachen, die neben Französisch zur Grundlage für Kreolsprachen wurden, sind Spanisch und Portugiesisch. Die entsprechenden KS entstanden jedoch nicht in den großen Kolonien dieser beiden Nationen auf dem süd- und mittelamerikanischen Festland bzw. den beiden portugiesischen Kolonien im südlichen Afrika, Angola und Moçambique, wo sich jeweils nur lokale Varianten der beiden Sprachen entwickelten, sondern – wie wir es auch bei den FKS beobachten konnten – auf Inseln oder in kleineren, isolierten Gebieten.

Das Portugiesische war die erste europäische Sprache, auf deren Grundlage sich Pidgin- und Kreolsprachen entwickelt haben; denn die Portugiesen waren die erste europäische Nation, die an den Küsten Afrikas und Asiens Handel in größerem Maß zu treiben begann, an der afrikanischen Westküste die Inseln in Besitz nahm und in zahlreichen Hafenstädten Asiens Handelsniederlassungen gründete. Im Kontakt mit der einheimischen Bevölkerung entstanden dort Pidgin- und Kreolsprachen. Mit dem Verlust seiner Stellung als Welt- und Handelsmacht verlor Portugal jedoch den Einfluss auf diese Gebiete, so dass auch die Bedeutung der portugiesischen KS rasch zurückging und es unsicher ist, wie lange sie noch existieren werden, soweit sie nicht schon jetzt verschwunden sind.[21]

Eine wichtige Rolle spielen portugiesische KS heute noch auf den Inseln an der Westküste Afrikas, die für die Überfahrt nach Amerika der letzte Hafen waren und für den Sklavenhandel eine wichtige Zwischenstation und Handelsplatz: Kapverdische Inseln (230.000 / 525.000 Einw.), São Tomé (60.000 / 182.000 Einw.), Ilha do Príncipe

---

21 Siehe dazu die Informationen in Michaelis/Maurer et al. (2013a, Bd. II). In seinen *Kreolischen Studien* (1882–1891) beschreibt Schuchardt diese Sprachen zu Ende des 19. Jahrhunderts.

(5.000 / 6.700 Einw.), Annabón (2.000 / 3.400 Einw.).[22] Auf dem Festland zählt Guinea-Bissau 600.000 Kreolsprecher. Für die Menschen ist das Kreolische in diesen Gebieten Muttersprache und meist auch einzige Sprache, auch wenn Portugiesisch die offizielle Sprache ihrer Inseln ist. In einigen Fällen ist man dabei, der KS zumindest einen halboffiziellen Status zu geben.

Spanische KS sind weder auf dem amerikanischen Festland, noch auf den hispanophonen Inseln Puerto Rico, Kuba oder der Dominikanischen Republik entstanden, wenn auch das Spanische dort gewisse Kreolisierungstendenzen aufweist. Nur im von entlaufenden Sklaven (*cimarrones*) gegründeten Ort San Basilio de Palenque im Norden Kolumbiens hat sich in der isolierten Gemeinschaft eine spanische KS entwickelt und erhalten, das *palenquero*, das noch von ca. 2000 zumeist älteren Sprechern verwendet wird. Auf den Inseln der Karibik wird das *papiamentu* auf den Niederländischen Antillen (Curaçao, Aruba und Bonaire, zusammen 220.000 Einw., keine Veränderungen zu 1984) gesprochen; die Inseln gingen 1634 von spanischem in niederländischen Besitz über. Das *papiamentu* ist die am weitesten standardisierte und ausgebaute KS, und verfügt bereits über eine recht umfangreiche Literatur.[23] Heute ist es neben Niederländisch und Englisch Amtssprache und Unterrichtssprache auf den Inseln, es gibt mehrere Tageszeitungen auf Papiamentu und es wird in den öffentlichen Medien gebraucht. Spanische KS (*chabacano* und seine Varietäten) werden außerdem auf den Philippinen gesprochen.

1.3.3 Englisch basierte Kreolsprachen

Englische Kreolsprachen sind heute die in der Welt am weitesten verbreiteten KS, wobei aber für eine ganze Reihe von ihnen die Klassifizierung als Kreolsprache weniger eindeutig ist als bei den FKS, so z. B. beim *Afro-American English* oder *Afro-American Variety of English* (früher *Black English* genannt) in den Vereinigten Staaten. Wir beschränken uns hier auf einen Überblick über die wichtigsten in unserem Sinn traditionellen englischen KS.

In der Karibik hat sich das Englisch auf fast allen englischen oder ehemals englischen Inseln verändert. Ob dabei gilt, dass eine neue KS (oder auf jeder Insel eine eigene) entstanden ist oder nur eine lokale Varietät des Englischen, hängt von der Interpretation der Daten ab.[24] In einigen Fällen hat die englische KS eine andere (z. B. französische) KS verdrängt bzw. ist gerade dabei, dies zu tun. Zu diesen Inseln gehören

---

22 Wir haben auch hier wieder die Angaben zu den Einwohnern 1984 den aktuellen Zahlen gegenübergestellt.
23 Reinecke (1975) listet bis ca. 1974 bereits über 1.200 Publikationen für das Papiamentu auf, das sind mehr als zweimal so viel wie für jede andere KS. Literaturhinweis: Kramer (2004); Munteanu (1996).
24 Smith (1995) ordnet im Grunde jeder anglophonen Insel eine KS zu. Michaelis/Maurer et al. (2013a, Bd. I) differenzieren nur sechs englische KS in der Karibik.

Dominica, Sainte-Lucie, Grenada, Trinidad. Zu den für die Kreolistik wichtigsten anglokreolophonen Gebieten in diesem Raum gehören Jamaika (über 2,7 Millionen Einw.), Guyana (747.000 Einw.), Surinam (ehem. Niederländisch-Guayana, 554.000 Einw.) mit gleich zwei englischen KS: *Sranan* (*Tongo*) oder *Taki-Taki* (400.00 Sprecher) und *Saramaccan* oder *Bush Negro* (26.000 Sprecher).

In Afrika ist vor allem das *Krio* in Sierra Leone mit über 4 Millionen Sprechern (350.000 Muttersprachler) zu nennen. Michaelis/Maurer et al. (2013a) berücksichtigen dazu das Englische in Nigeria, Ghana und Kamerun. In Ozeanien und in Papua-Neuguinea gibt es u. a. das *Tok Pisin* oder *Melanesian Pidgin English*, das halboffiziellen Status hat. Zu nennen sind weiterhin *Chinese Pidgin English, Hawaiian English, Bislama*, KS in Australien.

1.3.4 Niederländisch basierte Kreolsprachen

Während auf den Niederländischen Antillen eine spanische KS gesprochen wird, und im ehemals niederländischen Surinam eine englische, hatte sich eine niederländische KS auf den bis 1917 dänischen Jungferninseln St. Thomas, St. Jan (St. John) und St. Croix entwickelt. Diese KS, die sich durch eine sehr frühe (Übersetzungs-)Literatur und zwei Grammatiken aus dem 18. Jahrhundert auszeichnet, ist inzwischen ausgestorben.[25] Ebenfalls ausgestorben ist das *Berbice Dutch* in Guyana. Das Afrikaans weist zwar eine Reihe kreolischer Merkmale auf; die Meinungen darüber, ob es eine Kreolsprache ist oder nicht, gehen jedoch auseinander.

1.3.5 Kreolsprachen auf nicht-europäischer Grundlage

Das Konzept der Pidgin- und Kreolsprachen wird inzwischen auch – und mit steigender Tendenz – auf afrikanische und asiatische Sprachen angewendet (schon früh Heine 1973), die sich ohne Beteiligung einer europäischen Sprache und auch nicht unter den spezifischen Bedingungen der Sklavenhaltergesellschaften, die wir als eines der Charakteristika für die Entstehung der Kreolsprachen ansehen, entwickelt haben bzw. entstanden sind. Trotz gewisser Ähnlichkeiten und Parallelitäten halten wir diese Übertragung der Begriffe Kreol- und Pidginsprache und damit die Ausweitung dieses Konzepts eher für verwirrend und nicht für angebracht. Eine Zusammenstellung solcher Sprachen bietet Smith (1995). Eine Auswahl wird im dritten Band von Michaelis/Maurer et al. (2013a) vorgestellt. Das Arbeitsgebiet der Kreolistik wird damit immer mehr ausgeweitet bzw. in das größere Gebiet der Kontaktlinguistik eingebracht, um seine speziellen Sichtweisen auch dort zur Anwendung zu bringen.

---

25 Literaturhinweise: Oldendorp (2000); Sabino (2012); Stein (2013).

1.4 Arbeitsaufgaben

1.1. Lesen Sie in (älteren und neueren) Lexika und Wörterbüchern –auch linguistischen Wörterbüchern– die Artikel *Kreolisch, Kreole*. Ziehen Sie auch fremdsprachige Lexika heran. Stellen Sie die Ergebnisse zusammen und vergleichen Sie sie mit dem hier Gesagten.

1.2. Fragen Sie einmal unter Ihren Bekannten und Freunden, was diese unter *Kreolisch, Kreole* verstehen.

1.3. Fertigen Sie eine Karte der in der Welt vorkommenden Kreol- (und Pidgin-) Sprachen an. Differenzieren Sie farblich nach verschiedenen Gesichtspunkten (Basissprache, Ausgangssprache, Entstehungszeit, heutige Situation, usw.).

1.4. Informieren Sie sich in Handbüchern und Lexika über Geographie, Geschichte, Bevölkerung, Wirtschaft, politische Situation usw. der (franko-)kreolophonen Gebiete. Stellen Sie eine Fachbibliographie zu verschiedenen Problemkreisen zusammen.

1.5. Kennen Sie ehemalige französische Kolonien, in denen keine Kreolsprachen entstanden sind? Was unterscheidet diese Gebiete von den hier aufgeführten? Welches könnten die Gründe sein, dass dort keine Kreolsprachen entstanden sind?

1.6. Welche Bücher zum Thema Kreolsprachen und über die betroffenen Gebiete sind in den Bibliotheken Ihrer Universität vorhanden?

2 Aktuelle Forschungsfragen der Kreolistik (Katrin Mutz)

Der folgende Überblick über die wichtigsten Forschungsansätze und Forschungsschwerpunkte im Bereich der sprachwissenschaftlichen Kreolistik der letzten 20–30 Jahre (vgl. auch Stein 1997; Gilbert, 2002; Holm 2004; Roberge 2006; Kouwenberg/Singler 2008) zeigt verschiedene sich immer noch bzw. immer wieder neu in der Diskussion befindende Forschungsfragen auf und soll zum Weiterdiskutieren und kritischen Nachdenken anregen. Die Darstellung beschränkt sich nicht auf Forschungsdomänen zu den FKS, sondern gibt einen Überblick über aktuelle Forschungsthemen und -debatten von allgemein kreolsprachlichem Interesse.

Kreolistische Forschungsstudien werden, mit Unterbrechungen, bereits seit knapp 150 Jahren publiziert: Der Beginn der Kreolistik ist in der 2. Hälfte des 19. Jahrhunderts zu verorten mit Arbeiten von Van Name (1869/70), Coelho (1880) und Adam (1883). Als Begründer der (sprachwissenschaftlichen) Kreolistik gilt Hugo Schuchardt (1842–1927) mit seinen *Kreolischen Studien*, 1882–1991 (Roberge 2006). Bereits zuvor finden sich vereinzelt Sprachbeschreibungen, z. B. von Magens (1770) und Oldendorp (1777/2000)[1] zum Negerhollands. Die Kreolistik setzt erst seit den 1960er und vor allem 1970er Jahren richtig ein, z. B. mit den Arbeiten von Goodman (1964) und Hall (1966), dem Band von Hymes (1971) sowie auch nicht zuletzt seit dem 1981 erschienenen Buch *Roots of Language* von Derek Bickerton, in welchem er mit seiner *Language Bioprogram Hypothesis* Thesen zur universalen Entstehung von Kreolsprachen (und neuen Sprachen überhaupt) aufstellt, die seitdem vielfach und heftig diskutiert worden sind. Wenngleich Bickertons Thesen zur Genese der Kreolsprachen aufgrund der mangelnden Belegbarkeit mittlerweile nicht mehr vertreten werden, haben seine Ausführungen nach wie vor einen großen Nachhall auf die Forschung und werden Teilaspekte seiner Überlegungen und Thesen immer noch diskutiert. Die Bickerton'sche Entstehungstheorie zog zahlreiche Gegenentwürfe zur Herausbildung der Kreolsprachen nach sich (Kap. 2.1), dies vor allem in den 1980er Jahren. Während sich die kreolistische Forschung in dieser Zeitspanne primär mit verschiedenen Genesetheorien befasst, stehen die folgenden 20 Jahre über die Jahrtausendwende hinweg unter dem Zeichen der Fragestellung nach der typologischen Einordnung der Kreolsprachen (Kap. 2.2). Diese Diskussion dauert nach wie vor an, wie z. B. bei einem Blick in die Inhaltsverzeichnisse der letzten Ausgaben des *Journal of Pidgin and Creole Languages* leicht festzustellen ist.

Nachdem seit der Entdeckung der Kreolsprachen für die Sprachwissenschaft vor allem die Erforschung und Analyse sprachstruktureller Merkmale immer im For-

---

[1] Der als „Oldendorp Grammatik" bekannte Text (Oldendorp 1777) ist eine extrem gekürzte und bearbeitete Fassung. Oldendorps Manuskript-Text wurde erst durch die Edition (Oldendorp 2000) zugänglich. Eine separate zweisprachige deutsch-englische Publikation ist in Vorbereitung.

schungsinteresse stand (mit einem Schwerpunkt auf der Morphosyntax), sind vor allem die letzten Jahre von einer Hinwendung zu soziohistorischen, soziolinguistischen und sprachpolitischen Fragestellungen geprägt (Kap. 2.3) sowie von der (Diskussion um die) Einbettung kreolsprachlicher Untersuchungsgegenstände in einen allgemeinsprachwissenschaftlichen Kontext.

Diese Chronologie der Forschungsschwerpunkte in der Kreolistik in den letzten Jahrzehnten liefert die Struktur für das vorliegende Kapitel: Kap. 2.1 stellt aktuelle Forschungsfragen zur Kreolgenese und zu Aspekten des Sprachwandels dar; Kap. 2.2 befasst sich mit verschiedenen aktuellen Kontroversen rund um die typologische Einordnung der Kreolsprachen und stellt eine Reihe von sprachlichen Strukturen vor, die in der Forschungsliteratur der letzten Jahre im Fokus standen; Kap. 2.3 zu in der kreolistischen Forschung besonders häufig diskutierten soziolinguistischen und sprachpolitischen Fragestellungen schließt den Forschungsüberblick ab.

2.1 Sprachgenese und Sprachwandel

Eine der in der aktuellen Kreolistik meistdiskutierten Fragen ist die Suche nach einer Erklärung für das (historische) Entstehen von Kreolsprachen. Auf die außersprachlichen, soziohistorischen Umstände der Kolonialisierung, im Zuge derer die (F)KS entstanden sind, soll in den folgenden Abschnitten nicht im Detail eingegangen werden. Es sei diesbezüglich auf Kap. 7 verwiesen.

Erwähnt werden sollen an dieser Stelle dennoch die außersprachlichen „Zutaten", die nach Chaudensons (2004, 74s.) „recette de sorcière" für die Herausbildung der (F)KS vonnöten (gewesen) sind: europäischer Kolonialkontext (mit Plantagenwirtschaft), multilinguale, heterogene Gesellschaft, geprägt durch ein starkes Gefälle zwischen den europäischen Kolonialherren und den (zumeist afrikanischen) Sklaven, was Macht, Status und Anzahl angeht, und kein oder nur sehr begrenzter Zugang der Sklaven zur europäischen Sprache. Den „prototypischen" auf den europäischen Sprachen basierenden KS ist somit auch gemein, dass sie exogen entstanden sind, d. h. außerhalb der Gebiete, in denen die die Sprache konstituierenden Sprecher ursprünglich beheimatet waren: Sowohl die Europäer als auch die Sklaven entstammen anderen geografischen Regionen (Europa, Afrika) als denjenigen, in denen die jeweilige Kreolsprache dann entstanden ist, zumeist Inseln (hauptsächlich in der Karibik) und isolierten Gebieten in Küstennähe.

Die meisten auf europäischen Sprachen basierenden KS (auf die in diesem Kapitel fokussiert wird und die auch in der Forschung am häufigsten behandelt werden/ wurden) werden also – aus europäischer Perspektive – in geografisch exotisch geltenden Regionen gesprochen, die man eher mit Urlaub denn mit linguistischen Fragestellungen verbindet, z.B. auf Inseln in der Karibik, im Indischen Ozean. Sicherlich mit aus diesem Grund wird die Kreolistik nach wie vor, z.T. auch in der linguistischen Forschungsgemeinde, als ein exotisches Fach angesehen. Nichtsdestotrotz hat die bahnbrechende Arbeit von Thomason/Kaufman (1988), *Language Contact,*

Creolization and Genetic Linguistics bewirkt, dass die kreolsprachliche Forschung in den letzten Jahren immer mehr in den Kontext der allgemeinen Kontaktlinguistik eingebettet wird (Siegel 1997; Thomason 1997; Bakker 2002, 81s.; Winford 2002). Diese Einbindung hat sich im Zuge der Herausbildung kontaktsprachlicher Varietäten in postkolonialen Gesellschaften wie z. B. dem in der Elfenbeinküste entstandenen *nouchi* oder dem *camfranglais* Kameruns in den letzten Jahren noch verstärkt. Idiome dieses Typs werden häufig als hybride Varietäten bezeichnet. Zur Veranschaulichung der sprachlichen Hybridität sei ein Beispiel aus dem *camfranglais* angeführt: „Mon big m'a bring un T-shirt de Mbeng" (Échu 2008, 44, ‚Mein älterer Bruder hat mir ein T-Shirt aus Europa mitgebracht'), bei dem sich zeigt, dass die Hybridität darin besteht, dass in einer (weitgehend) französischen Satzstruktur französisches, (Pidgin-)englisches und kamerunisches Sprachmaterial miteinander gemischt wird.

Für den in den letzten Jahren in Mode gekommenen Begriff der „Hybridisierung" gibt es allerdings in der (linguistischen) Literatur keine allgemeingültige Definition, so dass es zu Abgrenzungsschwierigkeiten mit anderen sprachkontaktbeeinflussten Prozessen kommt. Es fehlt auch eine ausgearbeitete Typologie sprachlicher Hybridisierungserscheinungen. Der Verwendung von Hybridität/Hybridisierung liegen somit jeweils häufig unterschiedliche Konzepte zu Grunde (z. B. Whinnom 1971; Erfurt 2005b; Gugenberger 2010; für eine Diskussion vgl. Mutz 2013). Allen Hybridisierungskonzepten ist gemein, dass es um das Entstehen neuer Sprachstrukturen oder gar neuer Varietäten oder Sprachen geht, die durch den Kontakt von mindestens zwei, i. d. R. mehrerer Varietäten/Sprachen hervorgerufen werden. Im spezifischen und hier verwendeten Sinne bezeichnet Hybridisierung das Herausbilden von Kontaktvarietäten im mehrsprachigen, städtischen Kontext postkolonialer Gesellschaften (vor allem in Afrika).

Die Entstehung von hybriden Idiomen wie dem *camfranglais* laden zu Vergleichsstudien mit Sprachgeneseprozessen im kolonialen Kontext ein (Aboh/Smith 2009; Mutz 2013). Es stellt sich in dem Zusammenhang die Frage, ob das Entstehen der Kreolsprachen im 17. und 18. Jahrhundert[2] auf der Basis von nur bei der Kreolisierung ablaufenden spezifischen Mechanismen und Prozessen erfolgt ist oder ob die Kreolisierung auf allgemeinen Sprachwandelprinzipien basiert, so dass dort Prozesse stattgefunden haben, die auch in anderen Kontexten auftreten können. Diese zentrale Frage nach der (Nicht-)Exzeptionalität der Kreolgenese spaltet die Kreolisten in die Gruppe derjenigen, die die Kreolisierung als einen besonderen Fall von Sprachwandel bzw. Sprachgenese betrachten (z. B. Bickerton 1981; Lefèbvre 1998; McWhorter 2001, alle mit einer je eigenen Kreolisierungstheorie, s. u.) und solchen, die der Meinung

---

2 Der erste schriftliche Beleg einer FKS findet sich laut Roberge (2006, 2399) in Labat (1722). Ob die beiden Wörter *tenir mouche*, ‚viel haben' = ‚es gibt viel(e)', die eher nach Spanisch klingen, als Beleg für das KrMar gelten können, sei dahingestellt. Nur wenige Jahre älter ist der Beleg aus einer englisch basierten KS in Surinam (Herlein 1718, eine Wortliste, 121–123). McWhorter (2005, 146) zitiert einen Text in KrMar bereits für das Jahr 1671. Der weiter unten (S. 156) angeführte Text von Chevillard (1659, dort 145) wurde von Missionaren produziert, nicht von Sklaven.

sind, dass „creole grammars can be shown to fall within developmental patterns typical of ‚regular' language change" (Ansaldo/Matthews 2007, 13; siehe auch Mufwene 2001; DeGraff 2003).

In diesem Zusammenhang ist auch die Frage nach dem Bruch („katastrophischer Wandel") oder der (Stafetten-)Kontinuität (Lüdtke 1980)[3] in Bezug auf Kreolsprachen zu verstehen: Setzt eine Kreolsprache eine oder (in gemischter Form) mehrere der einstigen Kontaktsprachen fort oder nicht, d. h. kann man die Kreolsprachen als genealogische Tochtersprachen verstehen, oder beginnt mit ihnen jeweils eine neue Sprachhistorie? Dass auf diese Frage noch keine eindeutige Antwort gegeben worden ist, zeigt ein Blick in Einführungswerke in die romanische Sprachwissenschaft: Gabriel/Meisenburg (2007) bezeichnen im „Romanische Sprachen" betitelten Kap. 3.1. die romanisch basierten KS als einen „speziellen Sprachtyp" (Gabriel/Meisenburg 2007, 59), Bossong (2008) diskutiert die Frage nach der genetischen Klassifikation der Kreolsprachen und tendiert dazu, „die Kreolsprachen ihrer jeweiligen Ursprungsfamilie zuzuordnen und so beispielsweise die romanischen Sprachen um eine Gruppe ‚Kreol-Romanisch' zu erweitern" (Bossong 2008, 30), während Glessgen (2007) gar nicht auf die Frage der genealogischen Zugehörigkeit eingeht, sondern auf die typologische Unähnlichkeit zwischen romanischen Sprachen „proprement dites" und romanisch basierten KS hinweist, so dass die Behandlung der „Romania creolica" mehr vom Interesse für die allgemeine als für die romanische Sprachwissenschaft sei (Glessgen 2007, 52).

Schließlich wird in der Forschung auch das zwangsläufige Hervorgehen einer Kreolsprache aus einem Pidgin unterschiedlich eingeschätzt (vgl. Kap. 1.2). Ein Pidgin ist eine aus einer Sprachkontaktsituation hervorgegangene in Bezug auf eine der Kontaktsprachen stark vereinfachte Verkehrssprache, die Sprechern unterschiedlicher Sprachen in sehr begrenzten Situationen (z. B. Handel) als Verständigungsmittel dient (z. B. das *Pidgin-English* in Kamerun). Typischerweise ist ein Pidgin, im Unterschied zu einer Kreolsprache, niemandes Muttersprache (vgl. aber die Entwicklung des in Papua-Neuguinea mittlerweile auch zur Muttersprache gewordenen *Tok Pisin*, das lange ob seines ursprünglichen Status als reiner Verkehrssprache nur als Pidgin bezeichnet wurde, heutzutage aber als Kreolsprache gilt).

2.1.1 Genesetheorien

Unter den Genesetheorien waren eine Zeit lang verschiedene monogenetische Ansätze en vogue: durch die These, dass alle Kreolsprachen, seien sie französisch, englisch

---

[3] Der von Lüdtke geprägte Begriff der Stafettenkontinuität meint das Weitergeben einer Sprache von Generation zu Generation. So wurde das Vulgärlatein kontinuierlich, ohne Bruch, von Generation zu Generation weitergegeben, wurde im Laufe der Zeit u. a. aufgrund verschiedener außersprachlicher Bedingungen je nach Region verschieden restrukturiert und dadurch regional ausdifferenziert und ist heute im Gewand der romanischen Sprachen immer noch in aller Munde.

oder portugiesisch basiert, einen gemeinsamen Ursprung haben (und z. B. auf ein portugiesisch basiertes Pidgin zurückgehen, Whinnom 1956), wurden strukturelle Ähnlichkeiten der Kreolsprachen erklärt. Derlei Ansätze werden heutzutage nicht mehr vertreten und daher in diesem Kapitel auch nicht weiter betrachtet: Es haben sich sog. polygenetische Theorien durchgesetzt, d. h. Theorien, die besagen, dass jede Kreolsprache ihren je eigenen Ursprung hat. Die Tatsache, dass sich die Kreolsprachen trotz der je eigenen Genese relativ ähneln, wird, je nach Theorie, auf unterschiedliche Ursachen zurückgeführt: z. B. auf zu Tage tretende Sprachuniversalien, auf ähnliche soziohistorische Kontexte, auf allgemeine Mechanismen des ungesteuerten Zweitspracherwerbs, auf die beteiligten Kontaktsprachen.

Im Folgenden werden die in der Forschung wichtigsten polygenetischen Ansätze und deren Hauptvertreter vorgestellt. Einen kritischen Überblick über verschiedene, aktuell diskutierte Genesetheorien der Kreolsprachen findet man außer in den bereits angesprochenen Handbüchern (mehrere Artikel dazu in Kouwenberg/Singler 2008), z. B. in Siegel (2008a), *The Emergence of Pidgin and Creole Languages*. Die konkreten Umstände und Hypothesen bzgl. der Entstehung der französisch basierten Kreolsprachen werden in Kap. 7 dargestellt.

Sprachuniversalien und das *Language Bioprogram*
Bereits in den 1950er und 1960er Jahren hat Hall in seinen Arbeiten das auch heute noch in der Literatur weit verbreitete Postulat, dass Kreolsprachen zur Muttersprache gewordene Pidgins sind, ausgearbeitet (z. B. 1962, *The Life Cycle of Pidgin Languages*, 1966, *Pidgin and Creole Languages*). In radikalerer Form vertritt diese Sichtweise auch Bickerton (ab 1981 in zahlreichen folgenden Publikationen), der dieses Konzept der *nativization* eines Pidgins mit der Hypothese des angeborenen *Language Bioprogram* (LBH) verbindet; diese Theorie ist in ihrer extremen Form mittlerweile zwar weitestgehend widerlegt, wurde aber sehr lange kontrovers und heftig diskutiert und hat wichtige Forschungsimpulse geliefert. Nach Bickertons Theorie, anhand des hawaiianischen, englisch basierten Kreols entwickelt, haben Kinder von Sklaven in den Kolonien im Zuge des Erstspracherwerbs die ihnen dargebotene stark defizitäre und reduzierte Verkehrssprache (Pidgin) durch Rückgriff auf ihr angeborenes Sprachprogramm zu einer voll funktionsfähigen, grammatisch-strukturell komplexen Sprache (der Kreolsprache) ausgebaut. Diese Theorie fußt auf mehreren, z. T. schon lange in der kreolistischen Literatur kursierenden Annahmen, die in der Forschung mittlerweile aber weitgehend widerlegt oder abgeschwächt wurden, z. T. aber immer noch sehr kontrovers diskutiert werden (z. B. Roberts 1998; 1999; 2000; Siegel 2000; 2007; DeGraff 2001; 2003; 2005a; 2005b; Mufwene 2001; 2003; Ansaldo/Matthews/Lim 2007), dass sich eine jeweilige Kreolsprache schnell herausgebildet habe, dass den Kindern nur ein stark reduzierter (und zwar nicht-substratsprachlicher) Input geboten worden sei (Pidgin) und somit ein Bruch bzgl. der Weitergabe der Muttersprache vorliege und dass es sprachliche Merkmale gebe, die alle Kreolsprachen gemein haben.

Die Annahme, dass Kreolsprachen zur Muttersprache gewordene Pidgins sind (*pidgin-to-creole-cycle*), wird in der Literatur beständig kontrovers diskutiert und für die FKS z.T. bestritten (Bollée 1977b; 2007b; Chaudenson 1995). Unter den namhaften Kreolisten, die es als erwiesen betrachten, dass Kreolsprachen aus Pidgins hervorgegangen sind, wäre z.B. McWhorter zu nennen, der u.a. auch dadurch für Forschungsfurore gesorgt hat, dass er das Konzept eines kreolischen Prototyps weiterentwickelt hat (vgl. auch Baker 2001; Parkvall 2002; Bakker 2014). Nach seiner Anschauung spielen bei der Kreolgenese angeborene Sprachuniversalien eine große Rolle: „creoles are unique in reflecting the innate component of human language capacity more closely than older languages do" (McWhorter 2001, 126).

Substrat-Theorie
In der Kreolistik werden Substrat und Superstrat in einem anderen Sinne verwendet als in der traditionellen historischen Linguistik (Ascoli; Wartburg 1950). Im Kontext der historischen Sprachwissenschaft werden als Substratsprachen diejenigen Sprachen bezeichnet, die im Kontext von Eroberungen auf eine dominierende Sprache sprachlichen Einfluss nehmen und in der Folge untergehen; Superstratsprachen sind in diesem Zusammenhang Sprachen von Eroberern, die nach einer Phase der Mehrsprachigkeit aufgegeben werden, aber Spuren in der übernommenen Sprache des eroberten Volkes hinterlassen. Während also im traditionellen Modell zwischen einem Stratum (z.B. Latein), einem auf ein bestimmtes Stratum bezogenes Substratum (z.B. Keltisch in Bezug auf Lateinisch) und einem auf ein bestimmtes Stratum bezogenes Superstratum (z.B. Fränkisch in Bezug auf das lateinisch-romanische Stratum) unterschieden wird und eine Kontinuität des Stratums gilt, gibt es im kreolistischen Modell kein kontinuierliches Stratum, auf das Superstrat und Substrat einwirken, sondern es entsteht hier, stark vereinfacht ausgedrückt, durch das Zusammenwirken von ‚Substratum' (z.B. westafrikanische Sprachen) und ‚Superstratum' (z.B. Französisch) eine neue Sprache, die ab dem Zeitpunkt der Genese eine eigene Historie entwickelt. Es besteht somit bei der Begrifflichkeit zwar eine gewisse Nähe zwischen der Verwendung im sprachhistorischen und im kreolistischen Kontext (vor allem in Bezug auf die Dominanzverhältnisse), aber es liegen auch grundlegende Unterschiede vor (Kontinuität eines gegebenen Stratums).

Die vor allem von Lefèbvre (1988; 2002; 2011) und ihren Kollegen (z.B. Lumsden 1999 oder Brousseau 2011) in der Tradition von Adam (1883) und Sylvain (1936) vertretene Substrat-Theorie, die sie bzgl. der Genese des KrHai entwickelt haben, besagt, in ihrer ursprünglichen Form und stark vereinfacht ausgedrückt, dass Kreolsprachen Substratsprachen im Gewand der Superstratsprachen sind. d.h. dass im Falle des KrHai die grammatischen und semantischen Strukturen der afrikanischen Substratsprache(n) fortgeführt werden und lediglich die phonologische äußere Gestalt aus der (europäischen) Superstratsprache Französisch übernommen wird (Lefèbvre 2002, 253). Dieser Prozess wird als Relexifizierung bezeichnet. Die Akteure der Kreolisierung sind in diesem Modell die erwachsenen Sklaven, die im Zuge des Zweitspracherwerbs die grammatischen Strukturen und Kategorien aus ihrer afrikanischen Muttersprache in die neu entstehende Kreolsprache überführen unter Austausch des Lexikoninventars mit demjenigen der zumeist europäischen Sprache der Kolonialherren. Neben der Relexifizierung werden Nivellierungs- und Reanalyseverfahren als weitere wichtige an der Kreolgenese beteiligte Prozesse genannt (Lefèbvre 2001; 2002). Bei sehr geringem Zugang der Sklaven zur Zielsprache der Kolonialherren (wie auf Haiti) wäre der Zugriff auf den Relexifizierungsmechanismus ausgeprägter als im Falle von besserem Zugang (wie auf Mauritius oder in Louisiana). Die Relexifizierungstheorie wird in differenzierter und abgeschwächter Form in jüngeren Arbeiten nach wie vor u. a. von Lefèbvre vertreten.

Unabhängig von dieser Relexifizierungstheorie gibt es viele Arbeiten, die generell die Rolle der Substratsprachen bei der Herausbildung der Kreolsprachen herausarbeiten und betonen. So hat z. B. Siegel (2000) einen *Transfer Constraints Approach* entwickelt, in dem er Bedingungen, Beschränkungen und Parameter für das Transferieren sprachlicher Merkmale (aus der Substratsprache) herausarbeitet. Auch McWhorter unterstreicht in seinen Arbeiten immer wieder die wichtige Rolle der Substratsprachen. 2007 beschäftigt sich der Themenband 22.1 des *JPCL* mit *Substrate Influence in Creole Formation* (fokussierend auf die Kreolsprachen Surinams).

In einigen Publikationen (z. B. Hazaël-Massieux 1993; Bollée/Neumann-Holzschuh 2002), die die sog. Superstrat-Theorie vertreten, wird den (afrikanischen) Substratsprachen insofern ein gewisser Einfluss zugesprochen, indem ihnen eine Art Filterfunktion zugewiesen wird, die die Wahrnehmung der Strukturen der *lexifier*[4]-Sprache steuert.

Superstrat-Theorie

Die entgegengesetzte Perspektive zu der soeben vorgestellten Theorie findet sich bei den sog. Superstratisten (vor allem Chaudenson, aber auch Bollée), die den Einfluss der afrikanischen Muttersprachen niedrig einstufen und nicht nur bzgl. der lexikalischen Dimension, sondern auch hinsichtlich der grammatischen Strukturen die im Kolonialkontext dominierende europäische Sprache als maßgebliche und entscheidende Bezugsgröße einschätzen. Diese Theorie ist, zumindest im Kontext der FKS, die aktuell am besten akzeptierte.

In Abhängigkeit des kolonialen sozioökonomischen und demographischen Kontextes unterscheidet Chaudenson (1992; 1995) drei entscheidende Phasen der Kreolisierung, die er für die historische Situation im Indischen Ozean erarbeitet hat, die sich aber auch auf den karibischen Kontext übertragen lassen (Bollée 2007b, 129): Währen der ersten Phase der *société d'habitation* lebten französische (bzw. europäi-

---

4 Als *lexifier*-Sprache einer Kreolsprache wird die Sprache bezeichnet, die in der historischen Sprachkontaktsituation die dominierende Sprache war und maßgeblich das Lexikon einer Kreolsprache bestimmte.

sche) Kolonialherren und zumeist afrikanische Arbeiter und Sklaven je gemeinsam in einem Farmhaushalt, die demographischen Anteile zwischen Europäern und Afrikanern waren relativ ausgeglichen, die nicht-europäischen Sklaven hatten einen guten Zugang zur europäischen Zielsprache und bildeten Lernervarietäten der jeweiligen Zielsprache aus (in unserem Falle des Französischen, das sog. *français approximatif*). Im Laufe der Zeit änderten sich die Strukturen der Kolonialwirtschaft und damit die Lebens- und Arbeitsbedingungen und auch der Zugang zur europäischen Zielsprache für die Sklaven. In der auf die Phase der *société d'habitation* folgenden Phase der *société de plantation*, in der auf riesigen Plantagen große Mengen von Zuckerrohr, Kaffee, Tabak etc. erwirtschaftet werden mussten, stieg der Bedarf an Arbeitskräften rasant an, so dass sehr bald die Anzahl der afrikanischsprachigen Sklaven die Anzahl der europäischen/französischen Kolonialherren bei weitem übertraf. Die vielen neu ankommenden Sklaven hatten, nach dieser Theorie, keinen direkten Zugang mehr zur europäischen bzw. französischen Zielsprache, sondern hörten die Sprache nur noch aus zweiter bzw. dritter Hand und restrukturierten auf der Basis von Zweiterwerbsstrategien das ihnen dargebotene *français approximatif* zu einer neuen Sprache. In der dritten Phase schließlich hörte der Zustrom der das (zumeist afrikanische) Substrat sprechenden Sklaven auf und die durch Restrukturierungsprozesse entstandene Kreolsprache wurde zur neuen Muttersprache. Die genannten drei Phasen dauerten je nach Kolonialgebiet unterschiedlich lange und fanden unter je unterschiedlichen demographischen Bedingungen statt, was mit zu verschiedenen Kreolisierungsergebnissen beitrug.

Dass (universale) Mechanismen des Zweitspracherwerbs bei der Kreolgenese eine entscheidende Rolle spielen, ist heute generell in der Forschung anerkannt (Véronique 1994; Wekker 1996; Lefèbvre/White/Jourdan 2006; Schramm 2014). Plag (2008a; 2008b; 2009a; 2009b) bezeichnet Kreolsprachen als *interlanguages* (vgl. auch Stein 2002a).

Sprachökologischer Ansatz
Einer der jüngsten Ansätze zur Erklärung der Herausbildung der KS und ihrer Strukturen, ist der „typological-evolutionary approach" von Mufwene (Mufwene 2001; Ansaldo/Matthews 2007, 11; ähnlich auch Mühlhäusler 1995). Nach dieser Theorie kommt es in jedweder Sprachkontaktsituation in Abhängigkeit des jeweiligen sozioökonomischen und soziopolitischen Umfeldes zu einem Wettstreit zwischen den sprachlichen Merkmalen der an der Sprachkontaktsituation beteiligten Sprachen. Bei der Bildung der KS (von Mufwene als ein Restrukturierungsprozess bezeichnet) würden alle sprachlichen Merkmale der bei der Gründung der Kolonie beteiligten Kontaktsprachen (*Founder-Principle*) nach ökologischen Prinzipien aus einem sog. *feature-pool* ausgewählt (Mufwene 1996a; 2001; Ansaldo/Matthews 2007, 11), und zwar in Abhängigkeit eines komplexen Bedingungs- und Beziehungsgeflechts (außer-) sprachlicher Parameter, z.B. politischer und wirtschaftlich-sozialer Umstände (Croft 2000; Mufwene 2001; 2014). Nach diesem Modell ist Kreolisierung letztlich eher ein

sozio-historischer bzw. sozio-linguistischer als ein rein sprachlich-struktureller Prozess (so auch DeGraff 2003, 401). In aktuellen Nummern der *JPCL* wird dieser Erklärungsansatz von McWhorter kontrovers diskutiert (2012a; 2012b; 2014).

Dass zur Erklärung der Entstehung der KS der jeweilige soziohistorische Kontext und die soziodemographischen Daten von entscheidender Wichtigkeit sind, wurde und wird in der Literatur immer wieder und immer mehr hervorgehoben (Chaudenson 1992; Singler 1995; Arends 1995b). Arends (2002) warnt in diesem Zusammenhang vor der Gefahr einer verallgemeinernden Kreolgenesetheorie und weist darauf hin, dass für jede einzelne Region, in der KS entstanden sind, die je spezifischen soziokulturellen Bedingungen der Genese erforscht werden müssen.

In jüngster Zeit wird verstärkt auf den willentlichen und kreativen Aspekt der KS-Entstehung fokussiert, d. h. auf den Sprecher und seine Intentionen und Motivationen. So wird u. a. die Rolle der entflohenen Sklaven (frz. *marrons*, engl. *maroons*) und/oder speziell der Frauen bei der Kreolisierung hinterfragt und auch der Frage nachgegangen, ob die Sklaven in den Kolonien aus identitären Gründen eine eigene, neue Sprache kreieren wollten (vgl. u. a. Baker 1994; Moñino 2007; Siegel 2007; Faraclas 2012).

Nach dem kurzen Überblick über die wichtigsten Kreolgenesetheorien lässt sich sagen, dass sich einige von diesen hinsichtlich verschiedener Dimensionen z.T. diametral gegenüberstehen (z. B. Zentralität der Superstratsprache vs. Zentralität der Substratsprache, Kreolgenese im Zuge des Erstspracherwerbs vs. Kreolgenese im Zuge des Zweitspracherwerbs, Kreolentstehung aus einem diesem vorausgehenden Pidgin vs. Kreolisierung ohne vorausgehende Pidgin-Phase). In zahlreichen gemäßigten Arbeiten wird allerdings hervorgehoben, dass die Herausbildung der KS polykausal aus dem Zusammenspiel verschiedener Faktoren zu erklären ist: so trügen je nach KS in unterschiedlichem Maße sowohl die verschiedenen Kontaktsprachen (Superstratsprachen, Substratsprachen aber auch Adstratsprachen), als auch universale Sprach(erwerbs)mechanismen sowie die spezifischen soziohistorischen Bedingungen anteilig zu ihrer Genese bei (Bollée 1982, die von Konvergenz spricht; Mufwene 1986; 2001, 67; Syea 2002; Muysken 2001).

Während einige Kreolisten den Kreolisierungsprozess als einen ganz spezifischen, von anderen Sprachgenese- bzw. Sprachwandelprozessen verschiedenen ansehen (z. B. Bickerton 1981; McWhorter 2001), vertreten andere die Meinung, dass „sich die Kreolisierung zwar im Grad und in der Geschwindigkeit von dem aus den europäischen Sprachen vertrauten Sprachwandel unterscheidet, nicht aber in der Art des Wandels und in den betroffenen Phänomenen" (Stein 1997, 107; vgl. auch Stolz 1986; Plag 1994; Mufwene 2001; Lefèbvre 2002).

2.1.2 Sprachliche Prozesse bei Kreolisierung und historischem Wandel der Kreolsprachen

Sowohl bei der Kreolisierung als auch beim weiteren Entwicklungsverlauf der KS sind viele Prozesse und Mechanismen festzustellen, die sich auch sonst im Zusammenhang von Sprachwandel beobachten lassen, vor allem Reanalyse-, Analogie- und Grammatikalisierungsprozesse. Während das Konzept der Analogie als bekannt vorausgesetzt wird und analogische Prozesse im vorliegenden Kapitel daher auch nicht weiter berücksichtigt werden, seien ein paar erklärende Kommentare zu den Prozessen der Reanalyse und der Grammatikalisierung vorausgeschickt. Unter Reanalyse versteht man den Prozess, bei dem ein sprachlicher Ausdruck vom Hörenden anders interpretiert und analysiert wird, als es vom Sprechenden intendiert war (Langacker 1977), vgl. das berühmte Bsp. des *hamburg-er*, der als *ham-burger* reanalysiert wurde und in der Folge zu analogischen Neubildungen wie *cheese-burger* führte. Der von Meillet (1912) geprägte Begriff der Grammatikalisierung bezeichnet einen Prozess, bei dem ein ursprünglich syntaktisch und prosodisch autonomes Element mit konkret-referentieller Bedeutung in bestimmten Kontexten diese Autonomie verliert und zu einem lautlich zumeist reduzierten, morphosyntaktisch gebundenen Element mit zunehmend (rein) grammatischer Funktion wird (das Ausgangslexem bleibt dabei i.d.R. bewahrt). Der Prozess der Grammatikalisierung ist somit typischerweise gekennzeichnet durch lautliche Erosion, Verlust der syntaktischen Autonomie sowie der ursprünglichen kategorialen Eigenschaften; vgl. z.B. die Entwicklung des lateinischen Substantivs *passu(m)* ‚Schritt' zum französischen Negationsadverb *pas*, wie in *il (ne) travaille pas* ‚er arbeitet nicht' (allerdings hat das Französische auch das französische Substantiv *pas* ‚Schritt' bewahrt). Ein anderes Beispiel aus der lateinisch-romanischen Sprachgeschichte ist das lateinische Substantiv *mente(m)* ‚Geist, Sinn, Verstand', das sich (fast) gemeinromanisch zu einem Derivationssuffix zur Bildung von Adverbien, frz. *-ment*, ital./span. *-mente* entwickelte. Seit Mitte der 1980er gibt es eine sehr produktive Grammatikalisierungsforschung, für die Namen wie Hopper, Traugott, Hopper, Heine oder Lehmann stehen, und die sich seit Mitte der 1990er Jahre auch auf die KS ausgedehnt hat (Michaelis 1994; Mufwene 1996b; Baker/Syea 1996; Kriegel 2003; Lang/Neumann-Holzschuh 1999; Plag 2002; Bruyn 2008).

Bevor auf die genannten Sprachwandelprozesse im Rahmen der Herausbildung kreolsprachlicher Strukturen eingegangen wird, seien noch einige Bemerkungen über die diachrone Kreolistik generell vorausgeschickt: Zwar gibt es zahlreiche Arbeiten im Bereich der Grammatikalisierung, aber nach wie vor fehlt es an umfassenden historischen Grammatiken zu einzelnen KS (Stolz 1986; Alleyne 1996). Auch historische bzw. etymologische Lexika gibt es nur vereinzelt (Chaudenson 1974a; Bollée 1993–2007; Bollée/Fattier/Neumann-Holzschuh, in Vorb.). In den letzten Jahren ist jedoch eine vermehrte Herausgabe historischer Dokumente zu verzeichnen, Reise- und Missionarsberichte wie Oldendorps *Geschichte der caribischen Inseln* ... (Oldendorp 1777 bzw. 2000–2002), historische Lehrmaterialien wie Oldendorps *Criolisches Wörterbuch* (Oldendorp 1996, ed. durch Stein) oder alte kreolische Sprachdokumente (Chaudenson

1981a; Arends/Perl 1995; Furlong/Ramharai 2006; Baker/Fon Sing 2007; Bollée 2007a; Hazaël-Massieux 2008). Dies hat wiederum zur Zunahme von diachronen Studien, u. a. im Kontext der Grammatikalisierung geführt (z. B. Bruyn 1995; Baker/Syea 1996; Braun/Plag 2003; Braun 2009). Diese diachronen Studien zeigen, dass die KS in jüngeren Texten kreolischere Strukturen aufweisen als in älteren Zeugnissen (Bakker 2002, 86). Gründe dafür sind u. a., dass die bereits erwähnten Grammatikalisierungsprozesse im Laufe der Zeit weiter vorangeschritten sind, aber auch, dass sich die frühere Autorenschaft (aufgrund der von ihr anvisierten Leserschaft) an den europäischen *lexifier*-Sprachen orientierten und daher wohl die unbekannten kreolischen Strukturen entsprechend versprachlicht oder vernachlässigt haben.

Betrachten wir im Folgenden die Prozesse der Grammatikalisierung und Reanalyse in Bezug auf die KS genauer: Bei der Herausbildung der KS wurde das lexikalische, semantisch referierende Material der jeweiligen Superstratsprachen übernommen (also die Substantive, Verben, Adjektive), die grammatischen, unbetonten und gebundenen Funktionselemente der Superstratsprachen (im Falle des Französischen z. B. klitische Elemente wie *se* oder Flexionsaffixe wie *-erons*) gingen dagegen aufgrund mangelnder Salienz i. d. R. verloren, so dass sich – häufig mittels Grammatikalisierung – (neue) Strukturen herausgebildet haben, die deren (oder andere) grammatische Funktionen übernahmen. Der Grammatikalisierungsprozess ist somit als ein Restrukturierungsprozess zu verstehen (Neumann-Holzschuh/Schneider 2001). Plag (2002, 230) weist allerdings darauf hin, dass „most studies of grammaticalization in creoles demonstrate that the developments investigated are not instances of grammaticalization in the traditional sense"; es handele sich in vielen Fällen vielmehr nur um scheinbare Grammatikalisierungen (Bruyn 1996), d. h. um Transfers von bereits grammatikalisierten Strukturen aus den Kontaktsprachen – wobei die Grammatikalisierung in den KS oftmals weiter zu gehen scheint und somit die Definition von Kurylowicz (1965) zum Tragen kommt, nach welcher Grammatikalisierung auch dann vorliegt, wenn bereits grammatische Strukturen noch grammatischer werden. In vielen Kontexten könnte nach Lass (1990) auch von einer *exaptation*, d. h. von einer Funktionsausdehnung der betroffenen Elemente gesprochen werden (Syea 2002, 208).

Eine ähnliche Unterscheidung wie Plag sieht Detges (2000) vor, der Grammatikalisierungen wie im Falle von *fini* < *fini(r)* ‚beenden, beendet' (in den FKS sowohl Vollverb als auch Perfektiv-Marker) Reanalysen, die ohne Grammatikalisierung ablaufen, gegenüberstellt, wie z. B. *te/ti* (Vergangenheitsmarker in den FKS), laut Detges reanalysiert aus der französischen Periphrase *était (à)* (vgl. auch Bruyn 2008) – auch in diesem Fall könnte man jedoch, folgt man dem Grammatikalisierungskonzept von Kurylowicz, von Grammatikalisierung sprechen, da *te* grammatischer ist als *était (à)*.

Im Folgenden seien weitere Beispiele für Strukturen genannt, die in der Literatur auf echte oder scheinbare Grammatikalisierungsprozesse zurückgeführt werden: Viele kreolische Lokalpräpositionen gehen etymologisch auf ein französisches Nomen bzw. ein französisches Verb zurück (Bucheli-Berger 2009), z. B. *kote* ‚bei' (< frz. *côté*) oder die Benefaktiv-Präposition *ba/ban/bay* (< frz. *bailler* ‚geben' – siehe auch Kap. 5.3.3.4); viele der sog. präprädikativen Tempus-Modus-Aspekt-Marker (TMA-Marker), z. B. der

Perfektiv-Marker *fini* (< *finir*, s. o.), sind durch Grammatikalisierung entstanden, in englisch basierten KS sind Kompletivkonjunktionen häufig auf grammatikalisierte Verben (des Sagens) zurückzuführen, z. B. *se* (< *to say*) oder *taki* (< *to talk*),[5] im KrMau hat sich der Pluralmarker *bann* aus dem französischen Nomen (*la) bande* ‚(die) Gruppe, Bande' entwickelt, Nomen zur Bezeichnung des Körpers oder von Körperteilen sind in vielen KS zu Reflexivmarkern geworden, vgl. z. B. KrHai *latet* (< frz. *la tête*) oder im englisch basierten Kreol von Nicaragua Konstruktionen mit *hed* (< engl. *head*) oder *skin* (< engl. *skin*), der nachgestellte definite Artikel (*-la*) der FKS ist auf die Grammatikalisierung des französischen Demonstrativadverbs *-là* ‚dort' im französischen Demonstrativartikel *ce ... -là* zurückzuführen. Viele dieser Grammatikalisierungen entsprechen Verläufen, die bei der Herausbildung grammatischer Konstruktionen in den europäischen Sprachen analog abgelaufen sind (z. B. die Entstehung des französischen definiten Artikels *le* aus dem lateinischen Demonstrativum *ille*).

Zahlreiche grammatikalisierte Formen (z. B. Konjunktionen) sind im Zuge und als Folge der Verschriftlichung und des Ausbaus der KS entstanden: So wird im Kontext der Verschriftlichung und der folgenden Eröffnung auf neue Funktionskontexte der Bedarf an distanzsprachlichen Strukturen (z. B. hypotaktischen Konstruktionen) größer (Ludwig 1996a; Strobel-Köhl 1994).

Ein bei der Herausbildung kreolsprachlicher Strukturen häufig abgelaufener Prozess ist auch der der Reanalyse, so ist beispielsweise bei der Genese vieler FKS der französische Determinant vor Nomen nicht als solcher erkannt und als integraler, funktionsloser Bestandteil des jeweiligen Nomens gewertet worden (Grant 1995), man spricht hier von der Agglutination des französischen Artikels, KrSey *laz* ‚Alter' (< *l'âge* ‚das Alter'), *lapli* ‚Regen' (< *la pluie* ‚der Regen') oder auch *dilo* ‚Wasser' (< *de l'eau* ‚(von) Wasser' – siehe auch Kap. 5.3.2.1). Möchte man ‚der Regen' im KrSey ausdrücken, ist das Anfügen des neu (durch Grammatikalisierung) entstandenen Artikels nötig: *lapli-la* (Syea 1996), vgl. auch *enn dimoun* ‚jemand' im KrMau. Derartige morphologische Restrukturierungen sind auch für andere KS belegt, z. B. für das Hiri-Motu oder das Bislama (Crowley 2008, 90s.); sie sind allerdings nicht KS-spezifisch, vgl. die erfolgte Reanalyse bei frz. *tante* oder *lierre*.

Detges (2000) analysiert die Herausbildung von Tempus- und Aspekt-Markern in den FKS z. T. basierend auf reinen Grammatikalisierungen (s. o.), z. T. auf reinen Reanalysen, wenn Bestandteile französischer Verbalperiphrasen als TMA-Marker reinterpretiert wurden (z. B. der Progressivmarker *(a)pe* im KrMau aus frz. *être après faire qc.*) oder als basierend auf dem Zusammenspiel von Grammatikalisierungs- und Reanalyseprozessen (so z. B. *pou* (< frz. *pour*) zur Markierung des definiten Futur im KrMau, Bruyn 2008).

---

5 Bruyn (2008) weist darauf hin, dass in diesem Fall der Einfluss des afrikanischen Substrats nicht unterschätzt werden sollte, d. h. auch hier wieder interne Grammatikalisierung von kontakt-induzierter Grammatikalisierung zu unterscheiden sei.

Ein immer wieder in der kreolistischen Literatur erwähnter Wandel, dem Kreolsprachen in den charakteristischen diglossischen Kontexten[6] unterworfen sind, ist der Prozess der Dekreolisierung (Siegel 2010). Damit ist gemeint, dass Kreolsprachen durch den dauerhaften Kontakt mit der sozial dominierenden (europäischen) Sprache zunehmend ihre kreolsprachlichen Strukturen verlieren und stattdessen französische oder englische annehmen (gegen dieses Konzept vgl. Ansaldo/Matthews 2007, 13). Dieser auf die sozio-ökonomischen Verhältnisse zurückzuführende Wandel wird in Abschnitt 2.5 näher beleuchtet werden, in dem es um aktuelle Tendenzen im Verhältnis zwischen Kreolsprachen und umgebenden Kontaktsprachen geht.

Wie alle Sprachen sind auch Kreolsprachen ständiger Variation und ständigem Wandel unterworfen. Ein wichtiger Faktor von sowohl Sprachvariation als auch Sprachwandel ist der Kontakt mit anderen Sprachen; während in Bezug auf die Kreolsprachen vor allem der Einfluss der *lexifier*-Sprache auf die weitere Entwicklung einer jeweiligen Kreolsprache bzw., wenn auch weniger häufig untersucht, der Einfluss der Kreolsprachen auf die in einer Sprachengemeinschaft dominierende Sprache im Fokus der Sprachkontaktuntersuchungen stand, gibt es auch Arbeiten, die den Einfluss anderer Kontaktsprachen auf Kreolsprachen untersuchen, so z. B. den Einfluss des Englischen auf das KrLou (Rottet 2001) oder den Einfluss des Spanischen auf das KrHai (und umgekehrt) an der Grenze zwischen Haiti und der Dominikanischen Republik auf der Insel Hispaniola (Ortiz López 2010).

2.2 Typologische Fragestellungen

In engem Zusammenhang mit der angenommenen Genesetheorie der Kreolsprachen (s. o.) steht die Frage nach ihrer typologischen Klassifizierung: Stellen die Kreolsprachen eine eigene typologische Klasse dar (wie es z. B. McWhorter 1998; 2001; 2005; Parkvall 2008; Bakker/Daval-Markussen et al. 2011 annehmen), sind sie genetisch mit ihren zumeist europäischen *lexifier*-Sprachen verwandt (Chaudenson, z. B. 2003) oder sind sie typologisch den zumeist afrikanischen Substratsprachen zuzuordnen (z. B. Lefèbvre 1998)? Befassen wir uns im Folgenden vor allem mit dem Postulat, dass die Kreolsprachen einen eigenen, exzeptionellen Sprachtypus konstituieren.

Bereits Bickerton (1981) stellte sprachliche Merkmale eines kreolischen Prototyps heraus. Ein bedeutender, aktueller Vertreter dieses Standpunkts ist McWhorter, der seine Theorie eines kreolischen Prototyps in zahlreichen Schriften, die die kreolistische Forschung sehr inspiriert und viele, z. T. polemische, Gegenentwürfe auf den Plan gerufen

---

6 Auf das Konzept der Diglossie wird in 2.4 und, FKS-spezifisch, in Kap. 8.1.2 genauer eingegangen, daher hier nur kurz: Bei der Diglossie handelt es sich um eine ‚gesellschaftliche Zweisprachigkeit', wobei die beteiligten Sprachen funktional komplementär distribuiert sind, d. h. eine der Sprachen, die *high variety* (z. B. Französisch in Haiti), deckt die öffentlichen und schriftlichen Kommunikationsbereiche ab, die weniger prestigeträchtige *low variety* (im Beispiel das KrHai) wird im privaten, nicht-öffentlichen Kontext in gesprochener Form verwendet.

haben, darstellt und verteidigt. Nach McWhorter (1998; 2005) zeichnet sich der kreolische Prototyp durch folgende sprachliche Merkmale aus, die in Nicht-Kreolsprachen niemals zusammen auftreten würden: 1) sehr schwach ausgeprägte Flexionsmorphologie (sie gelten daher als isolierende Sprachen, Bakker/Daval-Markussen et al. 2011; Siegel 2012),[7] 2) fehlender Sprachton zur Funktionsdifferenzierung (bei Einsilblern), 3) semantisch regelmäßige Derivation. Ein weiteres typologisch definitorisches Charakteristikum von Kreolsprachen ist nach McWhorter, dass sie, da sehr junge Sprachen, grammatisch relativ einfach und wenig komplex strukturiert seien. Diese These wird u. a. in seinem berühmten in einem Themenband von *Linguistic Typology* erschienenen Aufsatz von 2001, *The World's Simplest Grammars are Creole Grammars*, dargestellt. Kritische Stellungnahmen und Gegenentwürfe zu diesem Postulat finden sich in diesem Band in elf Artikeln (von Arends, Ansaldo/Matthews, Trudgill, Wurzel u. a.). McWhorter wiederum reagiert in einem die Nummer abschließenden Antwort-Artikel auf die einzelnen Kommentare; insofern stellt diese Ausgabe von *Linguistic Typology* einen guten Überblick über den typologischen Forschungsstand bzgl. der Kreolsprachen zu Beginn des 21. Jahrhunderts dar. Die Diskussion um die vermeintliche Einfachheit von Kreolsprachen reißt aber auch im neuen Jahrtausend nicht ab: diesbezüglich zu nennen sind z. B. die Bände *Simplicity and Complexity in Creoles and Pidgins* (Faraclas/Klein 2009) oder *Complex Processes in New Languages* (Aboh/Smith 2009) oder auch die entsprechenden Abschnitte in Siegel (2008a).

Gegen die These, dass die Kreolsprachen einen exzeptionellen, eigenen Sprachtypus darstellen, wendet sich insbesondere DeGraff in zahlreichen Schriften (2001; 2003; 2005a; 2005b); er vertritt, wie auch Mufwene (z. B. 2001) oder Muysken (1988; 2001), die Ansicht, dass das Kreolsprachenkonzept ein soziohistorisches und kein sprachliches sei. In diesen Zusammenhang ist auch der Band von Ansaldo/Matthews/Lim (2007) einzuordnen, der einen dekonstruktivistischen Ansatz einnimmt und mit zahlreichen z. T. alt hergebrachten Thesen und Theorien („myths") der (typologischen) Exzeptionalität von Kreolsprachen aufräumt (so mit der These der strukturellen Einfachheit von Kreolsprachen oder der Annahme der den Kreolsprachen eigenen Sprachwandel- bzw. Genesemechanismen).

Zehn Jahre nach dem *Linguistic Typology*-Sonderband widmet auch das *JPCL* (Bd. 26.1, 2011) typologischen Fragestellungen einen Themenband, gefolgt von Bhatt/Veenstra (2013): Aus unterschiedlichen theoretischen Perspektiven und auf Basis der Analyse verschiedener sprachlicher Strukturen wird die typologische Eigenständigkeit von Kreolsprachen hinterfragt. Mit Hilfe einer quantitativen, in der Genetik entwickelten, Methode der Untersuchung sprachlicher Merkmale kommen dabei Bakker/Daval-Markussen et al. (2011) zu dem Schluss, dass Kreolsprachen in der Tat eine typologisch distinkte Klasse darstellen; demgegenüber steht aber beispielsweise die Untersuchung von Kihm (2011), der bezüglich der Kreolsprachen von einem „scattered sprachbund" spricht. Vor dem Hintergrund der quantitativen Analyse von sprachstrukturellen

---

[7] Zu einer diese Annahme relativierenden Studie vgl. Siegel/Kortmann/Szmrecsanyi (2014).

kreolsprachlichen Merkmalen (Bakker/Daval-Markussen et al. 2011) setzt Bakker (2014) den die sprachliche Exzeptionalität von Kreolsprachen leugnenden Kreolisten wie DeGraff, Mufwene und den Kreolisten, die auf den strukturell-typologischen Ausnahmecharakter der Kreolsprachen pochen (McWhorter, Parkvall, Bickerton, vgl. auch dessen Kontroverse mit DeGraff in *Language* 19, 2003 und 20, 2004), einen dritten Standpunkt gegenüber: Er spricht von der sprachlichen „distinctiveness" der Kreolsprachen, die mit ihrer außergewöhnlichen Geschichte zusammenhänge (vgl. auch Chaudenson 1992).

Von den „prototypischen" Kreolsprachen wie beispielsweise dem KrHai oder dem KrMau sind die sogenannten Semi-Kreolsprachen zu unterscheiden (als Semi-Kreols gelten das KrRéu oder das Afrikaans), deren Strukturen, bedingt durch die soziohistorischen Umstände, „weniger kreolisch" ausgeprägt sind (Holm 2002). Auch dem in Neukaledonien gesprochenen *tayo* (vgl. hierzu Ehrhart 1993; Corne 1989b) ist aufgrund seiner besonderen Entstehungsbedingungen (es ist wohl endogen und nicht exogen entstanden) und den daraus resultierenden sprachlichen Folgen ein Sonderstatus (im Vergleich zu den anderen FKS) zuzuschreiben.

Einen weiteren Typus stellen schließlich die bereits angesprochenen neuen Kontaktsprachen/Kontaktvarietäten, wie sie seit postkolonialer Phase vor allem in Großstädten in Afrika entstanden sind, dar, z. B. das *nouchi* der Elfenbeinküste oder das *camfranglais* Kameruns. Diese sog. hybriden Varietäten (Erfurt 2005a; Hinnenkamp/Meng 2005), auf die bereits zu Beginn von Abschnitt 2.1 eingegangen wurde, weisen sowohl bzgl. der an der Genese beteiligten Prozesse als auch in sprachstruktureller und soziolinguistischer Hinsicht zwar gewisse Parallelen zu den Kreolsprachen auf, sind aber, was den Entstehungskontext und das Sprachsystem insgesamt angeht, hinreichend verschieden von diesen (Chaudenson 2002; Gugenberger 2009; 2010; Mutz 2013).

Die Frage, ob nicht auch die romanischen Sprachen das Produkt einer Kreolisierung sein könnten, wurde in der Forschung immer wieder aufgeworfen und diskutiert (z. B. Schlieben-Lange 1977; Kramer 1999; Goyette 2000; Mufwene 2008).

2.3 Ausgewählte Sprachstrukturen

In diesem Abschnitt, der sich auf die FKS konzentriert, wird vor allem auf die Strukturen eingegangen, die sich von den funktional korrespondierenden Strukturen der europäischen *lexifier*-Sprache unterscheiden und die daher besonders im Fokus der Forschung stehen. Eine detaillierte Darstellung der phonetischen, lexikalischen und morphosyntaktischen Strukturen der FKS erfolgt in Kap. 3, 5 und 6.

Es sei zunächst auf das allgemeine Problem hingewiesen, dass in den vorliegenden wissenschaftlichen Abhandlungen und Grammatiken eine starke Tendenz der eurozentristischen Darstellung festzustellen ist, d. h. in der Forschung werden die in den zumeist europäischen Superstratsprachen etablierten grammatischen Kategorien auf die Kreolsprachen projiziert, ohne Bewusstheit darüber zu zeigen, ob ein solches

Übertragen tatsächlich angebracht ist und den sprachlichen Realitäten gerecht wird. Ist beispielsweise die Kategorie des Modus wirklich eine relevante Kategorie in den Kreolsprachen? Mit diesem Caveat im Hinterkopf sollen die folgenden Abschnitte gelesen werden.

2.3.1 Morphologie (Flexionsmorphologie, Wortbildungsmorphologie)

Im Folgenden meint Morphologie, ausgehend von der *signifiant*-Seite, das synthetische Ausdrücken von grammatischen Kategorien und Bedeutungskategorien innerhalb eines Wortes mittels Flexions- und Derivationsaffixen oder der Verbindung von Wurzelmorphemen. Analytische Konstruktionen, bei denen sich die (grammatische) Information aus dem Zusammenspiel von (flektiertem) Auxiliar und infiniter Verbform ergibt, werden nicht zur Flexionsmorphologie gezählt.[8]

Haben Kreolsprachen, die traditionell als sehr einfach strukturiert gelten, in diesem Sinne überhaupt komplexe Wortstrukturen, d. h. sind sie morphologisch segmentierbar? Kreolsprachliche Forschung hat sich im systemischen Bereich lange Zeit vor allem mit syntaktischen Fragestellungen befasst, die Beschäftigung mit der Morphologie kam zunächst stiefmütterlich zu kurz, da traditionell ohnehin das Credo galt, dass Kreolsprachen über keine nennenswerten (flexions-)morphologischen Strukturen verfügen (vgl. Seuren/Wekker 2001, 424: „the absence (or extreme poverty) of morphology in Creole languages seems to be a solid datum, and a highly significant one"). Seit ca. 15 Jahren hat sich, nicht zuletzt mit den Arbeiten von Plag (z. B. 2001; 2003a; 2003b; 2008a; 2009b), diese Sichtweise des Fehlens von Morphologie in den Kreolsprachen relativiert. Zwar ist die Flexionsmorphologie in vielen Kreolsprachen – relativ zu den Strukturen des *lexifiers* (eine Ausnahme bildet hier aber das gesprochene Französisch!) – um einiges schwächer ausgeprägt[9] (z. B. gibt es in den FKS keine produktive Flexion zur Markierung des Genus), es gibt aber durchaus einige Kreolsprachen, die ererbte oder neu entwickelte flexionsmorphologische Strukturen je verschieden schwach oder stark ausgeprägt aufweisen (Kihm 2003; Plag 2005; Farquharson 2007; Luís 2008); und wortbildungsmorphologische Verfahren wie Derivation, Komposition oder Reduplikation sind in Kreolsprachen durchaus häufig und erzeugen nicht – entgegen der These von McWhorter (1998) oder Seuren/Wekker (1986) – stets semantisch transparente Bildungen (DeGraff 2001; Braun/Plag 2003; Farquharson 2007).

Im Bereich der Flexion führen Crowley (2008) und Farquharson (2007) Flexionsaffixe bzw. morphologische Verfahren in verschiedenen Pidgin- und Kreolsprachen an, z. B. zum Ausdrücken der Subjekt-Objekt-Unterscheidung, zum Markieren von

---

[8] Zu einem abweichenden Verständnis von Morphologie s. u. S. 115.
[9] Plag (2008a, 131): „it seems true across the board that creoles show less inflectional morphology than their input languages".

Imperativen, aspektuellen Kategorien, der Transitivität oder dem Plural. Im KrLou sowie in den FKS-IO gibt es Verben mit einer Langform und einer Kurzform (Veenstra 2003, s.u. Kap. 6.4.1): Während in den FKS-IO die Wahl der jeweiligen Verbform in Abhängigkeit von der Präsenz einer Verbergänzung erfolgt (Kurzform bei folgendem Argument, Langform, wenn keine Ergänzung folgt, vgl. KrMau *mo ti manze* ‚je mangeais/j'ai mangé', ‚ich aß/habe gegessen', *mo ti manz kari* ‚j'ai mangé/je mangeais du/ un curry', Henri/Abeillé 2008, 379), können im KrLou durch die entsprechende Kurz- oder Langform temporale, aspektuelle bzw. modale Inhalte ausgedrückt werden (Valdman/Klingler 1997, 123s.), vgl. *mo pa mõzhe* ‚ich aß nicht' vs. *mo mõzh pa* ‚ich esse nicht' (Kihm 2009, 424). Schließlich werden von einigen Linguisten die präprädikativ positionierten Marker zum Ausdrücken von Tempus, Aspekt oder Modus in bestimmten Kreolsprachen als flexionsaffixähnliche Elemente analysiert (Adamson/ Smith 1995; Steinkrüger 2006). Kreolsprachen scheinen vor allem sog. inhärente Flexionskategorien auszudrücken, d.h. grammatische Kategorien, die im Unterschied zur kontextuellen Flexion nicht von der Syntax verlangt werden (Booij 1995; Kihm 2003).

Insbesondere in der Domäne der Wortbildung bieten die Kreolsprachen ein reiches Spektrum an verschiedenen morphologischen Verfahren, die in den letzten Jahren in zahlreichen Arbeiten untersucht worden sind (z.B. Braun/Plag 2003; Steinkrüger 2003; Bakker/Parkvall 2005; Mutz 2007; Brousseau 2011). Als zentrales morphologisches Verfahren zur Erweiterung des Lexikons gilt in den Kreolsprachen vor allem die Komposition, aber auch derivative und reduplikative Verfahren sind produktiv (Kouwenberg 2003; Crowley 2008). Während die Wortbildungsverfahren der Derivation mittels Derivationsaffixen (z.B. KrGua: *asasinasyon*, ‚assassinat', ‚meurtre' ‚Mord') oder der Komposition, d.h. das Zusammenfügen zweier Wurzelmorpheme zu einem neuen Lexem (z.B. KrGua *pye-fwi*, ‚arbre fruitier' ‚Obstbaum', *pyé-koko*, ‚cocotier' ‚Kokospalme') vom Französischen bekannt sein sollten, handelt es sich bei der Reduplikation um ein Verfahren, das kein Wortbildungsmechanismus des Standardfranzösischen oder Standarddeutschen ist. Als Reduplikation wird das Verfahren bezeichnet, bei dem, vereinfacht ausgedrückt, Wörter, Morpheme, Silben oder Laute wiederholt (zumeist gedoppelt) werden, z.B. zum Ausdrücken intensivierender oder attenuativer Inhalte, vgl. z.B. KrSey *mars-mars* (frz. *marcher*) ‚ein wenig spazieren gehen', Nigerian English Pidgin Kreol *krájkráj* (engl. *cry*) ‚lange weinen' (Bakker/ Parkvall 2005; Mutz 2007, 548s.).

Zu erwähnen ist in diesem Zusammenhang, dass in Kreolsprachen die Festlegung der Wortart weniger stark ausgeprägt ist als in Sprachen wie dem Französischen oder Deutschen; dieses Phänomen wird häufig als *multifunctionality* oder Polyvalenz bezeichnet (Arends/Muysken/Smith 1995b, 325; Lefèbvre 2001). Die Existenz einer festen Wortartzugehörigkeit für ein gegebenes Lexem, wie wir sie aus den europäischen Sprachen kennen, wird für die Kreolsprachen typischerweise in Frage gestellt. Der Übergang von einer Wortart zur anderen gestaltet sich dadurch viel flexibler und geschieht häufig ohne Rückgriff auf derivationelle Verfahren, d.h. das gleiche Wort kann im Satz die Funktionen verschiedener Wortarten übernehmen (Crowley 2005, 85).

2.3.2 Tempus-Modus-Aspekt-Markierung (TMA)

Eines der am besten erforschten sprachlichen Phänomene in den Kreolsprachen stellt das System der präverbalen Tempus-Modus-Aspekt-Markierung (TMA) dar (vgl. z. B. Singler 1990), die in allen Kreolsprachen ähnlich konstruiert wird: unveränderliche Partikeln, die Tempus-, Modus- oder/und Aspekt-Information tragen, werden vor das (weitgehend unveränderliche) Prädikat gestellt, z. B. im KrMau *li pa ti vini* ‚il n'est pas venu/il ne venait pas', mit *ti* als Marker für die unbestimmte Vergangenheit, oder *mo pe mãje*, ‚je suis en train de manger' mit *pe* als Progressiv-Morphem. Diese Art der grammatischen Markierung ist nicht nur den Kreolsprachen eigen, sondern findet sich auch in anderen Sprachen der Welt in dieser oder ähnlicher Form (z. B. in westafrikanischen oder südostasiatischen Sprachen) wieder.

Bickerton hat dieses System in zahlreichen Arbeiten (z. B. 1975; 1981) vor allem anhand des englisch basierten hawaiianischen Kreols (HCE) erarbeitet und für alle Kreolsprachen als gültig erklärt: In allen Kreolsprachen würden Marker in semantisch-funktional identischer Manier und in relativ fixer Reihenfolge i. d. R. vor das typischerweise morphologisch invariable kreolsprachliche Verb gestellt werden, um verschiedene Kategorien des Tempus, des Modus und des Aspekts auszudrücken. Die je unterschiedliche Bedeutung der Konstruktion ‚Marker + Verb' ergebe sich aus dem Zusammenspiel zwischen Marker und Aspekt bzw. Aktionsart des Verbs (statisches Verb vs. nicht-statisches Verb).[10] Bickerton unterscheidet in diesem klassischen und in die Forschung seitdem als Prototyp weitestgehend übernommenen System zwischen untereinander nach bestimmten Regeln kombinierbaren und in festgelegter Reihenfolge auftretenden Markern für Vorzeitigkeit bzw. Nicht-Vorzeitigkeit (Tempus), für Realis, Irrealis (Modus) sowie Aspektmarker für punktuelle bzw. durative Handlungen (*punctual, nonpunctual*) (Bickerton 1981, 58; vgl. auch Muysken 1981b). Dieses System wurde u. a. von Givón (1982) – auch für das HCE – weiter ausgearbeitet. Einen guten Überblick über verschiedene TMA-Systeme in Kreolsprachen bietet der von Singler 1990 herausgegebene Band *Pidgin and Creole Tense-Mood-Aspect Systems*. Die TMA-Marker in den FKS (vgl. Kap. 6.4.3) wurden u. a. von Spears (1990) und Lefèbvre (1998, KrHai), Michaelis (1993, KrSey), Schlupp (1997, KrGuy) und Pfänder (2000, KrGuy und KrMar) ausführlich untersucht. Der oben bereits angesprochene Semi-Kreol-Status des KrRéu manifestiert sich u. a. darin, dass die TMA-Markierung nicht nur durch invariable präverbale Partikel, sondern auch durch Flexion am Verb bzw. Auxiliar erfolgt (Watbled 2013).

Die dem (verbalen) Prädikat vorausgehenden TMA-Partikel können oftmals auf Strukturen der *lexifier*-Sprachen (Verbalperiphrasen) zurückgeführt werden, die durch Grammatikalisierungs- bzw. Reanalyseprozesse ihre grammatische Funktion erwor-

---

[10] Statische Verben sind Verben, die Zustände oder Gefühle ausdrücken, die also nicht auf eine Handlung referieren. Statt von statischen Verben spricht man auch von stativen Verben oder Zustandsverben, vgl. auch die Liste dieser Verben auf, S. 142.

ben haben (Fattier 2003; Syea 2006; Bollée/Neumann-Holzschuh 2002; vgl. auch zuvor 2.1.2), aber auch der Einfluss von entsprechenden Strukturen im (westafrikanischem) Substrat ist z.T. nicht von der Hand zu weisen (Parkvall 2000).

Ein in Kreolsprachen häufig festzustellendes Phänomen ist die partikellose Setzung des Prädikats. Die Tempus- oder Aspektbedeutung der merkmallosen Form ist sprachspezifisch oder wird kontextdependent interpretiert (s.u. 2.3.4).

Der morphologische Status der Marker schwankt je nach Kreolsprache und theoretischer Perspektive zwischen dem einer der Syntax zuzurechnenden Partikel bzw. dem eines Klitikons (z.B. Veenstra 1996a; Syea 2006) und dem eines Affixes (Steinkrüger 2006). In letzterem Falle wird das Credo der Absenz von Flexionsmorphologie in Kreolsprache in Frage gestellt.

Nach wie vor stehen im Verbalbereich Untersuchungen zu den kreolsprachlichen Tempus-Modus-Aspekt-Systemen im Forschungsfokus. Ausgehend von Bickertons Modell werden und wurden für einzelne Kreolsprache Abweichungen von dem von Bickerton entwickelten Prototyp, Variationen und weitere das System steuernde Parameter untersucht (z.B. Frank 2004; Winford 2008, 22–25).

2.3.3 Serielle Verben

Neben der Beschreibung und Analyse der TMA-Markierung gehört die Domäne der seriellen Verben in den Kreolsprachen zu den seit den 1980er Jahren in der Forschung am meisten untersuchten strukturellen Phänomenen. Genannt seien hier z.B. die Monographien von Sebba (1987) und Veenstra (1996a); einen kompakten Überblick liefern die Artikel von Muysken/Veenstra (1995; 2005).

Mit seriellen Verben sind in den Kreolsprachen Verbkonstruktionen gemeint, die dadurch charakterisiert sind, dass zum Ausdrücken konzeptuell komplexer Handlungen zwei, drei oder vier Verben ohne Verbindungselement aneinandergereiht werden können und dadurch ein grammatikalisierter (bzw. lexikalisierter) verbaler Block (mit typischerweise nur einem Subjekt) entsteht, z.B. KrHai: *mennen vini* (frz. *mener venir*) ,herbringen' oder *pòte ale* (frz. *porter aller*) ,wegtragen'.

In den meisten FKS (vor allem den FKS-IO) scheint die Konstruktion von seriellen Verben im Vergleich zu den Kreolsprachen anderer *lexifier* (z.B. englisch basierten KS) weniger stark ausgeprägt und frequent zu sein; für die FKS-IO wird in der Forschungsliteratur sogar kontrovers diskutiert, ob es überhaupt serielle Verbkonstruktionen gibt (Bickerton 1989; Seuren 1990; Stein 1993a; Corne/Coleman/Curnow 1996; Syea 2013b). Das KrHai verfügt dagegen über ein reiches Inventar von Verben, die in seriellen Konstruktionen unterschiedlichen Typs produktiv verwendet werden (Bucheli-Berger 2009). Als grammatikalisierte serielle Verbkonstruktionen in den karibischen FKS sind z.B. diejenigen mit *bay* (frz. *bailler* ,geben') als Kasusverb (in anderen Kontexten fungiert *bay* weiterhin als Vollverb) und *pase* (frz. *passer*) als Komparativverb (auch *pase*, fungiert in anderen Kontexten als Vollverb) anzuführen.

In der Forschungsliteratur wird das Phänomen der seriellen Verben sehr häufig dem afrikanischen Substrateinfluss zugeschrieben (Corne/Coleman/Curnow 1996; McWhorter 1997) oder aber durch (angeborene) Sprachuniversalien erklärt (Bickerton 1981; 1989). Der Einfluss der *lexifier*-Sprachen scheint weniger plausibel. Syea (2013b), der für die Existenz von seriellen Verb-Konstruktionen in den FKS-IO plädiert, erklärt diese als durch den internen Sprachwandelprozess der Reanalyse von Imperativen zustande gekommen. Bucheli-Berger (2009) schlägt eine auf Konvergenz verschiedener Faktoren fußende Erklärung für die Existenz von seriellen Verbkonstruktionen in den FKS vor.

2.3.4 Syntaktiko-pragmatische Strukturen

In den Kreolsprachen sind die (morpho-)syntaktische und die diskurspragmatische Ebene eng miteinander verzahnt. So ist es in mündlichen Diskursen beispielsweise üblich, dass die TMA-Morpheme nicht unbedingt vor jedes Prädikat gesetzt werden müssen, sofern der Kontext eine eindeutige Interpretation erlaubt (Pfänder 2000). Diese Kontextbezogenheit offenbart sich auch in anderen Domänen wie z. B. der (Nominal-)Determination: So muss in Kreolsprachen der bestimmte Artikel in Kontexten, in denen der Referent bereits bekannt ist, nicht unbedingt erscheinen, so dass in diesen Fällen determinantenlose Nomina (*bare nouns*) gesetzt werden (vgl. Guillemin 2011 zum Determinationssystem des KrMau). Einen umfassenden Überblick über die Struktur der Nominalphrase und nominaler Kategorien (aus z. T. generativer Perspektive) in 15 verschiedenen Kreolsprachen (darunter die FKS von Haiti, La Réunion, den Seychellen/Mauritius sowie den Kleinen Antillen) liefert der von Baptista/Guéron 2007 herausgegebene Band *Noun Phrases in Creole Languages: A Multifaceted Approach*.

Eine andere konzeptuelle Domäne, die stark kontextabhängig versprachlicht wird, ist die Reflexivität, die im Folgenden anhand der FKS etwas ausführlicher dargestellt werden soll: Handlungen, die der Handelnde typischerweise an sich selbst ausführt (wie waschen, anziehen, rasieren), die also inhärent reflexiv sind, können in den Kreolsprachen auch ohne Reflexivmarker konstruiert werden, z. B. KrHai: *Jak benyen* (vs. frz. *Jacques se baigne*) ‚Jacques badet'. Handlungen, die niemals einen zweiten Handlungspartner involvieren, z. B. Handlungen, die auf Bewegungen und Positionswechsel referieren und die im Französischen dennoch reflexiv konstruiert werden (z. B. *je me lève*, ‚ich stehe auf'), werden in den Kreolsprachen ohne Reflexivmarker gebildet, z. B. KrMau *mo leve*. Echte Reflexivität kann in den FKS u. a. mit dem Personalpronomen oder einer grammatikalisierten Possessivkonstruktion mit *tèt* (< frz. *tête*) oder *kò* (< frz. *corps*) in den FKS-Am bzw. mit *lekor* (frz. *le corps*) in den FKS-IO ausgedrückt werden (eine Strategie, die auch für das Altfranzösisch belegt ist). Ein ähnlich breites Variationsspektrum bieten auch Kreolsprachen anderer *lexifier*. In den letzten 20 Jahren sind zahlreiche Arbeiten zu den Reflexivkonstruktionen und deren Beschränkungen in den FKS entstanden, z. B. von Carden/Stewart (1988; 1989); Corne

(1988; 1989a); Carden (1993); Muysken/Smith (1995b); Mufwene (2000); Kriegel (1996; 2000); Heine (2005); Mutz (2004; 2005) oder Zribi-Hertz (2007). Die Interaktion und Abgrenzung der verschiedenen Konstruktionsmuster zueinander ist jedoch nach wie vor nicht gänzlich durchschaut und bedarf noch weiterer systemimmanenter und kontrastiver Untersuchungen.

Im Bereich der häufig nach pragmatischen Prinzipien organisierten (und mittlerweile grammatikalisierten) Satz- und Diskursstrukturen stellen die Untersuchungen von komplexen Satzgefügen (z. B. Michaelis 1994), von Fokussierungsstrategien und -markierungen oder von Textverknüpfungen bzw. Diskursmarkern einen weiteren wichtigen Schwerpunkt der Forschung dar, vgl. z. B. die Studien in Byrne/Winford (1993) oder den Überblick in Escure (2008). So scheint beispielsweise auch die Setzung von TMA-Markern eng an die Diskursstrukturierung als Ganzem (Andersen 1999) oder die Setzung der Kopula an Topikalisierungen (Arends 1986; Spears 1993) gekoppelt zu sein.

Nur wenige Monographien liegen vor, die die gesamte Syntax von Kreolsprachen in einem bestimmen theoretischen Modell explizieren, in diesem Kontext zu nennen sind z. B. die im Rahmen des generativen Modells der *Principles & Parameters* und des generativen Minimalismus beschriebene Syntax des KrMau (Syea 2013a), die generative Arbeit *The Syntax of Jamaican Creole* (Durrleman-Tame 2008) oder die Arbeit von Baptista (2003) zur Syntax des Kapverdischen Kreols.

Erst relativ neu und noch wenig zahlreich sind Studien zum gesprochenen Kommunikations- und Diskursverhalten in kreolsprachlichen Gesellschaften (Ludwig 1996a; Masuda 1999; Rickford/Romaine 1999; Escure 2008). Schwerpunkte liegen beim sprechergruppenspezifischen Diskursverhalten (Escure 1991; 2001) und Analysen thematischen Strukturierens von Diskursen; bislang kaum vorliegend sind konversationsanalytische Untersuchungen (Sidnell 2001). In Mühleisen/Migge (2005) werden in verschiedenen kreolsprachigen Regionen des karibischen Raumes (u. a. Guyana, Guadeloupe und Trinidad) Höflichkeitsstrategien und Verfahren der Gesichtswahrung untersucht. Interessant ist in dieser Domäne auch die Frage nach Kontinuitäten und Brüchen zwischen in der afrikanischen Kultur verankerten Diskurstraditionen und Kommunikationsmustern und denjenigen in den ehemaligen Kolonien (Mühleisen 2005).

2.3.5 Lautung und Prosodie

Generell lässt sich feststellen, dass das Lautinventar der Kreolsprachen relativ zu den jeweiligen Superstrat- und Substratsprachen verschieden ist, d. h. weder 1:1 die Superstratsprachen noch die Substratsprachen fortführt und häufig ein Abbau markierter lautlicher Strukturen stattfindet (Bakker 2009), so findet man z. B. in den englisch basierten KS keine interdentalen Frikative, das niederländisch basierte Berbice Dutch weist nicht den markierten Laut /x/ auf (Smith 2008), und in den FKS gibt es keine gerundeten Palatalvokale. Man kann aber dennoch nicht sagen, dass die kreolsprachlichen Lautinventare grundsätzlich quantitativ oder qualitativ vereinfacht sind. So stellt Klein (2006, 8) fest: „The vast majority of Creole languages exhibits the typical non-Creole inventory size of 20 – 37 phonemes". Und in einigen Kreolsprachen finden sich beispielsweise, wohl auf den Einfluss afrikanischen Substrats zurückzuführen, markierte Laute wie implosive Stops oder Konsonantencluster mit initialem Nasal, wie z. B. /mb/ (Smith 2008). Viele FKS weisen ein ausgeprägteres Inventar an typologisch markierten Nasalvokalen auf als die französische Superstratsprache: Es findet nicht nur regressive Nasalassimilation (wie im Französischen) statt, sondern auch progressive, d. h. dass ein vorausgehender Nasalkonsonant auf einen folgenden Oralvokal einwirkt (siehe Kap. 3).

Auch die suprasegmentalen Charakteristika von Kreolsprachen unterscheiden sich z. T. deutlich von denen der Superstratsprachen, insbesondere was die Intonationsmuster anbelangt. In diesem Bereich scheinen die Substratsprachen erheblichen Einfluss gehabt zu haben. Die Silbenstrukturen sind relativ zu den Super- und Substratsprachen restrukturiert worden (Schramm 2014), wenngleich nicht zwangsläufig nach dem natürlichen CV-Muster, wie die Arbeit von Plag/Schramm (2006) zu einigen englisch basierten KS zeigt. Eine Forschungsfrage, der in den letzten Jahren verstärkt nachgegangen worden ist, ist die nach dem Tonsprachencharakter von Kreolsprachen: So ist eines der drei von McWhorter (1998) genannten, alle Kreolsprachen charakterisierenden Merkmale ein prosodisch-phonologisches; er postuliert, dass keine Kreolsprache zur lexikalischen oder syntaktischen Funktionsdifferenzierung Sprachton einsetzen würde. Zahlreiche Studien setzen sich mit dieser Behauptung (verifizierend oder falsifizierend) auseinander. Smith (2008, 112) weist beispielsweise darauf hin, dass schon allein die „Atlantic creoles nicely illustrate a cross-section of the possible systems occurring on the world scene", nämlich Druckakzent-Sprachen (*stress-accent languages*), z. B. Berbice Dutch, Tonakzent-Sprachen (*pitch-accent languages*), z. B. das iberisch basierte Papiamentu und Tonsprachen (*tone languages*), wie das auf São Tomé und Principe gesprochene portugiesisch basierte Angolar. Das englisch basierte Saramaccan bezeichnet Smith als eine Mischung zwischen einer Tonsprache und einer Tonakzent-Sprache. Prinzipiell betrachtet er die Erforschung der kreolischen Tonsprachen als Forschungsdesiderat.

Generell ist die Forschungsarbeit im Bereich der auto- und suprasegmentalen Strukturen der Kreolsprachen im Verhältnis zu der Untersuchung der Morphosyntax oder der Lexik relativ schwach ausgeprägt, seit den letzten 15 Jahren kann man aber eine Zunahme an Studien in diesem Bereich feststellen. Nichtsdestotrotz bleibt die Menge an (ausführlichen) Analysen zur Lautung und Prosodie in Kreolsprachen noch überschaubar: Neben Ausführungen zu lautlichen Charakteristika in den in Kap. 9 genannten Handbüchern und Überblickswerken sind an aktuellen Studien vor allem die Arbeiten und Herausgeberschaften von Plag zu nennen (z. B. der 2006 mit Bhatt herausgegebene Themenband *Stress, Tone, and Intonation in Creoles and Contact Languages* der Zeitschrift *Language Typology and Universals*), des Weiteren die Arbeit von Devonish (2002) zur Prosodie karibischer und westafrikanischer Kreolsprachen, ein typologischer Überblick von Klein (2006 bzw. 2011), verschiedene Artikel zur segmentalen bzw. suprasegmentalen Komplexität von Kreolsprachen in Huber/ Velupillai (2007), Faraclas/Klein (2009) oder Clements/Gooden (2011), diverse Aufsätze im *JPCL* (z. B. Hualde/Schwegler 2008 zur Intonation im Palenquero) oder der 2014 erschienene Band von Schramm zur Restrukturierung von Silbenstrukturen in sechs verschiedenen Kreolsprachen (zwei niederländisch, zwei englisch und zwei französisch basierten KS).

Als Beispiele für Forschungsarbeiten zu lautlichen und prosodischen Merkmalen der FKS seien vor allem die Arbeiten von Pustka zum KrGua genannt (2007; 2012). Das KrHai ist im Bereich der Phonologie-Prosodie die am meisten untersuchte FKS: In jüngerer Zeit wurden beispielsweise das Akzentsystem (Brousseau 2003), die Nasalierungen (Cadely 2003; Valdman/Iskrova 2003), die Realisierung des /R/ (Nikiema/ Bhatt 2003) oder verschiedene Aspekte der Silbenstruktur (Nikiema/Bhatt 2006) des KrHai untersucht. Etwas älter ist die Monographie von Staudacher-Valliamée (1992) zur Phonologie des KrRéu.

2.4 Soziolinguistische und sprachpolitische Fragestellungen

2.4.1 Diglossie, Kontinuum und Interlekt

Das originär vor allem von Ferguson (1959) geprägte Konzept der Diglossie meint die Kopräsenz von zwei Varietäten einer Sprache in einer Gesellschaft, wobei die eine der beiden Varietäten in allen formalen, offiziellen, hoheitlichen und somit distanzsprachlichen Kommunikationskontexten (Bildung, Politik, Justiz) verwendet wird und entsprechend hohes Prestige besitzt (daher *high variety* genannt) und die andere der beiden Varietäten (als *low variety* bezeichnet) in der Alltagssprache, mit Freunden und in der Familie, d.h. als Nähesprache Verwendung findet und eine geringe Reputation genießt. Die beiden Sprachvarietäten sind somit funktional betrachtet komplementär distribuiert. Als klassische Fälle von Diglossie gelten viele arabischsprachige Länder mit dem klassischen Arabisch als Hochsprache und den arabischen Dialekten als *low variety*, auch das Verhältnis zwischen dem Hochdeutschen und dem Schweizerdeutschen in der Schweiz gilt als diglossisch. Fishman (1967) hat den Begriff der Diglossie auch auf Sprachgesellschaften ausgeweitet, in denen eine entsprechende Funktionsverteilung für zwei (miteinander nicht verwandte) Sprachen gilt. In dieser Hinsicht werden viele Gesellschaften, in denen Kreolsprachen gesprochen werden, als diglossisch charakterisiert (Winford 1985); als ein Paradebeispiel wird immer wieder die Situation in Haiti genannt. Das KrHai, das seit Ende der 1980er Jahre auch offiziellen Status hat, wird allerdings außer in den Medien (Radio, Fernsehen) zunehmend auch in öffentlichen Diskursen und z.T. im Bildungsbereich verwendet, erobert somit langsam Diskursdomänen, die traditionell nur der *high variety* zukamen. Dies überwindet die klassische Diglossie-Situation. Auf der anderen Seite sind aber immer noch mehr als 90% der haitianischen Bevölkerung rein monolinguale Kreolsprecher, nur ein geringer Anteil der Bevölkerung hat bilinguale Kompetenz im Französischen und

Kreolischen (vgl. Hebblethwaite 2012, der eine aktuelle kritische Bestandsaufnahme haitianischer Sprachbildungspolitik vornimmt).

In Gesellschaften, in denen ein enger Kontakt zwischen den betroffenen Sprachen bzw. Varietäten besteht, d. h. die Sprecher mehrsprachig sind oder die Kommunikationsdomänen aufgrund der äußeren Umstände nicht (mehr) so strikt zwischen den Sprachen aufgeteilt sind, können Sprachkontinua entstehen, d. h. fließende Übergänge zwischen den beteiligten Sprachen/Varietäten (vgl. z. B. die regional gefärbte Standardsprache in Deutschland). Stewart (1964) kreierte für die beiden Pole eines Sprachkontinuums in einer Gesellschaft die Termini des Akrolekts (für die angesehene Standardsprache, z. B. Französisch in Haiti) und des Basilekts (für die *low variety*, z. B. das KrHai). Bickerton (1973) fügte diesen den Begriff des Mesolekts für die zwischen den beiden Polen liegenden Sprachen/Varietäten hinzu (vgl. auch DeCamp 1971 und Rickford 1987). Das Konzept des Kontinuums wurde vor allem im Kontext des Prozesses der Dekreolisierung, der ein *post-creole continuum* hervorbringen würde (DeCamp 1971) immer wieder sehr kontrovers diskutiert (vgl. hierzu Kap. 9 in Siegel 2008a).

Das Konzept der Dekreolisierung wurde bereits von Schuchardt entwickelt (wenn auch nicht so genannt), ist aber vor allem seit der zweiten Hälfte des 20. Jahrhunderts ausgearbeitet (z. B. Bickerton 1980), immer wieder diskutiert und anhand verschiedener Kreolsprachen beschrieben worden und wird heutzutage vor allem hinterfragt (Schwegler 2000; Siegel 2010). Das Konzept der Dekreolisierung besagt, dass Kreolsprachen durch den dauerhaften Kontakt mit der *lexifier*-Sprache in einer Sprachengemeinschaft zunehmend an kreolsprachlichen Zügen verlieren und sich sprachlich immer mehr der *lexifier*-Sprache und ihren Strukturen anpassen und sich somit sog. post-kreolische Varietäten entwickeln. Während vom KrRéu zunächst angenommen wurde, die weniger kreoltypischen Züge würden auf Dekreolisierung zurückzuführen sein, wird der Semi-Kreolstatus heute eher mit einer nicht vollständig erfolgten Kreolisierung während des Entstehungsprozesses erklärt.

Die Konzepte der Diglossie und des Kontinuums und deren Rolle in kreolsprachlichen Gesellschaften werden nach wie vor viel diskutiert (so z. B. für Jamaika, Haiti oder die überseeischen Departements Frankreichs), nicht zuletzt deshalb, weil sich die soziolinguistischen Gegebenheiten, z. B. die Durchlässigkeit der Gesellschaft oder die Sprachkompetenzen der Kreolischsprechenden in Bezug auf die dominierenden Standardsprachen aber auch in Bezug auf das Kreolische stetig wandeln und im Laufe der letzten Jahrzehnte z. T. massiv verändert haben. Reutner (2005) unterscheidet für die überseeischen Departements Guadeloupe und Martinique zwischen einer diglossischen Situation auf der Ebene der *langue* und einem Kontinuum bezüglich der *parole*-Dimension. Diglossie bezeichnet hierbei „die Koexistenz zweier (gegebenenfalls interlektal verwobener) Diasysteme, deren Status sich makroökonomisch und/oder ideolinguistisch unterscheidet" (Reutner 2005, 314).

Die Entstehung von Interlekten, also Varietäten, die sowohl Merkmale der Standardsprache (typischerweise des *lexifiers*) als auch Merkmale der Kreolsprache aufweisen, wie sie von Reutner (2005) für Martinique und Guadeloupe und von Ledegen

(2003) und von Lebon-Eyquem (2010) für La Réunion beschrieben werden, sind Symptom für das Auflösen vieler einst diglossisch organisierter kreolsprachlicher Gesellschaften hin zu durchlässigen Gesellschaften mit bilingualen Sprechern.

Abhandlungen zu Fragestellungen bzgl. der soziolinguistischen Konstitution kreolsprachlicher Gesellschaften, varietätenlinguistischer Dimensionen und dem Verhältnis der Sprachen und der Sprecher zueinander sind – außer in den genannten Werken – z. B. in Morgan (1994) oder Hinrichs/Farquharson (2011) zu finden.

2.4.2 Standardisierung von Kreolsprachen

Wie im Abschnitt 2.1.2 bereits erwähnt, sind viele Sprachstrukturen in den Kreolsprachen erst im Zuge ihres Ausbaus in den letzten Jahrzehnten aus Grammatikalisierungsprozessen hervorgegangen (z. B. Konjunktionen). Um neue und immer mehr Kommunikationsbereiche erobern zu können, ist ein Ausbau der lexikalischen und syntaktischen Möglichkeiten der Kreolsprachen vonnöten. Die Prinzipien des internen Ausbaus und dessen Folgen auf das kreolsprachliche System wurden für die FKS beispielsweise von Ludwig (1996a) untersucht.

Ein zentraler Aspekt des Ausbaus betrifft die Verschriftlichung von Kreolsprachen. Bereits seit der frühesten Phase der Existenz von Kreolsprachen sind diese verschriftet worden; so finden sich kreolsprachliche Passagen zur Illustrierung in Missionarsberichten oder Reisebeschreibungen sowie kurze Passagen in Gerichtsakten. Gänzlich in einer Kreolsprache geschriebene und publizierte Texte gibt es allerdings bis in das 20. Jahrhundert hinein nur sehr wenige. Es handelt sich hierbei vor allem um religiöse Texte, aber auch politisch motivierte Pamphlete und narrative Texte, z. B. Parépou (1885) oder Baissac (1888). Editionen solcher Texte sind z. B. Chaudenson (1981a) oder Hazaël-Massieux (2008). Alle diese historischen kreolsprachlichen Schriftzeugnisse sind in der Regel aus der Sicht der Sprecher der dominierenden Sprache, d. h. aus anglophoner, lusophoner oder frankophoner Perspektive geschrieben worden und orientierten sich an deren Verschriftungsprinzipien bzw. deren Orthographie. Überlegungen und Bestrebungen, Kreolsprachen unter Berücksichtigung größtmöglicher Autonomie und Abgrenzung von den europäischen *lexifiern* zu verschriftlichen, setzen erst in postkolonialer Zeit ab den 1960er und vor allem 1970er Jahren im Zuge des Erstarkens des Selbstbewusstseins vieler Kreolsprecher ein. Es kommt ab dieser Periode eine zunächst behutsame dann aber immer breiter werdende Ausbau- und Standardisierungswelle vieler Kreolsprachen in Gang. So sind in den letzten Jahren und Jahrzehnten zahlreiche wissenschaftliche Studien entstanden, die sich mit den Prinzipien und Problemen der Standardisierung und Normierung, insbesondere der Orthographiegebung, in den Kreolsprachen befassen (vgl. z. B. den Themenband des *JPCL* (20.1, 2005), *Creole Languages in Creole Literatures*). Immer wieder wird in diesem Zusammenhang diskutiert, ob Kreolsprachen angelehnt an die *lexifier*-Sprache verschriftlicht werden sollen oder ob die jeweilige kreolsprachliche Orthographie rein phonographisch basiert zu konzipieren sei. Beide Optionen weisen Vor- und Nachteile auf: z. B. erlaubt die superstratorientierte Variante sowohl den leichteren Übergang vom Schreiben der Kreolsprachen zum Schreiben der (zumeist) europäischen Sprache als auch das leichtere Erlernen der Kreolsprachen für die bereits mit der jeweiligen *lexifier*-Sprache vertrauten Sprecher, diese Variante erschwert allerdings auch den Zugang zum Schriftkreol bei Kindern, die noch keine Kenntnis der europäischen (Schrift-)Sprache haben. Während die Orientierung der Graphie an der Lautung die Eigenständigkeit einer jeweiligen Kreolsprache unterstreicht, wird durch die Koppelung an das Modell der Superstratsprache die historisch-kulturelle Zugehörigkeit hervorgehoben (was allerdings auch, negativ gedeutet, als Fortsetzung des Machtanspruchs der betreffenden Sprachgemeinschaft interpretiert werden kann). Auch in Bezug auf die Orthographie der FKS stellt sich die grundsätzliche Frage, ob man sich aus Gründen der historischen Herkunft und der besseren Lesbarkeit (aus frankophoner Sicht) an der sehr diffizilen und komplexen Schreibung des Französischen orientieren soll oder ob die Orthographie die Eigenständigkeit der Kreolsprachen widerspiegeln und somit eine stärkere Orientierung an der Lautung erfolgen sollte (vgl. Kap. 4). Bezogen auf verschiedene FKS wurden in der Literatur immer wieder die unterschiedlichen Standpunkte und Problemkreise bzgl. der Entwicklung von Schriftsystemen diskutiert (vgl. z. B. generelle Überlegungen in Hazaël-Massieux 1993 oder Stein 2002b; hinsichtlich des KrHai Schieffelin/Doucet 1994; bzgl. des KrMau Rajah-Carrim 2008). Bislang hat man sich nur für sehr wenige Kreolsprachen auf ein fixes Orthographiesystem geeinigt (so z. B. für das KrHai, das KrSey und das KrMau; außerhalb des FKS-Raumes ist das Papiamentu weit entwickelt). Wichtig zu erwähnen sind in diesem Zusammenhang die Bemühungen des GEREC (*Groupe d'Etudes et de Recherches en Espace Créolophone*) – 2001 umbenannt und umfunktionalisiert zum GEREC-F (*Groupe d'Etudes et de Recherches en Espace Créolophone et Francophone*) – dessen Ziel und Anliegen es war, die FKS nach der Richtlinie einer maximalen Distanz zum Französischen auszubauen. Diese größtmögliche Abgrenzung vom Französischen manifestiert sich in der vom GEREC entwickelten, viel diskutierten Orthographie und in deren kreolsprachlichen Neologismen (vgl. Confiant 2001, *Dictionnaire des néologismes créoles*).

Für Arbeiten, die sich mit der Standardisierung und dem Ausbau und damit verbundenen Problemen in Bezug auf die FKS beschäftigen, seien exemplarisch die folgenden Arbeiten genannt: Strobel-Köhl (1994); Ludwig (1996a); Prudent (2003); Reutner (2005); Stein (1999; 2002b; 2005; 2016); Cichon (2011); Bollée/Kriegel (2016); Wiesinger (2016).

2.4.3 Sprechereinstellungen, Sprachunsicherheit, Identitätsbildung und sprachpolitische Programme

Ein relativ junger Forschungszweig, auch außerhalb der Kreolistik, ist der Bereich der Ideolinguistik, d. h. die Erforschung der Einstellungen von Sprechern hinsichtlich der eigenen Muttersprache bzw. hinsichtlich der in einer Sprachgemeinschaft verwendeten Sprachen generell. Reutner (2005) untersucht beispielsweise die Auswirkungen der Anerkennung des Kreolischen im Jahr 2000 als Regionalsprache und die darauf folgende Einführung (2001) des *CAPES créole* auf die Sprechereinstellungen in Guadeloupe und Martinique.

In den letzten Jahren ist in den postkolonialen Gesellschaften generell eine Entwicklung hin zu einer positiveren Sprechereinstellung gegenüber Kreolsprachen festzustellen, was nicht zuletzt eng verbunden ist mit den Standardisierungs- und damit Aufwertungsbestrebungen von Kreolsprachen sowie auch mit den (literarischen) Identitäts-Bewegungen der *creoleness/créolité* (Bernabé/Chamoiseau/Confiant 1989/1993). Jahrhundertelang galten Kreolsprachen als nicht-vollwertige mit geringem Prestige versehene Sprachen, die nicht würdig und fähig waren, in der Literatur oder öffentlichen Diskursen verwendet zu werden. Kreolsprachen blieben als *low variety* lange Zeit nur auf den nähesprachlichen Bereich beschränkt und wurden und werden zum Großteil auch heute nur im Alltagsgespräch mit Familienmitgliedern und Freunden verwendet. Die Folgen dieser Beschränkung der Muttersprache auf den nähesprachlichen Bereich und die ständige Konfrontation mit den in den jeweiligen Sprachgemeinschaften im öffentlichen Leben mit voller Funktionalität ausgestatteten Sprachen wie dem Englischen oder dem Französischen (die häufig auch die historische Superstratsprache darstellen) führ(t)en zu Sprachunsicherheiten.

Infolge von gesellschaftlichem Wandel seit der postkolonialen Phase haben sich u. a. im Zuge oben genannter Identitätsbestrebungen in vielen betroffenen Regionen die Sprechereinstellungen gegenüber Kreolsprachen tendenziell zum Positiven geändert, so dass in vielen kreolsprachlichen Ländern lange und kontroverse Diskussionen um die Standardisierung und den Ausbau von Kreolsprachen, die staatliche Anerkennung von Kreolsprachen als (zu schützende) Regionalsprachen (wie die Kreolsprachen, die in den französischen *Départements et Régions d'Outre-Mer (DROM)* gesprochen werden) oder als Nationalsprachen bzw. Amtssprachen (wie im Falle des KrSey bzw. des KrHai), sowie die Einführung des Kreolischen als Schulfach angestoßen wurden (vgl. hierzu das Überblickskapitel von Devonish 2008); vielfach wurden entsprechende Standardisierungs- und sprachbildungspolitische Programme umgesetzt, wie z. B. in dem Band von Migge/Léglise/Bartens (2010) dargestellt wird.

Ein Ziel der Sprachbildungspolitik in kreolsprachlichen Gesellschaften muss sein „to implement an option for bilingual education that will ensure children's full development in the use of their pidgin/creole first language, as well as ensure the children's mastery of their community's traditional standard language" (Craig 2008, 610; vgl. auch Hebblethwaite 2012). Um dieses Ziel zu erreichen wären verschiedene Lösungswege möglich, die abhängig von der jeweiligen Sprachensituation gewählt werden müssten; so müsste in den jeweiligen Lehrplänen z. B. berücksichtigt werden, ob eine in der Sprachengemeinschaft dominierende Sprache die *lexifier*-Sprache der Kreolsprachen ist oder nicht. In dem genannten Band von Migge/Léglise/Bartens (2010), *Creoles in Education. An Appraisal of Current Programs and Projects* wird ein kritischer Überblick über die aktuelle bildungspolitische Stellung und Rolle von Kreolsprachen in verschiedenen Ländern gegeben, u. a. wird die Verwendung des

Frankokreolischen als Unterrichtsfach bzw. Unterrichtssprache in Guadeloupe, auf St. Lucia und in Französisch-Guyana unter die Lupe genommen.

Als Beispiele für einschlägige Arbeiten zu Fragen der Sprechereinstellung sowie zu sprachpolitischen und bildungspolitischen Fragestellungen und Kontroversen hinsichtlich verschiedener Kreolsprachen sind der Überblicksartikel von Craig (2008) sowie Bretegnier (1999); Wassink (1999); Mühleisen (2002); Chaudenson (2006); St-Hilaire (2011) oder Hebblethwaite (2012) zu nennen.

Die neuen Medien stellen eine (weitere) Chance dar, die Kreolsprachen im öffentlichen Leben zu verankern. Untersucht wurde in diesem Zusammenhang z. B. die Nutzung des Internets für die Selbstdarstellung der FKS (auf Kreolisch) (Steinicke/ Schlaak 2011). Wenngleich diese Studie zu den FKS quantitativ und qualitativ eher ernüchternde Ergebnisse zu Tage fördert, dürften dennoch die kommunikativen Möglichkeiten des Internets die Hemmschwelle, die Kreolsprachen – unabhängig von ihrem Standardisierungsgrad – auch schriftlich in verschiedenen Texttypen (Blog, Wikipedia-Einträge, soziale Netzwerke, Chat) zu verwenden, senken, wie die Arbeit von Hinrichs (2006) zur Verwendung des Jamaikanischen Kreols zeigt.

In zukünftigen Forschungsarbeiten sollte untersucht werden, ob und inwieweit sich die Sprechereinstellungen als Reaktion auf die Standardisierungsprozesse und die zunehmende Präsenz in den Medien weiter geändert haben und Auswirkungen auf das tatsächliche Sprach- und Sprechverhalten festgestellt werden können.

2.5 Arbeitsaufgaben

2.1. Überlegen Sie die Gründe, weshalb nach wie vor viele verschiedene Genesetheorien für die Kreolsprachen diskutiert werden. Beschäftigen Sie sich mit einer der genannten Genesetheorien genauer und stellen Sie Argumente für und gegen diese Theorie zusammen.
2.2. Finden Sie heraus, welche kreolischen Wörterbücher in Ihrer Universität zugänglich sind, wählen Sie zwei von diesen aus und vergleichen Sie sie bezüglich Umfang, Aufbau, Struktur (der Lexikoneinträge).
2.3. Vergleichen Sie im *APiCS* die TMA-Strukturen einer englisch basierten, einer portugiesisch basierten und einer FKS miteinander.
2.4. Skizzieren Sie die Zusammenhänge und Interaktionen zwischen Sprechereinstellungen, Identität und sprachpolitischen Programmen im Kontext kreolsprachiger Gesellschaften.
2.5. Suchen Sie nach kreolsprachigen Seiten unterschiedlichen Typs im Internet (z. B. Blogs, Wikipedia-Einträge, Chatrooms). Für welche Internettextsorte finden Sie die meisten kreolsprachigen Einträge? Erklären Sie die festgestellten Textsortenpräferenzen.
2.6. Welche Argumente sprechen dafür, die romanischen Sprachen als KS zu bezeichnen, welche sprechen dagegen?

3 Phonetik und Phonologie der FKS

Die FKS kennen in ihrer lautlichen Struktur eine Reihe deutlicher Unterschiede zum heutigen Französisch, die sich z.T. durch die Bewahrung des Lautstandes einer älteren Stufe des Französischen oder französischer dialektaler Formen erklären lassen, z.T. spiegeln sie den Einfluss der afrikanischen Sprachen der Sklaven wider. Beide Einflüsse können die gleiche Tendenz haben, d.h. konvergieren.

3.1 Die Vokale des Französischen und der FKS

Das Französische kennt ein *Maximalsystem* von 16 Vokalen. Dieses System hat jedoch einige Schwachstellen, an denen die Oppositionen zweier Vokalphoneme nur durch wenige Minimalpaare gestützt werden. So ist der gerundete Nasalvokal [œ̃] heute fast durchgängig durch den entsprechenden gespreizten Nasalvokal [ɛ̃] ersetzt worden und hat damit seine phonemische Funktion verloren; er ist zu einer (varietätenspezifisch oder stilistisch bedingten) Variante (Allophon) von [ɛ̃] geworden. Bei den Vokalen mittleren Öffnungsgrades sind die beiden Öffnungsgrade [e – ɛ], [ø – œ], [o – ɔ] zwar fest in der Sprache etabliert, sie haben jedoch die Tendenz, zu (bedingten oder freien) Varianten je eines Phonems /e, ø, o/ zu werden, so dass die Fälle, in denen sie Phonempaare bilden und damit bedeutungsunterscheidend sind, immer weniger werden. Während so im Futur *fermerai* und im Konditional *fermerais* beide inzwischen die gleiche Aussprache [ɛ] haben, steht ihnen im Infinitiv und Partizip [e] gegenüber, ein Minimalpaar, das in einschlägigen Werken kaum Beachtung findet. Die Entphonologisierung des Paares [a – ɑ] ist wohl abgeschlossen. Die jeweilige Realisierung des Phonems hängt von der phonetischen Umgebung oder anderen (auch individuellen) Faktoren ab. Das *ə-muet* (vielleicht besser *caduc* oder *instable*) stellt einen Spezialfall im Phonemsystem des Französischen dar; diese Problematik braucht uns jedoch hier nicht zu interessieren. Wichtig ist in unserem Zusammenhang nur, dass es den Laut [ə] im Französischen gibt.

Dem *Maximalsystem* von 16 Vokalphonemen lässt sich folglich ein *Minimalsystem* von 10 (bzw. 11, unter Einbezug des *ə-muet*) Vokalphonemen gegenüberstellen.

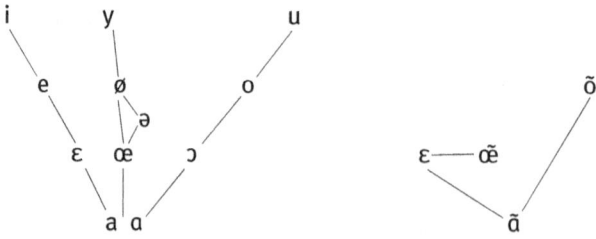

Maximalsystem des Französischen

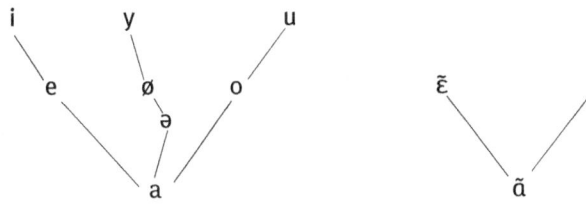

Minimalsystem des Französischen

In den FKS ist der Bestand an Vokalphonemen gegenüber dem Minimalsystem des Französischen weiter reduziert. Es fehlen in allen FKS die gerundeten Palatalvokale [y, ø, œ] und der Schwa-Laut (*ə-muet*) [ə]. An ihre Stelle sind in der Regel die gespreizten Palatalvokale getreten, manchmal auch die entsprechenden gerundeten Velarvokale:

Die Entwicklung der gerundeten Palatalvokale des Französischen in den FKS

Franz.	FKS	Franz.	FKS	
[y]	> [i]	*plus* [ply]	> [pli]	(Mau)
		brûler [bʀyle]	> [bwile]	(SLu)
	> [u] (selten)	*du riz* [dyʀi]	> [duʀi]	(Mau)
		brûler [bʀyle]	> [bule]	(Gre)
[ø, œ]	> [e, ɛ]	*deux* [dø]	> [de]	
		l'heure [lœːʀ]	> [lɛ, le]	
		neuf [nœf]	> [nef, nɛf]	
[œ̃]	> [ɛ̃]	*lundi* [lœ̃di]	> [lɛ̃di]	
[ə]	> [i, e, u]	*devant* [dəvã]	> [divã]	(Mau)
			> [duvã]	(Hai, Gua)
			> [devã]	(Hai)

Die phonologischen Oppositionen /e – ɛ/, /o – ɔ/, /a – ɑ/ sind wie im französischen Minimalsystem aufgelöst und die Lautpaare zu (positionsbedingten) Varianten je eines Phonems /e/, /o/, /a/ geworden. Da es in der Position vor vorkonsonantischem oder wortauslautendem [ʀ] im französischen Ausgangswort, das in den FKS nicht mehr ausgesprochen wird, zu einer Öffnung des vorausgehenden Vokals kommen kann – in den FKS-IO deutlich mehr als in den FKS-Am – (zu den Veränderungen des französischen [ʀ] in den FKS s.u. Kap. 3.4.2) sind jedoch wieder geöffnete Varianten zu diesen Vokalen mit Phonemwert entstanden (im Fall des /a/ ist in den FKS-IO an die Stelle der Öffnung die Velarisierung zu [ɑ] getreten). Man kann jetzt entweder – rein synchron – von acht Oralvokalen in den FKS ausgehen: [i, u / e, o / ɛ, ɔ / a, ɑ], oder man kann die drei Vokallaute [ɛ, ɔ, ɑ] – mit Blick auf ihre Entstehung – als positionsbedingte Varianten für die Phonemfolgen /eʀ/, /oʀ/, /aʀ/ ansehen und für die FKS ein System von fünf Oralvokalen /i, u, e, o, a/ ansetzen. Die beiden geschlossenen Vokale [i] und [u] und das System der drei Nasalvokale [ɛ̃, õ, ã] werden hiervon nicht berührt.

Wir haben also zwei Möglichkeiten zur Analyse und Darstellung des Schemas der Oralvokale der FKS:

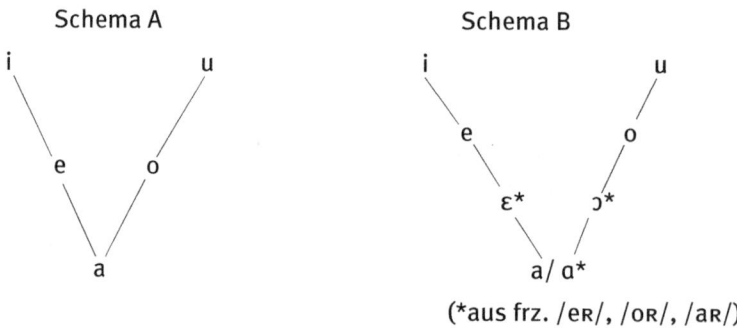

Die Oralvokale der FKS

Beispiele für die phonemische Funktion des Öffnungsgrades sind:[1]

KrGua:	chanté (chanter; chant, chanson)	chantè (chanteur)
	kouyonné (tromper, escroquer)	kouyonnè (escroc, baratineur)
	froté/fwoté (masser, frotter)	frotè/fwotè (masseur)
KrHai:	benyen (se baigner)	benyè (laveur de morts)
	reve (rêver)	revè (revers, revirement)
	vale (avaler)	valè (quantité, valeur)
KrMau	beze/bez (faire souffrir, tromper)	bezer (personne mauvaise, malhonnête)
	depaye/depay (dépailler, enlever la paille)	depayer (travailleur agricole qui dépaille)
	kat kart [kat ka:t] (quatre cartes)	

Die FKS kommen so in ihrem Vokalsystem dem Minimalsystem des Französischen recht nahe, von dem sie sich nur durch das Fehlen der gerundeten Palatalvokale unterscheiden. Sie nehmen damit eine Neuerung wieder zurück, die das Französische gegenüber dem Lateinischen und anderen romanischen Sprachen entwickelt hatte, während die andere Neuerung, die Nasalvokale, erhalten bleibt; ja, die FKS führen die Nasalierung der Vokale noch häufiger durch als das heutige Französisch.

Für beide Entwicklungen können die westafrikanischen Sprachen der Sklaven als Vorbild gedient haben, denn diese kennen keine gerundeten Palatalvokale, und Nasalvokale sind in ihnen eine weit verbreitete Erscheinung. Allerdings war die Nasalierung der Vokale im Französischen bis ins 18. Jahrhundert noch häufiger als heute, so

---

[1] Bei den folgenden Beispielen wird die Orthographie der jeweiligen FKS beibehalten, so dass wir hier zum ersten Mal keine phonetische Transkription verwenden. Die Lektüre sollte keine Probleme bereiten, auch wenn die Orthographiesysteme erst im folgenden Kap. 4 Thema sind.

dass hier französische und afrikanische Tendenzen zusammentreffen (zur Vokalnasalierung s.u. Kap. 3.4.4).

Kommen in den FKS die gerundeten Palatalvokale [y, ø, œ, ə] vor, so handelt es sich um französischen Einfluss, entweder in Form von neuen Entlehnungen, oder im Bemühen der Sprecher, ihre Sprache am französischen Vorbild auszurichten.[2]

3.2 Halbvokale und Diphthonge

Von den drei Halbvokalen des Französischen [w, ɥ, j], die die konsonantische Variante zu den geschlossenen Vokalen [u, y, i] bilden, ist in den FKS mit dem Vokal [y] auch der entsprechende Halbvokal [ɥ] geschwunden. Dagegen bilden [w] und [j] wie im Französischen das nicht-silbische Element in Diphthongen. Während in den FKS wie im Französischen das [w] immer dem Vokal vorausgeht (steigender Diphthong), kann das [j] ihm sowohl vorausgehen als auch folgen (fallender Diphthong). Wenn es in diesem Fall zwischen zwei Vokalen steht und damit silbenanlautend wird, hat es volle konsonantische Funktion (vgl. frz. *taille* [taj] – *tailleur* [tajœʀ], *fille* [fij] – *fillette* [fijɛt]). Das [w] kann ebenfalls konsonantische Funktion haben; in diesen Fällen entspricht es in der Regel eine Veränderung der Aussprache des frz. [r/ʀ].

Die Diphthonge der FKS entsprechen weitgehend denen des Französischen. Die einzige Veränderung betrifft den fallenden Diphthong [ij] im Wortauslaut im Französischen, der in allen FKS zum Monophthong [i] vereinfacht wird. So wird französisch *fille* [fij], *famille* [famij] in allen FKS zu [fi, fami], was ja der Entwicklung der französischen Aussprache entspricht.

Einige FKS haben einen älteren Lautstand bewahrt und anstelle des neufranzösischen [wa] in einer Reihe von Fällen noch älteres [we/wɛ]. Unter Berücksichtigung des Zeitpunktes der Kolonisierung der verschiedenen Gebiete lassen sich hier Rückschlüsse für die Datierung dieser Lautentwicklung im Französischen ziehen.[3]

Französisch:	*voir*	*croire*	*boire*	*droit*	*froid*	*soif*	*fois*
KrGua/Mar:	(v)wɛ	kwɛ	brɛ/bwɛ	dwɛt	fwɛt	swɛf/swaf	fwa
KrDom/SLu:	wɛ	kwɛ	bwɛ	dwɛt	fwɛt	swɛf	fwa
KrGuy:	wɛ	kʀɛ	bwɛ	dʀɛt	fʀɛt	swɛf	fwɛ
KrHai:	wɛ	kwɛ	bʀɛ/bwɛ	dʀɛt/dwat	fʀɛt/fwɛt	swɛf	fwa
KrLou:	wɛ/wa	kʀɛ/kʀwa	bwa	dʀ(w)ɛt/dʀwat	fʀɛt/fʀe	swɛf/swaf	fwa
KrRéu:	vwaʀ	kʀwaʀ	bwaʀ	dʀɛt/dʀwat	fʀe	swaf	fwa
KrMau/Sey:	vwaʀ	kwaʀ	bwaʀ	dʀɛt/dʀwat	fre	swaf	fwa

In der folgenden Tabelle sind zusammenfassend Beispiele für die französischen Vokale und Halbvokale und ihre Entsprechungen in den FKS zusammengestellt. Wenn in

---

2 Zur Dekreolisierungstendenz und ihrer Bedeutung s.u. Kap. 8.1.5.
3 Vgl. dazu z.B. Stein (1987).

dieser Tabelle in einer Spalte zwei oder drei FKS zusammengefasst sind, bedeutet dies nicht unbedingt, dass diese FKS identische Formen haben (was aber in der Regel der Fall ist), sondern nur, dass wir die betreffende Form für eine von ihnen belegt gefunden haben.

Die französischen Vokale und Diphthonge und ihre Entsprechungen in den FKS

			Lou	Hai	Gua/Mar	Dom/SLu	Guy	FKS-IO
[i]	finir	[finiʀ]	fini	fini	fini	fini	fini	fini
[e]	répond	[ʀepõ]	ʀepõn	ʀepõn	wepõn	wepõn	ʀepõd	ʀepon
[ɛ]	arrêter	[aʀete]	ʀete	ʀete	ʀete	wete	ʀete	aʀete
[ɛʀ]	rester	[ʀɛste]	ʀɛste	(ʀɛs)	wɛste	wɛste	(ʀete)	ʀɛste
	frère	[fʀɛʀ]	fʀɛ	fʀɛ	fʀɛ	fwɛ	fʀɛ	fʀɛʀ
[u]	courrir	[kuʀiʀ]	kuʀi	kuʀi	kuʀi	kuwi	kuʀi	kuʀi
[o]	saute(r)	[sot(e)]	sote	sote	sote	sote	sote	sote
[ɔ]	propre	[pʀɔpʀə]	pʀɔp	pwɔp	pʀɔp	pwɔp	pʀɔp	pʀɔp
[ɔʀ/oʀ]	morceau	[mɔʀso]	mɔso	mɔso	mɔso	mɔso	mɔso	mɔʀso
[ɔʀ]	encore	[ãkɔʀ]	ãkɔ	ãkɔ	ãkɔ	ãkɔ	ãkɔ	ãkɔ
[a]	passer	[pase]	pase	pase	pase	pase	pase	pase
[aʀ]	marcher	[maʀʃe]	maʃe	maʃe	maʃe	maʃe	maʃe	maʀse
[ɑ]	pas	[pɑ]	pa	pa	pa	pa	pa	pa
[y]	plus	[ply]	pli	pli	pli	pli	pli	pli
[ø]	deux	[dø]	de	de	de	de	de	de
[œ]	bœuf	[bœf]	bef	bɛf	bef	bef/bɛf	bef	bef
[œʀ]	l'heure	[lœʀ]	le/lɛ	le/lɛ	le/lɛ	le/lɛ	le/lɛ	leə/leə
[ə]	venir	[vəniʀ]	vini	vini	vini	vini	vini	vini
	debout	[dəbu]	debut	dubut	dubut	dubut	dibut	dibut
[ɛ̃]	bien	[bjɛ̃]	bjɛ̃/bɛ̃	bjɛ̃	bjɛ̃	bjɛ̃	bɛ̃	bjɛ̃
	chemin	[ʃəmɛ̃]	ʃmɛ̃/ʃemɛ̃	ʃimɛ̃/ʃemɛ̃	ʃimɛ̃	ʃimɛ̃	ʃimɛ̃	simɛ̃
[œ̃]	lundi	[lœ̃di]	lɛ̃di	lɛ̃di	lɛ̃di	lɛ̃di	lɛ̃di	lɛ̃di
[õ]	content	[kõtã]	kõtã	kõtã	kõtã	Kõtã	kõtã	kõtã
[ã]	manger	[mãʒe]	mõʒe	mãʒe	mãʒe	mãʒe	mãʒe	mãʒe
[wa]	boire	[bwaʀ]	bwa	bʀɛ/bwɛ	bwɛ	bwɛ	bwɛ	bwaʀ
	bois	[bwa]	bwa	bwɛ	bwa	bwa	bwa	(di)bwa
[wɛ̃]	loin	[lwɛ̃]	lwɛ̃	lwɛ̃	lwɛ̃	Lwɛ̃	lwɛ̃	lwɛ̃
[ɥi]	huile	[ɥil]	lwil	lwil	lwil	lwil	lwil	dilwil
	depuis	[dəpɥi]	depi	depi	depi	depi	depi/dipi	dipi

3.3 Die Konsonanten

Die Konsonanten des Französischen und der FKS[4]

	Bilabial	Labio-dental	Alveo-dental	Alveo-palatal	Prä-palatal	Palatal	Dorsal/Velar	Uvular	Pharyn-gal
Okklusive									
– stimmlos	p		t	t'		k'	k		
– stimmhaft	b		d	d'		g'	g		
Frikative									
– stimmlos		f	s		ʃ				
– stimmhaft	w/hw	v	z		ʒ	j	ɣ		**h**
Affrikaten									
– stimmlos				tʃ					
– stimmhaft				dʒ					
Nasale	m		n	ɲ			ŋ		
Laterale			l						
Vibranten			r					R	

Die 19 Konsonantenphoneme des Französischen, zu denen wir das konsonantische [j] und das mit englischen Lehnwörtern übernommene [ŋ] hinzurechnen, kommen alle auch in den FKS vor. Es ist jedoch zu einigen Veränderungen gekommen, die z.T. alle FKS betreffen, z.T. nur für einige von ihnen charakteristisch sind. Dabei spielt auch die lautliche Umgebung eine Rolle, denn sie kann für den gleichen Konsonanten des Französischen zu verschiedenen Ergebnissen in den FKS und zur Entstehung neuer Konsonanten führen, die das Französische nicht (mehr) kennt.

Diese neuen Laute sind z.T. von ihren Ausgangslauten so verschieden, dass es meist besser ist, sie als neue Phoneme anzusehen, und nicht nur als positionsbedingte Varianten der Ausgangslaute. Vor allem die Palatalisierung wirkt hier systemverändernd, aber auch die Varianten des Vibranten [ʀ] und sein Einfluss auf die umgebenden Laute, während die Nasalierung, d.h. der Einfluss der Nasalkonsonanten auf die Aussprache der Vokale, keine neuen Phoneme hervorbringt, sondern nur Verteilung und Häufigkeit bestimmter Laute verändert.

Während die Palatalisierung, Nasalierung und bestimmte Veränderung des Vibranten [ʀ] vor allem in den FKS-Am mehr oder weniger wichtige Erscheinungen sind, aber durchaus auch in den FKS-IO vorkommen, haben die FKS-IO ein besonderes, gemeinsames Merkmal, das sie deutlich von den FKS-Am unterscheidet: das Fehlen der präpalatalen Reibelaute [ʃ] und [ʒ], die durchgehend durch ihre alveodentalen

---

4 Die Konsonanten, die im heutigen Standardfranzösisch nicht vorkommen, sind **fett** markiert.

Entsprechungen [s] und [z] ersetzt sind, so dass die FKS-IO über ein kleineres Phoneminventar verfügen als das Französische und die FKS-Am.

Frz.	marcher >	FKS-Am	[maʃe]	FKS-IO	[mɑʀse]
	chat >		[ʃat]		[sat]
	manger >		[mãʒe]		[mãze]

Da auch das Madagassische die palatalen Reibelaute [ʃ] und [ʒ] nicht kennt, erklärt sich ihr Fehlen in den FKS-IO und ihr Ersatz durch die alveolaren Entsprechungen aus dem Einfluss der madagassischen Sprache (Substrateinfluss), denn ein großer Teil der Sklaven auf La Réunion und Mauritius wurden schon frühzeitig von dort auf die beiden Inseln gebracht.[5]

3.4 Veränderungen im Lautsystem der FKS

3.4.1 Palatalisierung

Die Palatalisierung ist eine für die Lautgeschichte des Französischen überaus wichtige Erscheinung: Vor folgendem Palatalvokal [i, e, a] wurde die Aussprache der velaren Verschlusslaute [k] und [g] nach vorne zum Palatum hin verschoben, so dass in dieser Position lat. [k, g] heute im Französischen [s] oder [ʃ] bzw. [ʒ] entspricht. Ebenso haben sich fast alle Konsonanten oder Konsonantengruppen vor folgendem Halbvokal [j] verändert. Dieser war aus einem ursprünglichen silbischen [i] im Hiatus durch Auflösung des Hiatus entstanden.[6]

Die FKS kennen ebenfalls das Phänomen der Palatalisierung. Bedingungen, Verlauf und Ergebnisse unterscheiden sich jedoch von der aus dem Französischen bekannten Palatalisierung, und Häufigkeit und Umfang sind von FKS zu FKS verschieden. Es liegt nahe, hier an einen Einfluss der westafrikanischen Sprachen der Sklaven zu denken, denn diese zeichnen sich ebenfalls durch eine recht häufige Palatalisierung aus, die zudem ähnliche Formen hat wie die Palatalisierung in den FKS. Andererseits findet man Erscheinungen, die der kreolischen Palatalisierung entsprechen, auch in französischen Dialekten und im Kanadafranzösischen, so dass französische und afrikanische Tendenzen auch hier konvergieren und sich damit gegenseitig stützen und verstärken. Im Einzelnen können wir folgende Palatalisierungserscheinungen unterscheiden:

---

[5] Wir verzichten für den Konsonantismus auf eine Übersichtstabelle, da in der Tabelle zum Vokalismus und anderen Übersichten bereits Beispiele zu allen Konsonanten zu finden sind.
[6] Beispiele: lat. *cera* > frz. *cire*, *caballum* > *cheval*, *gentes* > *gens*, *gaudia* > *joie*, *ratione* > *raison*, *captiare* > *chasser*, *tibia* > *tige*, *somniare* > *songer*.

3.4 Veränderungen im Lautsystem der FKS

1. Die alveolaren Verschlusslaute [t] und [d] verändern ihre Aussprache unter dem Einfluss eines folgenden Halbvokals [j] oder [ɥ], wie ja auch schon in der französischen Lautentwicklung vor [j], aber mit anderen Ergebnissen. Diese reichen von den Varianten [tj, dj], [t', d'], [k', g'], [kj, gj], [k, g] bis hin zu den Affrikaten [tʃ, dʒ]. In diese Gruppe gehören auch Wörter wie *tuer*, in deren Aussprache der Vokal [y] sich zum Halbvokal [ɥ] entwickelt hat.

Französisch:	*tiens bien / tiens bon*	*(la)moitié*	*(Bon)Dieu*	*Diable*	*tuer*
KrGua/Mar:	tʃɛ̃be/k(j)ɛ̃be	lãmwatje	bõdʒe/bõdje	djab/gjab	kjouje/tʃwe/kwe
KrDom/SLu:	tʃɛ̃be	lãmotʃe	bõdje	dʒab	tʃwe
KrGuy:	tʃɛ̃be/kjɛ̃be	mwatje/motʃe	bõdʒe/bõg'e	djab	tʃwe
KrHai:	kɛ̃be	mwatje	bõdje	dʒab/gjab	tʃwe
KrLou:	tʃõbo	mwatje/-tʃe	bõdʒo/bõdje	dʒab	tʃwe/tʃue
KrRéu:	tjɛ̃bo	mwatje	bõdje	djab	twe
KrMau/Sey:	tjõbo/tʃõbo	lamwatje/lãmotje	bõdje	djab	tuje

2. Bei den palato-velaren Verschlusslauten [k] und [g] wird in der Literatur oft auf eine besondere, palatale Aussprache vor folgendem Halbvokal [j] hingewiesen. Diese ist sicher stärker ausgeprägt als im Französischen, stellt aber wohl noch keinen Lautwandel im üblichen Sinn dar. Vor den französischen Palatalvokalen [i, y, e, ø, ɛ, œ, ɥi] haben [k] und [g] jedoch in den FKS-Am, nicht aber in den FKS-IO, in einer Reihe von Wörtern eine deutliche Palatalisierung erfahren. Das Ergebnis reicht von [k', g'] über [t', d'] bis hin zu den Affrikaten [tʃ, dʒ].

Französisch:	*cœur*	*gueule*	*cul*	*queue*	*cuire/cuit(e)*
KrGua/Mar/Dom/SLu:	tʃɛ	dʒɔl	kju	latʃe/lake	kwit/tʃwit
KrGuy:	tjɔ/kjɔ	dʒɔl	tʃu	latʃo	tʃwi
KrHai:	kɛ/kjɛ/tʃɛ	gjɔl/dʒɔl	tʃu	ke	kwit/tʃwi
KrLou:	kɛᴿ	dʒel	tʃu	tʃe	kwi/tʃwi
KrRéu/Mau/Sey:	(le)keᴿ	(la)gel	ki	latʃe/lake	kwi

3. Der Lautwandel von frz. [z] oder [ʒ] im Wortauslaut zu [j] ist charakteristisch für einige FKS-Am, besonders das KrHai, wo er konsequent durchgeführt ist. Lediglich neuere Entlehnungen aus dem Französischen sind von ihm ausgenommen.

Frz.	*case*	KrHai	[kaj]	gegenüber > KrMau	[lakaz]
	bagage		[bagaj]		[bagaz]
	avantage		[avãtaj]		[lavãtaz]
	chose		[kiʃoj]		[soz]
	dommage		[dõmaj]/[dõmaʒ]		[domaz]

3.4.2 Der Vibrant /ʀ/

Der Vibrant /R/, dessen Wandel vom apikalen [r] zum uvularen [ʀ] im Französischen ungefähr in die Zeit der Entstehung der FKS fällt, hat in den FKS wichtige Veränderungen erfahren, die zu den Charakteristika dieser Sprachen gehören. Das Ergebnis hängt sowohl von der Position im Wort ab, als auch von der jeweiligen FKS.

1. /ʀ/ bzw. /r/ ist erhalten
Der Vibrant /ʀ/ – /r/ ist in den FKS als realisierter Laut erhalten geblieben, wenn er sich in einer starken Position im Wort befindet, d. h. im Anlaut vor folgendem Vokal, sowohl im Wort- wie im Silbenanlaut. Dabei kann ihm auch ein Konsonant (meist ein Verschlusslaut, Muta) vorausgehen. Allerdings hat er seine Aussprache verändert, und zwar entweder zu einem velaren stimmhaften Reibelaut [ɣ], der dem uvularen [ʀ] recht ähnlich ist, oder zu einem bilabiovelaren [w].[7] Dies betrifft im KrDom und im KrSLu fast alle Vorkommen unabhängig vom folgenden Vokal, im KrGua, KrMar und KrHai dagegen nur vor [o] und [u], weniger konsequent auch vor [a]. Im KrMau existiert ein isolierter Fall [kamwad] neben [kamʀad], der aber als Ausnahme anzusehen ist. Zu dem [w] gibt es gelegentlich die Varianten [ɣʷ], [hw] oder [ɣʰʷ]. Eine Erklärung könnte sein, dass das [w] für die Sklaven Ersatz für das ihnen ungewohnte und schwer aussprechbare apikale [r] war,[8] das ja im Französischen bis ins 17. Jahrhundert – und in Dialekten noch wesentlich länger – gesprochen wurde. Dieses ist in keiner FKS erhalten, wohl aber in bestimmten Gebieten von Québec. Das uvulare [ʀ] [9] kann in der aktuellen Sprache in den betreffenden Umgebungen ebenfalls vorkommen. Bei den betroffenen Wörtern und Formen handelt es sich um neuere Entlehnungen aus dem Französischen oder um Dekreolisierungstendenzen, d. h. das Bemühen der Sprecher, ihre Aussprache dem Französischen anzunähern.

---

7 Ich habe bisher das [w] als Bilabiallaut gesehen, die Fachliteratur, so auch die Beiträge in Michaelis/Maurer et al. (2013a) gewichten seine Nähe zum [u] jedoch höher und klassifizieren es als labiovelar. „Die (friktionslose) Engebildung [...] für [w] ist dorsovelar. [...] ist außerdem durch Vorstülpung und Rundung der Lippen gekennzeichnet" (Meisenburg/Selig 1998, 58).
8 Man denke hier an die Piraten bei Asterix. Dagegen spricht allerdings, dass die afrikanischen Sprachen in der Regel über einen [r]-Laut verfügen.
9 Da der Unterschied zwischen dem uvularen [ʀ] und dem velaren [ɣ] nicht sehr groß und ohne Relevanz für das Sprachsystem ist, verwenden wir in der phonetischen Umschrift der FKS das Zeichen [ʀ] auch für das [ɣ].

Französisch:	prendre	répondre	droit	gros	terrible	camarade
KrGua/Mar:	pʀã/pwã	ʀepõn	dwɛt	gwo	teʀib	kãmaʀad
KrDom/SLu:	pwã	wepon	dwɛt	gwo	tɛwib	kamaʀad
KrHai:	pʀã	ʀepõn	dʀɛt/dwat	gwo	teʀib	kãmaʀad
KrGuy:	pʀã	ʀepõn	dʀɛt	gʀo	teʀib	kamaʀad
KrLou:	pʀã	ʀepon	dʀ(w)ɛt/dʀwat	gʀo	tɛrib	kamaʀad
KrRéu:	pʀã	ʀepõd	dʀɛt/dʀwat	gʀo		kamaʀad
KrMau/Sey:	pʀã	ʀepon	dʀɛt/dʀwat	gʀo	teʀib	kamaʀ/wad

Die betreffenden Karten der Sprachatlanten von Le Dû/Brun-Trigaud (2011/2013) und Fattier (1998) für die Kleinen Antillen bzw. Haiti liefern weitere Beispiele für die Entwicklung von [r] > [w] und deren Verbreitung in den betreffenden Gebieten. Vor allem die größere Verbreitung des Phänomens auf den englisch gewordenen Inseln Dominica und St. Lucia fällt auf:

[fwɛ] < *frère*   [wive] < *arriver*   [agweab] < *agréable*   [apwe] < *après*
[kabwit] < *cabri*   [kõpwã] < *comprend(re)*   [ɛ̃tewesã] < *intéressant*   [two] < *trop*
[woch] < *roche*   [pwodwi] < *produire*   [mizewab] < *miserable*   [wuʒ] < *rouge*
[lapwiyɛ] < *prière*   [twɛ̃ɛ̃] < *traîner*   [wi] < *rire*

Diese Wörter kennen nicht in allen Belegpunkten die Entwicklung zu [w], im KrDom und KrSLu aber überwiegt sie, während sie im KrMar und noch mehr im KrGua eher selten ist.

2. /ʀ/ ist geschwunden

Wenn das /ʀ/ vor einem Konsonanten oder im Wortauslaut nach Vokal steht, fällt es in der Regel aus. Es schwindet z.T. spurlos, z.T. unter Beeinflussung des vorausgehenden Vokals, der gedehnt und/oder geöffnet wird, oder auch durch einen mehr oder weniger deutlichen, aus dem /ʀ/ entstandenen Schwa-Laut (in den FKS-IO) zum Diphthong wird. Außerdem verhindert das /ʀ/ vor einem folgenden Nasalkonsonanten die Nasalierung des vorausgehenden Vokals, auch wenn diesem jetzt der Nasalkonsonant unmittelbar folgt.

Die Öffnung der Vokale vor dem ausgefallenen /ʀ/ kann das Vokalsystem beeinflussen, denn diese Öffnung führt bei drei der fünf Vokalphoneme zur Existenz je einer offenen und einer geschlossenen Variante, die bedeutungsunterscheidende Funktion übernehmen können. Es sind dies die beiden Vokale mittleren Öffnungsgrades [e] und [o], sowie in den FKS-IO das velar artikulierte [a], dessen Aussprache sich fast dem [ɔ] nähert, begleitet von einer Längung des Vokals. Auf die beiden geschlossenen Vokale [i] und [u] hat der Ausfall des /ʀ/ keinen erkennbaren Einfluss. In der Literatur findet man für die FKS-Am meist die Unterscheidung zwischen [e] – [ɛ] und [o] – [ɔ], aber nur ein [a], so dass wir hier sieben Oralvokale haben.[10] In den Orthographiesystemen kann

---

10 Vgl. dazu auch zuvor die Ausführungen zum Vokalismus, s.o. S. 55–56.

die offene Variante mit dem *accent grave* markiert werden. In den FKS-IO und auch im KrLou scheint das ausgefallene /r/ noch mehr gefühlt zu werden, denn hier wird es in der Schreibung berücksichtigt, so dass wir /er, or, ar/, aber auch /ir, (o)ur/ haben, wobei das /r/ für den noch wahrnehmbaren Schwa-Laut steht; im Fall des /a/ für dessen Velarisierung und Dehnung.[11]

Das /r/ schwindet ebenfalls im Wortauslaut nach Konsonant (s. u. Kap. 3.4.5). Zwei Beispiele (*quatre, fondre*) sind in der folgenden Tabelle aufgeführt.

Französisch:	*faire*	*soir*^{R}	*peur*	*jour*	*dormir*	*partir*	*carte*	*quatre*	*fondre*
KrGua/Mar/Dom/SLu/Guy:	fɛ	swɛ	pɛ	ʒu	dɔmi	pati	kat	kat	fõn
KrHai:	fɛ	swa	pɛ	ʒu	dɔmi	pati	kat	kat	fõn
KrLou:	fɛ^R	swa^R	(la)pɛ^R	ʒu^R	dɔmi	pati	kat	kat	fõn
KrRéu/Mau/Sey:	fɛ^R	(a)swɑ^R:	pɛ:^{R}	zu:^{R}	dɔ:^{R}mi	pɑ:^{R}ti	kɑ:^{R}t	kat	on/fõ

3.4.3 Das *h aspiré*

Früh entstandene FKS realisieren noch das im Französischen in der Zeit der Entstehung der FKS verstummte *h aspiré*, seine Aussprache kann sich dem uvularen [ʀ] oder dem [w] annähern. Der /r/-Anlaut wird zudem auch auf einige im Französischen rein vokalisch anlautende Wörter übertragen. Die Entwicklung des anlautenden [h] zu [ʀ] hat ein Vorbild in normannischen Dialekten. In bestimmten Kontexten können [ʀ], [w] und [h] als Varianten (Allophone) des gleichen Phonems fungieren.

Französisch:	*haïr*	*haler*	*héler*	*haut*	*honte*	*hanche*	*aimer*
KrGua/Mar:	ʀaji	ʀale	ʀele	ʀo	ʀõt	ʀɑ̃ʃ	ɛ̃mɛ̃
KrDom/SLu:	hai	hale	hele	ho	hõt	hɑ̃ʃ	ɛ̃mɛ̃
KrGuy:	ʀai	ʀale	ʀele	ʀot	ʀõte	—	—
KrHai:	ʀaji	ʀale	ʀele	(ã)wo	wõt	ʀɑ̃ʃ	ʀɛ̃mɛ̃
KrLou:	hai	hale	hele	ho	hõt	hɑ̃ʃ	leme
KrRéu/Mau:	aï	ʀale	—	o	õt	ɑ̃s	ɛme/—

In einigen FKS-Am (wir haben es selbst für das KrDom und KrSLu beobachtet) werden die anlautenden stimmlosen Verschlusslaute behaucht ausgesprochen, und diese Behauchung ist noch stärker, als wir sie aus dem Deutschen kennen.

Beispiele: [thwavaj] < frz. *travail*, [theowikhmã] < frz. *théoriquement*, [khwejol] < frz. *créole*

---

[11] Der Ausfall des /r/-Lautes erfolgt übrigens auch im Deutschen in ganz ähnlicher Weise.

3.4.4 Nasalierung

Ein Merkmal einiger FKS-Am, aber auch des KrSey, ist die Tendenz zu einer häufigeren Nasalierung der Vokale als im Französischen. Es gibt mehrere Möglichkeiten:

1. Progressive Nasalierung
In den betroffenen FKS werden nicht nur die Vokale vor einem Nasalkonsonanten nasaliert ausgesprochen, sondern auch die auf einen Nasalkonsonanten folgenden, auch Fern-Nasalierung (Fernassimilation) ist möglich. Die progressive Nasalierung tritt in allen FKS zumindest sporadisch auf; in einigen ist sie zu einer festen Regel mit nur wenigen Ausnahmen geworden. Sie erfolgt häufig gleichzeitig mit regressiver Nasalierung, d. h. der Nasalkonsonant wirkt auf den folgenden und auf den vorausgehenden Vokal:

Französisch:	moi	mais	tourner	mener	baigner	gagner	donner
KrGua/Mar:	mwẽ	mẽ	tunẽ	mẽnẽ	bẽɲẽ	gɑ̃ɲẽ	–
KrDom/SLu:	mwẽ	mẽ	tune	mẽnẽ	bẽjẽ	gɑ̃jẽ	–
KrGuy:	mo	me	tunẽ	mẽnẽ	bẽjẽ	gɑ̃ɲẽ	–
KrHai:	mwẽ	mẽ	tunẽ	mẽnẽ	bẽjẽ	gɑ̃jẽ	dõnẽ
KrLou:	mwẽ	me	tunẽ	mẽnẽ	bẽje	gẽ/gõje	dõnẽ
KrRéu:	mwẽ	me	tuʀne	mɛn/mene	bẽɲe	gaɲe/gẽɲe	done
KrMau:	mwa	me	tuʀne	(a)mene	bẽje	gaje/gẽje	done
KrSey:	mwẽ	me	(ʀe)tuʀnẽ	(ɑ̃)mẽnẽ	bẽɲẽ	gɑ̃ɲẽ	dõnẽ

2. Regressive Nasalierung
Die Tendenz zur regressiven Nasalierung der Vokale auch in ungedeckter Stellung (offene Silbe) ist in den verschiedenen FKS mehr oder weniger stark ausgeprägt. Während im heutigen Französisch ein Vokal nur nasaliert ausgesprochen wird, wenn der (in der Schrift) folgende Nasalkonsonant vor einem weiteren Konsonanten steht und/oder die Silbe schließt, werden in einigen FKS-Am und im KrSey die nasalierbaren Vokale [a, e, o] auch vor einem zur folgenden Silbe gehörigen Nasalkonsonanten (ungedeckte Stellung) nasaliert ausgesprochen; der folgende Nasalkonsonant wird ebenfalls ausgesprochen. Es entspricht dies den Aussprachegewohnheiten des Altfranzösischen, die sich bis ins Neufranzösische des 17. Jahrhunderts erhalten hatten.

Französisch:	banane	famille	femme	jamais	(la)main	même	connaître
KrGua/Mar:	bãnãn	fãmi	fãm	ʒãmɛ̃	lãmɛ̃	mɛ̃m	kõnɛt
KrDom/SLu:	bãnãn	fãmi	fãm	ʒãmɛ̃	lãmɛ̃	mɛ̃m	kõnɛt
KrGuy:	bãnãn	fãmi	fãm	ʒãmɛ̃	lãmɛ̃	mɛ̃m	ko˜nɛt
KrHai:	bãnãn	fãmi	fãm	ʒãmɛ̃	lãmɛ̃	mɛ̃m	kõnɛ̃/kõn
KrLou:	banan	famij	fom	ʒame	(la)mɛ̃	mɛm	kone
KrRéu:	banan	famij	fam	zame	mɛ̃	mɛm	kone
KrMau:	banan	fami	fam	zame	lamɛ̃	mɛm	kone/kon
KrSey:	bãnãn	fãmi(j)	fãm	zãmɛ̃	lãmɛ̃	mɛ̃m	kõnɛ̃/kõn

Wie einige Beispiele zeigen, können progressive und regressive Nasalierung simultan erfolgen. Die regressive Nasalierung kann sogar über Wortgrenzen hinaus wirksam werden, wie folgende Beispiele aus dem KrHai zeigen:

ba li	(pour lui)	li rele jo	(il les a appelés)
bã mwɛ̃	(pour moi)	li relɛ̃ mãmã jo	(il a appelé leur maman)

3. Existenz der Nasalvokale [ĩ] und [ũ]

Einige FKS-Am (vor allem KrHai) besitzen mit [ĩ] und [ũ] zwei Nasalvokale, die dem Neufranzösischen fremd sind. Man findet sie allerdings fast nur in Wörtern afrikanischen Ursprungs, es handelt sich also um ein afrikanisches Substrat. Beispiele aus dem KrHai sind:

pinga/pĩga (*prends garde!, non!* – negativer Imperativ-)
ũgã (Voodoopriester), ũsi (Assistent des ũgã), ũfo (Voodootempel)

Von den drei angeführten Nasalierungserscheinungen hat nur die regressive Nasalierung auch in offener Silbe ein Vorbild im älteren Französisch Dagegen ist diese Nasalierung in den westafrikanischen Sprachen weit verbreitet. Die Nasalvokale können Phonemstatus haben oder nur kombinatorische Varianten (Assimilation) der entsprechenden Oralvokale sein. Die Assimilation kann über Wortgrenzen hinaus wirken. Sowohl die progressive Nasalierung als auch die Existenz der Nasalvokale [ĩ] und [ũ] in einigen FKS dürften also auf afrikanischen Einfluss zurückgehen, während bei der regressiven Nasalierung französische und afrikanische Tendenzen konvergieren. Die Existenz von Nasalvokalen in englischen KS geht ebenfalls auf afrikanischen Einfluss zurück, denn das Englische selbst kennt keine Nasalvokale.

Die weitergehende Nasalierung im KrSey als im KrMau und KrRéu, aus denen es entstanden ist, erklärt sich aus der Ankunft größerer Kontingente von befreiten Sklaven auf den Seychellen nach dem Verbot des Sklavenhandels. Diese waren von den Engländern von den Sklavenschiffen befreit und auf die Seychellen gebracht worden, während nur wenige von ihnen nach Mauritius kamen.

4. Nasaliertes [j̃]

Bei genauer Analyse kann man feststellen, dass der palatale Nasalkonsonant [ɲ] z.T. durch ein nasaliertes [j̃] ersetzt wurde, oder dass beide Laute miteinander konkurrieren. Ob es wirklich zwei verschiedene Laute sind oder der Laut nur unterschiedlich interpretiert wird, sei dahingestellt.

KrMau:	bɛj̃/bɛj̃e	gaj̃/gaj̃e		
KrHai:	bẽj̃ẽ (*baigner*)	gẽj̃ẽ (*gagner*)	dij̃	(*digne*)

5. Nasalvokale vor wortauslautendem stimmhaftem Verschlusslaut

Geht in einem auf stimmhaften Verschlusslaut auslautenden Wort diesem Verschlusslaut ein Nasalvokal voraus, so kann in den FKS der Verschlusslaut zum entsprechenden Nasalkonsonanten werden. Der Vokal behält oder verliert seine Nasalierung. Entsprechend verhalten sich die auf *muta cum liquida* auslautenden Wörter: Nach Ausfall der *liquida* [l, r] tritt der Verschlusslaut in den Auslaut.

Französisch:	(*du*)*monde*	*tomber*	*chambre*	*ensemble*	*prendre*	*entendre*
KrGua/Mar:	mun	tõbe	ʃãm	ãsãm	pʀã/pwã	tãn
KrDom/SLu:	mun	tõbe	ʃãm	ãsãm	pʀã	tãn
KrGuy:	mun	tõbe	ʃãm	ãsãb	pʀã	tãde
KrHai:	mun	tõm/tõbe	ʃãm	ãsãm	pʀã	tãde
KrLou:	mun	tom/tõbe	ʃom	õsom	pʀon/pʀõ	ton/tõde
KrRéu:	mun	tõbe	sãb	ãsãm/ãsãb	pʀã/pʀãd	ãtã
KrMau:	dimun	tom/tõbe	lasam	ãsam	pʀã	tan/tãde
KrSey:	dimun/dimõn	tõm/tõbe	lasãm	ãsãm	pʀã	ãtãn/ãtãde

3.4.5 Veränderungen im Wortauslaut

1. Ausfall der *liquida* nach *muta*

Endet ein Wort auf *muta cum liquida*, so schwindet die *liquida*, das Wort endet mit der *muta*. Es ist dies eine Tendenz, die sich auch im gesprochenen Französisch beobachten lässt und dort im 17. Jahrhundert bereits nachweisbar ist.

tɛʀib/tɛwib	(*terrible*)	kat	(*quatre*)
kapab/kapav	(*capable*)	bug	(*bougre*)
pʀɔp/pwɔp	(*propre*)	mõt	(*montre*)[12]
vãt	(*ventre*)		

---

[12] Die Beispiele gelten für alle FKS. Die vorausgehenden Listen enthalten weitere Beispiele.

2. Vereinfachung von Konsonantengruppen

Konsonantengruppen am Wortende werden vereinfacht. Es handelt sich dabei zumeist um Konsonantengruppen mit einem Verschlusslaut (vor allem [t] und [k]) als letztem Teil. Dieser fällt aus, und bei Gruppen von drei Konsonanten ([s, r] + *muta* + *liquida*) können sogar zwei der drei Konsonanten ausfallen:

pjas (*piastre*), diʀɛk (*direct*), ɛgzak (*exact*), dãtis (*dentiste*), ʒis/zis (*juste*), kateʃis (*catéchisme*)

Im Wortinnern fällt häufig [k] als erster Teil einer Gruppe von Konsonanten aus, was ebenfalls einer im Französischen existierenden Tendenz entspricht:

espre (*exprès*), esplike (*expliquer*), eskize (*excuser*)

3. (Wieder-)Aussprache der Schlusskonsonanten in einsilbigen Wörtern

In einer Reihe von einsilbigen Wörtern werden in den FKS die auslautenden Verschlusslaute, die im Französischen verstummt waren, wieder realisiert, oder es werden solche Laute neu eingeführt. Eine feste Regel, wann und in welcher FKS, scheint es nicht zu geben:

ʃat/sat (*chat*), dʀɛt/dʀwat (*droit*), (la)nwit (*nuit*), isit (*ici*)

3.5 Arbeitsaufgaben

3.1. Fertigen Sie phonetische Transkriptionen zu kreolischen Texten in diesem Band an. Versuchen Sie, ohne weitere Informationen über die Graphiesysteme, nur nach dem bisher Gesagten vorzugehen.

3.2. Stellen Sie in den transkribierten Texten, soweit möglich, den kreolischen Wörtern jeweils ihre französischen Entsprechungen gegenüber. Beschreiben Sie die Veränderungen und versuchen Sie, für den jeweiligen Text Regeln aufzustellen.

3.3. Überprüfen Sie anhand des ALF und der Regionalatlanten, inwieweit die lautlichen Abweichungen der FKS vom heutigen Französisch Entsprechungen in den französischen Dialekten haben. Beginnen Sie mit Karten für die im Vorausgehenden aufgeführten Beispiele. Interpretieren Sie Ihre Ergebnisse.

3.4. Informieren Sie sich in französischen Sprachgeschichten und Arbeiten zur französischen Lautgeschichte über den Lautstand des Französischen zur Zeit der Entstehung der FKS. Interpretieren Sie Ihre Ergebnisse.

3.5. Vergleichen Sie die Lautentwicklungen in den FKS mit den lautlichen Besonderheiten des Französischen in Kanada. Welche Gemeinsamkeiten und welche Unterschiede stellen Sie fest? Interpretieren Sie Ihre Ergebnisse.

4 Die (Ortho-)Graphiesysteme der FKS und ihre Entstehung

4.1 Vorüberlegungen

In der vorausgehenden Auflage haben wir das Thema Verschriftung und Orthographie im Zusammenhang der Standardisierung behandelt, da die Orthographie ja nicht zu den Grundstrukturen einer Sprache gehört. Sie ist vielmehr eine bewusste Erfindung der Menschen, um sprachliche Äußerungen, Gedanken und Überlegungen als Informationen in (zeitliche und räumliche) Distanz übermitteln zu können. Die wenigsten der heute gesprochenen Sprachen verfügen über ein Schriftsystem, eine Ortho-Graphie. Die in ihnen gemachten konkreten Äußerungen bleiben deswegen räumlich auf die anwesenden Sprecher begrenzt und geraten zeitlich rasch in Vergessenheit,[1] können später nicht mehr überprüft werden. Um eine Sprache und Äußerungen dauerhaft zu machen, muss die betreffende Sprache über eine Schriftform verfügen. Die geschriebene Sprache kann dadurch eine solche Bedeutung gewinnen, dass wir, wenn wir von Sprache reden, primär an das Geschriebene denken, obwohl es doch eigentlich die sekundäre Ausdrucksform ist.

Dass wir das Kapitel über die Verschriftung und die Entwicklung von Orthographiesystemen der FKS hierher vorgezogen haben und es damit als einen Aspekt der Beschreibung der Sprachstruktur behandeln, hat einen praktischen Grund: Wenn wir in einem geschriebenen Buch wie diesem von Sprachen handeln, sie beschreiben, dann müssen wir diese Sprachen auch schreiben. Bisher haben wir uns im Phonetik- und Phonologieteil auf die Lautschrift gestützt, die ja sprachunabhängig und sprachübergreifend gültig, aber zur Informationsübermittlung nur begrenzt geeignet ist; und bisher ging es ja nur um bedeutungsunterscheidende Einheiten und deren Realisierung. Im weiteren Verlauf aber geht es um (lexikalisch und grammatisch) bedeutungstragende Einheiten, für die die verschiedenen FKS Konventionen zu ihrer Schreibung entwickelt haben. Diese wollen wir hier mit Blick auf ihre Geschichte vorstellen, um sie dann im weiteren Verlauf zu gebrauchen. Wir werden im weiteren Verlauf Wörter, Sätze und Texte in ihrer Originalform schreiben und sie räumlich und zeitlich uneingeschränkt zugänglich, lesbar, machen.

Den kleinsten bedeutungsunterscheidenden Einheiten, den *Phonemen*, entsprechen auf der graphischen Ebene die *Grapheme*, vorausgesetzt man stützt sich dabei auf Alphabetschriften, deren Prinzip es ist, die Lautung graphisch abzubilden; jedem Phonem sollte also im Idealfall ein Graphem entsprechen. Das lateinische Alphabet hat sich hier – mit Ergänzungen und Modifizierungen gegenüber dem Ausgangsinventar – als Basis etabliert. Im Verlauf der historischen Entwicklung haben sich die

---

[1] Es geht hier um die konkreten Äußerungen, nicht um mündliche Erzähltraditionen, denn diese werden über lange Zeit und Räume vermittelt, sind aber immer für Modifizierungen offen.

aktuellen Systeme der uns vertrauten Sprachen von der 1:1-Entsprechung von Phonie und Graphie dann mehr oder weniger weit entfernt, vor allem auch, da die Schreibsysteme konservativer sind, besser kontrolliert werden können und sich so Änderungen eher widersetzen als die Lautform der Sprache. Ihre Anpassung an die Entwicklung der Aussprache geschieht mit Verzögerung, wenn sie denn überhaupt erfolgt, denn seine Gewohnheiten ändert der Mensch nun einmal nicht gerne. Orthographiesysteme bewegen sich so zwischen etymologischen, historisierenden und damit vertrauten Tendenzen und phonologischen, vom vertrauten Bild abweichenden, die dem Ziel, die gesprochenen Laute abzubilden, mehr entsprechen.

Schreibsysteme, Orthographien beruhen auf einer von der Sprachgemeinschaft akzeptierten Konvention. Sie sind eine Erfindung, ein Werkzeug, um sprachliche Äußerungen schriftlich festzuhalten. Sie können verändert, an neue Bedürfnisse angepasst werden, es können neue Orthographiesysteme entwickelt werden, aber diese funktionieren nur, wenn sie als Konvention von der Sprachgemeinschaft akzeptiert werden, wenn diese bereit ist, ihre Gewohnheiten zu ändern.

Kreolsprachen sind für den Schreibenden neue Sprachen bzw. Sprachformen, für die er selbst eine Graphie schaffen muss, und das von den ersten geschriebenen Sätzen und Wörtern an. Diese finden wir bereits sehr früh, wenn auch nur sporadisch in französische Texte eingestreut, aber schon bald folgen längere Texte und eigenständig gedruckte kleine Bücher. Geschrieben werden diese frühen Texte von frankophonen Autoren und Schreibern, die ansonsten ihre Texte auf Französisch schreiben. Sie schreiben das anders, was anders klingt, folgen aber im Prinzip etymologisierend der französischen Orthographie. Überlegungen für eine eigenständige, vom Französischen mehr oder weniger gelöste Schreibweise, entstehen erst allmählich und werden erst akut und relevant, wenn das Kreolische als eigenständige Sprache gesehen in größerem Maße und unter formalisierten Bedingungen geschrieben wird. Denn die Existenz einer eigenständigen von den Schreibern und Lesern akzeptierten Orthographie gehört für unser Verständnis zu den Merkmalen einer Sprache, und sie ist Voraussetzung für die regelmäßige und nicht nur gelegentliche Verwendung einer Sprache als Schriftsprache.

4.2 Kreolisch schreiben – die Anfänge: etymologische Anlehnung ans Französische

Für die FKS, wie überhaupt für neu zu verschriftende Sprachen, bieten sich zwei in ihrer Ausrichtung entgegengesetzte Möglichkeiten an: eine etymologisierende, ans Französische angelehnte Orthographie oder eine phonetisch, oder besser: phonologisch ausgerichtete, die nur den gegenwärtigen Sprachstand im Auge hat und die Beziehungen der FKS zum Französischen nicht berücksichtigt. Auch eine Verbindung beider Prinzipien ist bis zu einem gewissen Grad möglich und auch zweckmäßig. Die Entscheidungskriterien bei der Schaffung von neuen Orthographien sind damit nicht nur praktischer Art, sondern auch ideell-ideologisch und politisch motiviert. Im Falle der FKS geht es um Nähe oder Distanz zum Französischen, weswegen das Thema der Schreibung und orthographischen Standardisierung eben auch und vielleicht noch mehr in den Zusammenhang von Sprachplanung, Sprachausbau und Sprachpolitik gehört.

Die auch chronologisch erste Möglichkeit ist, wie schon erwähnt, die etymologisierende Schreibung, denn die Verfasser der frühen kreolischen Texte waren alle zweisprachig; aber nur einsprachig-französisch, wenn es um das Schreiben und Lesen ging, da das Kreolische als geschriebene Sprache ja noch nicht existierte. So übertrugen sie die ihnen vertraute Schreibweise auf die kreolischen Texte, d.h. sie folgten den Regeln der französischen Orthographie, von der sie aber abwichen, wenn es darum ging, die (vor allem lautlichen) Unterschiede zum Französischen aufzuzeigen. Im Französischen nicht existierende Wörter und Formen versuchten sie, den Regeln der französischen Orthographie entsprechend zu schreiben. Man findet kreolische Texte dieser Art auch heute noch für praktisch alle FKS. Für ihre Verfasser ist das Kreolische immer noch eine, durchaus nicht gleichwertige, Varietät des Französischen, die sie folglich in Anlehnung an das Französische schreiben, also etymologisch

Diese Schreibweise hat den Vorteil, dass sie für jemand, der Französisch lesen und schreiben kann, leicht lesbar und verstehbar ist. Baissac (1880) drückt dies so aus:

> Pour dérouter le moins possible l'œil habitué à la physionomie du mot français, nous la lui avons conservée partout où nous l'avons pu. [...] Enfin, quoique le pluriel ne se manifeste jamais en créole dans la forme des mots, nous avons, pour guider l'œil du lecteur, conservé l's du français, mais au substantif seulement (Baissac 1880, liv, lvi).

Ihr Nachteil besteht in einer großen Variabilität und Inkonsequenz in der Anwendung von Regeln, denn letztendlich schreibt jeder nach eigenem Gutdünken, indem er dort von der französischen Orthographie irgendwie abweicht, wo ihm dies relevant erscheint. Verbindliche Orthographieregeln existieren nicht und wären auch in einfacher, systematischer Form kaum aufstellbar. Denn über die Variation in der Wiedergabe der Lautabweichungen vom Französischen hinaus bewahren diese Schreibweisen viele grammatische Markierungen des geschriebenen Französisch (Plural -s, Personalendungen der Verben usw.), die in den FKS nie als Funktions- oder Bedeutungsträger existiert haben. Für jemand, der nicht vorher Französisch lesen und schreiben gelernt hat – und das trifft ja für einen Großteil der Kreolsprecher zu, auch wenn deren Anteil immer kleiner wird – ist diese Schreibweise unbrauchbar. Als einziges Argument für sie könnte man anführen, dass sie einen späteren Übergang zum Französischen erleichtern können sollte. Dieser Vorteil kann jedoch die vielen und schwerer wiegenden Nachteile nicht aufheben, denn diese Art zu schreiben kann den Bedürfnissen einer systematischen und homogenen Orthographie nicht genügen, wie die folgenden Beispiele belegen:

Yon cigale y té tini, / Qui toujou té ka chanté; / Y té tini yon frommi / Côté li té ka rété. / Yon jou Cigale té ni faim; / Li ka chaché mòceau pain; / Li allé dit frommi là: / «Ba moin ti brin mangé, m'a / Ranne ou quand moin va trouvé / Quéchose qui bon pou mangé, » / (Zott save frommi pas aimein / Prèté ni longé lamain.) / Li dit cigale: « Chè doudoux, / Ça ou ka fè tout les jou / Pou ou pas tini mangé ? » / Cigale dit: « Moin ka chanté Quand yo ka dansé bèlè » (KrMar, Marbot 1846, zit. nach Hazaël-Massieux 2008, 267).

Cigale, toute temps solei té chaud, / Pas faire dôte choïe, passé chanter. / Ace poû manger, pas yon môceau / Li pas châcher poû li serrer. // Lhouvênaïe vini: con-ça, toute bête / Fourer corps-yeaux nans callefoû yeaux. / Et ça qui té tni tit lot yeaux faite / Die baïe laplie: « Allez coco! » // Main pôr Cigale, nans tout-bois li, / Senti lafaim la-sous dos fôete: / Pas yon tit bête, afôce laplie; / Li héler: « Hélas moèn nans boète ! » // Apoues, li chonger dame Fômi, / Yon voésine nans villaïe li même; / Poû li, li pas té ca dômi, / Non-plis chanter nans temps carême (KrTri, Thomas 1869, zit. nach Hazaël-Massieux 2008, 268).

Chanté, faut couè cé bagây' qui / Doux nan la-vi: / Moin connin moun' ça déjà fait / Blié mangé / Atò, cé ca mainm qui rivé / Conmè la-Cigal, mois passé: / Conmè té sans mangé, sans bouè, / Dépi dé jou; / Sou dènié souè-la, gnou grangou / Mété di fé nan cò Conmè. / Ouãy' ! Li co uri cãy' Sò Fronmi, / Gnou vouésin' li; / Frappé: Côh ! Còouh ! – « Qui moun' qui là ? » / – « Cé moin, vouésin' ! Agué ! Conmè, / » M'apé mouri grangou ! Ou pas / « Gangnin moceau mangé, – feill, flè, / » Ça li yé, – ban moin ? .. T'en pri, chè ! / « Lò maché-sanm'di va vini, / M'a rann ou li. » / Fronmi, cé gnou bon canmarad: / Li pas pé janmain réfisé / Bouè avec ou, ri bamboché ? / Fait la-prom'nad; / Main, quant-à-pou longé lan-main, / Cé gnou systèm li pas rainmain (KrHai, Sylvain 1901, zit. nach Hazaël-Massieux 2008, 271).

Comper' Grillot qui dans son la-saison / A-soir çanté comment violon, / Quand lé-tems frais fair' fermé son la-caze / Son la-voix n'a plis fair' tapaze / La-bouss' li sec, bon-tems fini, / Vivres n'a pas [...] n' a pas maïs, / Li couri voir madam' fourmi: / «Salam, donc mon commère ! / » Ça qui ein' femm' . [...] son pitit magazin / « Quand mêm' vidé, touzours li plein; / » Mais dir' moi donc; comment vous faire? / « Ensemble vous, moi voulé fair'zaffaire: / » Prète avec moi morceau du riz ? / « Quand soleil fini tourné dans la plaine / » Moi va vini /« Rendé vous li / » Si vous réfusé moi, vous fair' moi trop la-peine (KrMau, Chrestien 1822, zit. nach Furlong/Ramharai 2006, 52).

Ene corbeau ti fine coquin ène fromaze. Li monte la haut ène pied zarbe, fromaze dans so la bec. (Mo croire li ti apé rode ène place à côté li pour manze li tranquile). Ene Rénard passé. Li senti l'odeir fromaze. Ça qui li content! Li lève la tête. Li découvert misié Corbeau la haut dans feillaze. « Qui mo a faire pou gagne ça bon manzé là ? Mo pas capave monte lors pied. Mo pas conne envolé. Allons saye couillonne li par ène causé en parabole comant zavocat» «Bonzour, grand misié ! Qui manière ? Comant vous zoli garçon ! Ça qui appelle ène bel dimoun ! Mo sire vous doite bien conne chanté. Si vous la voix zolie comant plimes ou lézailes, vous-même lé roi zozeaux dans tout ca dans bois là !» (KrMau, Le Juge de Segrais 1952, 55).

4.3 Die Entwicklung phonologischer Orthographiesysteme

Die Problematik einer etymologischen, ans Französische angelehnten Schreibung der FKS wurde schon früh erkannt. So bemerkte Saint-Quentin 1872, also noch vor Baissac, in Bezug auf das KrGuy:

Toutes les fois que j'ai essayé d'écrire quelque chose en créole avec l'alphabet français ou plutôt romain, je me suis demandé ensuite comment une personne qui n'aurait aucune notion de ce langage lirait ce que je venais d'écrire. [...] Mes recherches ont abouti à cet aphorisme: «Il faut un alphabet spécial pour chaque langage, et cet alphabet existe toujours théoriquement» (Saint-Quentin 1872, 106).

Zur Illustration möge der folgende Text dienen:

Zot savé kouman chien rahi chat? Lontan sa pa té konsa; yé té voézín, yé té zami. Chien té sa bon moun; si yé pa sasé-li, li paka sasé péson'. 'So pié lèjè lò li ka-lachas, so wey klè lò li ka véyé kaz; mé si li pa wè michanstè ké-wey, li pa krè wot moun michan.Chat so-pa, li té kokin, li té malis, li té mantò; é li té maniè pè chien, pas ou wè, faché ké chien sa pas bon kichoz: li kolè, li fò, so dan long é fo pa moun joué ké yé. (Saint-Quentin 1872, 29–30).

Sein Regelentwurf für eine phonologische Orthographie des KrGuy (Saint-Quentin 1872, 107–115) blieb jedoch weithin unbeachtet,[2] und seine Überlegungen fanden erst in den 40er Jahren des vergangenen Jahrhunderts Nachfolger, als man in Haiti das Kreolische in größerem Maß für die Alphabetisierung, vor allem auch der erwachsenen Bevölkerung zu verwenden begann. Die Verantwortlichen erkannten, dass sie ein möglichst einfaches Schreibsystem finden mussten, um der einsprachig kreolophonen Bevölkerung überhaupt die Möglichkeit zu geben, Grundkenntnisse im Lesen und Schreiben zu erwerben. In diesem Kontext wurde von dem protestantischen Missionar irischer Abstammung H. Ormonde McConnell und dem amerikanischen Spezialisten Frank Laubach eine rein phonologisch orientierte Orthographie für das KrHai entwickelt, die trotz Kritik in ihren Grundprinzipien zur Grundlage für die offizielle Orthographie des KrHai und darüber hinaus zur Vorlage für die Diskussion und Entwicklung der Orthographiesysteme in den anderen Gebieten wurde. Die späteren Modifizierungen bewirkten vor allem eine Annäherung der Grapheme bzw. Graphemkombinationen an das Französische, ohne jedoch gegen die Prinzipien einer phonologischen Orthographie zu verstoßen.

Der unmittelbare und leicht ersichtliche Bezug des phonologischen Orthographiesystems zum Lautstand der (jeweiligen) FKS macht seine Erlernung und praktische Verwendung relativ einfach; die historisch bedingten Unregelmäßigkeiten der französischen Orthographie existieren nicht mehr, und das System der morphologischen Endungen der französischen Schriftsprache ist weggefallen. Da sich diese Erkenntnis nicht nur bei den Linguisten, sondern auch bei den politisch Verantwortlichen inzwischen weitgehend durchgesetzt hat, folgen alle neueren Entwürfe zur Orthographisierung der FKS diesen Prinzipien, wobei die meisten von ihnen den Orthographiegewohnheiten des Französischen, soweit möglich, Rechnung tragen.

---

2 Die einzigen Texte, in denen dieses System verwendet wurde, sind nach unserer Kenntnis im gleichen Band die *Contes et Fables* seines Onkels Alfred de Saint-Quentin (1–97). In dem unter dem Pseudonym Parépou (1885) erschienenen *Atipa. Roman Guyanais* – der erste Roman in einer Kreolsprache – finden wir dann wieder eine etymologisierende Schreibweise.

Alle diese Systeme versuchen, eine fest definierte Entsprechung zwischen Phonem und Graphem herzustellen, d. h. jedes Phonem immer mit dem gleichen Graphem (Buchstaben, Gruppe von Buchstaben [= Digraph, Trigraph] oder Kombination von Buchstaben mit diakritischen Zeichen) zu schreiben. Unproblematisch ist dies für diejenigen Phoneme, die im Französischen und in der jeweiligen FKS gleichermaßen existieren und deren Schreibung in der französischen Orthographie eindeutig festgelegt ist bzw. sich eindeutig aus ihr ableiten lässt.

Es sind dies die Phoneme, deren Schreibung in allen Systemen gleich ist:

Phonem:	/i	a	p	b	t	d	k	g	f	v	s	z	m	n	l	ʀ/
Graphem:	<i	a	p	b	t	d	k	g	f	v	s	z	m	n	l	r>

Ebenfalls weitgehend einheitlich gelöst ist die Schreibung der folgenden Phoneme:

Phonem	/ʃ	tʃ	ʒ	dʒ	h	ŋ	j/
Graphem	<ch	tch	j	dj	h	ng	y/i>

Probleme bereiten dagegen die Oralvokale und Diphthonge, der palatale Nasalkonsonant [ɲ], die Halbvokale [j, w] und vor allem die Nasalvokale. Auch das vor Konsonant und im Wortauslaut weitgehend oder ganz geschwundene [r/ʀ] wird unterschiedlich behandelt.

Die Oralvokale

Für das [u] bieten sich zwei Schreibweisen an, der aus dem Französischen übernommene Digraph <ou> oder das einfachere und aus den meisten Sprachen vertraute <u>, das aus pragmatischer Sicht freigeworden ist, da die FKS in ihrem Grundsystem den Vokal [y] nicht kennen.

Die phonologische Funktion der beiden Öffnungsgrade der mittleren Vokale /e/ und /o/ ist in einigen FKS aufgegeben, in anderen ist sie erhalten. Soweit die Orthographiesysteme die Differenzierung vornehmen, markieren sie die geöffnete Variante der beiden Vokale durch den *accent grave*: <è, ò>. Dieser wird außerdem in einigen Systemen verwendet, um die Nicht-Nasalierung eines Vokals vor folgendem Nasalkonsonanten anzuzeigen. Der *accent aigu* kann verwendet werden, um hervorzuheben, dass das <e> auch am Wortende den Lautwert [e] hat und kein (französisches) *ə-muet* ist. Die Verwendung des *accent aigu* zur Schreibung des [e] in allen Positionen gibt es ebenfalls. In etwas älteren Systemen findet man noch das <e> am Wortende nach Nasalkonsonant um die vorausgehende Silbe zu öffnen und damit anzuzeigen, dass der vorausgehende Vokal nicht nasaliert wird. In diesen Systemen ist die <é>-Schreibung für den Laut [e] am Wortende obligatorisch.

Die Nasalvokale
Für die Schreibung der Nasalvokale bietet sich entweder der im Französischen übliche Digraph „Vokal + <n> oder <m>" an, oder die Markierung des Vokals durch ein diakritisches Zeichen, hier den von McConnell/Laubach verwendeten *accent circonflexe*. Der Vorschlag von Baker (1972) für das KrMau, den Buchstaben <h> als Nasalierer zu verwenden, fand keine Nachfolger und wurde auch von ihm selbst bald wieder aufgegeben, ebenso sein Vorschlag anstelle des <h> ein <n> mit diakritischem Zeichen zu verwenden: <ṅ> (nur im Wörterbuch Baker/Hookoomsing 1987 realisiert). Durchgesetzt hat sich – wohl aufgrund der Vorbildwirkung des Französischen – der Digraph „Vokal + <n>" (<m> wird der Einheitlichkeit halber in dieser Funktion nicht verwendet). Er weist gewisse Probleme auf, die die anderen Möglichkeiten nicht kennen.

Wir müssen in den FKS drei Möglichkeiten unterscheiden:
1. Nasalvokal
2. Nasalvokal + Nasalkonsonant
3. Oralvokal + Nasalkonsonant

Im ersten Fall markieren die Systeme die Nasalität des Vokals durch folgendes <n>. Im zweiten Fall hängen sie an die Folge „Vokal + <n>" den jeweiligen Nasalkonsonanten <n> oder <m> an, also: <ann> oder <anm> usw. Für die Folge Oralvokal + Nasalkonsonant geschieht die Markierung der Nichtnasalierung des Vokals durch den *accent grave* (<àn>, <èn>, <òn>), den Bindestrich (<a-n>), nachfolgendes <e> (<ane>) oder Dopplung des <n> (<ann>), was aber nur im KrMau und Réu möglich ist, da diese die Folge Nasalvokal + Nasalkonsonant nicht oder nur als freie Variante kennen. Der Trigraph Vokal + <nn> hat also je nach Sprache unterschiedliche, fast entgegengesetzte Funktion.

Für den Nasalvokal [ɛ̃] gibt es die beiden Schreibvarianten <en> und <in>, wobei <en> wohl die häufigere Lösung ist. Schwankender Gebrauch selbst in gleichen Texten zeigt, dass sich das System in der Praxis noch nicht gefestigt hat. In den Systemen mit *accent circonflexe* als Nasalierer wird <ê> geschrieben.

Die übrigen Fälle
Das [j] wird zwischen Vokalen als silbeneinleitender Konsonant immer <y> geschrieben, als Halbvokal nach Konsonant <y> oder <i>. Das [w] wird in beiden Fällen je nach System <w> oder <ou> geschrieben. Der im Französischen verwendete Digraph <oi> für den Diphthong [wa] bzw. der Trigraph <oin> für [wɛ̃] finden sich eher in den früheren Systemen, aktuell nur noch wenig. Wir haben also die beiden Möglichkeiten <wa> oder <oua> und entsprechend für den Diphthong [wɛ/we] <we> oder <oue>, für den Nasaldiphthong entsprechend <wen>, <ouen> oder <win>, <ouin>.

Das [ʀ/r] vor Konsonant und am Wortende ist in den FKS-Am völlig geschwunden, so dass es auch in den Orthographiesystemen nicht erscheint. In den FKS-IO ist es noch als schwaches [ə] zu hören und bewirkt die Öffnung des vorausgehenden Vokals. Die

Orthographiesysteme dieser FKS schreiben folglich das <r> auch in dieser Position, allerdings hat es eine andere Funktion als in den übrigen Positionen des Wortes.

Der palatale Nasalkonsonant [ɲ] wird wie im Französischen als <gn> geschrieben, oder als <ny>. Baker (1972) schreibt <yh>, um anzuzeigen, dass es sich um ein nasaliertes Jot [j̃] handelt.

In der folgenden Tabelle sind die verschiedenen Schreibungen für diese kritischen Laute zusammengestellt; weitere Besonderheiten der Systeme sind in der Tabelle nicht berücksichtigt:

[u]	[e / ɛ]	[o / ɔ]	[ɛ̃, õ, ã]	[ɛ̃n, õn, ãn]	[ɛn, on, an, in]	[wa, wɛ]	[wɛ̃]	[ɲ]
ou	e	o	en/in, on, an	enn/inn, onn, ann	en, on, an, in	oua, oue	ouen	gn
u	e / è	o / ò	ê, ô, â	ên / ôn / ân	e/o/a/**inn**	wa, we	ouin	ny
	é / è		eh, oh, ah		èn, òn, àn, in	oi, we/oue	wen	yh
					a-n, i-n	oa	win	
					e/o/a/**ine**		wê	
							weh	

Suprasegmentalia: Wortgrenzen, Bindestrich, Apostroph
Die Regeln eines Orthographiesystems umfassen über die Grapheme hinaus auch grammatische Aspekte. Dazu gehören nicht nur die üblichen Satzzeichen, sondern vor allem Fragen der Getrennt- oder Zusammenschreibung, des Gebrauchs von Bindestrich und Apostroph, durch die Wortstrukturen und morpho-syntaktische Beziehungen interpretiert und in der Schriftform dargestellt werden.

Morphosyntaktisch sind hier die Determinanten des Nomens und die Verbalpartikeln betroffen.[3] Historisch gesehen geht es zunächst um die agglutinierten französischen Artikel, die, wenn sie erhalten sind, fester, funktionsloser Bestandteil des kreolischen Wortes geworden sind. Besonders in früheren Texten können sie trotzdem noch in Anlehnung ans Französische getrennt voneinander geschrieben werden, ohne dass eine Regel erkennbar ist.

Für die in dieser Funktion neuen kreolischen bestimmten Artikel, die dem Nomen folgen, besteht die Tendenz, sie mit Bindestrich mit diesem zu verbinden, vor allem, wenn sie nur aus einem Phonem/Graphem bestehen.[4] Inwieweit die Systeme hier über feste Regeln verfügen, und diese konsequent befolgt werden, wäre zu überprüfen.

Die Partikeln zur Bestimmung von Tempus und Aspekt gehen dem Verb voraus. Dabei kann es Kürzungen oder Kontraktion von zwei oder auch mehr Partikeln bzw. mit dem Subjektpronomen oder der Negationspartikel kommen. Für die Schreibung bieten sich neben der Trennung der Elemente durch Leerstelle ein Zusammenschreiben der

---

3 Siehe dazu die entsprechenden Teile in Kap. 6, Morphologie und Syntax.
4 In skandinavischen Sprachen und im Rumänischen folgt der bestimmte Artikel dem Nomen und wird in der Orthographie wie eine morphologische Endung an das Nomen angehängt geschrieben.

Elemente an, sowie der Gebrauch des Bindestrichs oder des Apotrophs. Auch hier bleibt zu überprüfen, wie konsequent die Systeme sind oder ob diese Elemente eher zufällig eingesetzt werden.

4.4 Auf dem Weg zur Standardisierung

1984 hatte ich zum Stand der Standardisierung der Orthographiesysteme der FKS geschrieben: „Auch wenn bisher nur wenige FKS über eine offizielle und damit allgemeinverbindliche Orthographie verfügen, so ist die Entwicklung doch schon recht weit fortgeschritten. Es ist ohne Schwierigkeiten möglich, jede FKS mit einer Orthographie entsprechend den hier aufgezeigten Prinzipien auszustatten. Die Entscheidung, ob und wann dies geschieht, liegt jetzt bei den Politikern. Wichtig wäre es nur, bei aller Berücksichtigung der Eigenheiten einer jeden FKS, doch zu möglichst ähnlichen Systemen zu kommen, oder sogar bereits bestehende im Rahmen des Möglichen auf weitere Sprachen zu übertragen".

Inzwischen ist dies weitergehender geschehen als vor 30 Jahren zu erwarten war. Mit nur wenigen Ausnahmen verfügen die FKS über feste, wenn auch nicht unumstrittene Orthographienormen, sind ins Schulsystem eingezogen und werden auch im öffentlichen Leben als Schriftsprachen verwendet (s. u. Kap. 8). Im Folgenden soll die Entwicklung und der Stand in den einzelnen Gebieten vorgestellt werden, soweit ich Informationen dazu habe.[5]

Für das KrHai hatten die bereits erwähnten McConnell/Laubach ab 1940 ein phonologisches System entwickelt, dessen auffälliges Merkmal neben der Lösung von der Orthographietradition des Französischen die Markierung der Nasalvokale durch den *accent circonflexe* war. Das System wurde von Anfang an kritisiert, da es zu wenig auf die spezielle Situation in Haiti mit dem Französischen als Schriftsprachenvorbild Rücksicht nehme, nicht aber wegen seiner phonologischen Ausrichtung. So wurde es in der Folge in einigen Punkten modifiziert, vor allem von Pressoir (1947):

> Dans sa forme actuelle, l'alphabet McConnell-Laubach est presque parfait. Remplacez les graphies â, ê, ô, par an, en, on, vous avez exactement l'alphabet guyanais imaginé par Auguste de St.-Quentin en 1872 (Etude sur la grammaire créole, page 109 et suivantes). Cet alphabet McConnell-Laubach serait parfait, même avec l'accent circonflexe, si on l'employait chez les sauvages de l'Australie ou de quelque coin perdu. Il est mis en échec par le fait que le créole est une langue mixte, dans un pays de traditions françaises (Pressoir 1947, 67).

---

[5] Das Internet erweist sich auch hier als unerschöpfliche Quelle, nicht nur für die konkreten Daten, sondern auch für Diskussionen. Nicht weniges klingt amüsant, anderes leider erschreckend, wenn es z. B. um Gründe gegen die Einführung neuer Orthographiesysteme geht. Kritische Aufmerksamkeit diesen Quellen gegenüber ist angebracht. Im Zusammenhang mit der Orthographie empfehlen wir zu google.fr zu gehen und „créole [pays/territoire] orthographe" oder ähnlich einzugeben.

Pressoir stellt am Schluss seines Buchs zwei Proben beider Systeme gegenüber. Wir stellen hier einen der beiden Texte zur Illustration vor, auch wenn die Schreibung noch nicht ganz der aktuellen Norm entspricht:[6]

McConnell/Laubach:
Sâ mâjé pa gê la vi, paské sé mâjé ki mété ân dâ kò nou sa ki itil pou kêbé la vi a. Sé pa ti mâjé fâtézi, mê sé bô mâjé, mâjé solid ki nésésè vrèmâ pou kò nou. Nou dwé véyé sa pou nou-mêm, pou tout moun la kay nou, éspésialmâ pou ti moun kap grâdi.

Pressoir:
San manjé pa gin la vi, paské sé manjé ki mété an dan kò nou sa ki util pou kinbé la vi a. Sé pa ti manjé fantézi, min sé bon manjé, manjé solid ki nésésè vrèman pou kò nou. Nou dwé véyé sa pou nou min-m, pou tout moun la kay nou, éspésialman pou ti moun kap grandi (Pressoir 1947, 75).

Pressoirs System wurde seit Ende der 1950er Jahre in den staatlichen Alphabetisierungskampagnen benutzt und seitdem nur in wenigen Punkten modifiziert. Wichtig für die Stabilisierung der Orthographie war vor allem der 1967 gegründete *Office National d'Alphabétisation et d'Action Communautaire* (ONAAC).[7] Das System wurde in den 1970er Jahren durch das *Institut Pédagogique National* (IPN) und *Gwoup Rechèch pou Etidye Kreyòl Ayisyen* (GREKA) überarbeitet und ist in dieser Form seit 1979 die offizielle, staatlich anerkannte Orthographie, *Orthographe IPN*,[8] wobei sich die Änderungen immer im Rahmen der in der Tabelle aufgezeigten Alternativen bewegen: <e> anstelle <é>, <en> anstelle <in>, <in> anstelle <i-n>, <àn> anstelle <a-n>, <y> anstelle <i> nach Konsonant, <w> anstelle <ou>. Neu hinzu kommt, dass vor [o] und [u] sowohl <r> als auch <w> geschrieben werden kann.

Zu dieser Reform konnte man den folgenden Kommentar lesen:[9]

Ant lane 1951 ak 1979, Ayiti pa te bezwen pèsonn vini ak yon nouvo sistèm òtograf kreyòl. Te gen youn ki te la e ki te trè bon. Li te merite pou tout moun te aprann sèvi ak li byen vit, pou tout moun mete men nan alfabetizasyon mas pèp la. Chanjman pa te bezwen fèt nan bon sistèm sa a.

Men, leta vin ankouraje preparasyon yon nouvo sistèm òtograf fonolojik ki trè trè bon tou, kwak li pa te nesesè, kwak li pa te bezwen parèt. Men, li parét, li la. Leta pran desizyon sèvi ak li lekòl. Leta pran desizyon fè l'tounen òtograf ofisyèl. Sitiyasyon an vin chanje. [...] (Bon nouvèl 206, Sektanm 1985, 19èm Ane, 9 – zit. nach Strobel-Köhl 1994, 79).

---

6 So wird der agglutinierte Artikel noch getrennt vom ursprünglichen Nomen geschrieben, also *la vi, la kay*, und die Präposition *âdâ/andan* wird nicht zusammengeschrieben.
7 Der ONAAC ersetzte den 1961 gegründeten ONEC. Weitere Organisationen folgten. Siehe dazu Kap. 8.2.4, S. 190–192, und http://parolenarchipel.com/2015/07/14/la-problematique-de-lemploi-du-creole-dans-les-principales-institutions-haitiennes/.
8 Das Dekret vom 18. September 1979 ist abgedruckt in *éc* 3.1, 1980, 101–105.
9 Längere Texte in dieser Orthographie finden sich an verschiedenen Stellen unseres Buches, vor allem in Kap. 5 und in Kap. 8.

In der folgenden Übersicht sind die Unterschiede der Systeme zusammengestellt:[10]

Phonem	/u/	/e / ɛ/	/o / ɔ/	/ẽ, õ, ã/	/ɛ̃n, õn, ãn/	/ɛn, on, an, in/	wa, wɛ, wɛ̃/
McConnell:	ou	é / è	o / ò	ê, ô, â	ên, ôn, ân	en, on, an, in	wa, we, wê
Pressoir/ ONAAC:	ou	é / è	o / ò	in, on, an	inn, onn, ann	èn, òn a-n, i-n	oua, oue, ouin
IPA:	ou	e / è	o / ò	en, on, an	e/o/ann	èn, òn, àn, in	wa, we, wen

Als zweite FKS mit einer offiziell anerkannten Orthographie folgte 1978 das KrSey. Hier waren es politische Gründe, denn nach dem Umsturz von 1978 setzte sich die neue Regierung der Seychellen zum Ziel, das Kreolische gleichberechtigt neben Englisch und Französisch zu stellen. Dazu gehörte auch die Instrumentalisierung mit einer Orthographie, um es in der Schule als gleichberechtigte Sprache einführen und nutzen zu können. Entworfen wurde die Orthographie von Bollée und d'Offay und war zunächst in einigen Aspekten dem Französischen noch recht nahe: <oi> für den Diphthong [wa] – aber <ouen> für [wɛ̃] – und der Folge <ane, ene, one> für nicht-nasalierten Vokal vor [n]. Bereits im Wörterbuch von 1982 (D'Offay/Lionnet 1982), in dem Erläuterungen zur Orthographie leider fehlen, haben wir dann <wa> und <we>. Da vor Nasalkonsonant die Vokale [a, e, o] immer nasaliert werden, ergibt sich die Doppelschreibung automatisch: ban [bã], bann [bãn], <danm> [dãm] usw. Die progressive Nasalierung wird ebenfalls angezeigt, frz. donner [dɔne] wird im KrSey zu [dõnẽ], geschrieben donnen, frz. gagner [gaɲe] zu gangnen [gãɲẽ]; dem unbestimmten Artikel en [ẽ] steht das Zahlwort enn [ẽn] gegenüber.[11]

> Textbeispiel:
> *Alis i fatige nanryen fer. I zis pe asize la lo en ban obor son ser. Enn de fwa i'n sey zet en koudey dan en liv me sa liv napa portre. «Ki pou fer avek en liv ki napa portre?» I fer telman so ki i pa menm annan kouraz leve pour al kas fler e fer en girlann parey i ti'n promet pour fer. En pti moman, en lapen blan, avek lizye rouz i taye e frot avek Ii. I pa war sa drol ditou, osi i pa ni sirprann kan i tann lapen koze dousman. «Ayoyo! Mon pou an retar!» Plitar kan i pou rapel sa lensidan i pou etonnen ki sa ti paret Ii normal. Me, lapen i tir en mont dan son pos e i egzanminen avek en ler byen serye (Caroll, Lewis / Choppy, M. T. (s.d. [c.1990]): Alis dan pei mervey, adapte et tradwi par M.T. Choppy, s.l. [Sesel], 1).*

In **Mauritius** hatte die Diskussion schon in der Zeit der Unabhängigkeit begonnen, abgeschlossen wurde sie erst 2004 mit der Schaffung der *Grafi larmoni* und dem 2011 von der *Akademi Kreol Morisien* publizierten 70-seitigen Werk *Lortograf Kreol Morisien* (Carpooran 2011), in dem die Orthographie vorgestellt und die Entscheidungen be-

---

[10] Literatur: McConnel/Swan (1945; ²1953); Pressoir (1947); Valdman (1978a, 97–125; 1999; 2015, 95–138); Dejean (1980).
[11] Literatur: Bollée/D'Offay (1978, z.T. überholt); Bollée/Kriegel (2016).

gründet werden.¹² Da das Kreolische von der offiziellen Politik lange Zeit bewusst nicht beachtet wurde, lagen die Überlegungen und die Diskussion für eine systematische Orthographie in den Händen weniger, engagierter Einzelpersonen oder Gruppen. Am Anfang steht Dev Virahswamy, der in seiner Edinburgher Diplomarbeit 1967 eine phonologische Orthographie in Anlehnung an McConnell/Laubach entwarf, also mit dem *accent circonflexe* als diakritischem Zeichen zur Markierung der Nasalvokale, und dann nach seiner Rückkehr in Zeitungsartikeln propagierte und verwendete.¹³ 1972 entwickelte Philip Baker, ein Engländer, nach seinen Erfahrungen in der Erwachsenenbildung ein ähnliches System, in dem er den Buchstaben <h> mit dem gleichen Zweck verwendete. Beide mussten am Ende ihr System aufgeben, auch wegen der Ferne zum Französischen, nachdem sie es vorher weiterentwickelt und modifiziert hatten. Zu einer Einigung auf ein gemeinsames System waren beide nicht bereit.

Als nächstes entwickelte ca. 1976/77 die linke politische und kulturelle Gruppierung *Ledikasyon pu Travayer* ihr System, das aus zwei Gründen mehr Erfolg hatte. Einerseits war es durch <n> als Markierer der Nasalität des vorausgehenden Vokals dem Französischen ähnlicher (also <an>, <on>, <en> oder <in>, und die Doppelschreibung <nn>, also <ann, onn, enn>, wenn der Nasalkonsonant ausgesprochen und der Vokal nicht nasaliert wird;¹⁴ aber im Fall des [m] keine Doppelschreibung und weiterhin <u>, nicht <ou> für [u]). Andererseits verfügte die Gruppe über mehr finanzielle Mittel und einen eigenen Verlag, so dass das System größere Verbreitung fand, bis hin zur Gründung einer Zeitung, *Lalit de Klas*, die ab August 1981 14-tägig erschien, später im Monatsabstand.

Nach einem gewissen Stillstand, aber allmählichem Akzeptanzgewinn des Kreolischen in Politik und Gesellschaft, kam es 2004 unter Beteiligung der Katholischen Kirche zur Einigung aller Gruppen auf die die *Grafi larmoni*.¹⁵

Die wesentlichen Unterschiede der Systeme betreffen wieder die Nasalvokale, die Vokale vor Nasalkonsonant, die Schreibung des [u] (<ou> oder <u>) und der Diphthonge [wa] und [wẽ] (<oua> oder <wa>):

	[u]	[e/ɛ]	[o/ɔ]	[ẽ, õ, ã]	[ɛ̃/õ/ãn]	[ɛn, on, an, in]	[wa, wɛ, wẽ]	[ɲ]
Virahsawmy (1967)	u	e	o	ê, ô, â	–	en, on, an, in	wa, –, wê	gn
Baker (1972)	u	e	o	eh, oh, ah	–	en, on, an, in	wa, –, weh	yh
LPT (1976)	u	e	o	in, on, an	–	enn, onn, ann, in(n)	wa, –, win	yn
Grafi larmoni (2004)	ou	e	o	in, on, an	–	enn, onn, ann, inn	wa, –, win	gn

---

12 Das Werk ist im Internet zugänglich: http://ministry-education.govmu.org/English/educationsector/Documents/Lortograf%20Kreol%20Morisien.pdf.
13 Siehe dazu Stein (2014).
14 Vergleiche frz. *bon, bonne, don, donner, vient, viennent* usw.
15 Es gibt weitere Systeme, vgl. Stein (1991; 2016); Rajah-Carrim (2008). Eine gute Übersicht bietet die Folie von Oozeerally, https://www.academia.edu/12108208/La_longue_marche_vers_l_écriture_du_créole_mauricien_ des_pratiques_graphiques_informelles_à_une_orthographe_officielle.

Als Beispiel soll ein Text aus Baissac (1888) dienen, da Baissacs Werk in den letzten Jahrzehnten in die wesentlichen Orthographiesysteme des KrMau transkribiert wurde:[16]

Baissac (1888)	Virahsawmy (1967)	LPT (1989)	Grafi larmoni (2006)
Zistoire ième av tourtie dans bord bassin léroi Longtemps longtemps dans payi Maurice, ti éna éne léroi qui ti gagne éné grand bassin. Làdans même li té baingne so lécorps tous lé bomatins, à cause docteir ti commande li. Avlà éne zour li arrive dans bord bassin; dileau sale, napas capave baigné. Léroi appelle gardien, bourre li. Lendimain, dileau sale. Troisième zour, dileau sale. Léroi pèse gardien dans licou, li sacouyé, li dire li:	Zistwar Yev ek Torti Biê bié lôtâ dâ pei Moris ti ena ên lerwa ki ti ena ên grâ basé. Ladâ mem li ti bêgne tu le gramaté, akoz dokter ti kôsey li. Ala ên zur li ariv dâ bor basé; dilo sal, li pa kapav bêgne. Lerwa apel gardiê, zur li. Lâdimê, dilo sal. Trwaziem zur dilo sal. Lerwa pez liku gardê, li sakuy li, li dir li:	Zistwar yev av torti dan bord basin lerwa Lontan lontan dan pei Moris, ti ena enn lerwa ki ti gayn enn gran basin. Ladan-mem li ti beyn so lekor tule bomatin, akoz dokter ti komann li. Avla enn zur li ariv dan bor basin; dilo sal, napa kapav beyne. Lerwa apel gardyen, zur li. Landime, dilo sal. Trwazyem zur, dilo sal. Lerwa pez gardyen dan liku, li sakuye, li dir li:	Zistwar yev ek torti dan bor basin lerwa Lontan lontan dan pei Moris, ti ena enn lerwa ki ti gagn enn gran basin. Ladam-mem li ti begn so lekor toule bomatin, akoz dokter ti komann li. Ala enn zour li ariv dan bor basin; dilo sal, napa kapav begne. Lerwa apel gardien, zour li. Landime, dilo sal. Trwaziem zour, dilo sal. Lerwa pez gardien dan likou, li sakouye, li dir li:

Auf **Guadeloupe** und **Martinique** und dem mit ihnen verbundenen **Französisch-Guayana,** war die Situation durch ihren Status als DOM und damit ihrer Zugehörigkeit zu Frankreich und dem Einfluss der *métropole* eine ganze andere. Französisch spielte hier auch als Zielsprache eine wichtigere Rolle, so dass erst zu Beginn der 1970er Jahre das Interesse und Engagement für das Kreolische mit der Gründung der regionalen Universitäten (*Université des Antilles-Guyane* (UAG) und *Université française de l'Océan Indien*) zusammentraf. Es war dies die Zeit verstärkter Autonomie- und Unabhängigkeitsbewegungen, für die das Kreolische eine wichtige Rolle spielte. Jean Bernabé hatte als erster *martiniquais* in Frankreich eine *thèse d'Etat* zum Kreolischen geschrieben (Bernabé 1983) und hatte als erster an der UAG den neuen Lehrstuhl für Kreolisch inne. Dort bildete sich um ihn herum der GEREC (*Groupe d'Etudes et de Recherches en Espace Créolophone*)[17] als Zentrum der Kreolforschung, aber auch für praktische Maßnahme zugunsten des Kreolischen, und eine der ersten war die Schaffung einer Orthographie, die Bernabé (1976) in der ersten Ausgabe der Zeitschrift des GEREC *Espace créole* vorstellte. Das System ist fast identisch mit demjenigen für das KrHai, so dass wir es nicht weiter vorzustellen brauchen. Es ist trotz seiner viel-

---

16 Siehe Stein (2006 und 2016). Zu den verschiedenen Ausgaben siehe die Bibliographie. Es handelt sich um den Anfang der ersten Geschichte.
17 2001 erweitert durch „-F", „*et Francophone*".

fachen Verwendung und seines inzwischen quasi offiziellen Status aufgrund seiner Ferne zur französischen Orthographie auch nach 40 Jahren nicht unumstritten. So bekam ich vor kurzem eine E-mail, in der zu lesen war: „Ici les gens sont très mauvais et très jaloux. Ils ont fait une très méchante pétition contre mon éditeur en lui reprochant de mettre en pratique l'orthographe créole que je lui propose qui est celle de Jean Bernabé [...] et sa graphie ne leur plaît pas."[18]

> Textbeispiel:
> Lè on étranjé rantré andidan planché a on kaz gwadloup, lè i palé kréyòl pou yo réponn li an kréyòl anni konsidéré i pa étranjé ankò. Sa vlé di i rantré an santiman a Gwadloupéyen-la an fon a kè a'y, an mitan fòs a'y, an mitan tout féblès a'y. Kaz épi kréyòl, sé chimen a yè, chimen a lè, chimen douvan jou a pèp-la. An lèspri a moun-la, a pa pon restan a folklò. A sipozé kréyòl é kaz té vini disparèt, sé té ké konswa péyi-la foukan, konsidéré péyi antiyè té ké fonn an dlo lanmè (Berthelot/Gaumé 2002, 9).[19]

Die Orthographie des KrSLu ist mit derjenigen des GEREC weitgehend identisch, sie gilt auch für das KrDom. Die Orthographie des KrSLu wurde im Januar 1981 auf einem *Seminar on an orthography for St. Lucian Creole* in Castries festgelegt und bewusst an das GEREC-System angelehnt. Vorgestellt wurde sie drei Monate später auf dem *3e Congrès International des Etudes Créoles* auf Sainte-Lucie. In einigen kleineren Publikationen konnte man ihre Anwendung sehen. Strobel-Köhl (1994) fügt diesem Stand keine weiteren Informationen hinzu. 2001 erschien dann das Wörterbuch von Frank mit einer Vorstellung des *Kwéyòl Writing System* in der Einleitung. Über weitere Informationen verfüge ich nicht.

Da das Phonemsystem des KrSLu sich nicht wenig vom KrMar und KrGua unterscheidet, sei hier ein kurzer Text angeführt:

> Twavay asou sé bitasyon-an sé té pwèskè pou anyen, sé moun-lan té ka pwan twavay a sizè bonmaten èk ladjé a senkè. Yo té ka fè tout twavay asou bitasyon-an kon planté, koupé épi chayé kann, tjouwi koton épi kako, anmasé koko épi siton. Yo té ka genyen sisou pa jounen Le Sent Lisi doubout planté kann bitasyon Safi doubout twavay mé bitasyon Balenbouch épi Opak koumansé planté fig épi kontiné plante koko. Tout zanm sé bitasyon-an sé té pou voyé lòt péyi, pito langlitè. (Opyay 26 òktòb 1986).

Auf **La Réunion,** dem vierten DOM, war bzw. ist vieles anders als auf den Antillen. Hier ging die Suche nach einer Orthographie zunächst einmal von den *métropolitains* am *Centre universitaire,* heute: *Université française de l'Océan Indien,* aus und wurde für die Geschichtensammlung *Kriké Kraké* (Barat/Carayol/Vogel 1977 – nur Barat ist *réunionnais*) verwendet. Merkmale sind die Bewahrung der Di- bzw. Trigraphen <oi> und <oin> sowie die Schreibung <ny> für den palatalen Nasalkonsonanten [ɲ]. Etwa

---

18 Es handelt sich um *Yo. An tan lalin poko té sav,* eine Neubearbeitung der Bremer Stadtmusikanten.
19 Literatur: Bernabé (1976; 1977a; 1977b; 1980; 2001); Wiesinger (2016).

gleichzeitig entstand *Lékritir 77*. Fast im Gegensatz zum GEREC stellt Gauvin (2004) fest:

> [C]e n'est pas le désir de déviance qui a guidé la mise en place de «*Lékritir 77*», mais celui d'avoir une graphie la plus simple possible, et l'idée qu'il fallait reprendre les solutions graphiques les plus utilisées en français: «[...] nou la pa vouli non pli arfoul sak lé abitié èk la lang fransé: nou la tas moiyen fé in fason zot i kas pa tro zot tèt pou gingn lir. (Nous n'avons pas voulu non plus repousser ceux qui sont habitués au français: nous avons essayé de faire en sorte qu'ils ne se cassent pas trop la tête pour lire)». La plupart des graphèmes choisis sont des graphèmes de base du français (Gauvin 2004, 81).

Durch die Schreibung <ine, one, ane> am Wortende und <gn> anstelle <ny> nähert sie sich dem Französischen noch mehr an.

1983 entsteht dann nach dem Vorbild der Antillen und beeinflusst von dem Ziel, eine einheitliche Orthographie für alle FKS zu schaffen, das System *KWZ*, benannt nach den jetzt häufigen, vom Französischen her aber ungewohnten drei Buchstaben. Das System ersetzt die Nähe zum Französischen der *Lekritir 77* jetzt durch *déviance*. Das auffälligste Merkmal ist das Verschwinden von <oi> und <oin>, an deren Stelle <wa> und <wen> treten. Das System wurde wenig akzeptiert und verwendet. Ein weiteres System, *Grafi 2001*, wurde von der Gruppe Tangol entwickelt. Ihr Ziel ist eine weitgehende Akzeptanz des Orthographiesystems, und das bedeutet eine Wiederannäherung an französische Schreibweisen und damit die *Ekritir 77*. Außerdem soll das System die Möglichkeit schaffen, die diatopischen Varietäten zu berücksichtigen, was zu einer gewissen Offenheit und der Einführung einiger neuer Grapheme führt. Es ist ein Vorschlag, aber eine mit den anderen Gebieten vergleichbare Lösung für das KrRéu ist es noch nicht. Die Arbeit daran geht weiter, verbunden mit dem Bemühen, einen Konsens der Nutzer zu finden. Dieser wird vermutlich in einer relativen Nähe zum Französischen liegen, womit La Réunion eine Sonderstellung unter den FKS weiterhin einnehmen würde.

> Textbeispiele, das erste *Ekritir 77*, das zweite *Grafi 2001*:
> *La osi, kan moin la rant an Frans, moin téi kroi moin o paradi. Mi di: na lontan mi rév sa, somanké ma aminn la bel vi, ma giny akos koté bann zoli fiy zoréy. Mi koné inpé lir, ékrir, moin la aprann koz fransé mé la fini oblié. Ma aŝté dé-troi roman, ma lir-lir ali inpé pandan troi-kat moi. Kan ma giny permision ma alé in kou bal. Kom mi koné La Rénion militèr lé émé, isi osi mi kroi lé paréy, Ma grinn do fé, sirtou moin lé inn tipé bronzé. Eksa kan nana in fémèl pa tro vilin dan mon bra, mon lang mi mét pa dan mon poŝ* (Christian 1977, 49).
>
> *La pli' la-tonbé, ravine la-koulé, bassin Tizan la-ranpli. Tikok i kalkil somanké Tikarl va vnir kriy ali' po bingné. Tikarl-la, sé son pli' gran kamarade. Zot dë i sava lékol ansanm. Soman, Tikarl i mank lékol bonpë, parapor li' na in pongné frèr-sër po véyé kan son monmon i sava travay. Tikok i mazine ossi sad Tikarl la-di ali' l'ot kou, li' di: « Monmon ! Bin, pokoué zot dë papa i di pa Tikarl vien arête nout kaz ? Na la plasse! Va mète ali' koté moin. Li' va dor dann koin, m'a dor dann bor! Hin, monmon ? »* (Gauvin 2004, 145).[20]

---

[20] Literatur: Gauvin (2004).

Die Systeme sind alle phonologisch ausgerichtet, die Etymologie, d. h. die Nähe zum Französischen, spielt nur noch eine untergeordnete Rolle, auch wenn sie bei der Schreibung des [u] mit dem Digraph <ou> oder der Markierung der Nasalvokale durch die Digraphen „Vokal + <n>" erkennbar bleibt. Nur das KrRéu geht hier einen eigenen Weg, was eben doch zu bedenken gibt, wie weit diese Systeme in der Bevölkerung wirklich angekommen sind. Ob die Systeme, neben denen es noch weitere, mehr oder weniger konsequent aufgebaute und verwendete gibt, funktional sind und ob sie von den Sprechern akzeptiert werden, wird die weitere Entwicklung zeigen. M.-C. Hazaël-Massieux (1993) sieht in der doch sehr formalistischen Ausrichtung Probleme. Sie weist darauf hin, dass die Entscheidungen nicht nur die Graphem-Phonem-Beziehungen betreffen, sondern auch morphologische und syntaktische Beziehungen. Die in den Systemen fehlenden Redundanzen sieht sie kritisch und fordert, dass man die „données historiques, sociales, politiques ou anthropologiques" (55) angemessen berücksichtigen müsse. Auch wenn der Stand der Entwicklung den Eindruck erweckt, dass ihre Bedenken nicht entscheidend sind, liefert sie doch wichtige Denkanstöße zum Thema Verschriftung und zeigt, dass eine Beschränkung der ganzen Thematik auf die Phonem-Graphem-Beziehung zu kurz greift. Die Diskussion im Internet zeigt, wie kontrovers die Meinungen sind. Sind die Systeme wirklich akzeptiert oder nur ein Produkt aus der praxisfernen Studierstube? Die Antworten werden vermutlich vielfältig und durchaus auch widersprüchlich sein.

4.5 Arbeitsaufgaben

4.1. Lesen Sie die Beispieltexte laut und versuchen Sie, die Ihnen aus dem Französischen vertrauten Elemente zu identifizieren.
4.2. Versuchen Sie, etymologisch geschriebene Texte in phonologische Systeme zu übertragen.
4.3. Vergleichen Sie die Entstehung der kreolischen Schreibtradition mit derjenigen des Französischen (der romanischen Sprachen).
4.4. Könnten die kreolischen Orthographiesysteme Vorbild für eine Orthographiereform des Französischen sein?
4.5. Diskutieren Sie Vor- und Nachteile der verschiedenen Systeme.
4.6. Gibt es eine ideale Orthographie? Wie sollte sie aussehen?

5 Der Wortschatz

5.1 Vorbemerkungen und allgemeiner Überblick

Der Wortschatz ist derjenige Bereich der KS, in dem die dominierende Rolle der europäischen Sprachen bei ihrer Entstehung und Entwicklung am deutlichsten hervortritt.[1] Eine systematische Erfassung und sprachwissenschaftlich fundierte Inventarisierung in Wörterbücher setzt jedoch erst relativ spät ein, ebenso wie Untersuchungen zur Herkunft der Wörter und Veränderungen der Formen und Bedeutungen. Inzwischen dürfte es für jede FKS wenigstens ein zumeist zweisprachiges Wörterbuch geben (siehe Kap. 9). Vorläufer sind Werke von Amateuren oder anwendungsbezogene Wortlisten für Neuankömmlinge in den Kolonien (so Ducœurjoly 1802) oder für Missionare, die die kreolische Sprache lernen müssen, um mit den Sklaven zu kommunizieren. Am Anfang stehen hier bereits in der zweiten Hälfte des 18. Jahrhunderts die Missionare der Herrnhuter Brüdergemeine auf den damals dänischen Jungferninseln (Oldendorp) und in Surinam (Schumann).[2]

5.2 Die Herkunft des Wortschatzes

Als 1984 die erste Auflage dieses Arbeitsheftes erschien, war Chaudenson (1974a) die bis dahin einzige erschöpfende Untersuchung zum Wortschatz einer bestimmten FKS, in diesem Fall des KrRéu, und sie ist es bis heute geblieben. Inzwischen sind die vier Bände des *Dictionnaire étymologique des créoles français de l'Océan Indien* (DECOI) erschienen (Bollée 1993–2007) und betreffen alle FKS-IO. In seiner Folge entsteht jetzt unter der Leitung von Bollée zusammen mit Fattier und Neumann-Holzschuh das *Dictionnaire étymologique des créoles français d'Amérique* (DECA):

> Beide Wörterbücher sind als Supplement zum *Französischen Etymologischen Wörterbuch* (FEW) von Walther von Wartburg konzipiert, als Bausteine für die Erforschung der überseeischen Varietäten des Französischen, besonders für das seit Kurzem stark beachtete Regionalfranzösische der Karibik. Ziel des DECA ist in synchronischer Sicht ein möglichst vollständiges Inventar des Wortschatzes der in Louisiana, Haiti, auf den Kleinen Antillen und in Französisch-Guayana gesprochenen Frankokreolsprachen, die sich dort seit dem 17. Jahrhundert entwickelt haben. In diachronischer Sicht eröffnen die Kreolsprachen ein Fenster in die französische Sprachgeschichte […] (https://www.uni-bamberg.de/romling/deca/).

Da es keine weitere in ihrer Systematik Chaudenson (1974a) vergleichbare Arbeit gibt, soll das KrRéu als Beispiel für die Herkunft des Wortschatzes einer FKS dienen. Von den

---

[1] So erfolgt die Charakterisierung der KS als „französische, spanische, englische, … KS" bzw. als „französisch basiert, englisch basiert, spanisch basiert, …" auf der Grundlage ihres Wortschatzes.
[2] Siehe zu letzterem Schuchardt (1914) und Kramp (1983). Für das Negerhollands ist es das Wörterbuch von Oldendorp, hgg. von Stein, siehe Oldendorp (1996).

2.211 von Chaudenson erfassten Wörter des KrRéu (Stand 1972, die Entlehnungen der folgenden mehr als 40 Jahre mit z. B. dem Wortschatz der neuen Medien, des Internet usw. sind folglich nicht erfasst) ergibt sich folgendes Bild:

Die Herkunft des Wortschatzes des KrRéu (Chaudenson 1974a, 1082)

[origine non-française]		
– Apport malgache[3]	95	4,3 %
– Apport indo-portugais[4]	72	3,2 %
– Apport africain	5	0,3 %
– « Vocabulaire des Isles »[5]	67	3,0 %
[origine française]		
– Archaïsmes	698	31,6 %
– Néologismes	1.274	57,6 %
	2.211	100,0 %

Da in der Tabelle diejenigen Wörter nicht berücksichtigt sind, die keine oder nur regelmäßige lautliche Abweichungen von den entsprechenden französischen Wörtern aufweisen, kann man davon ausgehen, dass der Anteil der Wörter französischen Ursprungs im KrRéu noch höher liegt als in der Tabelle angegeben. Dies zeigt die Problematik der Abgrenzung des kreolischen Wortschatzes zum Französischen und damit einer numerisch-quantitativen Betrachtung, denn virtuell ist jede lexikalische Einheit des Französischen auch eine lexikalische Einheit des Kreolischen, sobald sie in einem kreolischen Kontext verwendet und in ihrer Aussprache und Morphologie der jeweiligen FKS angepasst wird. Zu den Anglizismen äußert sich Chaudenson nicht, denn vermutlich waren sie alle über das Französische ins KrRéu gekommen, gehörten also nicht zum kreolspezifischen Wortschatz der Insel. Möglicherweise waren sie auch Anfang der 1970er Jahre für die auf Kreolisch behandelten Themen in dem Departement d'Outre-Mer irrelevant und noch nicht Bestandteil des KrRéu. Die Zahlen für die Nachbarinsel Mauritius würden hier anders aussehen.

Bollée (1981) vergleicht analog zu Chaudenson die Einträge für den Buchstaben K in je einem damals aktuellen Wörterbuch für das KrSey (D'Offay/Lionnet 1982) und das KrHai (Bentolila 1976) und kommt zu folgendem Ergebnis:

---

[3] Ein großer Teil der Sklaven auf Réunion und Mauritius kamen aus Madagaskar.
[4] „Les immigrants portugais, indo-portugais ou indiens qui arrivèrent alors à Bourbon ne parlaient peut-être ni le portugais, ni les langues de l'Inde, [...] ils connaissaient très probablement le sabir' indo-portugais qui servait alors de lingua franca entre ces divers groupes linguistiques" (Chaudenson 1974a, 541).
[5] „[Des] mots d'origines souvent très diverses: espagnole, brésilienne, caraïbe, ou de[s] termes qui avaient pris aux Isles, dès le milieu du XVIIe siècle, un sens particulier [...]. Certains d'entre eux deviendront par la suite français, mais il est certain que l'énorme majorité de ces mots est alors parfaitement inconnue du français de France" (Chaudenson 1974a, 594).

Die Herkunft des Wortschatzes des KrHai und des KrSey im Vergleich (Buchstabe K, zusammengestellt nach Bollée 1981, 4)

	KrHai (405 Einträge)	KrSey (1.105 Einträge)
≈ français contemporain	244 = 60,2 %	604 = 54,7 %
néologismes créoles	63 = 15,6 %	241 = 21,8 %
archaïsmes et survivances dialectales	67 = 16,5 %	101 = 9,1 %
origine française	*92,3 %*	*85,6 %*
„mots des Isles"	—	4 = 0,4 %
mots anglais	1 = 0,3 %	41 = 3,7 %
mots espagnols et portugais	5 = 1,2 %	9 = 0,8 %
origine européene	*93,8 %*	*90,5 %*
mots d'origine africaine	11 = 2,7 %	20 = 1,8 %
mots d'origine caraïbe	4 = 1,0 %	—
mots d'origine malgache	—	11 = 1,0 %
mots pris de langues indiennes	—	26 = 2,4 %
autres et inconnus	10 = 2,5 %	48 = 4,3 %
origine non-européene et inconnue	*6,2 %*	*9,5 %*

Für das KrHai zeigt die Tabelle das erwartete Ergebnis, der Anteil der Wörter französischen Ursprungs liegt bei 92,3 %. Dagegen zeigt das KrSey einen relativ hohen Anteil nicht-französischer Wörter, für den es aber zwei Gründe gibt; einen objektiven: den englischen Einfluss auf den 1814 in britischen Besitz gekommenen Seychellen (3.7 % Anglizismen); und einen subjektiven: die wesentlich größere Anzahl der Einträge im Wörterbuch des KrSey, wodurch automatisch mehr Raum für fachsprachliche und eher gruppenspezifische Wörter gegeben ist.

In anderem Zusammenhang hatte Bollée (1980) gezeigt, dass bei einer geringeren Anzahl berücksichtigter Wörter der „normalen" Sprache der Anteil der nicht-französischen Wörter deutlich sinkt: Von den 1.374 Wörtern der in Bollée (1977a) enthaltenen 13 Geschichten in KrSey (diese wurden alle von *Radio Seychelles* gesendet und z.T. eigens dafür verfasst) haben 1.329 (96,7 %) französischen Ursprung und nur 45 (3,3 %) nicht, darunter 16 (1,2 %) Anglizismen. Auch die Wörter aus den Sprachen der Sklaven, soweit sie überhaupt in die KS eingegangen sind, gehören nicht zum zentralen Wortschatz, sondern betreffen spezielle, mehr periphere Bereiche, für die das Französische über keinen entsprechenden Wortschatz verfügte.

5.3 Der Wortschatz französischen Ursprungs

Ein großer Teil des aus dem Französischen übernommenen Wortschatzes der FKS existiert dort heute noch und ist allgemein bekannt. Diese Wörter sind es, die die FKS dem Französischen ähnlich erscheinen lassen. Neben den in ihrer Form, Bedeutung und syntaktischen Funktion unverändert[6] gebliebenen Wörtern gibt es eine große Zahl von Wörtern, die in ihrer Form und/oder ihrer Bedeutung und/oder ihrer syntaktischen Funktion Veränderungen erfahren haben. Außerdem kennen die FKS eigene Neubildungen mit dem aus dem Französischen übernommenen Sprachmaterial und nach französischem Muster, die aber im Französischen selbst nicht existieren. Und schließlich haben sich in den FKS Wörter erhalten, die im Französischen außer Gebrauch gekommen sind (*Archaismen*) oder die nur in Dialekten existiert haben oder existieren, in der in den FKS überlieferten Form und/oder Bedeutung aber nicht in der französischen Standardsprache (*Dialektalismen*).

5.3.1 Ohne Veränderung übernommene Wörter

Bei den Wörtern, die, abgesehen von den üblichen lautlichen Veränderungen, keine Unterschiede zwischen dem Französischen und den FKS aufweisen, können wir unterscheiden zwischen den in die FKS von Beginn an fest integrierten Wörtern (*Erbwortschatz*) und den späteren Übernahmen und Entlehnungen. Dies ist z.T. aufgrund der lautlichen Gestalt der Wörter möglich, z.T. kann man es aus ihrer Bedeutung schließen. Im Französischen und den anderen romanischen Sprachen geschah Vergleichbares, als in der Zeit des Humanismus und der Renaissance eine große Zahl lateinischer Wörter neu entlehnt wurden, die *mots savants*.[7]

5.3.1.1 Der Erbwortschatz

Zum Erbwortschatz der FKS gehören Wörter französischen Ursprungs aller Wortarten und aus den verschiedensten semantischen Bereichen. Wir beschränken uns auf die Zusammenstellung einiger Beispiele aus dem KrSey und dem KrHai, die wir aus den Wörterbüchern von D'Offay/Lionnet (1982) und Bentolila (1976) entnommen haben. In den anderen FKS existieren diese Wörter fast alle ebenfalls in einer gleichen oder leicht veränderten Form; ihre Schreibung in den FKS folgt den im vorausgehenden Kapitel behandelten phonologischen Prinzipien.

KrHai: *kado, bwat/bwèt, boutey, chanm, frè, chat; cho, klè, nwa/nwè, bon, sal; ale, brile/boule, fè, chante, bwè/brè, achté; anko, anfen, byen, denmen*

KrSey: *kado, bwat, boutey, frer; sat so, kler, nwar, bon, sal; ale, aste, atann, bwar, brile, manze, sante; ankor, anfen, bokou, byen, dimen/demen, ansanm*[8]

---

[6] Die üblichen lautlichen Veränderungen der Wörter (siehe dazu das vorausgehende Kapitel) sehen wir nicht als Veränderung ihrer Form an und beachten sie deswegen hier nicht.
[7] Eine umfangreiche Zusammenstellung bietet z.B. Zink (1990, 83–110).
[8] Wir verzichten auf eine Ausweitung der 1984 zusammengestellten Beispiele auf weitere Sprachen, auch wenn die inzwischen zahlreichen Wörterbücher dafür Gelegenheit bieten und Anregung für interessierte Leser sein können.

5.3.1.2 Spätere Entlehnungen

Moderne Entlehnungen aus dem Französischen findet man in den FKS vor allem bei der Behandlung von Themen, die für sie neu sind und für die sie noch über keinen ausreichenden Wortschatz verfügen. Anstelle einer Zusammenstellung von entsprechenden Wörtern führen wir einige charakteristische Texte an, in denen die entsprechenden Wörter kursiv gesetzt sind.[9] Nicht alle Wörter wurden unverändert übernommen, vor allem die Artikelagglutination ist zu nennen. Die Veränderungen werden in der Folge behandelt. Hingewiesen sei noch auf die unterschiedlichen Orthographiesysteme, in denen die Texte geschrieben sind.[10]

KrMau: Dan *lapratik*, *Ledikasion Pu Travayer* pe servi Kreol dan so travay *alfabetizasion* ek finn ena enn nuvo *piblikasion* ,Fam Lite' ki pe sorti an lang Morisyin. Nu kapav *kalifie* kuma *istorik* seki ,Lalit de Klas' enn *piblikasion antieman* an Kreol *fonetik* finn *reysi* paret ek *sirkile tu le mwa* pandan enn banane. Sa li pu premie fwa dan listwar nu pei. Plis ki 80 *lartik* finn ekrir par pli ki 50 dimunn diferan. Sa *piblikasion*-la kuma nu finn dir li enn plas pu *intansifie deba ideolozik*, enn zafer ki manke dan *lagos* Moris (*Lalit de Klas* 12, Novam 1977).

KrMau: *Kategorizasion* bann mo lor *plan gramatikal*. Fason *kategoriz* bann mo lor *plan gramatikal* poz egalman bann problem serye lor kestion *metalangaz*. La ousi, sak fwa paret pe bizin pran prete ek Franse (oubien ek Angle) avek risk ki dimounn dir ki nou pe « sanz *natir* » Kreol. *Par exanp*, si li pa *poz problem* pou dir ek ekrir « verb » an Kreol, eski ki nou bizin dir ousi *verb tranzitif*, *verb intranzitif, sintagm verbal*, oubien *invant* enn lot fason « pli Kreol » pou dir li? Dan ki mezir kapav *konsider* sa bann *expression*-la kouma Kreol? Etan done ki li posib *swazir* ant Angle ek Franse *an rezon lefet* ki zot prezan enn akote lot dan nou *lanvironnman grafik* ek *pedagozik*, eski li *preferab* dir *obze*, apartir mo angle « object », oubien li pou paret pli *natirel* dir *konpleman dobze* apartir Franse « complément d'objet »? (Carpooran 2011a, 28–29).

KrHai: Yon bon liv ousoua yon bon *matériel pédagojik* fèt pou *réspékté* timoun-lan ansanm ak fanmi li epi *group sosial* kote l-ap viv la. *Edikatè* k-ap *dévlopé matériel*-la fèt pou véyé pou *préjijé* pa rantré nan *matériel*-la tankou *préjijé seks, préjijé koulè, préjijé* kont travayè ki sèvi ak min yo, *préjijé* kont moun andéyo, kont moun ki nan *katégori sosio-ékonomik* ki pi ba yo. Gin dé foua, yon désin yon fraz, yon mo kont pou poté préjijé sa yo. Moun k-ap *préparé matérièl*-la fèt pou véyé tou sa. An nou gade yon ti *egzanp* (Trouillot-Lévy in Valdman/Joseph, eds. [2]1980, 139).

KrHai: Maryaj se *konsantman* de moun ki pran *angajman* devan yon *Ofisye Eta Sivil*, yon gason ak yon fi ki vle *kreye* yon fanmi, daprè sa lalwa mande. Lalwa *egzije* tout yon *seri obligasyon*: *sekou* ak *asistans*, viv ansanm, paran yo *asire edikasyon* timoun yo, *solidarite* nan *depans* ak *obligasyon fiskal* (enpo). Sèl maryaj sivil ki *legal* ann Ayiti. Souvan de moun *konsène* yo *selebre* maryaj la nan legliz, *seremoni* an fèt aprè *maryaj sivil* la swa nan yon legliz swa nan yon tanp. *Seremoni relijye* a *kèlkanswa relijyon* de moun yo, dwe fèt aprè *maryaj sivil* la. Maryaj la kapab pran fen, lè youn nan de moun yo mouri, oubyen yon *jijman* divòs. // KONDISYON a) De moun yo *majè*. *Konstitisyon* 1971 lan nan *atik* 8 li *fikse majorite sivil* ak *politik* la dizuit an; si youn nan de moun yo ranpli *kondisyon Konstitisyon* an ak lalwa *prevwa*. Si gason an oubyen fi a pa genyen dizuit an pou maryaj la fèt paran yo dwe bay *konsantman* yo. Men si youn nan paran yo mouri oubyen li enposib pou li bay *konsantman* pa li, *konsantman* lòt la sifi (*Lajistis toulejou* [s.a., vor 2010], 47).

---

9 Diese kreolischen Texte sind deswegen abweichend vom üblichen Vorgehen nicht kursiv gesetzt.
10 Wir geben keine weiteren Erklärungen oder Übersetzungen der Texte, die als eine erste eigenständige Annäherung an das Kreolische dienen sollen.

> KrAnt:[11] Minm jan yon lang toujou an rapò avè lavi, avè *istoua* yon *sosiété*, sé konsa lang kréyól ka maché ansanm avé *problèm èkonomik, politik sosiété*-la. Palé yon lang sé antré adan tou sa ki ka fè lavi péyi-a. [...]
> Pou nou konprann byin *rapò* ki ka ègzisté ant kréyol é fransé, sé pou nou konprann *sityasion èkonomik, politik* lagouadloup *parapota* Lafrans. Dépi yon gro péyi *kapitalis anvayi* yon lòt, prémie bitin li chanjé sé *òganizé* péyi-la pou li kapab *esplouaté* pép-la pi lontan. Sé konsa li frapé nan figi-ou *ladministrasion*-li, lékol-li, *tribinal*-li, lang-li (Bebel-Gisler/Hurbon ²1975, 19).

Die Beispiele für Neuentlehnungen in diesen Texten gehören (noch) nicht unbedingt fest zum Wortschatz der jeweiligen FKS. Sie zeigen aber die Möglichkeit ihrer Erweiterung und ihres Ausbaus mit Hilfe von Entlehnungen aus dem Französischen Der Text von Carpooran diskutiert genau diese Problematik. Die FKS sind in dieser Hinsicht offen, ihr Wortschatz und lässt sich den jeweiligen Bedürfnissen anpassen.

Einen eigenen Weg hat der GEREC versucht, indem er eigene Wortbildungen vorgeschlagen oder geschaffen hat und so auf Distanz zu den französischen Vorlagen gegangen ist, auch wenn die Elemente der vorgeschlagenen Wortbildungen fast alle ursprünglich aus dem Französischen kommen:

> L'activité néologique créole, dès lors qu'elle a pour fondement la «déviance maximale» est forcément schizomorphique, en ce qu'elle postule, en son fond, une coupure possible, réalisable entre français et créole, en quelque sorte la supture [sic: rupture!] de tout continuum. Ce faisant, l'activité néologique est véritablement une activité qui tend à condamner la diglossie pour lui substituer le bilinguisme, c'est-à-dire une situation où les deux langues ne seront plus enchaînées dans des relations de domination (Bernabé 1985, 12).

Der folgende Text ist der Anfang eines Artikels von Bernabé:

> Kréyol Palé, Kréyol Konpwann. Palé an lang pou di sa ou lé, kon ou lé adan'y, sé **mèt bagay**. Palé an lang pou tout moun rivé konpwann sa ou ka di, sé sèl mannyè ki ni pou ba sa ou ka di on valè, Mé palé an lanng éti ou ka santi lè ou ka palé'y i ka ba'w zèl pou pé sa voyé pli douvan sa ki ta'w, pa ni pli bèl bagay ki sa ! Sé anni lè nou ké wouvè zyé anlé sé twa lidé-tala nou ké pé rivé gadé wotè **goumen**-an (Kabouya 2, 1988, 5 – KrAnt).

Im Textauszug sind zwei Wörter hervorgehoben, im gesamten Text 79, die im Anschluss in einer Tabelle aufgelistet sind, in der linken Spalte (*Man simyé di*, ‚ich sage besser') das Wort aus dem Text, in der rechten (*Pasé man di*, ‚früher habe ich gesagt') das gebräuchlichen Wort zur Erklärung. Hier eine Auswahl:

> *kréyolopal* (créole-parlant)   = *kréyolofòn*
> *mèt bagay* (maître des choses)   = *bagay fondamental*
> *boul moun lan* (la boule de gens)   = *lé mas*
> *boul pèp la* (la boule du peuple)   = *lé mas popilé*

---

11 Der Text ist in einer übereinzelsprachlichen FKS-Am abgefasst, die Eigenheiten des KrHai, KrGua und KrMar in sich vereinigt. Die Berechtigung einer solchen schriftlichen Einheitsvariante der FKS-Am wäre zu diskutieren. Wir bezeichnen sie hier als KrAnt (*créole antillais*).

mété anba fèy (mettre sous les feuilles)	= *souzèstimé*
fondal-natal	= *fondamental, dè baz*
janfè (genre de faire)	= *pratik*
granjan (grands gens)	= *aristikrat [sic], élitis*
bon grenn kréyol la	= *bon kalité kréyol la*[12]

Mir sind keine neueren Texte dieser Art bekannt. Der GEREC-F scheint hier seine Ziele geändert zu haben.[13]

Für eine andere Art Fachwortschatz steht der folgende Text, in dem von der Arbeit im Hafen von Port Louis die Rede ist. Hier kommt ein *docker* zu Wort, seine Fachtermini sind für Außenstehende kaum verständlich. Zu den aus dem Französischen übernommenen Termini kommen hier, mauritiustypisch, englische hinzu:

> Disik li kumans depi lor *tablisman*, li vini. Li vinn dan *dok*. Dan dok , ena poz li dan *yard. Yard* enn bann lot kamion vini, pran li pas lor *balans*, vini, vinn donn bann *dockers*. Bann parti *dockers* pran met dan *godam*. Ena enn parti ki isi li livré direk. Ler li vinn direk li vinn dan bor lamer; dan bor lamer, *tap* dan *salan*. Ler tap dan salan, li monté, li al lor *bato*. Lor bato, lerla nu *anbarké*, nu met dan bato. Me, ena enn lot bann ki kan disik la tro buku, bann la vini, gard li dan *magazin* pu plitar, pu disik pa *bloké* dan mulin. Samem ki gard li dan bann magazin, pu disik pa bloké, pu ki kapav kupé lor vites. Ler disik tardé mulin, lerla bann la al tir dan magazin, tap lor *remork*. La ena *sofer*, ena *anflé remork* la. Zot fer *livrezon*, pu avoy disik la abor. „Lor *salan*, bann *lumpers* travay. Ek gayn bann *lighterage hands*, bann *batlaz*. Zot vini, zot kuver disik la, ziska vini lor bato. Kuma kosté bato, zot dekuver disik la. *Lumpers*, lerla li met lor *leng*, li avoy dan bato. *Gangway* li donn *winchman* la sinnyal, akoz winchman li, li lor mulin, li pa truvé dan sal an. *Stividor*, li desire, li met disik dan *lakal*. Ena bann *kuder*, ki ramas *guni*, relev guni la, 25 guni par 25, enn *plot* 25, zet dan *salan*. Dan salan, zot repran sa bann sak disik vid la , zot amenn li isi dan dok. Dan dok isi, enn bann *ti-koli* tir li , lav guni la , met sek , sakuy li, re-avoy dan mulin, *re-ansarz* ar disik-la. Dan lakal , ler bann *stividor* desir disik la, disik tom dan *lakal*. Ariv enn sertin moman, kot bizin met *trimer* ladan. Pu kumadir ris disik dan kwin, *plann* li byin, pu lakantité *sarz*; si li pran 18,000 tonn, ubien si li pran 20,000 tonn, pu sa rantré. (*Bord la mer* 1980, 2 – KrMau).

Die Übernahme französischer Wörter in speziellen Fachtexten, hier an die kreolsprachige Bevölkerung gerichtete *Proclamations*, gilt auch für frühere Epochen, wie die beiden folgenden Texte zeigen, der ältere Text aus der Zeit der Französischen Revolution noch mehr als der zweite zum Ende der Sklaverei in Mauritius 1835. Die Sprache erscheint unbeholfener als in den modernen Texten, aber die Übersetzer der Dokumente greifen in gleicher Weise auf Entlehnungen aus dem Französischen zurück, wenn sie keinen angemessenen kreolischen Ausdruck finden:

---

[12] Siehe auch Stein (1999).
[13] Eine Zusammenstellung dieser Art Neologismen bietet das Wörterbuch von Confiant (2001).

KrHai:[14] A tout monde qui habité S.Domingue. Zabitans de S. Domingue; Lire Proclamation primié Consul Bonaparte. Voyez pour zote. Zote à voir que li vélé nègues resté libre. Li pas vélé ôté liberté à yo gagné en combattant, et que li va mainteni li de tout pouvoir à li. Li va maintenì commerce et culture, parceque zote doit conné que sans ça, colonie-ci pas cable prospéré. ça li prome zote li va rempli li, fidellement: c'est yon crime si zote té douté de ça li promé zote dans Proclamation à li.
Général en chef qui vini pou gouverné tout la Colonie: LECLERC, Par ordre Général en chef, Capitaine-général, Le Secrétere-général: LENOIR.

KrMau:[15] Dépuis nous lé-Roi été nommé moi pour Gouvernère dans pays-ci, moi té content manière qui zautre, presque tous, été travaille, été vivre! Moi té content, sirtout, quand moi té voir qui vous été amisé tranquiles *zour bonne-année* qui fini passé; sans tapaze, sans la guerre, sans trop boire; parcequé moi pense qui toujours ça va allé comme ça, et qui vous va mérité di bien qui lé Roi voulé faire avec zautres. La mésire vous va gagné l'espris, qui vous va connais la loi, vous va connais, aussi, qui tout di monde doit travaille, doit faire son l'ouvraze, doit sive l'ordre son chef: tout di monde, quand même pitits, quand même grands, quand même rices, quand même pauvre, doit travaille son métier; parcequé bon-Dié même été marqué nous pour ça; parcequé Bon-Dié même été voulé qui tout di monde gagné, avec son l'ouvrage, ça que li y en a besoin; […]

Wir haben es bei allen diesen Entlehnungen mit einem im Leben der Sprachen ganz normalen Vorgang zu tun: Die weiter entwickelte und mit einem höheren Prestigewert versehene Sprache dient als Lieferant neuer Wörter und ist damit Vorbild für eine (oder auch mehrere) andere Sprache(n). Genannt sei hier das Lateinische als Quelle für *Fremdwörter* im Deutschen, *mots savants* im Französischen; der Einfluss des Französischen auf den Wortschatz des Englischen, Rumänischen und anderer europäischer Sprachen; die zahlreichen Anglizismen in nahezu allen modernen Sprachen. Dass das Französische als Gebersprache für die FKS fungiert, ergibt sich aus der Beziehung dieser Sprachen. In den unter englischem Einfluss stehenden Gebieten kommen Entlehnungen aus dem Englischen hinzu, deren Umfang jedoch weit hinter denen aus dem Französischen zurückbleibt.

5.3.2 Veränderungen in der Form der Wörter

5.3.2.1 Agglutination des französischen Artikels
Der französische bestimmte Artikel und der Teilungsartikel haben ihre Funktion in den FKS verloren; von den drei französischen Artikeln existiert nur der unbestimmte in dieser Funktion weiter. Die französischen Artikelformen sind jedoch nicht spurlos verschwunden, sondern, ganz oder teilweise, zum funktions- und bedeutungslosen Bestandteil einer Reihe von Substantiven geworden. Die Agglutination des französi-

---

14 Die vorliegende *Proclamation* des Generals Leclerc im Namen der französischen Regierung wurde im Januar oder Februar 1802 in Haiti verkündet. Auf dem Anschlag stand rechts der französische Text, links die kreolische Übersetzung. Zitiert nach Denis (1935, 355–356).
15 Die *Proclamation* war auf Englisch, Französisch und Kreolisch verfasst. Zitiert nach Furlong/Ramharai (2006, 108). Der Text in Chaudenson (1981a, 118) weicht in einigen Details ab.

schen Artikels kommt in allen FKS vor, ihr Umfang variiert jedoch; am häufigsten ist sie im KrMau und KrSey anzutreffen. Sie dürfte von der Häufigkeit der im Französischen verwendeten Verbindung von Artikel und jeweiligem Substantiv abhängen.

Die Agglutination des französischen Artikels in den FKS

Französisch		KrMau/Sey	KrRéu	KrLou	KrGua/Mar/Hai	KrSLu	KrGuy
du	feu	dife	(do)fe	(di)fe	dife	dife	(di)fe
	pain	dipin	de/dopin	dipen	pen	pen	dipen
de l'	eau	dilo	de/dolo	(do/di/d)lo	dlo, glo	dlo	d(i)lo
	huile	dilwil	luil	lwil	lwil	lwil	lwil
l'	école	lekol	lekol	lekol	lekòl	lekòl	lekol
	âge	laz	laz	laj	laj	laj	laj
la	pluie	lapli	(la)pli	plwi, pli	lapli	lapli	lapli
	main	la(n)min	min	(la)men	(lan)men	lanmen	lanmen
	chambre	lasa(n)m	sanb	chom	chanm	chanm	chanm
le	chien	lisyen	syen	chyen	ch(y)en	chyen	chyen
	temps	letan	tan	ton	tan	tan	tan
le/les	dent	ledan	dan	dan	dan	dan	dan
	doigt	ledwa	dwa/doi	dwa	dwèt	dwèt	dwèt
les	os	lezo	zo	zo	zo	zo	zo
	œil, yeux	lizye	zye	zye	zye	zye	wey
les/des	affaires	zafer	(z/n)afer	(z/l/n)afè	(z)afè	zafè	zafe
	oiseau	zozo/zwazo	zozo, zwazo	zozo, zwazo	zozyo, zwa/èzo	[jibye]	zozo
des	œuf	dizef	zef	ze	ze	ze	dize
un	âme	na(n)m	lam	nam/lam	nanm	lam	nanm

5.3.2.2 Ausfall der Anlautsilbe (Aphärese)

Diese Erscheinung betrifft vor allem vokalisch anlautende Verben, aber auch andere Wortarten und konsonantische Anlautsilben. Sie bewirkt einerseits eine Verkürzung der betroffenen Wörter um eine Silbe und lässt andererseits an die Stelle eines im Französischen vokalisch anlautenden Wortes eine kreolische Entsprechung mit konsonantischem Anlaut treten, eine Tendenz, die auch bei der Artikelagglutination eine Rolle spielen könnte. Dazu die folgenden Beispiele:

Französisch	KrMau	KrSey	KrRéu	KrLou	KrHai	KrMar/Gua	KrSLu
oublier	blye	(ou)blye	oublye	blye	blye	(o)blye	oblye
essayer	seye	(e)seye	eseye	seye	(e)seye	(e)seye	eseye
entendre	tan(de)	(an)tann	antan	ton, tonde	tande	tann, tande	tann
devenir	vini	vini	vini	vini	vini	vini	vini
imaginer	mazine	(i)mazin	mazine	majinen	imajinen	majine	imajine
habitation	bitasyon	bitasyon	(a)bitasyon	bitasyon	bitasyon	bitasyon	bitasyon

Beispiele aus weiteren FKS:

KrDom: *mahwe* (amarrer), *thwape* (attraper);
KrTri: *vale* (avaler), *pliche* (éplucher), *rive* (arriver), *coche* (accrocher)

Wenn neben der verkürzten auch die volle Form des französischen Verbs existiert, liegt der Verdacht nahe, dass es sich um jüngeren französischen Einfluss auf die betreffende FKS handelt. Dieser kann so stark sein, dass die vom Französischen beeinflusste Form die ursprüngliche kreolische Form verdrängen konnte.

5.3.3 Veränderungen der syntaktischen Funktion[16]

Im Französischen sind die Wörter in der Regel hinsichtlich ihrer Fähigkeit, bestimmte syntaktische Funktionen zu übernehmen, und von daher abgeleitet in ihrer Zugehörigkeit zu einer Wortart, festgelegt. Über die semantisch-funktionale Festlegung hinaus erfolgt die Markierung formal durch die Endungen der Wörter, die bei den flektierenden Wortarten (Substantive, Adjektive, Pronomina, Verben) entsprechende Informationen vermitteln. Wörter, die solche Endungen nicht aufweisen, gehören zu den unveränderlichen, nicht-flektierenden Wortarten (Adverbien, Präpositionen, Konjunktionen), deren Wortart durch ihre Funktion im Satz festgelegt ist. Im geschriebenen, weniger im gesprochenen Französisch markieren die Endungen Numerus und Genus der Substantive und Adjektive bzw. Person, Tempus und Modus der Verben. Mit einer Änderung der Wortart ist meist (aber nicht immer) auch eine Änderung der Endung verbunden.

In den FKS fehlen diese formalen Festlegungen weitgehend, denn die Wörter haben im Prinzip nur eine unveränderliche Form. Die Gruppe der Wörter, deren Wortart durch die Endung markiert ist (bereits im Französischen durch wortarttypische Suffixe gebildete Nomina oder Adjektive, kreolische Wortneubildungen) ist zwar offen, aber sie gehört weitgehend nicht zum Kernwortschatz. Als Folge des Fehlens einer formalen, morphologischen Markierung der Wortart scheint die Grenzen zwischen den Wortarten durchlässig und ein Wort kann, je nach seiner Funktion im Satz, zu verschiedenen Wortarten gehören, ohne dass dies an seiner Form (Endung) erkennbar ist.[17] Eine Reihe von Wörtern konnte so ihre ursprüngliche syntaktische Funktion aufgeben und damit ihre Wortartzugehörigkeit ändern; häufiger ist jedoch, dass die betreffenden Wörter neben der/den neuen syntaktischen Funktion(en) die ursprüngliche Funktion, die sie im Französischen hatten, beibehalten haben. Mit der neuen syntaktischen Funktion können gewisse Änderungen der Bedeutung verbunden sein.

---

16 Die im Folgenden behandelten Phänomene betreffen gleichermaßen den Wortschatz und die (Morpho-)Syntax der FKS. Wir gehen bereits hier auf sie ein, vom Wort ausgehend, und werden im Kapitel zu Morphologie und Syntax an passender Stelle erneut darauf zu sprechen zu kommen.
17 Vgl. z. B. engl. *the light / to light / light* usw.

Diese Entwicklung wird zwar häufig erwähnt, eine systematische und umfassende Bearbeitung fehlt jedoch noch. Die älteren Arbeiten berücksichtigen den syntaktisch-funktionalen Aspekt nur wenig, und die modernen konzentrieren sich allzu oft auf eine rein synchrone Beschreibung des Sprachsystems und vernachlässigen den (in unserem Fall französischen) Ursprung der Formen und die Veränderung ihrer syntaktischen Funktionen. Wir beschränken uns hier auf eine exemplarische Zusammenstellung ausgewählter Beispiele.

5.3.3.1 Französische Substantive werden in den FKS zu Verben

pè/per	Avoir **peur**, craindre	– Hai:	*li pa janm **pè** lanmo* (il ne craint/craignit jamais la mort);
swèf/swaf	avoir **soif**	– Mau:	*mo **swaf** diven* (j'ai soif de vin);
sagren	**chagrin** = regretter	– Mau:	*mo pou **sagren** twa* (je vais te regretter);
pé/lapé	la **paix!** = se taire	– Hai:	*zé wè, bouch **pé*** (les yeux voient, la bouche se tait);
volò/volor	**voleur**	– Mau:	*li fin **volor** mo larzan* (il a volé mon argent);
koken	**coquin**	– Mau:	*li fin **koken** mo larzan* (il a volé mon argent);
lasas	**la chasse** = chasser	– Mau:	*bomatin mo te [ti] **lasas** perdri* (ce matin j'ai chassé la perdrix);

In der Regel bleibt auch der substantivische Charakter der Wörter erhalten, d.h. sie sind je nach ihrer Funktion im Satz Substantiv oder Verb und verhalten sich entsprechend den Regeln dieser Wortart. Ein Teil von ihnen kann in allen FKS als Verb fungieren, andere nur in einer oder wenigen.

Bei den ersten drei Verben kann man die Entwicklung damit erklären, dass das französische Verb *avoir* ausgefallen ist (*avoir peur, avoir soif, avoir (du) chagrin*), das in den FKS (außer einige Formen im KrRéu) als Verb nicht erhalten ist.

5.3.3.2 Adjektive und Adverbien als Prädikat

Entsprechendes gilt für Adjektive wie *sal* (frz. *sale*), *prop/pwop* (frz. *propre*), *plen* (frz. *plein*), *malad* (frz. *malade*) usw., die sowohl Adjektiv („schmutzig, sauber, voll'), als auch Verb („schmutzig, sauber, voll machen/werden/sein') sein können. Schon Baissac (1880, 57) führt in seiner Grammatik Beispiele für das KrMau an: *Li fine sale mo robe* (Il a sali ma robe); *Çarles, lésse moi prope vous zoréyes* (Charles, laisse-moi nettoyer vos oreilles).

Von besonderem Interesse sind die folgenden Fälle:
– Im KrMau und KrSey hat *kontan* (frz. *content*) die Bedeutung ‚aimer' angenommen und das französische Verb *aimer* völlig verdrängt. In den FKS-Am haben wir *kontan* im KrTri und KrGuy gefunden, während wir im KrRéu, KrHai und KrMar nur *eme, renmen enmen* belegt gefunden haben. Ohne Objektergänzung bedeutet es weiter ‚zufrieden', mit Objektergänzung ‚lieben'.
– *Kapab, kapav, kaav, kap* (frz. *capable*) und *bizen, bezwen* (frz. *besoin*) sind in den FKS modale Hilfsverben mit der Bedeutung ‚pouvoir' bzw. ‚devoir, falloir' ge-

worden. Wir haben Belege gefunden für das KrMau, KrSey, KrRéu (nur *kapab*), KrLou, KrHai und KrTri (nur *bizwen*). *Pouvoir* ist in den genannten FKS neben *kapab* nur im KrLou in der Form *pe* (frz. *peut*) erhalten, so dass wir in den FKS entweder *ka*, *kapab*, *kapav* oder *pe* in der Bedeutung ‚können' haben, während überall neben *bizen/bezwen* auch eine oder mehrere Formen von frz. *falloir (fo, fok, fodre, fodra)* oder *devoir (dwèt, dwè, etc.)* existieren.
- Das französische Adverb *debout* ist in den FKS in der Form *dibout*, *debout*, *doubout* zu einem Verb geworden und bedeutet ‚être debout', ‚se mettre debout'. Im KrMau hat es sogar eine neue Langform *diboute* zur Kurzform *dibout* gebildet (zu dieser Besonderheit des Verbsystems der FKS-IO s. u. Kap. 6.4.1). Ähnlich auch *asize/asiz* vom Partizip *assis* zum Verb *(s')asseoir*.

Da im Französischen in diesen Fällen vor dem Adjektiv in prädikativer[18] Verwendung immer *être* oder ein anderes Kopulaverb (*devenir, rester*, auch faktitives *faire*) steht, in den FKS und auch in anderen KS aber die Adjektive sich alleine wie Verben zu verhalten scheinen, ist die Diskussion entstanden, ob die (F)KS überhaupt Adjektive haben und wie es sich mit der Existenz von Wortarten in den KS verhält. Dazu die folgenden beiden Zitate von Véronique:

> Comme Chaudenson [Chaudenson 2000] le relève ici-même, l'identification d'une classe adjectivale est fonction de la définition que l'on se donne de ces unités. Alors que Véronique (1983), qui se réfère à Garde 1981, insiste sur l'unifonctionnalité des adjectifs et sur leur dépendance syntaxique, Damoiseau et Saint-Louis (1986) mettent en relief la plurifonctionnalité comme trait caractéristique des adjectifs-verbaux créoles. On peut aussi poser l'existence d'unités potentielles, que l'on peut nommer à la suite de Ludwig (1996[b]) des adjectivoïdes, ou dans un cadre de sémantique générative, des verbals (verboïdes) comme Corne (1981), unités qui se réalisent en discours comme des adjectifs ou des verbes (Véronique 2000c, 64).

> Alleyne (1996) fournit de nombreux exemples pour démontrer que « [...] les adjectifs français perdent leur caractère inhérent de ‚stativité' pour devenir neutres dans les langues créoles, pouvant exprimer syntaxiquement ou la ‚stativité' ou le processus /événement [...] » (Alleyne 1996: 66). La valeur stative/résultative du procès dérive donc du contexte discursif (Véronique 2000c, 65).

Die folgenden eigenen Überlegungen bieten einen weiteren Ansatz zur Diskussion und zur Lösung: Zunächst ist wichtig, dass die FKS keine morphologische Wortartmarkierung kennen. Wie schon anfangs festgestellt, kann man an der Form nicht erkennen, zu welcher Wortart ein Wort gehört, es kann Nomen, Adjektiv oder Verb sein. Der zweite Punkt ist, dass das französische Kopulaverb *être* ausgefallen ist oder, anders gesehen, die Ø-Form hat, was es ja auch in anderen Sprachen (Latein, Russisch, ...) gibt. Wenn eine Verbalpartikel (siehe dazu im Folgenden Kap. 6.4.3) zur Markierung von Tempus oder Aspekt eingesetzt wird, steht diese also vor Ø bzw. direkt vor dem prädikativen Adjektiv (*adjectif attribut*) und kann einen Zustand betonen oder etwas Zukünftiges oder Vergangenes

---
18 Warnung vor einem falschen Freund: Dem Paar *prädikativ – attributiv* entspricht im Französischen *attribut – épithète*, also entspricht dem französischen *attribut* im Deutschen nicht *attributiv*.

ausdrücken.[19] Das schließt nicht aus, dass die FKS daneben auch andere, eigene Konstruktionen und Möglichkeiten zum Ausdruck bestimmter Funktionen und Inhalte entwickelt haben können, ohne dass damit aber die Existenz der Wortart Adjektiv in Frage gestellt ist.

Ein Modell zur Beschreibung der Verwendung einer Wortart in unterschiedlichen Satzfunktionen liefert Tesnière mit seiner Theorie der *Translationen*. Diese besagt, dass jeder Wortart eine syntaktische Grundfunktion zukommt. Sie kann jedoch auch andere Funktionen übernehmen, in diese *transferiert* werden. Für diese Translationen hat jede Sprache Regeln. Ein Adjektiv kann also nach erfolgter Translation als Verb verwendet werden und dessen Funktionen im Satz übernehmen.[20]

5.3.3.3 Substantivische oder adjektivische Verwendung von Verben

Während die substantivische Verwendung von Adjektiven in den FKS ebenso üblich ist wie im Französischen und deswegen nicht besonders behandelt zu werden braucht, besitzen die FKS eine Möglichkeit, die das Französische (im Gegensatz zu anderen romanischen Sprachen) weitgehend verloren hat: die substantivische Verwendung von Verben (Infinitiven). Jedes kreolische Verb kann die syntaktischen Funktionen und damit auch das syntaktische Verhalten eines Substantivs übernehmen. Baissac (1880, 7) stellt fest: „Le créole peut d'un verbe quelconque faire à l'instant un substantif". Und Bentolila (1978, 67) spricht von der „fragilité de la frontière que l'on pourrait établir entre une classe de verbaux et une classe de nominaux". Hier einige Beispiele aus dem KrMau (Baissac 1880, 7) und dem KrHai (Bentolila 1978, 67–69):

KrMau:
coute son causé — écoutez son parler, écoutez-le parler
napas bon léve li dans so dourmi — il ne fait pas bon de l'éveiller quand il dort (dans son dormir)
Fautéye grand madame encore foncé, — Le fauteuil de grand madame est encore défoncé,
napas péle ène gros assisé ça! — ça ne s'appelle pas un gros s'asseoir!

KrHai:
li chanté on bèl chanté — il chante une belle chanson, un beau chanter
li chita sou tab la — il se met à table
m'ap fè on ti chita — je vais m'asseoir un peu, faire un petit asseoir
dlo chita fè moun malad — l'eau stagnante rend malade
yo pa dormi pou nuit la — ils n'ont pas dormi de la nuit
m'rete anpil anvan dòmi pran m — je suis resté longtemps avant que ne vienne le sommeil, le dormir me prenne/me prît

m'té wè w'ap kozé ak ti fi ya — je t'ai vu parler à la jeune fille
nou pral fè on ti kozé — nous allons faire un petit causer
pitit la gen on ti tèt fè mal — l'enfant a une petit migraine

---

[19] Entsprechend im Deutschen *gesund sein / bleiben / werden / machen*.
[20] Siehe Tesnière (1969, Kap. 67 (*La phrase à verbe ‚être'*), und Kap. 151ss. (p. 361ss.) *La Translation*.

5.3.3.4 Neue Präpositionen und grammatische Partikeln
Von den zahlreichen Möglichkeiten seien hier folgende angeführt:
- (la)kaz, (la)kay (< frz. (la)case) kann sowohl Substantiv (,la maison') als auch Präposition sein. Es entspricht dann frz. *chez*, das auf lat. *casa* zurückgeht, wie ja auch frz. *case*. Hier hat also vom Lat. zum Französischen und vom Französischen zu den FKS zweimal die gleiche Entwicklung stattgefunden.
- *kote* (< frz. *côté*) kann ebenfalls Substantiv und Präposition sein und ist als Präposition mit der Bedeutung ,chez' synonym zu (la)kaz, (la)kay. Eine erste Stufe in dieser Entwicklung ist hier bereits im Französischen erfolgt, wenn aus dem Nomen *le côté* die *locution prépositionnelle à côté de* wird. Kreolisch *kote* kann beide Möglichkeiten als Ausgangspunkt haben.
- *lao, lor, lò* (< frz. *là-haut*) ist in den FKS zur Präposition mit der Bedeutung ,sur', ,au-dessus de' geworden und hat diese fast völlig verdrängt.
- *bay, ba, ban* (< frz. Verb *bailler*) ist in den FKS-Am außer KrLou über seine Verbalfunktion hinaus auch zu einer Präposition mit ähnlicher Bedeutung wie frz. *pour* und zur Dativmarkierung geworden (zu *bay, ba* siehe auch S. 102 und 119). Hier einige Beispiele:

KrHai:	*ba piti-yo manje*	donnez à manger aux enfants
	danse ban mwen	dansez pour moi
KrMar:	*mwen fè sa bay nòm la*	j'ai fait cela pour cet homme
	mwen ka ba ou y	je vous le donne
KrGuy:	*bay mo moso dilo*	donnez-moi un peu d'eau
	fè sa bay mo	faites cela pour moi

- *bann* (< frz. *bande*) dient in den FKS-IO zur Pluralmarkierung der Substantive. Mit *la bande*, aus dem diese Partikel entstanden ist, bezeichnete man eine Gruppe von (Sklaven-)Arbeitern.
- *mem, menm* (< frz. *même*) ist eines der häufigsten Wörter in den FKS. Es hat eine Erweiterung seiner Bedeutung mit der Folge einer wesentlich häufigeren Verwendung erfahren. Es dient zur Verstärkung, Bekräftigung, Hervorhebung usw. einzelner Satzteile oder auch ganzer Sätze, sowie zur Bildung von Reflexivkonstruktionen.

KrRéu:	*zot la travay mem*	ils ont travaillé dur
KrMau:	*li ti oule marye ek*	elle voulait épouser
	en boug mizer mem	un homme vraiment pauvre
KrMar:	*i di mwen bonjou,*	il m'a dit bonjour
	i mèm bo mwen	il m'a même embrassé
KrHai:	*nã mwa desanm menm*	exactement au mois de décembre
KrSey:	*i dir (dan) li menm*	il se dit

Gemeinsam ist allen diesen Fällen, dass eine ursprünglich lexikalische Einheit der Sprache zu einem grammatischen Element geworden ist. Man bezeichnet diese Entwicklung als *Grammatikalisierung* (ausführlicher dazu in Kap. 2.1.2).

5.3.3.5 KrMau *soz*[21]

KrMau *soz* (frz. *chose*) ist ein extremes Beispiel für die Flexibilität der FKS in der Verwendung ihres Wortschatzes. Es kann folgende Funktionen übernehmen:

- *soz* dient als Vorspann einer Aussage, um die Aufmerksamkeit des Angesprochenen zu wecken: *soz! zo'n fou mwa deor* (chose! ils m'ont mis à la porte).
- *soz* wird anstelle des Namens einer Person verwendet, wenn man diesen vergessen hat oder wenn man zeigen will, dass man den Betreffenden nur wenig kennt.
- Als Pausenfüller kann *soz* jedes Wort jeder beliebigen Wortart vertreten und damit jede syntaktische Funktion übernehmen, wenn das gesuchte Wort dem Sprecher nicht gleich einfällt. Dieses wird, wenn erforderlich, am Satzende nachgeholt:

soz ti vin get mwa yer..., Siven so kouzen   chose est venu me voir hier ..., le cousin de Siven
mo bizen soz mo kostim avan samdi –   je dois chose mon costume avant samedi –
fer drese? – non, avoy li dray klining   faire repasser? – non, l'envoyer au nettoyage sec.

- *soz* weist darauf hin, dass ein Fremdwort folgen wird:

Rauf in fini pas so legzam soz ... HSC   Raouf a passé son examen chose ... HSC

5.3.4 Veränderungen der Bedeutung

Veränderungen der Bedeutung sind in der Entwicklung der Sprachen ein alltägliches Phänomen. Die FKS kennen dabei einige Veränderungen, die für sie typisch zu sein scheinen. An die mit dem Wechsel der syntaktischen Funktion z. T. verbundenen Bedeutungsänderungen sei in diesem Zusammenhang erinnert.

1. Die im Französischen üblichen Verben werden durch andere mit einer konkreteren oder intensiveren Bedeutung ersetzt. Die ursprünglichen Verben können geschwunden sein, als Synonyme weiter existieren oder aus dem Französischen neu wieder übernommen worden sein. Dazu Beispiele aus dem KrMau:

koze	(< frz. *causer*)	ersetzt	*parler*
gete	(< frz. *guetter*)		*regarder*
trouve	(< frz. *trouver*)		*voir*
rode	(< frz. *rôder*)		*chercher*
gal(ou)pe	(< frz. *galopper*)		*courir, se dépêcher*
mazine	(< frz. *imaginer*)		*réfléchir*
kone	(< frz. *connaître*)		*connaître + savoir*
reste	(< frz. *rester*)		*habiter*
kite	(< frz. *quitter*)		*laisser*

---

21 Vgl. zu diesem Abschnitt Baker (1972, 143–144).

Ein Vergleich mit Wörterbüchern anderer Gebiete (siehe die folgende Tabelle) zeigt, dass diese semantischen Veränderungen vor allem in den FKS-IO zu finden sind. Manche Verben gibt es in einigen FKS gar nicht (--), zumindest sind sie in den konsultierten Wörterbüchern nicht belegt. Häufiger sind sie nur mit ihrer ursprünglichen, französischen Bedeutung belegt ((+)). Gerade im zweiten Fall halten wir es durchaus für möglich, dass die Wörterbuchautoren diese vom Französischen abweichende, weitere Bedeutung der betreffenden Verben nicht notiert haben:

KrMau	= Französisch	Réu	Hai	Gua/Mar	SLu/Dom	Guy	Lou
koze	parler	+	(+)	(+)		(+)	(+)
gete	regarder	+	–	–	(+)	–	+
trouve	voir	+	(+)	(+)	–	(+)	(+)
rode	chercher	+	(+)	–	(+)	(+)	(+)
galo-upe	courrir se dépêcher	+ +	– (+)	– (+)	– (+)	(+) (+)	+ –
degaze	réfléchir	+	(+)	–	(+)	(+)	(+)
mazine	connaître	+	+	+	(+)	+	+
kone	+ savoir habiter	+ +	+/sa rete	sa, save +/rete	+ sav	+/save rete	+/se +
reste kite	laisser	+	+	+ +	+	–	+

2. Verben aus dem Bereich der Seefahrt erhalten eine allgemeinere Bedeutung. Wir führen wieder Beispiele aus dem KrMau an:

vire	(frz. *virer*)	bedeutet auch	se retourner
large	(frz. *larguer*)		lâcher
savire	(frz. *chavirer*)		renverser
souke	(frz. *souquer*)		saisir, attraper
ise, rise	(frz. *hisser*)		tirer, traîner
(a)mare	(frz. *amarrer*)		attacher

3. Substantive können ihre Bedeutung verändern:
- *bagaj, bagay* (frz. *bagage*) bedeutet in den FKS-Am ‚chose'; in den FKS-IO ist das Wort dagegen weitgehend unbekannt. Dort haben wir stattdessen *zafer* (frz. *(les) affaires*), das seinen Bedeutungsbereich bis hin zu ‚chose, objet, bagage' erweitert hat.
- *(di)moun* (frz. *(du) monde*) bedeutet in allen FKS ‚personne, individu; gens; quelqu'un' (vgl. frz. *il y a du monde*). Die ursprüngliche Bedeutung ‚Welt' ist in dieser Form des Wortes nicht erhalten. In einigen FKS (KrMau, Sey, Hai) haben wir dafür die Neubildung *lemon, lemonn* gefunden.[22]

---

[22] Im Negerhollands hat *volk* vergleichbar die Bedeutung ‚jemand' angenommen; vgl. Oldendorp (2000, 689, 694).

- *lakaz, lakay* (frz. *(la) case*) hat in allen FKS außer im KrLou, wo *lamezon* erhalten ist, die Bedeutung ‚maison' angenommen und dient zur Bezeichnung von jeder Art von Wohngebäude. Die im Französischen mit dem Wort verbundene pejorative Konnotation ist in den FKS nicht übernommen worden. Dort ist es außerdem auch zur Präposition (= frz. *chez*) geworden.
- *pye, lipye* (frz. *(le) pied*) bedeutet in den FKS sowohl ‚pied' als auch ‚arbre'. Im zweiten Fall erfolgt meist noch eine genauere Bestimmung, entweder allgemein *pye bwa, pye dibwa* (frz. *pied de/du bois*), oder speziell wie *pye banann, pye koko, pye zoranz, pye letsi*.[23] KrMau und KrSey unterscheiden zudem zwischen *pye*, ‚arbre' und *lipye*, ‚pied'. Diese Bedeutungserweiterung ist nicht völlig neu, sondern findet sich bereits im Französischen (*pied de vigne* usw.)
- *lenz/linz, lenj/linj* (frz. *linge*) bezeichnet allgemein alle *vêtements* und nicht nur wie im Französischen die *vêtements de dessous*.

4. Adjektive ändern ihre Bedeutung:
- *gran* (frz. *grand*) hat in den FKS z.T. seine konkrete Bedeutung verloren und bedeutet nur noch im übertragenen Sinn ‚âgé, vieux; important, notable'.
- *bel* (frz. *bel(le)*) bedeutet in den FKS-IO vor allem ‚grand, gros'. Seine ursprüngliche Bedeutung scheint es jedoch unter dem Einfluss des Französischen vermehrt wieder zu übernehmen. Die Bedeutung ‚beau' hat in diesen FKS *zoli* (frz. *joli*) übernommen. In den FKS-Am hat *bel* seine Bedeutung aus dem Französischen behalten.
- *blan* und *nwar, nwa, nwè* (frz. *blanc, noir*) haben aus der sozialen und ethnischen Situation heraus Konnotationen angenommen, die ihre Verwendung als bloße Farbadjektive in Bezug auf Menschen kaum noch zulassen. An ihrer Stelle findet man eher *kler, klè* (frz. *clair*) bzw. *bren* (frz. *brun*) u. ä. *Blan* hat zusätzlich die Bedeutung ‚patron, propriétaire' angenommen, *nwar, nwa, nwè* diejenige von ‚serviteur, domestique'; und als Anrede bedeutet (im KrRéu) *mon blan* ‚Monsieur! Patron!' und *munwar, mon nwar* ‚Mon cher! Mon vieux! Mon petit!'.[24]

5.3.5 Archaismen und Dialektalismen[25]

Archaismen sind Wörter, Wortbedeutungen oder syntaktische Konstruktionen einer älteren Stufe des Französischen, die sich in den FKS, nicht aber im Französischen selbst erhalten haben. Dialektalismen sind Wörter, Wortbedeutungen oder syntakti-

---

23 Alle Beispiele aus dem KrSey nach St Jorre/Lionnet (1999).
24 Chaudenson (1974b) bietet eine detaillierte Untersuchung zur Bedeutungsentwicklung dieser und verwandter Adjektive in den FKS-IO.
25 Chaudenson (1974a, 677–894) hat diesen Teil des Wortschatzes für das KrRéu untersucht und dargestellt. Bd. 2–4 des DECOI (Bollée 1993–2007) enthält den betreffenden Wortschatz der FKS-IO alphabetisch nach den französischen Etyma geordnet und erläutert ihn ausführlich.

sche Konstruktionen, die in französischen Dialekten existieren, aber nicht (mehr) in der Standardsprache. Die Mehrzahl der betreffenden Wörter und Konstruktionen in den FKS gehören sowohl zu den Archaismen als auch zu den Dialektalismen, so dass eine sichere Abgrenzung nur selten möglich ist.

Die meisten der im vorausgehenden Kapitel wegen ihrer Bedeutungsveränderung vorgestellten Wörter gehören zu den Bedeutungsdialektalismen bzw. -archaismen, denn ihre spezielle kreolische Bedeutung existiert(e) auch in französischen Dialekten und/oder älteren Sprachstufen. Da es sich bei ihnen jedoch um gängige neufranzösische Wörter handelt, haben wir sie als eigene Kategorie gesondert vorgestellt, um den Unterschied zwischen ihrer Bedeutung im Französischen und in den FKS deutlich zu machen. Hier wollen wir nun einige Beispiele für solche Archaismen und Dialektalismen behandeln, die im heutigen Standardfranzösischen keine direkte Entsprechung (mehr) haben:

- *bay, ba, ban* (frz. *bailler*) hat in den FKS-Am (außer dem KrLou) die Bedeutung ‚donner'. Soweit frz. *donner* in diesen FKS erhalten ist, hat es seinen Bedeutungsbereich eingeengt, wie z. B. KrHai *donn*, ‚porter des fruits'. Im Französischen ist *bailler* heute veraltet, es war jedoch bis ins 17. Jahrhundert Synonym und Konkurrent für *donner*. Wir finden den Wortstamm noch im juristischen Terminus *bail* (Miet-, Pachtvertrag). In den FKS wurde das Verb dann weiter grammatikalisiert und kann auch als Präposition fungieren (Siehe auch S. 98 und 119).

- *(la)grèg* existiert in allen FKS und bedeutet ‚filtre à café'. Entstanden ist es wohl aus frz. *grègues*, ‚hauts-de-chausses', das mit dem Adjektiv *grec, grecque*, ‚griechisch' zusammenhängt. Außerdem scheint *à la grecque* im 18. Jahrhundert ein Modewort gewesen zu sein, wofür Chaudenson ein zeitgenössisches Zitat anführt, das auch die Bedeutung des Wortes in den FKS erklären kann:

C'était là un mot vague et vide de sens qu'on appliquait à toute mode nouvelle. Enfin, on imagine aussi du café à la grecque, c'est-à-dire qu'au lieu de jeter dans l'eau bouillante le grain en poudre et de l'y laisser clarifier, on le mit dans une chausse, puis on versa l'eau à plusieurs reprises dessus. (Chaudenson 1974a, 778–779).

- *ravke* bezeichnet im KrSey eine ‚sorte de soutien-gorge ancien'. Das Wort geht wohl auf altfrz. *raverquin* zurück, ein Wort, das nur einmal belegt ist. Seine Existenz im KrSey zeigt jedoch, dass das Wort in französischen Dialekten bis ins 18. Jahrhundert weitergelebt hat (vgl. Bollée 1980, 74).

- *mous (a myel/dimyel)*, *mouch a myel* (frz. *mouche à miel*, ‚abeille') ist in den nordwestfranzösischen Dialekten die übliche Bezeichnung für die Biene. Es hat sich in den FKS gegenüber *abeille* durchgesetzt. Die Existenz solcher in Frankreich nur in bestimmten Regionen bzw. Dialekten vorkommender Wörter in den FKS ist aufschlussreich für die Bestimmung der Herkunft der französischen Kolonisten und für ihren Einfluss auf die Entstehung und Entwicklung der FKS.

- *(le)kor, kò* (frz. *(le) corps*) ist in den FKS Substantiv mit der Bedeutung ‚corps', wird aber gleichzeitig auch in Reflexivkonstruktionen verwendet:

KrRéu:	fatig le kor	se fatiguer
KrMau:	mo pou touy mo lekor	je vais me tuer
KrRod:	li fin zet so lekor dan dilo	il s'est jeté à la mer
KrHai:	m rale kò m	je me retire
KrMar:	ou ke tjwe kò ou si ...	tu vas te tuer si ...

Diese Konstruktion gibt es auch im Altfranzösischen, sie ist im (geschriebenen) Französisch erst im 16./17. Jahrhundert außer Gebrauch gekommen. Die FKS haben hier eine Konstruktion bewahrt, die im Französischen selbst schon seit einigen Jahrhunderten geschwunden ist. Allerdings wird sie inzwischen auch in den FKS durch Formen wie *mo-mem*, *ou-mem*, *li-mem*, *zot-mem* u. a. immer mehr verdrängt.[26]

5.3.6 Neologismen durch Wortbildung

Wie das Französische sind auch die FKS in der Lage, neue Wörter aus dem vorhandenen Wortschatz abzuleiten. Dies geschieht wie im Französischen vor allem durch Komposition, Präfigierung oder Suffigierung. Diese Möglichkeiten sind jedoch weniger ausgebaut und von geringerer Produktivität als im Französischen, denn ein Wortklassenwechsel ist ja auch ohne eine Änderung der Form des Wortes möglich.

Äußerlich unterscheiden sich die neuen Bildungen nicht von entsprechenden Wortbildungen des Französischen Sie sind als kreolische Neologismen nur daran zu erkennen, dass sie im Französischen oder seinen Dialekten keine Entsprechungen haben und folglich in den FKS neu gebildet worden sein müssen. Auch das Vorkommen in nur einer oder nur wenigen FKS ist ein Indiz für Neubildung in den/der entsprechenden FKS. Die Formengleichheit mit französischen Wortbildungen macht es nichtsdestotrotz schwer oder sogar unmöglich, bei jeder gegebenen Form mit Sicherheit zu entscheiden, ob es sich um ein Weiterleben einer bereits im Französischen erfolgten Wortbildung, einen Dialektalismus/Archaismus oder um eine kreolische Neubildung handelt.

Dieses Fehlen von spezifisch Kreolischem kann ein Grund sein, warum die Wortbildung erst relativ spät ins Interesse der Kreolistik gerückt ist. Chaudenson (1974a) war lange Zeit die einzig umfassende Darstellung des Themas für eine konkrete FKS, auf die sich folglich unsere Behandlungen des Themenbereichs 1984 gestützt hat. Inzwischen sind vor allem für das KrHai wichtige Arbeiten publiziert worden (Lefèbvre 2003; Degraff 2001). Mutz (2007, 545–554) gibt einen zusammenfassenden Überblick unter Berücksichtigung weiterer FKS (siehe auch mit umfassenderer Perspektive Kap. 2.3.1).

---

[26] Es handelt sich hier um eine beginnende Form der Grammatikalisierung, bei der jedoch die ursprüngliche Bedeutung und Funktion des Wortes *le corps* weiter ersichtlich ist. Da diese Entwicklung vor-kreolisch ist, haben wir sie hier unter den Archaismen eingeordnet. Das Thema wird im Zusammenhang mit der Grammatikalisierung eifrig diskutiert, da afrikanische Sprachen vergleichbare Konstruktion kennen; siehe auch Kap. 6.2.8 und 2.3.4, mit Literaturhinweisen.

5.3.6.1 Suffigierung[27]

Im Zusammenhang mit der Suffigierung wird auch die Frage relevant, ob es in den KS Wortarten gibt, denn wenn in den uns vertrauten europäischen Sprachen die Wortart markiert wird, geschieht dies durch die Endung, d. h. Suffigierung kann (muss aber nicht) zum Wechsel der Wortart führen. Entsprechend sind auch in den FKS die meisten Suffixe hinsichtlich ihrer Wortartzugehörigkeit festgelegt, so dass die Frage entsteht, ob Suffixe die Funktion haben, die Wortart zu markieren, während die Simplices zu keiner bestimmten Wortart gehören, es also vielleicht keine festgelegte Wortartzugehörigkeit für sie gibt. In meiner Sicht gehören jedoch auch diese Wörter in den FKS zu Wortarten, nur ist diese Zugehörigkeit nicht morphologisch markiert, so dass die gleiche Wortform durchaus zu mehreren Wortarten mit entsprechender Bedeutung gehören kann; im Französischen usw. sprechen wir beim Wortartwechsel hier von Nullableitung oder Konversion. Da die Suffixe dem Lexem eine zusätzliche Bedeutung beigeben, die bei der Wortbildung intendiert ist, und da die Suffixe zudem hinsichtlich der Markierung einer Wortart weitgehend festgelegt sind, geht die Wortartzugehörigkeitsunbestimmtheit der nicht-suffigierten lexikalischen Einheiten verloren.

-az/-ay	(frz. *-age*)	*rode* (‚chercher')	→	*rodaz* (le fait d'aller chercher)
		fri (frz. *frire, friture*)	→	*fritay* (Suffixwechsel)
-man	(frz. *-ment*)	*bez(e)* (‚tromper',	→	*bezmã* (toute situation ou action dans laquelle
		< frz. *baiser*)		l'intéressé subit une épreuve désagréable)
Ø			→	*bez* (Synonym zu bezmã, Nullableitung)
-er/è	(frz. *-eur*)		→	*bezer* (trompeur, voleur)
		langaj	→	*langajè* (bavard)
-ez	(frz. *euse*)	frz. *couturière*	→	*koutiryez* (Suffixwechsel)
-syon	(frz. *-a/ition*)	*pèdi* (‚perdre')	→	*pèdisyon* (avortement)

Neben den Nominalbildungen gibt es auch Verbalbildungen, indem an den Stamm ein *-e* angehängt wird. Diese Bildung unterscheidet sich von den Nominalbildungen, da in den FKS die große Mehrzahl der Verben auf *-e* endet, ein Erbe der *-er-*Verben des Französischen, aber bei weitem nicht alle auf *-e* endenden Wörter sind in den FKS Verben. Diese Verbform ist sicher Vorbild für die Verbalableitung, trotzdem ist ihr Suffixcharakter ein anderer als der der Nominalsuffixe. Wir übernehmen hier die Auflistung von Mutz für das KrGua:

> *propte* ‚rendre propre', *balkonne* ‚se mettre au balcon', *tangote* ‚danser les tango', *tafyate* (*tafya*, ‚rhum') ‚boire du rhum', *pitite* (*pitit*, ‚petit') ‚faire des enfants', *nose* ‚aller a la noce, fêter', *pentire* ‚peindre', *lajole* (*lajol*, ‚prison') ‚emprisonner', *dwete* ‚montrer du doigt', *branche* ‚se poser sur une branche', *polke* ‚danser la polka' (Mutz 2007, 564)

---

27 Vgl. Chaudenson (1974a, 1035–1043); Mutz (2007, 545–548).

5.3.6.2 Präfigierung

Die Anzahl der Präfixe ist in den FKS noch geringer als die der Suffixe; sie scheint sich weitgehend auf Verben und auf die Präfixe *de-* und *re-/ar-* zu beschränken. Zumindest im KrMau, vermutlich auch weitgehend in den anderen FKS, kann *re-* vor jedes beliebige Verb treten, um eine wiederholte Handlung auszudrücken. Wir nehmen unsere Beispiele wieder aus dem KrRéu:[28]

- *depaye* (*de* + *pay* + *e*), ‚enlever la paille (les feuilles sèches) de la canne à sucre'
- *debranse* (*de* + *brans* + *e*), ‚couper et enlever les branches' (frz. *débrancher* hat eine andere Bedeutung, so dass es sich hier sicher um eine kreolische Neubildung handelt)
- *refose* (*re* + *fose*), ‚creuser une fosse', ‚creuser à nouveau une fosse'

Im Nominalbereich ist zu überlegen, ob man vorausgehendes *ti* (frz. *petit*) als Diminutivpräfix interpretiert oder als Teil eines Kompositums:

Exemples de l'haïtien (*cfr.* Lefèbvre 2001, 329ss.; 2003, 41): *ti-chat* ‚chaton', *ti-chen* ‚chiot', *ti-moun* ‚enfant', *ti-woch* ‚caillou', *ti-pyebwa* ‚arbuste', *ti-kiyè* ‚cuillère a thé', *ti-fi* ‚vierge', *ti-devan*, parties génitales', *ti-woz* (phase de la menstruation):
    Exemples du créole guadeloupén (cf. Ludwig/Montbrand et al. ²2002): *timoun* ‚enfant', *tiboug* ‚garçon', *tibef* ‚veau', *tiboutey* ‚flacon', *tilalin* ‚petit clair de lune', *tipawol* ‚proverbe', *tinom* ‚prenom', *tisikre* ‚(sorte de) petite banane très sucréee' (Mutz 2007, 549).

5.3.6.3 Komposition

Die Komposition durch das Verbinden bereits existierender Wörter war für die neu ankommenden Siedler eine der Möglichkeiten, um Namen für die in den (ehemaligen) Kolonien einheimischen Pflanzen, Tiere, Dinge, Einrichtungen, Gewohnheiten usw. zu finden, denn im Französischen fehlt(e) mit der Sache auch die Bezeichnung. Auch heute ist die Komposition noch ein produktives Mittel zur Bildung neuer Wörter und damit zur Wortschatzerweiterung. Unter einem Wort verstehen wir dabei eine lexikalisierte Einheit mit einer eigenen, fest definierten Bedeutung. Die Abgrenzung zwischen solchen lexikalisierten Einheiten und auflösbaren Bildungen aus Substantiv + attributiver Ergänzung lässt sich nicht immer genau bestimmen.

Folgende Fälle kann man in den FKS im ererbten Wortschatz unterscheiden:

1. Adjektiv + Substantiv

FKS:	*Bõdye, Bõdje*	*Bon* + *Dieu*, ersetzt frz. *Dieu*
KrMau:	banane	< *bonne* + *année*, ‚année'. Daneben gibt es auch *lan* und *lane*
	granmaten	< *grand* + *matin*, ‚matin'
	boner gramaten	< (*de*) *bonne heure* + *grand matin*, ‚très tôt le matin, de bonne heure'

---

28 Vgl. Chaudenson (1974a, 1044–1047). Weitere Beispiele in Mutz (2007, 548–549).

2. Verb + Adjektiv oder Substantiv

KrRéu:	fe-kler	< fait clair	‚clarté, lumière'
	fe-so	< fait chaud	‚chaleur'
	four-ne	< fourre (le) nez	‚indiscret, curieux'

3. Substantiv + Präposition + Substantiv[29]

Drei französische Präpositionen kommen hier vor (à, en und de), die sonst in den FKS nicht erhalten sind. Ihr Vorkommen in lexikalischen Einheiten unterstreicht deren feste Bindung und Wortcharakter. Die Beispiele sind wieder aus dem KrRéu:

zerb a fyev	< herbe à fièvre	sou d sin	choux de Chine
bwa d kabri	< bois de cabri (arbre)	pye d bwa	< pied de bois (‚arbre')
bwa de kouler	< bois de couleur (arbre)	kaz an dir,	< case en dur (‚maison de pierres et béton')

4. Substantiv + Substantiv[30]

Die Beispiele für diese Möglichkeit sind zahlreich. Dem zweiten Substantiv kann der Artikel vorausgehen, was man als Artikelagglutination oder als Erhalt des französischen Artikels in dieser speziellen Position interpretieren kann, abhängig davon, ob diese Substantive in der FKS nur mit dem agglutinierten französischen Artikel vorkommen oder ob der Artikel nur erhalten ist, wenn sie zweiter Teil eines Kompositums sind. In diesem Fall würde der erhaltene Artikel die enge Bindung der beiden Substantive und damit den Wortcharakter der Komposition unterstreichen:

KrRéu:	non la kaz	nom d'affection qu'on donne à la maison
	zwazo la mer	nom d'un oiseau de la mer
	dizer la priyer	diseur de prières, sorcier
	lenz la mes	habit pour aller à la messe, costume de dimanche
KrRéu:	bal maryaz	bal donné à l'occasion d'un mariage
	bros koko	brosse à parquet faite d'une demi-enveloppe de noix de coco
	kan moris	canne à sucre de l'île Maurice
	kok batay	coq de combat

Wie problematisch die Klassifikation als Kompositum sein kann, zeigen die vier Typen, die M.-C. Hazaël-Massieux auf einer nicht mehr zugänglichen Website zusammengestellt hatte:

1. Adj + N, p.ex. timoun ‚enfant',
2. N + N, p.ex. fanm-mayé ‚épouse', boutey luil ‚bouteille d'huile'
3. V + N, p.ex. salibouch ‚amuse-gueule', fè kim ‚[fait écume], mousser',
4. V + V, p.ex. méné-alé ‚emmener' (Mutz 2007, 550)

---

[29] Chaudenson (1974a, 993–1003).
[30] Chaudenson (1974a, 1004–1025). Weitere Beispiele in Mutz (2007, 549–552).

Im ersten Fall bietet sich auch eine Interpretation des *ti* als Diminutivpräfix an. Im zweiten Fall ist *boutey luil* ‚bouteille d'huile' kein Kompositum, da sich keine neue Bedeutungseinheit ergibt[31] und das zweite Element durch andere Elemente ersetzt werden kann, die in einem *rapport paradigmatique (associatif)* stehen. Beim vierten Typ handelt es sich um serielle Verben (s. u. Kap. 5.3.6.5), und es stellt sich die Frage, ob es sich bei seriellen Verbkonstruktionen um Komposita handelt.

5.3.6.4 Reduplikation[32]

Die Reduplikation ist auch in den FKS eine gängige Möglichkeit zur Bedeutungsmodifikation, vor allem der Verben, Adjektive und Adverbien. Da die europäischen Sprachen diese Möglichkeit weniger nutzen, handelt es sich wohl um eine Übernahme aus den Sprachen der Sklaven (Substratelement).

KrRéu:[33]	*belbel*	gros, très grand
	bouzbouze	bouger légèrement
	toustouse	tousser sans cesse; tripoter
	rouzrouz	rougeâtre
	kozkoze	bavarder
KrMau:[34]	*en zoli-zoli tifi*	une jeune fille très belle, ravissante
	en tifi byen-byen zoli	
	ti baba pe plore-plore	le bébé pleure tout le temps
	manz-manze	avoir quelque chose à manger, manger un peu
	manze-manze	manger sans arrêt
KrHai:[35]	*li blanch-blanch*	elle est très blanche', ‚elle est blanchâtre
	manje sa-a dous-dous	cette nourriture est très sucrée / douceâtre

Textlinguistische Funktion hat die Reduplikation, die wir in der Sprachaufnahme mit einem älteren Sprecher für das KrMau gefunden haben:

- *lerla mo aprann aprann aprann fin konen*
- *apre nu fin met anplas, fin met anplas, kulut-kulute kulut-kulute, met ros lao tu sa*
- *alo morso-morso morso-morso morso morso fin kapav ranze, morso-morso morso-morso ranze*

5.3.6.5 Serielle Verben[36]

Verbserialisierung besagt, dass mehrere Verben aneinandergereiht werden, um einen Inhalt auszudrücken, für den wir in den uns vertrauten Sprachen nur ein Verb ver-

---

31 Zum besseren Verständnis des Einwandes: Warum schreiben wir im Deutschen *Ölflasche* zusammen, aber *Flasche Öl* nicht? Und warum haben wir nur eine bzw. zwei betonte Silben?
32 Siehe auch Mutz (2007, 552–553) und mit übergreifender Perspektive Kouwenberg (2003).
33 Chaudenson (1974a, 1047–1051).
34 Baker (1972, 85 und 102).
35 Sylvain (1936, 42).
36 Siehe auch zuvor Kap. 2.3.3.

wenden. Das Auffinden dieser Struktur war eines der großen Ereignisse der Kreolistik der 1980er Jahre. Allerdings war damals die etwas über 200 Jahre vorher verfasste Beschreibung eben dieser Struktur durch Oldendorp noch nicht bekannt:

> Überflüssige Wörter finden sich in folgenden Redensarten: [...] *Bring kom mi die goed hieso,* bringe mir das her; *mi bring die kom,* ich bringe es, sind gewöhnliche Redensarten, worin *kom* desto überflüssiger ist, weil es dem bringen nachgesetzt wird. Ebenso ist es mit *loop* in der besondern Redensart: *kom mi sal draag joe loop na Sanct Jan,* komm, ich will dich nach St.Jan mitnehmen (Oldendorp 2000, 709).

Ein Grund für die lange währende Nichtbeachtung dieser Struktur liegt wohl darin, dass die Konstruktionen verständlich sind und keine morphologischen Besonderheiten aufweisen; ein anderer und vielleicht wichtigerer ist, dass sie zur gesprochenen Sprache gehören und in geschriebenen, gerade auch von französisch beeinflussten Verfassern, nicht oder nur ganz selten gebraucht werden. Das folgende Beispiel aus dem KrHai, wo serielle Verben häufiger als in den anderen FKS anzutreffen sind, soll die Konstruktion, die wir hier in die Wortbildung eingebunden haben, illustrieren und verstehen helfen. *Vin ban mwen* illustriert dazu den Übergang des Verbs *ban* zur Präposition:

L	fèk	sòt	rive		keyi	gnou kòk		vin	ban	mwen
Il	vient de	sortir	arriver		cueillir	un coco		venir	donner	moi
Il	vient de			me	cueillir	une noix de coco				

		m	peze	manje,	vant mwen		vin	plen-plen
		je	perce	mange,	mon ventre		devient	plein-plein
que	je			mange,	mon ventre	en	devient	bien plein
que	je			mange,	je		suis	rassassié

Als Bickerton bei älteren Sprechern des KrSey serielle Verben gefunden hatte (Bickerton 1989), war die Reaktion der Spezialisten für die FKS-IO, dass dies nicht möglich sein könne. Ich habe daraufhin in meinen Sprachaufnahmen aus Mauritius speziell nach solchen Konstruktionen gesucht und nicht wenige gefunden (siehe Stein 1993a), von denen einige Beispiele hier angeführt seien:

- alo nu ale nu al dan karo nu kupe-kupe tire met dan bor simen
- zot sarze met dan vagon amenn mulen
- me aster ena kupe sarze mem; napena kupe tire met anba
- bizwen pran enn gro valiz. mo al labank, mo pran enn larzan, mo amenn sa isi, et la mo distrib... arive isi mo distribye larzan
- mo sorti, mo ale, mo soz mwa, mo debruy-debruye la
- mo marse an galupan, mo met demi er pu sort SenGabriel pu ariv o PorMatiren
- demier mo marse mo taye mo al anvil, mo a zwenn Per Simeon
- aster la nu plant so mai. kas mai, amennen, grennen, amenn sa Rislye
- fer kupe, mete dan kamyon, anvwaye lakur mulen

5.4 „Le vocabulaire des Isles"[37]

Beispiele für diesen von Chaudenson (1974a) so genannten, nicht allzu zahlreichen Teil des Wortschatzes des FKS, der aber von großem historischem und kulturgeschichtlichem Interesse ist, sind:
- (a)bitasyon (frz. *habitation*) bedeutet ‚exploitation agricole, champ cultivé'; es hat also gegenüber dem Französischen eine neue, speziellere Bedeutung angenommen, die sich über alle betroffenen Gebiete ausgebreitet hat.
- (z)abitan (frz. *habitant*) bezeichnet den ‚cultivateur, paysan', der auf der *abitasyon* lebt und arbeitet. Das im KrMau und KrSey heute verwendete *labourer* (frz. *laboureur*, daraus engl. *labourer*) dürfte auf englischen Einfluss zurückgehen.
- maron (span. *cimarrón*, ‚ungehobelt, wild, ungebändig', frz. *marron*) bedeutet zuerst ‚esclave fugitif', dann auch ‚animal domestique devenu sauvage', und heute schließlich auch ‚clandestin, frauduleux, illégal', so in *taksi maron* (Taxi ohne Lizenz), (di)rom maron (schwarz gebrannter Rum).
- kreol, s. o. Kap. 1.2.1.
- (la)kaz, (la)kay, siehe s.o. S. 101. Auch span./port. *casa* bietet sich als Vorlage an.

5.5 Der Wortschatz nicht-französischen Ursprungs

5.5.1 Portugiesische und spanische Wörter

Portugiesische und spanische Wörter findet man in den FKS nur wenige. Genannt seien *kre(y)ol, maron, bagas,* die zum „vocabulaire des Isles" gehören. Diese Wörter gehören auch zum Wortschatz des Französischen Zu erwähnen ist außerdem ein Wort des zentralen Wortschatzes einiger FKS-Am: (y)ich, ‚enfant' (span. *hijo*, ‚Sohn'), im KrMar, Dom, SLu und Tri, während KrHai und KrGua *timoun* (frz. *petit monde*) haben.

5.5.2 Anglizismen

Anglizismen findet man heute in fast allen Sprachen, und es werden ständig mehr. Da sich die FKS hier kaum von anderen Sprachen unterscheiden, können wir diese Anglizismen hier vernachlässigen. Von Interesse sind Anglizismen dagegen in den FKS, die aufgrund der historischen Entwicklung unter direkten englischen Einfluss gekommen sind. Beispiele dafür:

KrMau:[38]   *dray klining* (*dry cleaning*, ‚nettoyage à sec'), *er kondishning* (*air conditioning*, ‚climatisation'), *bis stop* (*bus stop*, ‚arrêt d'autocars'), *klerk* (*clerk*, ‚clerc, employé de

---

[37] Vgl. Chaudenson (1974a, 591–632). Siehe auch zuvor S. 86, Anm. 5.
[38] Eine Zusammenstellung weiterer Anglizismen im KrMau findet man bei Baker (1972, 66–67).

	bureau'); *ale rayt* (*right*) *roule* lautet die Aufforderung des Schaffners an den Busfahrer zur Weiterfahrt[39]
KrDom,Gre,Tri:[40]	*hapenz* (*happens*, ‚il arrive, il est arrivé'), *bikoz* (*because*, ‚parce que'), *mistek* (*mistake*, ‚erreur, faute'), *blaksmit* (*blacksmith*, ‚forgeron'), *batam* (*bottom*, ‚le derrière'), *stima* (*steamer*, ‚bateau'), *gem* (*game*, ‚ruse, moyen'), *dayv* (*to dive*, ‚plonger'), *rili* (*really*, ‚en fait'), *wori* (*to worry*, ‚tracasser')
KrLou:	In den Geschichten in Neumann (1985) finden sich englische Ausdrücke wie *gang, half a mile, river, that's all right, well*, die nicht in das System des KrLou integriert sind, sondern *code switching* belegen. In Valdman/Klingler et al. (1998) wird dies weiter ausgeführt: „Pressure exerted by English leads to massive borrowing at the lexical level and code switching, that is alternation of LC and English material within the same sentence. [...]. The following are samples of English influenced LC: *Kan li [the drum skin] vini STIFF, THEN ye te BANG li. / Mo pans se de zafè ye mennen isi dan SLAVERY. / Ye se HANG li UP. / Ye trakas mon plen konm sa. I'M TELLING YOU.* [...] The most insidious transfers from English, though, are calques, in which English concepts are expressed with LC forms: *Li galòp en chop* ‚He runs a shop'. The verbal expression *galòp en chop* mirrors the English idiom ‚to run a store'. In LC the verb *galope* is a verb of motion meaning ‚to run'; in calquing, its range is extended to include the English meaning ‚to operate, to manage'. On the other hand, the noun *chòp* is an integrated word in LC" (Valdman/Klingler 1998, 4).

5.5.3 Wörter aus nicht-europäischen Sprachen (Substratsprachen)

Ein gewisser, wenn auch im Alltagswortschatz nur geringer Anteil von Wörtern aus nicht-europäischen Sprachen ergibt sich aus den Sprachkontakten, aus denen die KS hervorgegangen sind, und aus dem Einfluss der in der Folge hinzugekommenen Bevölkerungsgruppen.[41]

– Wörter aus den Sprachen der Karaïben
Im Gegensatz zu den Inseln der Maskarenen und der Seychellen, die bei der Ankunft der Europäer unbewohnt waren, waren die Westindischen Inseln bewohnt. Ihre Bevölkerung wurde jedoch in kurzer Zeit bis auf wenige Reste vernichtet. Eine kleine Zahl von Wörtern aus ihren Sprachen ist in den FKS dieser Gebiete erhalten geblieben. Wie viele es genau sind, lässt sich beim jetzigen Stand der Forschung nicht sicher sagen; es dürften jedoch weniger als 100 sein. Jourdain (1956b, 298–300) führt 79 solcher Wörter an, allesamt Namen von Pflanzen, Tieren, Früchten oder Haushaltseinrichtungen. Einige dieser Wörter gehören heute auch zum Wortschatz des Französischen: *agouti*,

---

[39] Siehe auch zuvor die Anglizismen im Text aus *Bord la Mer*, s.o. S. 91.
[40] Die Beispiele sind zusammengestellt aus Bricault (1976a; 1976b).
[41] Für die FKS-IO ist dieser Wortschatz erfasst und alphabetisch geordnet zusammengestellt im vierten, aber als erstem erschienenen Band von Bollée (1993–2007), *Deuxième partie: Mots d'origine non-française ou inconnue* (1993). Das entsprechende Werk für die FKS-Am ist in Vorbereitung.

ananas, boucan (dazu die Ableitungen *boucanier* und *boucaner*), *colibri*, *latanier*,[42] *papaye*.

– Afrikanismen
Aus den zahlreichen afrikanischen Sprachen, die die Sklaven mit in ihre „neue Heimat" brachten, sind nur wenige Wörter erhalten, wobei es allerdings deutliche Unterschiede zwischen den verschiedenen Gebieten gibt. So nennt Chaudenson (1974a) nur fünf sichere Afrikanismen für das KrRéu, darunter drei Ethnonyme, während das KrSey aufgrund der afrikanischen Neuankömmlinge im 19. Jahrhundert noch eine ganze Reihe afrikanischer Wörter besitzt; Chaudenson (1979c) führt 43 von ihnen an. Für das KrMar nennt Jourdain (1956b) 37 Wörter afrikanischen Ursprungs, während Comhaire-Sylvain/Comhaire-Sylvain (1955) für das KrHai allein aus dem religiösen Wortschatz über 200 afrikanische Wörter zusammengestellt haben. Diese leben vor allem in der Voodooreligion weiter. Insgesamt gilt für die afrikanischen Wörter das gleiche wie für die karibischen: Sie gehören nicht zum Grundwortschatz der FKS und haben sich nur dort erhalten können, wo das Französische über keinen entsprechenden Wortschatz verfügt(e), sowie in Bereichen, zu denen nur die (afrikanischen) Sklaven Zugang hatten, wie eben dem Voodookult:

KrHai: *bisango, azeto* (sorciers), *houngan, hounfon* (prêtres voudous), *zonbi* (revenant, être humain frappé de mort apparente et réveillé par le *houngan* après son enterrement).
KrMar: *acra* (‚beignet'), *bonda, gogo* (‚le derrière').
KrSey: *soungoula* (‚le Lapin', personnage principal du conte seychellois), *moulouk, moukat* (des gateaux), *moutja* (une danse), *boulko, makon* (jeux).

– Wörter aus madagassischen Sprachen[43]
Madagassische Wörter findet man nur in den FKS-IO, denn auf den Inseln vor der Küste Madagaskars gab es frühzeitig und in großer Zahl madagassische Sklaven. Nach Westindien kamen dagegen nur wenige und erst zu einem relativ späten Zeitpunkt, so dass sie dort ohne Einfluss auf die FKS blieben. Im KrRéu, KrMau und KrSey findet man eine gewisse Anzahl madagassischer Wörter, die z.T. sogar zum allgemeinen Wortschatz gehören.

Beispiele aus dem KrRéu:
maf (‚mou, blet'), *malang* (‚puant, sale'), *mavouz* (‚malade, fatigué'), *taman/tamand* (‚stérile'). Auffällig ist der madagassische Name für bestimmte Werkzeuge: *fangok* (‚petit outil à manche

---

42 Laut *Petit Robert* ist es der Name eines „Palmier de l'Océan Indien". Das Wort ist also von der Karibik in den Indischen Ozean gewandert und gehört so zum *Vocabulaire des Isles*. Für die Karibik habe ich es in den Wörterbüchern von Valdman (1981) oder Frank (2001) belegt gefunden, nicht aber in Ludwig/Montbrand et al. (1990) oder Confiant (2007).
43 Siehe vor allem Chaudenson (1974a, 466–535).

courte avec lequel on gratte le sol'), *fangour* (,moulin à canne à sucre, vin de canne à sucre'), *firang/ frang* (,croc, harpon'), *tant* (,panier de vacoa tressé')"[44]

– Wörter aus indischen Sprachen
Nach der Abschaffung der Sklaverei und Freilassung der Sklaven fehlten in den Kolonien Arbeitskräfte. Man holte deswegen seit ca. 1835 Vertragsarbeiter *(indentured labourers, travailleurs engagés)* aus Indien zuerst nach Mauritius,[45] dann nach Réunion und schließlich auch auf die Westindischen Inseln.[46] Sie sollten nach Ablauf ihres Vertrages (in der Regel nach fünf Jahren) nach Indien zurückkehren; die große Mehrzahl zog es jedoch vor zu bleiben. So kamen zwischen 1835 und 1907 über 400.000 Inder nach Mauritius, und bereits 1866, also nur 30 Jahre nach Beginn ihrer Einwanderung, stellten sie 2/3 der Bevölkerung, ein Anteil, der bis heute ungefähr gleich geblieben ist. Im Gegensatz zu den Sklaven konnten sie ihre (indischen) Sprachen lange bewahren, lernten aber auch die jeweiligen KS und bereicherten deren Wortschatz, und zwar vor allem im kulinarischen Bereich. Die Zahl der Inder, die auf die Westindischen Inseln gebracht wurden, ist wesentlich geringer und beträgt insgesamt nur einige Zehntausend.

Beispiele für indische Wörter im KrMau:[47]
dal ,dholl, lentils', *farata, pouri* ,kinds of Indian bread', *gadyak* ,snack', *kari* ,curry', *masala* ,curry powder', *karay* ,vessel in which *kari* is prepared'; *dobi* ,person who washes clothes', *pandit* ,pandit', *sirdar* ,overseer on a sugar estate'; *baytka* ,Hindu meeting place', *madrasa* ,Muslim meeting place', *karom* ,a table game with counters', *sari* ,saree'.

– Chinesischer Einfluss
Als zweite asiatische Gruppe nach den Indern kamen Chinesen in fast alle Gebiete. Sie waren (und sind) vor allem im Handel tätig. Aufgrund ihrer relativ geringen Zahl und ihres späten Kommens haben sie kaum Einfluss auf den Wortschatz der FKS gehabt. Dieser beschränkt sich auf typisch chinesische Produkte, vor allem aus dem Bereich

---

44 1975 gehörte die *tant* in Mauritius zum Alltag, die Kinder brachten ihr Schulbrot in der *tant* mit in die Schule, die Arbeiter ihr Essen zur Arbeit. 2010 war sie praktisch nur noch in Touristenläden zu finden.
45 Freie (süd-)indische Arbeiter und indische Sklaven gab es fast von Anfang an auf Mauritius. Sie gingen jedoch weitgehend in der Masse der afrikanischen Sklaven auf und bildeten nicht lange eine eigene Gruppe. Angesichts der großen Zahl der ab 1835 ankommenden Inder spielen sie keine Rolle.
46 Literaturhinweise zu dieser wenig bekannten Völkerwanderung im 19. Jahrhundert: Tinker (1974) gibt einen guten Überblick. Schwartz, ed. (1967) ist dem Kastenwesen in den verschiedenen Gebieten gewidmet, Singaravélou (1975) hat die Inder auf Guadeloupe zum Thema, Hazareesingh (1973) behandelt die Geschichte der Inder auf Mauritius, Benedict (1961) untersucht die Lebensbedingungen der Inder auf Mauritius. Einer der bekanntesten westindischen Inder ist der Literaturnobelpreisträger V.S. Naipaul, in dessen Werk seine indische Abstammung eine wichtige Rolle spielt.
47 Baker (1972, 67–68). Wir führen die englische Übersetzung Bakers hier an; eine Übersetzung ins Französische oder Deutsche erscheint uns zu ungenau.

der Küche, wie KrMau mifoun ‚noodles made from rice', min ‚noodles made from flour', syaw ‚soya sauce'.[48]

5.6 Arbeitsaufgaben

5.1. Interpretieren Sie die Statistiken zur Zusammensetzung des Wortschatzes der FKS und vergleichen Sie sie mit Daten zu anderen Sprachen (Französisch, Englisch, Deutsch, Rumänisch, usw.). Diskutieren Sie in diesem Zusammenhang die Konzepte und Definitionen von *Mischsprache* und *Sprachmischung*.

5.2. Vergleichen Sie die Texte auf S. 89–90 mit ähnlichen Texten im Französischen und Deutschen. Wie ist in diesen Texten das Verhältnis von Erbwortschatz zu Fremdwörtern und Neuentlehnungen?

5.3. Versuchen Sie, die in Kap. 5.3.4 aufgezeigten Bedeutungsveränderungen zu erklären. Suchen Sie nach weiteren Fällen. Kennen Sie aus der Geschichte des französischen Wortschatzes vergleichbare Entwicklungen?

5.4. Informieren Sie sich mit Hilfe des ALF, FEW u. a. über Geschichte und dialektale Verbreitung von kreol. *tanto, mouch* a *myel, kabri, jwend/zwend, bay*, u. a.

5.5. Überprüfen und diskutieren Sie, ob es sich bei den Wortbildungen in den kreolischen Texten um kreolische Neubildungen oder Übernahmen aus dem Französischen handelt.

---

[48] Baker (1972, 68).

6 Morphologie und Syntax

6.1 Vorüberlegungen und Überblick[1]

Während Lautstruktur und Wortschatz der FKS sich ohne Schwierigkeiten auf das Französische als Ausgangssprache zurückführen lassen, was Einflüsse der Kontaktsprachen nicht ausschließt, kennen ihre Morphologie und ihre Syntax deutliche Abweichungen und Unterschiede, so dass hier die Grundlage für ihre Eigenständigkeit gegenüber der Ausgangssprache zu suchen ist. Der Bestand an syntaktischen Funktionen, Kombinations- und Ausdrucksmöglichkeiten entspricht in den FKS zwar weitgehend dem Französischen, und auch der Formenbestand und das Sprachmaterial lassen sich fast vollständig auf das Französische zurückführen, in der Art und Weise jedoch, wie die verschiedenen Funktionen ausgedrückt werden und wie die Sätze und Satzteile organisiert sind, aber auch in der Sichtweise und der Gewichtung der verschiedenen grammatischen Ausdrucksmöglichkeiten, bestehen deutliche Unterschiede. Hier scheint der Einfluss der Sprachen der Sklaven am stärksten gewesen zu sein, denn die wichtigsten Abweichungen von den Vorgaben des Französischen entsprechen gleichzeitig Strukturen, die in afrikanischen Sprachen häufig anzutreffen sind. Man findet sogar bei entsprechendem Suchen bestimmte Formen der FKS in der einen oder anderen afrikanischen Sprache wieder, die in dem betreffenden Punkt zufällig lautliche Übereinstimmung oder Ähnlichkeit mit dem Französischen aufweist. Allerdings ist es bei der Vielzahl der in Betracht kommen den afrikanischen Sprachen, trotz der nachweisbaren, zahlenmäßigen Überlegenheit der Sprecher der einen oder anderen Sprache in bestimmten Gebieten, nicht sinnvoll, sich von Einzelfällen abgesehen auf eine oder mehrere afrikanische Sprachen als konkrete Vorlage für die in diesem Gebiet gesprochene (F)KS oder die (F)KS überhaupt festzulegen, zumal die Übereinstimmungen der (F)KS mit afrikanischen Sprachen in der Forschung (noch) sehr unterschiedlich bewertet werden; die Positionen reichen von fast völliger Negierung bis hin zur Heraushebung des afrikanischen Elements als bestimmendem Faktor bei der Entstehung der (F)KS (mehr dazu in Kap. 7.4.4).

Grundmerkmal der (F)KS ist die Unveränderlichkeit der Wörter, die, von wenigen Ausnahmen abgesehen, nur über eine, unveränderliche, Form verfügen. Eine Morphologie im traditionellen Sinn, d. h. die Festlegung der genauen Bedeutung und Satzfunktion durch ein System von Endungen, kennen sie nicht. Damit gibt es auch keine Festlegung der Wortart durch die Endungen. Bestimmte Endungen sind zwar aufgrund der Ableitung aus dem Französischen für bestimmte Wortarten charakteristisch, aber sie legen diese nicht fest, sondern machen sie nur wahrscheinlich.

---

[1] Wir haben in diesem Kapitel gegenüber 1984 nur relativ wenig geändert, auch wenn es inzwischen sehr viel mehr Grammatiken zu einzelnen Sprachen und Arbeiten zu speziellen Themen gibt. Für die Grundstrukturen und den allgemeinen Überlick bringen diese nur wenig Neues. Wo dies doch der Fall ist, wurde es berücksichtigt, einige Aspekte wurden neu aufgenommen. Für einen Überblick über Grammatiken zu den Einzelsprachen sei auf Kap. 9 verwiesen.

Theoretisch kann jedes Wort, unabhängig von seiner äußeren Form, jede Funktion im Satz übernehmen; tatsächlich gibt es jedoch nur eine begenzte Menge von realisierten Möglichkeiten, wofür vor allem semantische Einschränkungen die Ursache sind.

Bei der Beschäftigung mit den grammatischen Strukturen der FKS wird es uns nicht darum gehen, eine vollständige Grammatik der FKS insgesamt oder einer bestimmten FKS zu schreiben. Wir wollen vielmehr selektiv vorgehen und uns auf diejenigen Teile der Morphologie und der Syntax konzentrieren, die in den FKS anders funktionieren als im Französischen und die somit das Spezifische der FKS im Vergleich zum Französischen ausmachen. Hinsichtlich der Morphologie weicht unser Konzept, auch wenn dies im Folgenden nicht explizit gemacht wird, vom traditionellen, auf postdeterminierend-synthetische Markierung ausgerichteten, wie es auch in Kap. 2 vertreten wird, ab. Wir gehen nicht vom (postdeterminierend-synthetischen) *signifiant* aus, sondern vom *signifié*. Zur Morphologie gehören alle Elemente (Morpheme), die die syntaktische Funktion eines Lexems markieren (Kasus) oder seinen Inhalt spezifizieren, beim Nomen Genus und Numerus, beim Verb Person, Tempus, Modus, Aspekt, Diathese, unabhängig von ihrer Position zum Lexem und der (orthographischen) Anbindung. Folglich gehören auch die prädeterminierend-analytischen Elemente dazu. *Il chanta* und *il a chanté* sind für uns in gleicher Weise morphologische Formen des Verbs. Die Frage, ob dann nicht auch Determinanten als Elemente der Morphologie zu betrachten sind, vielleicht auch Präpositionen und Konjunktionen, kann hier gestellt, aber nicht beantwortet werden.

Ausgangspunkt sollen der Satz und seine Bestandteile sein. Ein Satz besteht im Normalfall in den FKS wie im Französischen (und anderen uns vertrauten Sprachen) im einfachsten Fall aus dem Subjekt (d. h. einem Nominalsyntagma) und dem Prädikat (d. h. einem Verbalsyntagma). Er kann, abhängig von den Möglichkeiten und Erfordernissen des Prädikats, durch ein oder zwei Objekte (direktes und indirektes Objekt, beide ebenfalls in der Form von Nominalsyntagmen) und durch eine oder mehrere Umstandsbestimmungen (d. h. Adverbialsyntagmen) erweitert werden.

Ein Verbalsyntagma (VS) besteht aus einem Verb, das in verschiedener Hinsicht modifiziert und erweitert werden kann bzw. muss. Die Nominalsyntagmen (NS) und die Adverbialsyntagmen (AS) bestehen jeweils aus einem Nomen, das erweitert, determiniert und spezifiziert, und in seiner syntaktischen Funktion durch verschiedene Mittel (Form, Stellung, Erweiterung) festgelegt werden kann bzw. muss. Die Funktionen der nominalen und der adverbialen Satzteile können auch von Pronomina, Adverbien oder (Neben-)Sätzen übernommen werden, während als Prädikat immer ein Verb fungieren muss. Wir wollen dies an einem Beispiel aus dem KrMau und seiner französischen Übersetzung illustrieren:

Zili, *ki to konn byen,*	*ti avoy*	*so fami*	*enn zoli kart*	*depi Lafrans,*	*ler li fek arive.*
Julie, que tu connais bien,	a envoyé	une belle carte	à sa famille	de la France,	dès qu'elle était arrivée.
NS	VS	NS	NS	AS	AS
Subjekt	Prädikat	indir. Objekt	dir. Objekt	Adverbial-Ort	Adverbial-Zeit

Die Möglichkeiten, die NS durch ein (Personal-)Pronomen oder auch einen (Subjekt- bzw. Objekt-)Satz zu ersetzen, sind offensichtlich, so dass wir sie hier nicht weiter zu zeigen brauchen. Ebenso erscheint aus unserem Beispielsatz die Möglichkeit der Erweiterung der NS durch Attribute (Adjektiv, Relativsatz) und Determinanten. Die Reihenfolge der beiden Objekte weicht in beiden Sprachen voneinander ab, im Französischen ist das indirekte Objekt durch eine Präposition markiert, im KrMau nicht. Als Möglichkeiten für AS haben wir eine Präpositionalkonstruktion und einen Nebensatz hier eingesetzt; möglich wäre auch ein Adverb (*yer*, frz. *hier*). Das folgende Schema fasst die verschiedenen Möglichkeiten vom Französischen ausgehend zusammen:

Satz	→	$NS_{Subj} + VS_{Präd} + NS_{dirObj} + NS_{indObj} + AS_{Ort} + AS_{Zeit} + AS_{Art\ und\ Weise}$
NS	→	$(Präp)^2$ + (Det) + (Attribut) + Nomen
	→	Pronomen
	→	(Subjekt-, Objekt- [= Neben-])Satz
AS	→	(Präp) + (Det) + (Attribut) + Nomen
	→	Adverb
	→	Pronominaladverb
	→	(adverbialer Neben-)Satz
	→	Partizipial- oder Infinitivkonstruktion
VS	→	Person + Tempus + Aspekt + Modus + Diathese + (Negation) + (Interrogation) + Verb
Attribut	→	(Adv) + Adjektiv
	→	(Präp) + NP
	→	Relativsatz
Nebensatz	→	(Konjunktion) + Satz
Relativsatz	→	(Relativpronomen) + Satz

Erläuterungen:
→   = besteht aus   NS = Nominalsyntagma   Det = Determinant
( ) = fakultativ   AS = Adverbialsyntagma   Präp = Präposition
                            VS = Verbalsyntagma   Adv = Adverb

6.2 Die Nominalsyntagmen

Die Nominalsyntagmen haben in den FKS wie im Französischen die syntaktische Funktion des Subjekts oder des (direkten oder indirekten) Objekts. Sie bestehen im Französischen aus einem Nomen und – von wenigen Ausnahmen abgesehen – seinem Determinanten, meist in der Form eines Artikels. Sie können durch adjektivische oder nominale Attribute erweitert werden. Die Nominalsyntagmen sind durch die Form des Artikels, des Nomens und des adjektivischen Attributs hinsichtlich ihres Genus und Numerus festgelegt. Das Subjekt und das direkte Objekt werden formal nicht unter-

---

[2] Die Präpositionen markieren die Beziehung zum Verb, im Französischen *à* oder *de* die *objets indirects*, im Deutschen gibt es die *Präpositionalobjekte*. Die Präpositionen haben in diesen Fällen also eine andere Funktion als in den Adverbialsyntagmen.

schieden, ihre syntaktische Funktion ergibt sich aus ihrer jeweiligen Position im Satz. Das indirekte Objekt ist dagegen außer durch seine Position im Satz auch formal durch die Präposition *à* markiert. Eine Reihe von französischen Verben kennt auch ein mit *de* angeschlossenes Objekt.

In den FKS sind die französischen Artikel als Funktionsträger ausgefallen und nur noch gelegentlich als funktions- und bedeutungsloser Bestandteil einer Reihe von Substantiven oder von Adverbialsyntagmen erhalten. Nur der unbestimmte Artikel (*un, une*) ist erhalten geblieben und kann zur Numerusmarkierung verwendet werden. Eine Genus- und Numerusdifferenzierung durch die Endungen der Nomina und Adjektive existiert ebenfalls nicht mehr – aber sie ist im gesprochenen Französisch ja auch nur noch sehr beschränkt vorhanden – und die französischen Präpositionen *à* und *de* kommen nur noch in lexikalisierten Wendungen vor, aber nicht mehr als grammatische Funktionsträger (zur Artikelagglutination siehe Kap. 5.3.2.1; zum Erhalt der Präpositionen in Komposita Kap. 5.3.6.3).

Wenn sie nicht auf eine Markierung von Genus, Numerus und Kasus im Nominalsyntagma verzichten wollten, mussten die FKS neue Möglichkeiten suchen, und sie haben sie gefunden. Wichtig ist jedoch, dass diese Markierungen nicht automatisch und nicht in jedem Fall wie im Französischen erfolgen, sondern nur dann, wenn der Kontext nicht eindeutig ist und nach einer Spezifizierung verlangt. Ebenso steht auch der kreolische bestimmte Artikel nur dann, wenn bewusst Determiniertheit ausgedrückt werden soll.

6.2.1 Die Markierung des Genus

Die Nomina, Adjektive und Artikel der FKS kennen jeweils nur eine Form, d. h. es gibt – ähnlich wie im Englischen – keine morphologische Genusunterscheidung. Um gegebenenfalls das natürliche Geschlecht bei Menschen und Tieren ausdrücken zu können, gibt es mehrere Möglichkeiten (alle Beispiele aus dem KrMau):
– Die Unterscheidung ist im aus dem Französischen übernommenen Wortschatz vorgegeben, d. h. lexikalisiert.

Beispiele, KrMau: *garson – tifi, zenn fi*   *papa – maman*   *misye – madam*
                   frer – ser   *tonton – matant* *mari – fam*

– Die genusunterscheidenden Endungen des Französischen sind erhalten:

Beispiele: *angle – anglez*   *franse – fransez*   *fou – fol*
            milat – milatres *neg – negres*   *blan – blans*

– Die Unterscheidung wird attributiv mit einem zusätzlichen Element ausgedrückt, wenn sie sich nicht aus dem Zusammenhang ergibt. Solche Markierer sind:

nom/nonm/zom	– *fam/fanm*	(nur für Menschen gebraucht)
papa	– *maman/manman*	
mal	– *fimel/femel*	(nur Tiere; im Bezug auf Menschen pejorativ).

Beispiele:	*bef* (,bœuf, vache')	– *fimel bef. manman bef* (,vache')
	mal kabri (,bouc')	– *fimel kabri* (,chèvre')
	labourer	– *fam labourer* (,femme travaillant aux champs')
KrSey:	*aviater zonm*	– *aviater fanm* (,aviateur', ,aviatrice')

6.2.2 Die Markierung des Numerus

Die Nomina der FKS sind hinsichtlich ihres Numerus nicht markiert und nicht festgelegt. Wenn er sich nicht aus dem Kontext ergibt, aber doch spezifiziert oder hervorgehoben werden soll, geschieht dies mittels entsprechender Formen des Artikels. Der unbestimmte Artikel *(enn, en-n, on, yon, oun, an,* usw. < frz. *un, une)* drückt die Einzahl aus, für die Mehrzahl existieren eigene Formen des bestimmten Artikels. So haben wir im KrLou, KrHai und KrGuy das Personalpronomen der 3. Person Plural *(ye, yo, ya, yela* < frz. *eux (-là))*, das an die Stelle des ebenfalls dem Nomen folgenden Singularartikels tritt. Im KrGua, KrDom, KrMar, KrSLu, KrTri tritt *se* (<frz. *ces)* vor das Nomen, während der bestimmte Artikel hinter dem Nomen steht. In den FKS-IO schließlich tritt *bann* (< frz. *(la) bande)* vor das Nomen (siehe die Zusammenstellung der Formen in Kap. 6.2.4). *Bann* ist noch nicht vollständig grammatikalisiert, denn in bestimmten Verwendungen hat es seine ursprüngliche Bedeutung (,Bande, Gruppe') bewahrt, wie in KrMau *bann Siven,* ,la famille de Siven', *bann Zak,* ,Jacques et ses amis', *bann Midlendz,* ,les gens de Midlands'.

6.2.3 Die Markierung der syntaktischen Funktion: das indirekte Objekt

Nach dem Ausfall der Präposition *à* als Markierung des indirekten Objekts bleibt dies in den FKS morphologisch unmarkiert, so dass sich seine Funktion nur aus der Stellung und dem Satzzusammenhang ergibt – wie ja z.T. auch im Englischen – oder es wird durch die Präpositionen *pou* (< frz. *pour)* oder *bay/ba/ban* (Formen des französischen Verbs *bailler)* markiert.

Während *pou* in allen FKS existiert, existiert *bay* als Verb und als Präposition nur in den FKS-Am (außer KrLou), wo *bay* und *pou* in dieser Funktion miteinander konkurrieren. Beide Präpositionen drücken aus, in wessen Interesse, zu wessen Gunsten oder für wen etwas geschieht, und sind aussagekräftiger und konkreter als die inhaltsleeren französischen Präpositionen *à* und *de. Pou* hat zudem seinen französischen Bedeutungs- und Funktionsbereich behalten, der sich ohne weiteres mit der neuen, dativischen Funktion vereinbaren lässt; die Übergänge sind fließend.

– Das indirekte Objekt wird durch keine Präposition markiert:

KrMau:	*Sizi in avoy so fami enn kart*	Suzy a envoyé une carte à sa famille
KrSey:	*Moris in donn son kuto Teof*	Maurice a donné son couteau à Téoph
	Rakont ou madam zistwar sa zako	Racontez à votre femme l'histoire de ce singe
KrHai:	*Matant-mwen mande msye-a de goud*	Ma tante a demandé deux gourdes[3] au monsieur
KrMar:	*Mwen ka bay manman-mwen san fran pa mwa*	Je donne cent francs par mois à ma mère

– Das indirekte Objekt wird durch eine Präposition markiert:[4]

KrMar:	*Pòte sa ba/pou manman-ou*	apporte cela à ta mère
KrHai:	*li vwaye bagay-sa-a pou matant-li*	il a envoyé cette chose à sa tante
	chante ban nou	chante/chantez (pour) nous
KrTri:	*pale pou/bay yon moun*	parler à quelqu'un
	li fè sa pou mwen	il le fait pour moi
	li fè sa ban mwen	il le fait à ma place
KrMau:	*zanfan-la in aste enn kado pou Lili*	les enfants ont acheté un cadeau pour/à Lili
	sa rob-la pou Zan	la/cette robe est à/pour Jeanne

6.2.4 Determinanten des Nomens

Unter Determinant verstehen wir hier den unbestimmten und den bestimmten Artikel, außerdem die Demonstrativa, in denen wir eine verstärkte Form des bestimmten Artikels sehen. Andere Wortarten und -formen, die von ihrer Satzfunktion her ebenfalls als Determinanten angesehen werden können, da sie die Stelle des Artikels einnehmen können, (verbundene Possessivpronomina, Indefinitpronomina, Zahlwörter) werden wir in anderem Zusammenhang behandeln oder übergehen, wenn sie keine wesentlichen Unterschiede zum Französischen aufweisen.

Die folgende Tabelle kennt eine Reihe von Änderungen gegenüber der Version von 1984, da die FKS und ihre Grammatik inzwischen besser erforscht und genauer beschrieben sind. Dies bedeutet nicht, dass die Angaben von 1984 falsch sind, sie können aus anderen Varietäten genommen sein oder man hat sich bei dem Bemühen um Standardisierung und Regularisierung für andere Formen entschieden. Die FKS kennen weiterhin zahlreiche Varianten, wie jede gesprochene Sprache. Diese Varianten sind in der Tabelle nur begrenzt und selektiv berücksichtigt.

---

[3] *Gourdes* ist der Name der haitianischen Währung.
[4] Weitere Beispiele für *bay, ba, ban* auf S. 98 und 102.

Die Formen des Artikels in den FKS[5]

	bestimmter Artikel		Demonstrativartikel		unbestimmter Artikel
	Singular	Plural	Singular	Plural	Singular
KrLou:	...–la, (-lan, -an, -nan)	...–ye	...–sa-la	...–sa-ye	en, enn, èn
KrHai:	...–la, -a, -lan, -an, -nan	...–yo, -la-yo	...-sa-a, -sila-a,	...-sa-yo, -sila-yo,	you, youn, oun, on, yon
KrGua:	...–la	se ...–la	...–la-sa, -sa-la	se ...–la-sa, se ...–sa-la	on, yon
KrDom:	...–la, -a	se ... -la, -a	...-sa-la, -la-sa		yon
KrMar:	...–la,-a,– an, -lan	se ...–la,-a, -lan, -an	...–tala, -taa	se ...-tala	an, yan
KrSLu:	...–la,-a, -lan, -an	se ...–la,-a, -lan, -an	...–saa, -sala	se ...–saa, sala	yon, on
KrGre:	...–la,-a		...–sa-a		yan, an
KrTri:	...–la	se ...–la			yon
KrGuy:	...–la, ...–a, -an	...–yela, ...ya, -yan	sa ...–la, sa ...–a	sa ...–yela, sa ...–ya	oun, roun
KrMau:	...–la	bann ... (-la)	sa ...–la, sa ...	sa bann ... (-la)	enn
KrSey:	sa ...	(sa) bann ...	sa ...–la	sa bann ...–la	enn
KrRéu:	lə, la ...	le ..., lə bann ...	sə ...–la sa ...–la	se, le ...-la sa bann ...–la	enn

Für die Artikel gilt das gleiche wie für die anderen Markierungen des Nominalsyntagmas: Sie stehen nur, wenn der Kontext sie fordert. Nominalsyntagmen ohne Artikel (Determinanten) sind so in den FKS recht häufig, während sie im Neufranzösischen die Ausnahme sind. Im Altfranzösischen war dies ähnlich, so dass die FKS in diesem Punkt dem Altfranzösischen näher stehen als dem Neufranzösischen. Die Entsprechungen von kreolischem und altfranzösischem bestimmtem Artikel gelten auch für die inhaltliche Seite und lassen sich aus der Parallelität seiner Entstehung in beiden

---

5 Die Tabelle, wie auch die folgende Darstellung, kann Lücken und kleinere Fehler enthalten, da nicht alle FKS gleichwertig dokumentiert sind und einige Arbeiten sich z.T. sogar widersprechen.

Fällen erklären. Denn ebenso wie der bestimmte Artikel im Französischen (wie auch in den anderen romanischen Sprachen) aus dem lateinischen Demonstrativum *ille* ('jener') entstanden ist, ist der bestimmte Artikel der FKS aus dem französischen Demonstrativum *(ce) ...–là* entstanden, woraus sich auch seine Stellung hinter dem determinierten Nomen oder Syntagma erklärt. Ebenso wie nun der altfranzösische bestimmte Artikel seiner demonstrativen Ausgangsbedeutung noch näher stand und noch nicht zu einer relativ inhaltsleeren grammatischen Partikel geworden war, ist auch im bestimmten Artikel der FKS der demonstrative Ursprung noch erkennbar. Er hat sich jedoch zum Teil schon so weit abgeschwächt, dass ein zusätzlicher Demonstrativartikel entstehen konnte, der gebraucht wird, wenn der bestimmte Artikel alleine nicht aussagekräftig genug ist. Der Pluralmarker *bann* kann neben dem Plural auch die Determiniertheit mit ausdrücken, denn er bezieht sich immer auf eine bestimmte Menge:

KrSey:	*bann travayer dan kanot*	les travailleurs dans la barque ...
	i ti annan labitid manz sotrel	il avait l'habitude de manger des sauterelles
	aber nicht: *... bann sotrel*	

Steht *bann* zusammen mit dem bestimmten Artikel, ist damit eine demonstrative Bedeutung verbunden:

KrMau/Sey:	*bann lera*	les rats	*sa bann zako*	les/ces singes
	bann latab	les tables	*sa bann latab (la)*	les/ces tables

Die Existenz mehrerer Formen des bestimmten Artikels in einigen FKS-Am hat phonetische Gründe; die jeweilige Form hängt vom Auslaut des vorausgehenden Nomens ab:

– nach Konsonant und Halbvokal	...–la	*legliz-la, polis-la; kay-la*
– nach Nasalkonsonant (nicht überall)	...-lan	*fam-lan, dezyém-lan*
– nach Nasalkonsonant [n] (nicht überall)	...-nan	*moun-nan*
– nach Oralvokal	...–a	*lawivyè-a, difé-a, lapli-a*
– nach Nasalvokal	...-an	*manman-an, chyen-an*

Die vier Varianten *-la, -lan, -a, -an* sind fest im System des KrHai, KrMar und KrSLu integriert, während die Assimilation von *-lan* zu *-nan* nach [n] fakultativ ist und nur gelegentlich auftritt. KrDom und KrGre unterscheiden nur die beiden Formen *-la* nach Konsonant und *-a* nach Vokal; und KrLou, Gua, Tri und Guy kennen nur eine Form *-la*. Beim KrGuy fällt auf, dass Saint-Quentin (1872) nur die Formen *-la* (Singular) und *-yela* (Plural) erwähnt, während Saint-Jacques-Fauquenoy (1972) nur die Formen *-a* für den Singular und *-ya* für den Plural nennt. Pfänder (2013, 222) führt neben *-a* und *-ya* auch die phonetisch bedingten Allomorphe *-an* und *-yan* an.

Das KrRéu nimmt eine Sonderstellung ein, da es den französischen bestimmten Artikel in größerem Maß bewahrt hat als die übrigen FKS. Es hat zwar die Pluralmarkierung und den Verlust der Genusunterscheidung mit den anderen FKS(-IO) gemeinsam, aber es kennt daneben auch noch eine der Formen und die Position des französischen bestimmten Artikels; d. h. es hat sich weniger weit vom Französischen entfernt als die übrigen FKS (siehe dazu Kap. 7.3).

Der bestimmte Artikel der FKS kennt eine Position und Funktion, die seiner französischen Entsprechung fremd ist: Er steht nicht nur unmittelbar hinter einem Nomen, sondern er kann auch am Ende eines Syntagmas oder eines ganzen Satzes stehen und diesen als Ganzes determinieren. Den häufigsten Fall stellen die Relativsätze dar, deren Zugehörigkeit zum Nominalsyntagma auf diese Weise verdeutlicht wird:

KrHai:	ou pa konn moun-**lan** m ap pale ou	tu ne connais pas la personne dont je te parle
	ou pa konn moun m ap pale ou **la**	
	ti gason ki rete ak matant-mwen **an**	le garçon qui habite chez ma tante
	abitan nan vil-la **yo**	les habitants de la/cette ville
KrMar:	se nonm-**lan** ou ka pale **a** ke vini oswè	les hommes dont tu parles viendront ce soir
KrSLu:	pwan twa-**a** ki pa bon **an**	prends les trois qui ne sont pas bons
KrMau:	... sa dimoun ki mo ti ale vwar **la**	... la personne que j'étais aller voir
	... sa dimoun-**la** ki mo ti ale vwar	

6.2.5 Possessivkonstruktionen

Wir können in den FKS wie im Französischen drei Fälle von Possessivkonstruktionen unterscheiden:
– Besitztum und Besitzer stehen beide in der Form   *la maison de mon père*
  eines Nomens:
– das Besitztum hat die Form eines Nomens,   *sa maison*
  für den Besitzer tritt ein Pronomen ein:
– das ganze Syntagma wird pronominal ausgedrückt: *la sienne*

6.2.5.1 Nominales Besitztum + Nominaler Besitzer
Syntaktisch hat der Besitzer die Funktion eines Attributs, das zum Besitztum hinzutritt. Die Verbindung geschieht im Neufranzösischen mit der Präposition *de*, in seltenen Fällen auch *à*, das im Altfranzösischen in dieser Funktion noch wesentlich häufiger war. Beide Präpositionen stehen in den FKS außer in lexikalisierten Wendungen nicht mehr zur Verfügung, so dass hier die unverbundene Nebeneinanderstellung der beiden Nomina an die Stelle der präpositionalen Konstruktion getreten ist; eine Konstruktion, die im Altfranzösischen in bestimmten Fällen ebenfalls möglich war. Nur das KrGua kennt eine eigene, abweichende Konstruktion mit der Präposition *a*, die also in dieser einen FKS in dieser Funktion erhalten geblieben ist – oder handelt es sich um eine Neubildung? KrMau, KrSey und vielleicht auch weitere FKS kennen neben der üblichen Konstruktion eine weitere Möglichkeit, deutsch *meinem Vater sein Haus* vergleichbar.

KrLou:	kote lamezon jean la	près de la maison du géant
KrHai:	kle machin nan	la clef de la voiture
KrTri:	chapo papa ti fi la	le chapeau du père de la jeune fille
KrGua:	a fon a gòj a y	au fond de sa gorge
	zong a timoun a y	les ongles de ses enfants
	an bout a ne a y	au bout de son nez
KrMau:	lakaz mo papa	la maison de mon père
	mo papa so lakaz	
	dan kanpman dokter Bernar so frer	au campement du frère du docteur B.
KrSey:	vant Soungoula	le ventre de Soungoula
	Soungoula son vant	

6.2.5.2 Die verbundenen Possessivpronomina (*Les adjectifs possessifs*)

An die Stelle des nominalen Besitzers kann auch ein Possessivpronomen treten. Ihrer syntaktischen Funktion nach sind die Possessivpronomina gleichzeitig Determinanten und Attribute des Nomens (Besitztums); in ihrer Form passen sie sich im Französischen dem Genus und Numerus des Nomens an.

In den FKS hat ein Umbau des französischen Systems stattgefunden. Gemeinsam ist ihnen allen dabei der Ersatz der französischen Possessivpronomina durch Formen der Personalpronomina; nur für die 3. Person Singular haben einige FKS eine eigene Possessivform *so/son* (frz. *son*) bewahrt. Die Formen der Possessivpronomina werden deswegen zusammen mit den Personalpronomina behandelt (s. u. Kap. 6.2.7), hier gehen wir nur auf die syntaktischen Konstruktionen ein, für die die FKS unterschiedliche Möglichkeiten entwickelt haben:

– In den FKS-IO, im KrLou und im KrGuy, den beiden Endpunkten der FKS-Am, stehen die als Possessivpronomen verwendeten Personalpronomina wie die französischen Possessivpronomina vor dem Nomen; für die 3. Person Singular gibt es eine eigene Form *so/son*. Mit *mon, ton, out, nout/not*, sowie *son* besitzt das KrRéu Formen, die dem Französischen noch relativ nahe stehen.

Im KrLou sind die Pluralform des bestimmten Artikels und das Possessivpronomen der 3. Person Plural formengleich, die Unterscheidung erfolgt durch die Stellung: *ye lamen*, ‚leurs mains' vs. – *lamen ye*, ‚les mains'.

Weitere Beispiele aus den genannten FKS:

KrGuy:	ye zabi	leur(s) vêtement(s)
	ou zabi	ton/tes/votre/vos vêtement(s)
KrMau:	zot lakaz	votre maison, leur maison
	to pyes	ta fiancée
	mo bann kamwad	mes amis
KrRéu/Sey:	son bann gardyen	ses gardiens
	zot zafer	votre problème, leur problème

– In den FKS-Am von Haiti bis Trinidad steht das Personalpronomen in der Funktion des Possessivpronomens hinter dem Nomen (Besitztum). In der Form gibt es Unterschiede zur ersten Gruppe: *mwen* anstelle *mo* für die 1. Person Singular, *li, i* anstelle *so* für die 3. Person Singular, *yo* anstelle *ye* bzw. *zot* für die 3. Person Plural.

Wenn dem Nomen ein Possessivpronomen folgt, fällt der bestimmte Artikel z.T. aus, z.T. bleibt er erhalten. In diesem Fall steht das Possessivpronomen zwischen Nomen und bestimmtem Artikel. Das KrGua nimmt wieder eine Sonderstellung ein, denn es kennt, wie bei der nominalen, so auch bei der pronominalen Possessivkonstruktion die Verbindung mit der Präposition *a*; eine entsprechende Konstruktion findet man auch in den nördlichen Dialekten des KrHai. In den Dialekten des KrHai, die die Konstruktion mit *a* nicht kennen – und sie gelten als das eigentliche KrHai – sind der bestimmte Artikel im Plural und das Possessivpronomen der 3. Person Plural formen- und stellungsgleich; die jeweilige Bedeutung geht aus dem Kontext hervor. Die sonst im KrHai mögliche Verbindung von Possessivpronomen und bestimmtem Artikel ist in diesem Fall nicht möglich. Wir haben also im KrHai:

lakay li a	‚sa maison'	*lakay yo a*	‚leur maison'
lakay li yo	‚ses maisons'	*lakay yo*	‚leurs / les maisons'
	aber nicht:	**lakay yo yo*	

Weitere Beispiele:

KrMar: *manman mwen* ‚ma mère', *fanm li* ‚sa femme', *yich ou* ‚ton/votre enfant';
KrDom: *zohwey li* ‚son/ses oreille/-es', *sis ich li* ‚ses six enfants';
KrGua: *rob an mwen* ‚ma robe', *pey an nou* ‚notre pays', *zong a zot* ‚vos ongles'.

6.2.5.3 Die unverbundenen Possessivpronomina (*Les pronoms possessifs*)

Die unverbundenen Possessivpronomina des Französischen sind in den FKS außer im KrRéu – wo sie aber mit anderen Formen konkurrieren – nicht erhalten. Diese haben verschiedene neue Formen aus dem verbundenen Possessivpronomen und einem weiteren Element gebildet:

KrLou:	*moken/motchen, token/totchen, ...*	Die Herkunft dieser Bildung ist nicht sicher geklärt. Es könnte frz. *(la) tienne* oder span. *quien* (‚wer') sein
KrHai (Nord):	*ken a m, ken a ou, ...*	
KrHai:	*pa m/pa mwen, pa ou, ...*	franz. *part* + kreol. Possessivpronomen
KrGuy:	*mo pa, to pa, ...*	Ausdrücke wie frz. *c'est ma part, pour ma part* können Einfluss ausgeübt haben
KrMar, Gua:	*ta/tan mwen, ta ou, ...*	frz. *c'est à moi, c'est à vous*
KrSLu, Tri:	*sa mwen, sa ou, ...*	frz. *cela, ça* + (Pers./Poss.-)Pronomen
KrMau:	*(sa ki) pou mwa, pou twa, ...*	*(cela qui est) pour moi, ...*
KrSey:	*(sa ki) pou mwen, pou ou, ...*	

KrRéu:	sa d mwen, sa d ou, ... lə/la myen, lə/la tyen, ...	Neben der neuen Form, frz. *cela de moi, ist im KrRéu auch die übliche französische Konstruktion erhalten, allerdings nur in einer, invariablen, Form

6.2.6 Bemerkungen zum attributiven Adjektiv, zur Steigerung der Adjektive und zum Relativsatz

Das attributive Adjektiv (*l'adjectif épithète*) und der Relativsatz weisen in den FKS keine wesentlichen Unterschiede zum Französischen auf. Die attributiven Adjektive stehen hier wie dort vor oder hinter dem Nomen, kennen aber in den FKS nur eine Form. Die Relativsätze unterscheiden sich durch die Möglichkeit, in bestimmten Fällen ohne einleitendes Relativpronomen stehen zu können; eine Möglichkeit, die es z. B. auch im Englischen gibt. Als Relativpronomen wird in allen Fällen *ki* verwendet. Vom Französischen abweichend kann, wie schon gezeigt, in einem durch einen Relativsatz erweiterten Nominalsyntagma der bestimmte Artikel auch hinter dem Relativsatz stehen, und auch sowohl hinter dem Nomen als auch noch einmal hinter dem Relativsatz (s.o. S. 122, dort auch weitere Beispiele für Relativsätze).

Die Steigerung erfolgt wie im Französischen mit *pli* (frz. *plus*). Es gibt auch Formen wie *pli meyer* (frz. **plus meilleur*), *pli mye, pli pir, pli boukou*. Eine Superlativform gibt es nicht, die Komparativform tritt für sie ein. *I mache pli vit* (KrGua) bedeutet sowohl ‚il marche plus vite', als auch ‚il marche le plus vite'. Es gibt jedoch zur Verdeutlichung Konstruktionen wie KrMau *li mem ki pli gran* ‚il est le plus grand'.

Der Vergleich kann wie im Französischen erfolgen, *ki* entspricht frz. *que*:

KrGua:	*i mach pli/mwen/osi vit ki mwen*	il marche plus/moins/aussi vite que moi
KrMau:	*zot lakaz paret pli/mwen/osi gran ki lakaz anri*	votre/leur maison parait être plus/moins/aussi grande que la maison d'Henri

Einige FKS verwenden daneben *pase* (frz. *(dé)passer*) als Vergleichspartikel. Das steigernde *pli* kann, muss aber in diesem Fall nicht stehen:

KrGua:	*i mache (pli) vit pase mwen,*	il marche plus vite que moi
	i (pli) gran pase mwen	il est plus âgé que moi
KrHai:	*ou pi piti pase l*	tu es/vous êtes plus jeune que lui
	li pov pase m	il est plus pauvre que moi

6.2.7 Personalpronomina als Nominalsyntagmen

Drei Funktionen der Nominalsyntagmen (Subjekt, direktes Objekt, indirektes Objekt) können von Personalpronomina übernommen werden, wenn der Inhalt bekannt ist, so dass die Pronomina stellvertretend einspringen können. Bei der 1. und 2. Person ergibt er sich aus der Redekonstellation, die Personalpronomina der 3. Person stehen für ein bereits genanntes Nomen. Da jede Person für die Ein- und die Mehrzahl eigene Formen hat, unterscheiden wir sechs Personen. Im Französischen gibt es für vier der sechs Personen unterschiedliche Formen je nach Funktion im Satz, und es wird zwischen betonten und unbetonten Formen unterschieden.

In den FKS hat eine Verminderung des Formeninventars stattgefunden. Die Differenzierung in betonte und unbetonte Formen existiert nicht mehr, und die Markierung der syntaktischen Funktion geschieht nur in wenigen Fällen durch unterschiedliche Formen. In der Mehrzahl der Fälle gibt es für jede der sechs Personen nur noch eine Form, die zwar aufgrund ihrer Umgebung phonetische Varianten aufweisen kann, deren syntaktische Funktion aber allein aus ihrer Stellung im Satz hervorgeht. Eine formale Unterscheidung zwischen Subjekt und Objekt existiert nur in einigen FKS für die 1. und 2. Person Singular. Das KrRéu hat als einzige FKS für alle Personen eigene Objektformen, denn es markiert die Objektpronomina durch die Partikel (Präposition [?]) *a*, die ihnen vorausgeht. In Verbindung mit einem Nomen oder Nominalsyntagma haben die Personalpronomina außerdem die Funktion von Possessivpronomina, für die die FKS ja (außer für die 3. Person Singular *so, son* in einigen FKS) keine eigenen Formen kennen.

Die FKS bilden bei den Personalpronomina zwei durch eine Reihe von Unterschieden gekennzeichnete Gruppen, wie die folgende Tabelle zeigt. Die erste Gruppe umfasst die FKS-Am von Haiti bis Trinidad, die in ihrem modernen Sprachstand lediglich phonetisch bedingte Unterschiede aufweisen. Nur das KrGua hat beim Possessivpronomen die Besonderheit der präpositionalen Verbindung (Partikel [?]) mit *a*, und im KrHai kann *nou* für die 1. und für die 2. Person Plural stehen. In der zweiten Gruppe befinden sich die nördlichste und die südlichste der FKS-Am (KrLou und KrGuy) sowie die FKS-IO. Diese Gruppe ist weniger homogen, kennt aber eine Reihe von Gemeinsamkeiten, die sie von der ersten unterscheiden. Die im Bereich der Pronomina zahlreichen lautlichen Varianten sind nur z.T. berücksichtigt.

6.2 Die Nominalsyntagmen

Die Personal- und Possessivpronomina der FKS

	Mar, Tri, Dom, SLu	Gua	Hai	Guy	Lou	Mau	Sey	Réu
1.Sg. Subj.	mwen, man	mwen, an	mwen, m	mo	mo, m	mo	mon	mwen, m
Objekt	mwen	mwen	mwen, m	mo	mwen	mwa	mwa	a mwen
Poss. Pron.	mwen	an mwen	mwen, m	mo	mo	mo	mon	mon
2.Sg. Subj.	ou	ou	ou	to / ou	to / ou	to / ou	ou	twe, t / ou
Objekt	ou	ou	ou	to / ou	twa / ou	twa / ou	ou	a twe / a ou
Poss. Pron.	ou	a ou	ou	to / ou	to / ou	to / ou	ou	ton / out
3.Sg. Subj.	i	i	li, l, i	li, i, l	li, l	li	i	li
Objekt	li, i	li, i	li, l, i	li, i, l	li, i	li	li	a li
Poss. Pron.	li, i	a li, a i	li, l, i	so	so	so	son	son
1.Pl. Subj.	nou	nou	nou, n	nou	nou, n	nou	nou	nou, n
Objekt	nou	nou	nou, n	nou	nou, n	nou	nou	a nou
Poss. Pron.	nou	an nou	nou, n	nou	nou	nou	nou	nout, not
2.Pl. Subj.	zot	zot	zot, nou	zot	(ou)zot	zot	zot	zot
Objekt	zot	zot	zot, nou	zot	(ou)zot	zot	zot	a zot
Poss. Pron.	zot	a zot	zot, nou	zot	zot	zot	zot	zot
3.Pl. Subj.	yo	yo	yo, y	ye	ye, y	zot	zot	zot
Objekt	yo	yo	yo, y	ye	ye. y	zot	zot	a zot
Poss. Pron.	yo	a yo	yo, y	ye	ye	zot	zot	zot

Anmerkungen zu den Formen:
1. Person Singular: Alle Formen gehen auf das betonte frz. *moi* zurück. In den meisten Fällen ist die ältere französische Form mit zusätzlicher progressiver Nasalierung erhalten: *mwen*; *mo/mon* ist eine verkürzte Form.[6] Nur KrMau und KrSey, d. h. die beiden jüngsten FKS, haben in der Form *mwa* bereits den modernfranzösischen Lautstand. Dieser Unterschied könnte von Interesse für die Datierung des Lautwandels [wɛ] > [wa] im Französischen sein und/oder Aussagen über die dialektale Herkunft der jeweiligen Kolonisten machen. Phonetische Varianten sind *man* (KrMar), *an* (KrGua); *m* (KrHai, Réu) steht regelmäßig vor vokalischem Anlaut.
2. Person Singular: Die FKS der zweiten, rechten Gruppe kennen alle, mit Ausnahme des KrSey, die Unterscheidung zwischen *to*, *twe*, *twa* und dem höflichen *ou* (frz. *vous*), während die FKS der ersten, linken Gruppe nur noch eine Form *ou* haben. Es gibt Hinweise, dass in einigen dieser FKS zu einem früheren Zeitpunkt auch die Formen *to*, *twe* existiert haben. *Twe* ist nur im KrRéu bis heute erhalten, während KrMau und KrLou *twa* haben. Auch hier könnte wieder der Zeitpunkt der Kolonisierung (Réunion seit 1646/65; Mauritius seit 1715/21; Louisiana seit 1672/99) eine Rolle spielen. Vor Vokal kennen einige FKS die Kurzform *t-*; *ou* wird nach Vokal meist zum Halbvokal [w].
3. Person Singular: Alle FKS haben als Subjekt und Objekt *li* (frz. *lui*); eine Genusunterscheidung gibt es nicht. Als Possessivpronomen haben die FKS der zweiten Gruppe eine eigene Form *so/son* (frz. *son*). Zu *li* gibt es die von der lautlichen Umgebung bedingten Varianten *l*, *i*, *-y*, was in einigen FKS zu einer neuen Funktionsunterscheidung geführt hat, da sie in der Subjektfunktion immer nur die Form *i* haben,

---

6 Eine Ableitung von *mo/mon* aus dem französischen Possessivpronomen *mon* ist unwahrscheinlich, da sie im ganzen System allein stehen würde.

während in der Objektfunktion *i* und *li* vorkommen, abhängig jeweils davon, ob ein Vokal oder ein Konsonant vorausgeht.

1. Person Plural: Alle FKS haben in allen Funktionen *nou* (frz. *nous*).
2. Person Plural: Alle FKS haben in allen Funktionen *zot* (frz. *vous autres*); das KrLou daneben auch *ouzot*, während das KrHai als Besonderheit *nou* auch für die 2. Person Plural verwenden kann.[7]
3. Person Plural: Die Formen *ye* und *yo* sind aus frz. *eux* entstanden, *zot* aus frz. *eux autres* oder *les autres*. Die FKS-IO haben mit *zot* die gleiche Form für die 2. und die 3. Person Plural.

Die folgende Übersicht fasst die Hauptunterschiede der beiden Gruppen zusammen:

	Mar, Tri, Dom, SLu, Gua, Hai	Lou, Guy; Mau, Sey, Réu
1. Pers. Sing.	*mwen+* (auch KrRéu)	*mo/mon* – *mwa*
2. Pers. Sing.	*ou* (auch KrSey)	*to* – *twa/twe* + *ou* (entsprechend frz. *tu/toi* vs. *vous*; nicht KrSey)
Unterscheidung von Subjekt und Objekt bei 1. u. 2. Pers. Sing.	nein	ja, außer KrGuy; KrSey nur für 1.Pers.Sing.
3. Pers. Plural	*yo*	*ye* (KrLou, Guy) *zot* (KrMau, Sey, Réu)
Possessivpronomen	folgt dem Nomen	steht vor dem Nomen
Poss. Pron. 3. Pers. Sing.	*li, i, y*	*so, son*

Zu diesen gruppenunterscheidenden Merkmalen kommen weitere hinzu, die für einzelne Sprachen charakteristisch sind, wie die Konstruktion des Objektpronomens mit *a* im KrRéu und die Possessivkonstruktion ebenfalls mit *a* im KrGua. Während sich letztere ohne Schwierigkeiten auf das Französische zurückführen lässt, auch wenn nicht klar ist, warum diese Konstruktion nur und gerade in dieser FKS vorkommt, ist die Herkunft der Konstruktion des Objektpronomens mit *a* im KrRéu weniger offensichtlich. Sie könnte auf dialektale Formen des Französischen zurückgehen, aber auch auf madagassischen Einfluss.[8] Auch hier stellt sich wieder die Frage, warum es diese Form gerade und nur im KrRéu gibt.

Gründe für die Unterschiede zwischen beiden Gruppen sind ebensowenig ersichtlich, wie sich der Erhalt bestimmter Formen und der Verlust anderer in den einzelnen Sprachen eindeutig klären lässt. Sicher ist nur, dass sich alle Formen auf entsprechende französische Formen zurückführen lassen. Überraschend ist die Übereinstimmung des KrGuy mit dem KrLou, und beider mit den FKS-IO, denn die französische Kolonisierung begann in Guayana ähnlich früh wie auf den übrigen Antilleninseln, während Louisiana doch eine gewisse Sonderstellung einnimmt. Auch eine Rückführung auf die Bevölkerungsstruktur (Herkunft und Zusammensetzung der Sklaven, zahlenmäßiges Verhältnis von schwarzer und weißer Bevölkerung) oder die historische Entwicklung der jeweiligen Gebiete führen zu keinem Ergebnis, da sie ganz

---

[7] In einigen früheren Arbeiten wurde *ou* als 2. Person Plural interpretiert (frz. *vous*). Dass es in den betreffenden FKS nur für eine Person als Höflichkeitsform stehen kann, wurde nicht erkannt.
[8] Vgl. dazu Chaudenson (1974a, 952–955); Bollée (1977b, 53–55).

verschiedene Gruppierungen ohne offensichtlichen Bezug zu sprachlichen hier angewendeten Kriterien ergeben.

Die Personalpronomina weisen neben ihrer Form einen sehr wichtigen Unterschied zum Französischen auf: ihre Position im Satz. Die Objektpronomina stehen in den FKS nicht wie im Französischen vor dem finiten Verb, sondern sie folgen ihm, d. h. sie besetzen die gleiche Position im Satz wie die nominalen Objekte. Die jeweilige syntaktische Funktion der Personalpronomina hängt damit allein von ihrer Position im Satz ab:
- In der Position vor dem Verb fungieren sie als Subjektpronomen;
- in der Position hinter dem Verb fungieren sie als Objektpronomen;
- vor oder hinter einem Nomen stehend fungieren sie als Possessivpronomen.

KrMau:	*mo pou donn twa mo liv*	je te donnerai mon livre
KrHai:	*m a bay ou liv mwen an*	
KrMau:	*mo ti konn zot ek zot kamarad*	je les connaissais et leur(s) ami(s)
KrHai:	*mwen te konn yo epi kamwad yo*	

6.2.8 Reflexivkonstruktionen

Die französischen *verbes pronominaux* werden in den FKS in der Regel nicht reflexiv konstruiert, denn die FKS kennen Reflexivkonstruktionen nur dann, wenn das reflexive Objekt ein mögliches unter anderen Objekten ist. In diesen Fällen wird das reflexive Objekt meist konkret bezeichnet, wie es auch schon im Altfranzösischen üblich war, oder die Objektform des Personalpronomens wird durch *mem* verstärkt, ähnlich der englischen Konstruktion *(myself, himself,* usw.).[9]

KrHai:	*lè fi-a leve, ...*	lorsque la fille se lève, ...
KrMau:	*mo souvini*	je me souviens
	li ti asiz lao lili	il s'est assis sur le lit
KrMau:	*madam pe peny so latet/ so sive*	Madame se peigne (la tête/ les cheveux)
KrMar:	*ale lave lamen,*	va te laver les mains
	aprè ou ke koupe zong ou	ensuite tu te couperas les ongles
	debrouye kò zot,	débrouillez-vous
	mwen pa ka mele adan sa	je ne me mêle pas de cela[10]

---

9 Für weitere Ausführungen zum Thema siehe z. B. Mutz (2004).
10 Weitere Beispiele für Konstruktionen mit *(le)kò, (le)kor* auf S. 102–103.

6.3 Adverbialsyntagmen

Die Adverbialsyntagmen drücken Ort, Zeit, Art und Weise, Grund, Ziel, Bedingung usw. eines Geschehens aus. Sie weisen eine recht große Ähnlichkeit zu den Nominalsyntagmen auf, aus denen sie durch zusätzliche Markierungen (Präpositionen, Konjunktionen) abgeleitet werden können. Der Unterschied zwischen den FKS und dem Französischen liegt vor allem im Formenbestand, weniger in ihrer Bildungsweise.

6.3.1 Nominale Adverbialsyntagmen

Ein Nominalsyntagma kann die Funktion eines Adverbialsyntagmas übernehmen, dabei tritt im Französischen in den meisten Fällen eine Präposition vor das Nominalsyntagma und präzisiert die Funktion und Bedeutung des Adverbialsyntagmas. Es gibt auch Konstruktionen ohne Präposition (z. B. bei Zeitangaben), die sich in der Form nicht von Nominalsyntagmen unterscheiden. In den FKS sind nur wenige der französischen Präpositionen erhalten geblieben, so dass die Adverbialsyntagmen ohne präpositionale Einleitung weit zahlreicher sind als im Französischen:

KrSLu:	*tout tan sa la*	pendant tout ce temps(-là)
	yo te ka travay Vye Fò	ils travaillaient à Vieux Fort
KrDom:	*tou le de te ka ale lekol*	les deux allaient à l'école
KrMar:	*yo mennen mwen lopital toudwet*	ils m'ont transporté à l'hôpital immédiatement
KrSey:	*mon ti al depoz lapolis*	j'ai fait une déclaration à la police

Besonders bei Zeitangaben, die vermutlich als Ganzes aus dem Französischen entlehnt wurden, ist häufig der französische bestimmte Artikel erhalten geblieben und zu einer gelegentlich verwendeten Markierung dafür geworden, dass es sich um ein Adverbial- und nicht um ein Nominalsyntagma handelt. Die Fälle, in denen der französische Artikel zum Bestandteil der Substantive geworden ist (Artikelagglutination) gehören nicht hierher.

KrMar:	*lə landimen*	le lendemain
	mwen ne lə 18 out 1902, jou siklon	je suis né le 18 août 1902, jour du cyclone
KrGua:	*mwen ka vini lou maten/lou swa/*	je viens le matin/le soir/
	tout la joune	toute la journée
KrSey:	*samdi le onz avril*	samedi le onze avril

Die FKS verwenden Präpositionen, wie alle anderen grammatischen Markierungen, nur dort, wo der Zusammenhang nicht eindeutig ist. So braucht nach *ale* (frz. *aller*) eine folgende Ortsangabe nicht als solche markiert zu werden: *mo al lakaz/lekol/ lavil/ ...* ‚je vais à la maison (chez moi)/à l'école/en ville/...'. Folgt dagegen eine Person, so tritt eine Präposition hinzu, um anzuzeigen, dass die Person im betreffenden Zusammenhang als Ortsangabe fungiert:

KrMau:	mo al kot/lakaz[11] mo kamarad	je vais chez/à la maison de mon ami
KrSey:	i al kot lerwa ...	il va chez le roi ...
	epi i pas kot kantite dimoun	après il passe chez beaucoup de personnes

Die französischen Präpositionen, die erhalten geblieben sind, haben zumeist ihren Bedeutungs- und Anwendungsbereich erweitert:

– *dan* (frz. dans):

KrMau:	li tir so soulye dan so lipye	il enlève ses chaussures de ses pieds
KrSey:	mon sorti dan mon lasanm	je sors/viens de ma chambre
	mon sat i dor dan mon lipye	mon chat dort près de mes pieds
	dan de mwa	dans deux mois

– *avek, ek, av, ar* (frz. avec):

KrMau:	li koz ar mwa	il parle avec moi
	mo n kogn avek en ros dan nwar	je me suis cogné [le pied] à une roche pendant la nuit
	mo le pret li pe larzan	je veux lui prêter un peu d'argent
	mo le pret pe larzan ar li	je veux emprunter un peu d'argent de lui
KrRéu:	li mem fors ek mwen	il est aussi fort que moi
	mo fin gany morde ek syen	j'ai été mordu par un chien
KrSey:	zot enterese ek lapes	ils s'intéressent à la pêche

In den FKS sind einige Präpositionen neu gebildet worden oder bereits existierende Wendungen haben die Funktion einer Präposition zusätzlich übernommen, wie *anba* (frz. *en bas*) ‚sous, en-dessous de', *kot/kote* (frz. *côte, côté*) ‚près de, chez', *(la)kay/(la) kaz* (frz. *(la) case*) ‚chez', *lor/lò/lao* (frz. *là-haut*) ‚sur', *bay/ba/ban* (frz. *baille* zum Verb *bailler* ‚donner') ‚pour'; diese wurden z. T. bereits vorgestellt.

KrMau:	mo res/reste kot Pol	j'habite chez Paul
	li pe diboute kot laport	il se trouve [debout] près de la porte
KrDom:	i anba tab la	il est sous la table
KrHai:	pa vin fè bri kay moun yo	ne viens pas faire du scandale chez les gens
KrMau:	lor latab	sur la table
	zis lor ler	juste à l'heure
	li pe koz lor twa	il est en train de parler de toi

Einige Präpositionen, vor allem *dan* und *pou*, können sich in den FKS auf einen ganzen (Neben-)Satz beziehen:

---

[11] *Lakaz* kann hier auch als Nomen interpretiert werden; *mo kamarad* gibt dann den Besitzer an (‚je vais à la maison de mon ami'). Die Bedeutung des Satzes ändert sich nur unwesentlich.

KrSey: *dan son pe traverse vizavi lakour son konper, ...* *dans son traverser en face de la cour de son compère
dan son pa konn son frer, i dir av li *dans son ne pas connaître son frère, il dit *avec lui

6.3.2 Adverbien und Pronominaladverbien

Viele französische Adverbien wie *demain, hier, parfois, longtemps, partout, ici* sind in den FKS erhalten; andere sind geschwunden und durch kreolische Neubildungen ersetzt worden. Dabei sind oft französische Bildungen aus Präposition + Adverb, Adjektiv oder Substantiv zu einer Einheit geworden, da ihre Bestandteile in den FKS nicht mehr alleine existieren. Beispiele sind *laba* (frz. *là-bas*), *anba* (frz. *en bas*), *ladan* (frz. *là dedans*), *leswar, aswar* (frz. *le soir, à soir*), *toulezour* (frz. *tous les jours*), *kitfwa/kekfwa* (frz. *quelques fois*). Neben den Resten sonst geschwundener Präpositionen sind in diesen Bildungen auch Reste des französischen Artikels erhalten.

Die französischen Pronominaladverbien *y* und *en* oder entsprechende Neubildungen gibt es in den FKS nicht. Ebenso gibt es keine systematische Adverbbildung aus Adjektiven wie im Französischen mit Hilfe des Suffixes *-ment*. Es sind zwar eine Reihe solcher französischen Adverbien erhalten, wie *dousman* ‚lentement', *erezman, vreman, sertènman, asireman* usw., sie sind jedoch lexikalisiert und können nicht mehr als Ableitungen zu den entsprechenden Adjektiven gelten. Ihr Bestand ist erweiterungsfähig, aber nicht durch Neubildung, sondern durch Entlehnung aus dem Französischen.

6.3.3 Adverbiale Nebensätze

Die FKS kennen ebenso wie das Französische adverbiale Nebensätze als mögliche Formen des Adverbialsyntagmas. Diese werden wie im Französischen durch Konjunktionen eingeleitet, die ihre Beziehung zum Hauptsatz und ihre Bedeutung festlegen. Die Konjunktionen können aus dem Französischen in die FKS übernommen oder in den FKS neu gebildet worden sein bzw. diese Funktion neu übernommen haben. Das System der Nebensätze ist in den FKS aufgrund ihres Entstehens aus der gesprochenen Sprache weniger ausgebaut als im (geschriebenen) Französisch.

Beispiele für in den FKS neu gebildete Konjunktionen sind:

ler	(frz. *à l'heure* [*que*])	= quand, lorsque
kamem	(frz. *quand même*)	= bien que, quoique
akoz	(frz. *à cause*)	= parce que
afòs	(frz. *à force*)	= parce que, puisque
magré	(frz. *malgré*)	= bien que

Für die zahlreichen französischen Konjunktionen mit *que* als zweitem Bestandteil gilt, dass *que* in den FKS ausgefallen ist (Ausnahmen: *parski, piski*). Wir haben also *dipi, apre, pandan, avan* anstelle frz. *depuis que, après que, pendant que, avant que.*

Beispiele, KrMar: *pandan ou ka travay* ...   pendant que tu travailles ...
                    avan ou fini ...   avant que tu n'aies fini ...
                    apre ou fini manje. ...   après que tu as/ aies mangé ...
                    depi mwen vwè y ...   depuis que je (ne) l'ai vu(e) ...

6.4 Das Verbalsyntagma

Die Verbalsyntagmen sind im Französischen durch ihre Form hinsichtlich Person, Tempus, Modus und Aspekt (nur im Tempusbereich der Vergangenheit) markiert. Außerdem haben sie eigene Formen, wenn das Subjekt nicht Träger sondern Erleider des Geschehens ist; und innerhalb des Verbalsyntagmas wird angezeigt, ob es sich um eine Frage oder um eine verneinte Aussage handelt. Alle diese Möglichkeiten zur Markierung und Modifizierung der Bedeutung und der Funktion des Verbalsyntagmas gibt es auch in den FKS. Es ist jedoch sowohl in der Art und Weise der Markierung, als auch in ihrer Gewichtung und Häufigkeit zu wichtigen Veränderungen gekommen, die vielleicht die wichtigsten bei der Entstehung der KS überhaupt sind. Die Veränderungen waren folglich in dem Bereich am stärksten, in dem das Französische dem Latein noch relativ nahe geblieben war. Denn während praktisch die gesamte postdeterminierend-synthetische Nominalflexion des Lateinischen im Französischen und den anderen romanischen Sprachen aufgegeben worden war, war die Verbalmorphologie trotz zahlreicher Neuerungen doch recht weitgehend erhalten geblieben, im Spanischen, Italienischen und anderen romanischen Sprachen noch deutlich mehr als im Französischen.

6.4.1 Die Form der Verben in den FKS

Die Unterschiede zwischen dem französischen und dem kreolischen Verbsystem beginnen bereits bei der Form der Verben, denn von den verschiedenen Formen des französischen Verbs, die, indem sie Aussagen über Person, Tempus und Modus machen, gleichzeitig auch die Wortart Verb markieren, ist in den FKS gewöhnlich nur eine Form erhalten geblieben, so dass in den FKS in der Regel – eine Regel, zu der es aber gewisse Ausnahmen gibt – jedes Verb nur eine invariable Form hat. Diese Form markiert nur noch mit Einschränkungen die Wortart, denn von seiner Form her kann jedes Wort der FKS die Funktionen des Verbs übernehmen. Bei bestimmten Formen, die von französischen Verbformen abgeleitet sind, ist allerdings die Wahrscheinlichkeit groß, dass es sich um ein Verb handelt, auch wenn es im gegebenen Fall die Funktion eines Nomens übernommen haben kann.

Nach ihrer Form kann man die Verben der FKS in mehrere Gruppen einteilen:

– Auf -e auslautende Verben. In dieser mit Abstand größten Gruppe findet man vor allem die kreolischen Nachfolger der französischen Verben auf -er, sowie einige Überläufer aus anderen Konjugationsklassen, die sich der zahlenmäßig dominierenden Gruppe angeschlossen haben. Grundlage für die Verben der FKS kann der Infinitiv, das Partizip oder die 2. Person Plural des Präsens sein, die ja alle gleich lauten und sich im Französischen nur in der Schreibung unterscheiden. Beispiele für solche Verben sind: *manje/manze* (frz. *manger*), *pase* (frz. *passer*), *mare/mawe* (frz. *amarrer*), *(di)mande* (frz. *demander*), *mache/marse* (frz. *marcher*), *chante/sante* (frz. *chanter*), *kite* (frz. *quitter*). In den FKS, die die progressive Nasalierung kennen, wird das auslautende -e nach Nasalkonsonant nasaliert ausgesprochen: *mennen* (frz. *mener*), *tounen* (frz. *tourner*; *gagnen* (frz. *gagner*), *froumen* (frz. *fermer*). Beispiele für Überläufer aus anderen Konjugationsklassen sind:

tande (frz. *entendre*)	*mete* (frz. *mettre*)	*pouve/pe* (frz. *pouvoir*)
rande (frz. *rendre*)	*bate* (frz. *battre*)	*(ou)le/vle* (frz. *vouloir*)
vande (frz. *vendre*)	*kone/konn* (frz. *connaitre*)	

Diese Verben bzw. Verbformen existieren meist nur in einigen FKS, während die anderen eine Form ohne -e haben oder das Verb gar nicht kennen. Neben KrMau *bate* steht so KrHai *bat,* und während KrMau, Sey, Hai *kone/konn* als Verbform haben, finden wir im KrMar und KrSLu *konèt* und im KrTri *konè*. Für das KrMau haben wir bei einer Enquête 1975 für frz. (*si je savais*) *conduire* von 14 Sprechern als kreolische Form *kondwire* zur Antwort bekommen, während 47 Sprecher mit *kondwir* übersetzt haben. Allerdings handelt es sich bei diesem Verb um eine neuere Entlehnung, kein Erbwort. Im Wörterbuch von Carpooran (^{2}2011a) ist *kondir/kondire* als Verb mit Lang- und Kurzform aufgeführt.

In den FKS-IO sowie im KrLou haben die Verben dieser ersten Gruppe, soweit ihre Form es lautlich zulässt, neben der Langform eine Kurzform ohne das auslautende -e. Im KrLou hat diese Kurzform, die relativ neu und erst unter dem Einfluss des Cajun entstanden zu sein scheint,[12] tempusmarkierende Funktion. Die partikellose Kurzform hat heute in dieser FKS Präsensbedeutung, während die partikellose Langform Vergangenheitsbedeutung hat.

to monj chevrœy?	est-ce que tu manges du chevreuil?
to deja monje sa?	tu as déjà mangé cela?
mo koup / mo koupe	je coupe / je coupais, j'ai coupé.

Im KrMau und KrSey ist die Kurzform rein syntaktisch bedingt und hat keinerlei Funktion hinsichtlich der Bedeutung des Verbs. Die Regel lautet hier: Folgt auf das Verb eine von ihm abhängige Ergänzung, steht die Kurzform; steht das Verb am Ende eines Satzes oder folgt nach ihm ein Einschnitt im Satz, steht die Langform

---

12 Vgl. Neumann (1981, 47; 1985, 198ss.).

Beispiele aus dem KrMau:

marsan donn li en ti poson	le marchand lui donne un petit poisson
li konn sa dimoun la ki pe sante	il connait la personne qui chante
li rant lakaz aswar la	il rentre à la maison ce soir
li desid al met poso ladan	il décide d'aller mettre le poisson dedans
li trouve ki li ankor viv	il voit qu'il vit encore/est encore vivant
li fin tande ki so kamwad fin tom malad	il a entendu que son ami était tombé malade
kot to ale? – mo al get sa film la	ou vas-tu? – je vais voir ce film

In bestimmten Fällen kommt es zu weiteren lautlichen Veränderungen bei der Bildung der Kurzform, wobei die Lautgestalt der französischen Verben Einfluss zeigt:

KrMau:	rande	– rann	(frz. *rendre*)	rantre	– rant	(frz. *rentrer*)
	tande	– tann	(frz. *entendre*)	tonbe	– tom	(frz. *tomber*)
	reste	– res	(frz. *rester*)			

Das KrRéu vereinigt beide Möglichkeiten: Im Präsens haben die Verben wie im KrLou immer die Kurzform, in den übrigen Tempora oder nach Hilfsverben alternieren Lang- und Kurzform entsprechend den im KrMau und Sey gültigen Regeln:

mi sant	je chante
mi sant en pti sega	je chante un petit séga[13]
mwen la sante	j'ai chanté
mwen la sant en pti sega	j'ai chanté un petit séga
mwen le pa kapab sante	je ne peux / sais pas chanter
mwen le pa kapab sant sega	je ne peux / sais pas chanter le séga

– Auf *-i* auslautende Verben. In dieser recht kleinen Gruppe findet man die kreolischen Nachfolger der französischen Verben auf *-ir*, wie *vini* (frz. *venir*), *tini/ni* (frz. *tenir*), *kouri/kouwi* (frz. *courir*), *domi/dormi* (frz. *dormir*), *pati/parti* (frz. *partir*), *soti/sorti* (frz. *sortir*), *fini* (frz. *finir*). Einige dieser Verben kennen in den entsprechenden FKS Kurz- und Langform wie *sort – sorti*, *vin – vini*, *fin – fini*.

– Die Nachfolger der französischen Verben auf *-re* und *-oir*. Bei diesen Verben, die schon im Französischen nicht sehr zahlreich und unregelmäßig sind, ist in den FKS, wenn die Verben nicht in die erste Gruppe übergegangen sind, eine Form ohne auslautendes *-r* erhalten. Dabei handelt es sich um eine Form des Präsens (außer 1. und 2. Person Plural) oder um den Infinitiv nach lautgesetzlichem Ausfall des auslautenden *-r*. Diese Verben haben jeweils nur eine Form, wie z. B.:

tann/tan	< frz. *en-/attendre*	konpran/konpwann	< frz. *comprendre*
pran/pwan	< frz. *prendre*	repon/repòn, weponn	< frz. *répondre*
konèt/konè	< frz. *connaître*	desand/desann	< frz. *descendre*
parèt/pawèt	< frz. *paraître*	jwenn/zwend	< frz. *(re)joindre*

---

[13] *Sega* ist der Name für den einheimischen Musik- und Tanzrhythmus auf Réunion, Mauritius, Rodrigues und den Seychellen. Die Texte behandeln oft aktuelle Themen.

– Andere französische Verbformen als Grundlage der Verben der FKS. Von einigen französischen Verben sind bestimmte, nicht vorhersehbare Formen zur Verbform der FKS geworden, wobei auch hier wieder jede FKS ihre Besonderheit hat und keine der Formen in allen FKS anzutreffen ist:

asize/asiz	< frz. assis, Partizip von (s')asseoir
mò/mor	< frz. mort, Partizip von mourir, auch mouri gibt es in einigen FKS
fo, fok, fodre	< frz. (il) faut, faut que, faudrait, Formen des Verbs falloir
divet	< frz. (il) dev(r)ait, Formen des Verbs devoir
save, sav, sa	< frz. (vous) savez oder anderen Formen des Verbs savoir
ena(n)	< frz. il y en a hat in einigen FKS die Bedeutung von ‚avoir' und ‚il y a'
gagn(e)/gen	< frz. gagne(r)
bay/ba	< frz. baille(r)
al/ay	< frz. alle(r); daneben existiert meist auch die Form ale

Die drei letzten Kurzformen sind bemerkenswert, denn sie kommen in FKS vor, die sonst nur die Langform auf -e bei den aus dem Französischen übernommenen -er-Verben kennen. Im Unterschied zu anderen FKS kennen sie jedoch für *gen* und *bay* nur die kurze Form.

Die verbale Verwendung französischer Substantive, Adjektive und Adverbien wurde bereits im Zusammenhang der Darstellung des Wortschatzes der FKS behandelt (s. o. Kap. 5.3.3).

6.4.2 Die Markierung der Person

Da die Verbformen der FKS unveränderlich sind, ist die Funktion der Markierung der Person vollständig auf das Subjekt übertragen worden, das nominal oder pronominal ausgedrückt wird. Die FKS setzen damit die Entwicklung vom Lateinischen, das für jede Person ja eine eigene Verbendung hatte, zum Französischen fort, wo die Endungen nur noch teilweise die Person markieren und das Subjektpronomen im Laufe der Entwicklung obligatorisch geworden ist.

Die Formen der Subjektpronomina der FKS haben wir bereits behandelt und in einer Tabelle zusammengestellt (s. o. Kap. 6.2.7). Sie leiten das Verbalsyntagma ein und können nur fehlen, wenn an ihre Stelle ein nominales Subjekt tritt oder wenn das Subjekt des vorausgehenden Verbalsyntagmas weiterhin gilt. Inversion wie im Französischen gibt es nicht. Dagegen ist eine Wiederaufnahme des Subjekts (*reprise du sujet*) in allen FKS wie ja auch in der französischen Umgangssprache möglich.

KrMau:	*mo frer li pa ti vini*	frz.:	mon frère il n'est pas venu
	mo ser li pe sante		ma sœur elle chante
	loto la li dan garaz		la voiture elle est au garage

Zum ersten Mal beobachtet und beschrieben wurde diese Konstruktion von Oldendorp um 1770 für das Negerhollands. Ihr Vorkommen dort ist umso erstaunlicher, da das Niederländische (wie das Deutsche) die *reprise du sujet* nicht kennt:

Überflüssige Wörter finden sich in folgenden Redensarten: *Mi Meester em a see,* mein Meister (er) sagte; *mi God en Heiland em alleen ben mi betrouw,* mein Gott und Heiland (er) ist allein meine Zuversicht, da denn auf dem hinzugesetzten *em*, er, insgemein ein besonderer Nachdruck lieget (Oldendorp 2000, 709).

Im KrSey ist diese Möglichkeit zu einer obligatorischen Regel geworden, denn in dieser FKS müssen nominale und z.T. auch pronominale Subjekte durch das Personalpronomen in bestimmten Fällen wiederaufgenommen werden; in der 3. Person Singular in der Form *i*, in der 3. Person Plural durch *zot* oder *i*. Dies geschieht immer im Präsens (Partikel Ø), fast immer vor der Futurpartikel *(a)va* und fakultativ vor den Partikeln *pe* und *fek*. Dagegen stehen *i* und *zot* nie vor den Vergangenheitspartikeln *ti* und *fin/in*:

mon garson i al lekol	mon fils va à l'école
sa i a bon pou mwa	ce sera bon pour moi
bann solda i/zot gete	les soldats regardent

Im KrRéu findet sich das *i* bei allen sechs Personen, wenn dem Verb keine oder die Vergangenheitspartikel *te* vorausgeht, so dass man das *i* auch zu den Verbalpartikeln hinzurechnen kann, denn es markiert das Präsens bzw. die unbestimmte Vergangenheit. Das *i* folgt der Partikel *te* oder (im Präsens) direkt dem Subjekt, wobei es mit den Subjektpronomina soweit möglich kontrahiert. Dies ergibt für die sechs Personen die Formen *mi, ti/vi, li; ni, zot i, zot i*.

mi dans, ni dans, zot i dans	je danse, nous dansons, vous dansez
le boug i manz, li te i manze	le type mange, il mangeait
zot te i plant zariko	ils plantaient des haricots
ni dansra pa – aber: *nou a danse*	nous ne danserons pas – nous danserons

6.4.3 Das Tempus- und Aspektsystem der FKS

Die FKS haben zwar fast alle (endungs-)morphologischen Markierungsmöglichkeiten des französischen Verbsystems verloren, sie besitzen jedoch nichtsdestoweniger ebenso viele, wenn nicht mehr Differenzierungsmöglichkeiten, wobei aber Sichtweise und Gewichtung z.T. deutliche Unterschiede aufweisen. Es ist dies ein sehr viel und kontrovers diskutierter Bereich der grammatischen Strukturen der KS insgesamt. Die Darstellungen und das heißt auch die Interpretation der Daten können dabei voneinander abweichen, ja sich manchmal auch widersprechen. Die folgende Annäherung an diesen zentralen Bereich der Grammatik ist eine Möglichkeit unter vielen und soll mehr zur weiteren Beschäftigung mit dem Thema anregen denn definitive Ergebnisse liefern.

Die Alternative der FKS, quasi als Ersatz für die verlorenen Formen des französischen Verbsystems, besteht in Partikeln, die vor das unveränderliche Verb zur Markierung von Tempus und Aspekt gesetzt werden, wobei der Aspekt eine wesentlich wichtigere Rolle spielt als z. B. im Französischen. Diese Partikeln sind aus französischen Verbalperiphrasen entstanden, haben aber im System der FKS neue Bedeutungen und Funktionen übernommen, wobei entsprechende Vorbilder in den afrikanischen Sprachen der Sklaven eine maßgebende Rolle gespielt haben können.[14]

In der kreolistischen Literatur kommt vor allem durch Bickertons Arbeiten (siehe auch Kap. 2.3.2) zu Tempus und Aspekt der Modus hinzu, so dass wir vom TMA-System sprechen. Modus meint dabei die Unterscheidung zwischen Realis und Irrealis. Dies bedeutet in letzter Konsequenz, dass das Futur, das ja etwas (noch) nicht Reales ausdrückt, kein Tempus ist, sondern ein Modus. Auch wenn durchaus Berührungspunkte bestehen, so ist das Moduskonzept in den FKS, sofern man von einem solchen sprechen will, doch ein ganz anderes als dasjenige, mit dem wir den Gebrauch des *indicatif* bzw. des *subjonctif* im Französischen erklären. Zu beachten ist dabei auch, dass der Modus im Französischen von der Verbform her definiert wird (Saussures *signifiant*), während er im TMA-Modell nach dem Inhalt (Saussures *signifié*) definiert ist. Wir werden hier nicht weiter auf eine mögliche Kategorie Modus in den (F)KS eingehen bzw. nicht zwischen Tempus und Modus differenzieren und das Futur und das Konditional im Rahmen der Kategorie Tempus betrachten. Da eine ausführliche Darstellung und vor allem eine Diskussion der Interpretation der inhaltlichen Besonderheiten des Systems der Verbalpartikel der FKS im Rahmen eines Arbeitsheftes nicht möglich ist,[15] werden wir uns auf einen Überblick beschränken und dabei versuchen, Verbindungen zum französischen Tempussystem herzustellen.

Die FKS haben in ihrem Verbsystem die Unterscheidung der drei Zeitstufen der Vergangenheit, Gegenwart und Zukunft vom Französischen übernommen, verfügen aber über weitere Möglichkeiten der Präzisierungen und Verfeinerungen. Außerdem kennen sie, über das französische System hinausgehend, Partikeln zur Kennzeichnung des progressiven oder kontinuativen Aspekts, der Verlaufsform im Englischen vergleichbar. Es gibt die Möglichkeit, zwei oder mehr Partikeln zu kombinieren; und zur weiteren Nuancierung können Temporaladverbien – *janmen/zame, toujou/ touzour* u. a. – zu den Partikeln hinzutreten.

Nach Form und Funktion der Partikel lassen sich die heutigen FKS der Kleinen Antillen von Guadeloupe im Norden ausgehend bis hin nach Trinidad und Französisch-Guayana im Süden zu einer Gruppe zusammenfassen. Allerdings weisen Dokumente zu diesen Sprachen aus dem 19. Jahrhundert Unterschiede zum heutigen Sprachstand auf, und es scheint damals auch noch gewisse Unterschiede zwischen

---

14 Siehe dazu z. B. Sylvain (1936); Bentolila (1970); Alleyne (1980); Edwards/Winford (1991); Mufwene (1993); Lefèbvre (2011).
15 Die Literatur ist zu umfangreich, um spezielle Literaturhinweise zu geben. Anregend sei auf die entsprechenden Passagen der Beiträge in Michaelis/Maurer et al. (2013a) und Holm/Patrick (2007) verwiesen.

den Sprachen gegeben zu haben. Die übrigen FKS (KrLou, Hai; Mau, Rod, Sey, Réu) unterscheiden sich in einigen ihnen gemeinsamen Charakteristika deutlich von dieser ersten Gruppe, sie kennen andererseits aber auch untereinander wichtige Unterschiede. Die folgende Tabelle gibt einen Überblick über den Formenbestand:

Die Tempus- und Aspektpartikeln der FKS

	KrGua, Dom, Mar, SLu, Tri, Guy	KrLou	KrHai	KrMau, Sey	KrRéu
Vorvergangenheit	te	te	te	ti fin, ti'n	te fin(i), te i fin
Kontinuative Vergangenheit	te ka / –	te pe, t'ape	t'ap(e)	ti pe	(le)te apre (le)te antren (d)
Unbestimmte Vergangenheit	te ka / te	te	te	ti*	te i
Bestimmte Vergangenheit	Ø	Ø (-e)	Ø	Ø** fin, in, n	fin(i) la
Gegenwart	ka / Ø	Ø	Ø	Ø	i
Kontinuative Gegenwart	ka / –	(a)pe	ap, (a)pr, (a)pe	apre, (a)pe	(le) apre (le) antren (d)
Zukunft	kale*** kay, ke	ale, a sa	a, (a)va pou pral	a, (a)va pou	a, (a)va (le) pou sa, sava
Konditional	te ke***	se	te va t'ava, ta	ti a ti pou	te i sa (le)te pou
Passé récent	soti	soti	sot fek	sort fek	vyen d, vyen

* In älteren Texten findet man für das KrMau meistens *te* anstelle des modernen *ti*. Gleiches gilt für die Formen *ti fin*, *ti pe*. Die aktuelle Aussprache ist [ti].
** Der Eintrag der Ø-Partikel als Marker für die bestimmte Vergangenheit im KrMau und Sey ist eine Neuerung gegenüber der Auflage von 1984. Wir diskutieren sie ausführlich im nächsten Abschnitt.
*** In den Beschreibungen dieser FKS aus der zweiten Hälfte des 19. Jahrhunderts findet man z. T. andere Formen: Saint-Quentin (1872) gibt für das KrGuy als Futurpartikel *wa* an, als Konditionalform *te wa*. Thomas (1869, KrTri) und Turiault (1873–76, KrMar) haben als Konditionalpartikel *se*, *sre*. Thomas (1869) und Saint-Quentin (1872) kennen außerdem eine eigene Form für das Konditional der Vergangenheit, KrTri: *seva/teva* und KrGuy: *tewa ... kaba*. Diese FKS haben hier Neuerungen eingeführt, während KrLou und KrHai ihre alten Formen bewahrt haben. Diese Formen findet man – mit Abweichungen – auch in den FKS-IO. *Kaba* (< span. *acabar*) zum Ausdruck einer vollständig abgeschlossenen Handlung wird von Oldendorp (2000) auch für das Negerhollands des 18. Jahrhunderts erwähnt.

6.4.3.1 Die partikellose Verbform

Alle FKS kennen die Möglichkeit, ein Verb ohne vorausgehende Partikel zu verwenden, wobei diese Form jedoch je nach Sprache unterschiedliche Funktionen übernehmen kann:

– In den KrAnt (Gua, Dom, Mar, SLu, Tri, auch Guy) steht sie zur Kennzeichnung einer im Augenblick des Sprechens abgeschlossenen, also vergangenen Handlung, die in ihrem Verlauf und Ergebnis festgelegt ist, vergleichbar dem französischen *passé simple*. In diesen FKS muss zum Ausdruck eines gegenwärtigen, also gerade ablaufenden Geschehens quasi obligatorisch die Verlaufspartikel *ka* verwendet werden. Davon abweichend gilt:

– Bei den Zustandsverben (*stative* oder *statische Verben* – s.u. S. 142.) wird nicht zwischen Vergangenem und Gegenwärtigen differenziert, die Ø-Partikel findet also auch bei einem gegenwärtigen Zustand Verwendung, so dass die partikellose Form sowohl für die bestimmte Vergangenheit als auch für die Gegenwart steht. Dies ist besonders deutlich in den KrAnt, in denen die Gegenwart durchgängig mit der Kontinuativpartikel *ka* markiert wird.

– Im KrHai, KrLou und in den FKS-IO steht sie sowohl für Vergangenes als auch zum Ausdruck eines gegenwärtigen, präsentischen Geschehens und ist folglich nicht eindeutig festgelegt. Die Bestimmung, ob es sich um ein gegenwärtiges oder ein vergangenes Geschehen handelt, steht im Zusammenhang mit der Verbsemantik und erfolgt durch den Kontext (vgl. z. B. Valdman 2015, 217–219). Das KrLou hat mit der Kurzform des Verbs eine neue Möglichkeit zur Markierung der Präsensfunktion gefunden. Im KrMau und KrSey findet die partikellose Form zwar ebenfalls in Vergangenheitskontexten, Erzählungen, Berichten usw. Verwendung, ausgehend von Baissacs Feststellung „Présent. C'est le thème verbal" (Baissac 1880, 23) werden diese Fälle in der Literatur jedoch allgemein als Präsens historicum interpretiert (so z. B. Bollée 1989), oder als Folge der Sprachökonomie, die hier besagt, dass eine Form hinsichtlich ihrer grammatischen Funktion unmarkiert bleiben kann, wenn der Kontext eindeutig und folglich eine Markierung nicht erforderlich ist (so z. B. Stein 1993b). Dies ist in den FKS möglich, da die grammatische Markierung prädeterminierend erfolgt und ohne Einfluss auf die Wortform ist.

Nach der Beobachtung der hohen Frequenz der Ø-Partikel in eindeutig vergangenen Kontexten in den Sprachdokumenten aus Mauritius aus dem 19. Jahrhundert (Stein 2007b) scheint es mir jedoch wahrscheinlicher, dass die partikellose Form im KrMau (und KrSey), wie im KrHai, Gegenwart und Vergangenheit ausdrücken kann und sich die konkrete Bedeutung aus dem Kontext ergibt. Es gibt hier also drei Interpretationen einer grammatischen Form. Ganz im Sinne Baissacs erwähnt zuletzt die *Gramer* der *Akademi Kreol Morisien* (Police-Michel/Carpooran/Floriny 2012) diesen Vergangenheitsbezug nicht und stellt zur Ø-Partikel nur fest:

4.1.1. Marker prezan ‚Ø', ‚pe'. Kan lokiter lokaliz enn aksion/sitiasion kom enn aksion/sitiasion ki similtane par rapor ar so moman interlokision, selon teori Culioli (1999), li pe fer enn reperaz identifikasion (ant aksion/sitiasion ki li dezigne e so moman interlokision).

a) **Marker zero + verb:** Ex.: *Mo manz diri (toulezour, dabitid)* [...]. Lokiter prezant aksion '*manz diri*' kouma enn aksion ki karakteriz li e ki donk vre touletan; seki inklir osi moman interlokision. / Ex.: *Mwa, mo manz diri. Twa ki to pou manze?* [...]. Lokiter prezant aksion ‚*manz diri*' kouma enn desizion ki li pran dan moman ki li pe koze. (88 – 89).

– Wenn Tempus und Aspekt sich eindeutig aus dem Kontext ergeben, kann, wie schon erwähnt, die partikellose Form stehen, die in diesem Fall als neutrale, unmarkierte Form interpretiert werden kann; wir haben es vor allem im KrMau und im KrRod beobachtet. Die grammatische Markierung erfolgt also hier wie auch in anderen Fällen (z. B. die Markierung des Plurals) nur dann, wenn sie sich nicht eindeutig aus dem Kontext ergibt. Diese Möglichkeit auf den Verzicht der grammatischen Markierung scheint zu den Grundprinzipien der Grammatik der FKS zu gehören, auch wenn sie nicht in jedem Fall anwendbar ist. So scheint die Verwendung der Partikel *ka* zur Markierung des Präsens in den KrAnt obligatorisch zu sein.

6.4.3.2 Die Aspektpartikeln *ka* und *apre, (a)p(e)*

Alle FKS kennen eine Partikel zur Markierung des kontinuativen oder progressiven Aspekts. Diese Partikel lautet in den FKS-Am von Guadeloupe bis Französisch-Guayana *ka*, für die übrigen FKS (Lou, Hai; Mau, Rod, Sey, Réu) *apre* mit den Varianten *ape*, *ap, pe, p*, so dass man nach Goodman (1964), die FKS in eine *ka*-Gruppe und in eine *apre*-Gruppe einteilen kann.

Während die Etymologie von *apre, (a)p(e)* aus der französischen Verbalperiphrase *être après à faire qch.*[16] keine Schwierigkeiten bereitet, ist sie für *ka* noch nicht sicher geklärt. Zwei Möglichkeiten bieten sich vor allem an, ohne jedoch voll befriedigen zu können: Eine Übernahme aus den portugiesischen KS, die ebenfalls eine Partikel *ka* (das Portugiesische hat ein Ortsadverb *cà* ‚hier') mit vergleichbarer Funktion kennen; oder eine Herleitung aus frz. *capable*, das ja in einigen FKS als modales Hilfsverb an die Stelle von frz. *pouvoir* getreten ist, nach unseren Belegen jedoch nicht in den *ka*-FKS, in denen *pe* in der Bedeutung ‚pouvoir' erhalten ist.

Ka und *apre, (a)p(e)* sind in ihrer Grundfunktion engl. *to be + ...-ing* oder span. *estar* + *gerundio* recht ähnlich. Sie können entweder als einzige Partikel vor einem Verb stehen und markieren dann ein in der Gegenwart in Gang befindliches Geschehen; oder sie markieren zusammen mit der Vergangenheitspartikel *te/ti*, der sie folgen, ein in der Vergangenheit ablaufendes Geschehen. In einigen FKS können sie auch zusammen mit den Partikeln für Futur und Konditional verwendet werden, während sie in Verbindung mit der Partikel *fin* in der bestimmten Vergangenheit

---

16 Grevisse charakterisiert diese Form als „vieilli" (z. B. ⁹1969, §655,4). Vgl. auch Bollée (1977b, 82ss.).

ausgeschlossen und in Verbindung mit *sot* und *fek* (*passé récent*) nur unter speziellen Bedingungen zugelassen sind.

In den *ka*-FKS ist diese Partikel zur obligatorischen Markierung für das Präsens geworden, während die Kombination *te ka* die unbestimmte Vergangenheit markiert und *te* alleine die Vorvergangenheit ausdrückt.

Die kleine Gruppe der stativen Verben lassen die Verwendung der Partikel *ka* und *apre, (a)p(e)* in ihrer Grundfunktion nicht zu,[17] so dass in den *ka*-FKS Präsens und bestimmte Vergangenheit sowie unbestimmte Vergangenheit und Vorvergangenheit für diese Verben formengleich sind.

Diese Zweiteilung der Verben in den KS wurde bereits von Oldendorp im 18. Jahrhundert für das Negerhollands beobachtet:

> Alle Verba, ausgenommen *mi ben, mi ha, mi moet* oder *moe, mi sal, mi kan, mi wil, mi daerf* ich darf, bekommen oft im Präsens nach jeder Person das Zusatzwörtchen *le*, als *mi le see* ich sage; *em le loop* er gehet; *ons le koeri* wir laufen; *jender le kik* ihr sehet; *sen le doe die* sie tun es. Es ist ein Zeichen des Präsens, das aber auch ausgelassen werden kann. Um des Wohlklangs willen bedient man sich seiner am meisten, weil es die Rede fließender macht. Eigentlich soll es anzeigen, daß etwas schon geschiehet und im Werden ist, als *mi le kom, mi le skriev* ich komme schon, ich bin im Schreiben (Oldendorp 2000, 697).

Eine recht vollständige Liste gibt Thomas (1869, 60–61) für das KrTri:[18]

aimen	to love / aimer	*mériter*	to deserve / [mériter]
bisoen	to need / avoir besoin (de)	*pé*	to be able / pouvoir
compter	to intend / [compter]	*pouéférer*	to prefer / préférer
connaite	to know / connaître, savoir	*sa*	to be able / pouvoir (savoir)
content	to like / aimer, être content	*save*	to know / savoir
doé	ought / devoir	*simièr*	to prefer / préférer
envie	to long / avoir envie (de)	*soucier*	(not) to care / [(ne pas) se soucier]
foubien	not to care / [se foudre de]	*tinî*	to have, hold / avoir, tenir
pas foubien	to hate / häir [sic]	*vaû*	to be worth / valoir
häî	to hate / häir	*vaûmier*	to prefer, have rather / [préférer, être mieux]
honte	to be ashamed / avoir honte		
jaloû	to envy / être jaloux (de)	*vlé*	to wish, want / vouloir

Für das KrMau führt Baker (1972, 101) als Beispiele für diese Gruppe von Verben an: *apele, kute [koute], peze, vo, ena, kone, kohtah [kontan], (u)le [(ou)le]*.

Stehen *ka* oder *apre, (a)p(e)* doch einmal vor einem dieser Verben, so drücken sie den Beginn des Zustandes aus oder betonen sein Fortbestehen. Entsprechendes gilt für

---

17 Vgl. dazu im Englischen die Verben, die die Konstruktion mit *to be + ...-ing* nicht kennen, oder im Deutschen die Konstruktion mit *ich bin am/beim* + Infinitiv.
18 Die etymologisierende Orthographie von Thomas (1869) ist beibehalten. Die englischen und französischen Übersetzungen sind ebenfalls von Thomas. Ergänzungen durch uns stehen in eckigen Klammern.

ihre Verwendung vor Adjektiven. Dies ist eines der Argumente in der Diskussion darum, ob es in den KS die Wortart Adjektiv gibt (s. o. Kap. 5.3.3.2).

nou ka sav   nous commençons à savoir
mo ka malad   je deviens malade
mwen ka pè se moun la   je commence à avoir peur de ces gens

6.4.3.3 Die bestimmte Vergangenheit

Wir verwenden hier den Terminus *bestimmte Vergangenheit*, um auszudrücken, dass diese Zeitstufe nicht genau den vom Französischen her bekannten Tempora entspricht. Sie steht für ein vergangenes Geschehen, das als eine abgeschlossene Einheit gesehen wird, und nicht bloß einfach als vergangen markiert ist. Die betreffenden Partikeln heben die Abgeschlossenheit einer Handlung hervor, im Gegensatz zu ihrem Verlauf, und haben damit auch eine aspektuelle Funktion, vergleichbar dem französischen *passé simple* bzw. *passé composé*.

In den FKS-Am wird hier die partikellose Form verwendet. Ob auch die partikellose Form des KrMau und KrSey hier aufgeführt werden kann, wird unterschiedlich gesehen, wie im Vorausgehenden gezeigt wurde. In den FKS-IO und bisweilen auch im KrHai gibt es *fin* (frz. *fini[r]*) mit den Kurzformen *in, n*, dazu im KrRéu auch *la* (frz. *il a*). *Fin* ist stärker und betont noch mehr die Abgeschlossenheit der Handlung als die partikellose Form.

6.4.3.4 Unbestimmte Vergangenheit und Vorvergangenheit

Zur Markierung eines Geschehens als vergangen, aber ohne weitere Präzisierung über Verlauf und Ergebnis des Geschehens, dient in allen FKS die Partikel *te/ti*, KrRéu *te i* (frz. *il était à ...*). Zusammen mit der Partikel für die bestimmte Vergangenheit bildet diese Partikel die Vorvergangenheit (Plusquamperfekt). Diese lautet also in den FKS-Am *te*, in den FKS-IO *ti fin / te i fin*. Wenn der Zusammenhang eindeutig ist, kann die Partikel weggelassen werden. *Te/ti* erscheint dann jeweils nur zu Beginn eines neuen (Erzähl-)Abschnitts, um das Folgende insgesamt in die Vergangenheit zu verlegen oder um zu erinnern, dass es sich weiterhin um ein vergangenes Geschehen handelt. Außerdem kann sie besonders Wichtiges hervorheben. Der folgende in *Grafi larmoni* mit zusätzlichen phonetischen Informationen transkribierte Text einer Sprachaufnahme aus Rodrigues vom 26. Juli 1975 kann dies illustrieren (in der 1984er Auflage auf S. 130):

> Per Kayo mor. Kan per Kayo **ti** mor, ma mem ki **ti** avek li isi. [...] Ler [mo] ariv isi tanto, sinker dã lapremidi, fer kouzinyẽ inn prepar so dinẽ. Alor kouziny ale, dir [ki] mwa byen servi per so manze. [Mo] pran manze dan lasal-a-manze, pran manze dan isi, [...] met lor so latab. Ler inn fini met sa lor so latab, avan li manze li pran enn mang. **Ti** ãn-ete sa, sezon ãn-oktob. Li pran enn mang, li manze. Ler fini manz sa mang la, li rantre dan so lasam. Mo sorti, mo ale, mo debrouy-debrouye la. Enn ti moman, mo tann enn ronfleman lor lili. Mo dir li: „Mon-per, ou pa pou dinẽ?" Li pa koze. Alor mo dir:

"Me ki ou ganē? "Li dir mwa: "Mo finn tom malad, mo fini tom malad. " Ler li fini tom malad, li pa koze, so lizye ferm.
Mo marse. n galoupan mo met demi er pou sort Sin Gabriel pou ariv o Por Matirin. Demi er mo marse, mo taye, mo al an-vil. Mo al zwenn per Simeon. Per Simeon apre asize apre fer so brevier. Li dimann mwa: "Kot to ale? " Mo dir li: "Mo-per finn tom malad, gravman malad."
*Alor **ti** ena enn seval an-vil. Li kit sa seval la. Nou pa kapav met an seval parski seval, pandan lanwit koum sa, li abriti. Kikfwa li tann enn tapaz, li abriti, e li vepa marse. Li kit seval, li taye depi laba, vinn isi. Ler nou ariv isi, per lor lili an long, pa ankor mor. Alor per Simeon dir li: "Mon-per!" Per Simeon dir li: "Mon-per, ou kontan mo donn ou lestromoksyon?" Li dir: "Non!"*
*Alor **ti** ena enn dokter ki apel dokter Rousel, **ti** enn franse. Li ti abit Moulibin, so madam **ti** enn fransez. Alor [per Simeon] dir mwa: "Al laba, al sers, al apel soz; to kapav ale, minnwi?" Se minnwi ler la. Mo sorti, mo taye, mo ale. Ler mo ariv laba, mo tap laport dokter. Dokter dir: "Ki sa? Ki malad?" Mo dir li ki per inn tom gravman malad. Alor li, li abiye, so madam abiye, zot tou-le-de marse-vini. Ler ariv isi, tat per, tat so de pou. Per inn mor, enn ti moman per tonbe mor.*

6.4.3.5 Passé récent

Die FKS kennen ein dem französischen *passé récent* vergleichbares Tempus, dessen Markierung durch Partikeln geschieht, die aus französischen Verbalperiphrasen entstanden sind:

sòti/sòt   < frz. *sorti(r) de*
fek   < frz. *il ne fait que*
vyen d   < frz. *il vient de*

6.4.3.6 Zukunft

Alle FKS haben als Futurpartikeln Formen des französischen Verbs *aller*, das im Französischen ja zur Bildung des *futur proche* verwendet wird und dort immer mehr das *futur simple* ersetzt. Die Formen *kale, kay, ke* der *ka*-FKS sind aus der Kombination der Partikel *ka* mit *ale, ay* entstanden und haben erst allmählich die älteren Formen des Futurs *ale, ay, va* verdrängt.

Im KrLou ist ein älteres *sa* (frz. *sera*) erhalten. Seine Etymologie ist verschieden von der des gleichlautenden KrRéu *sa*, das eine Kontraktion zu *sava* (frz. *s'en va*) ist.

Die FKS-IO verwenden neben der *aller*-Form mit gleicher Bedeutung *pou* (< frz. *être pour* ‚être sur le point de'),[19] das auch im KrHai existiert. Versuche, sie als bestimmtes und unbestimmtes Futur zu differenzieren, haben noch zu keinem sicheren Ergebnis geführt; Antworten, die ich in Mauritius bekommen habe, waren widersprüchlich. Dagegen unterscheidet die *Gramer* der *Akademi*:

Für *pou* gilt: „Lokiter prezant [aksion] kouma aksion ki li ena lintansion fer apre so moman interlokision", und für *ava/va/a:* „Lokiter prezant [aksion] kouma aksion ki li pou fer malgre li dan enn sirkonstans ki pa depann lor li" oder „kouma aksion ki li pe

---

19 Vgl. Grevisse (z. B. ⁹1969, § 655, 6°); Bollée (1977b, 89); Gougenheim (1929, 114–121).

espere li pou kapav fer me li pa sir akoz ena sirkonstans ki pa depann lor li." (Police-Michel/Carpooran/Florigny 2012, 95).

6.4.3.7 Konditional

Das Konditional wird in den FKS mit anderem Sprachmaterial, aber auf die gleiche Weise wie im Französischen gebildet: aus der Kombination der Formen der unbestimmten Vergangenheit und des Futurs. Nur das KrLou hat hier, wie auch schon im Futur, eine eigene, ältere Form *se* (frz. *serait*) bewahrt, die bei Thomas (1869), Turiault (1873–1876) und Poyen-Bellisle (1893) auch für das KrTri, KrMar und KrGua als *sre* oder *se* belegt ist; die drei Autoren kennen dagegen die moderne Form *te ke* noch nicht, während Saint-Quentin (1872) für das KrGuy *te wa* hat.

6.4.4 Die Negation

Die übliche Negationspartikel der FKS ist *pa* (frz. *pas*); das *ne* des Französischen ist spurlos ausgefallen, womit die FKS eine Entwicklung der französischen Umgangssprache zum Abschluss bringen. *Pa* steht jedoch, von bestimmten Fällen im KrLou und im KrRéu abgesehen, nicht wie im Französischen hinter dem Verb, sondern es nimmt den Platz des frz. *ne* vor dem Verb ein: Es folgt unmittelbar dem Subjekt und geht den Tempus- und Aspektpartikeln voraus. Vor vokalisch anlautenden Partikeln oder Verben kann es sein auslautendes *-a* verlieren. In den FKS-IO gibt es eine Variante *napa* (frz. *(il) n'a pas*).[20]

	(je ne mange pas de piment)	(il ne dira rien)	(je ne l'ai pas vu)
KrMau/Sey:	mo/mon **pa** maz piman	li/i **pa** pou dir naryen	mo/mon **pa** n trouv li
KrHai:	m **pa** manje piman	li **p** ap di ayen	m **pa** we li/l
KrAnt:	mwen **pa** ka manje piman	li **pa** ke di ayen	mwen **pa** we-y/li
KrGuy :	mo **pa** ka manje piman	li **pa** ke di ayen	mo **pa** we l/li
dagegen			
KrLou:	mo manj **pa** piman	li sa **pa** di aryen	mo **pa** wa li
KrRéu:	mi manz **pa** piman	li va **pa** dir aryen	mwen la **pa** war li

Für die Wanderung der Negationspartikel *pa* vom Ende des Verbalsyntagmas an seinen Anfang fehlt noch eine befriedigende Erklärung, da weder die französischen Verbalperiphrasen, noch andere KS oder afrikanische Sprachen ein widerspruchsfreies Modell bieten. Bollée (1977b, 97ss.) diskutiert dieses Problem ausführlich und fragt schließlich, ob diese Position der Negationspartikel „möglicherweise zu den sprachlichen Universalien der Pidginisierung/Kreolisierung gehört" (103), da sie auch in anderen KS, wenn auch nicht in allen Fällen, vorkommt. Boretzky (1983) lehnt dies aufgrund der vorhandenen Ausnahmen ab und stellt kurz fest, dass „wir für die

---

20 Die Beispiele sind entnommen aus Bollée (1977b, 98, Tabelle 6).

englischen und französischen Kreolsprachen des atl[antischen] Raumes nur konstatieren können, dass sie nicht die Konstruktionen der europäischen Ausgangssprachen fortsetzen, aber auch keine direkten w[est]a[frikanischen] Vorbilder haben" (104). Bollées Position wird vom Negerhollands gestützt, denn dort steht die Negationspartikel *no* (spanisch *no,* das an die Stelle von niederländisch *niet* getreten ist), abweichend vom Niederländischen (wie dem Deutschen), vor dem Verb.

Die Abweichungen von der Regel der präverbalen Stellung der Negationspartikel im KrRéu und KrLou gehen darauf zurück, dass die Position des frz. *pas* weitgehend beibehalten ist. Entsprechend kann die Negationspartikel in diesen beiden FKS drei verschiedene Positionen einnehmen:

	KrLou	KrRéu
folgt dem Verb:	... im Präsens (Ø-Partikel): – *bondye koz **pa**, ...* – *mo koup **pa*** aber: – *li menm li **pa** konnen* – *mo p'ole*	... wenn dem Verb die Partikel *i* alleine oder in Verbindung mit anderen Partikeln vorausgeht: – *m i manz **pa** piman* – *le ti bef te i port **pa** a ou*
steht vor dem Verb, folgt den Partikeln ...	... *te, sa, se* (zu frz. *être*): – *mo te/sa/se **pa** koupe* – *mo te/sa/se **pa** vwa li* und steht vor der partikellosen Lang- (= Vergangenheits-)Form: – *mo **pa** koupe* – *mo **pa** wa li*	... *a, va, sava, sa* (zu frz. *aller*), ... *la, lora, lore* (zu frz. *avoir*):[21] – *nou va/sava/sa **pa** vole* – *twe la/lora/lore **pa** vwar a li*
steht wie in den anderen FKS vor den Partikeln ...	... *(a)pe, ale:* – *mo **pa**'pe koupe* – *mo **pa**'le koupe* – *mo sa **pa** pe koupe*	... *apre, pou, antren d,* Diese werden immer zusammen mit den Partikeln *lete* oder *le* (zu frz. *être*) konstruiert, die **vor** der Negationspartikel stehen: – *nou lete **pa** apre dormir* – *li le **pa** pou/antren d dormir*

6.4.5 Das Schicksal von frz. *être* in den FKS

Frz. *être* ist in den FKS in den meisten Fällen geschwunden, nur einige Formen und Funktionen sind erhalten geblieben. Wir können folgende Fälle unterscheiden:

Als Hilfsverb bildet *être* im Französischen die analytischen Vergangenheitstempora einer Reihe von Verben, sowie die Formen des Passivs. Beide Verbkategorien existieren in dieser Form in den FKS nicht mehr und sind durch andere Bildungen

---

21 Das KrRéu ist die einzige FKS, in der Formen von frz. *avoir* als Verbalpartikeln erhalten sind.

ersetzt worden, so dass *être* in diesen Funktionen in den FKS nicht erhalten ist. Entsprechendes gilt, mit Ausnahmen im KrRéu, für das Hilfsverb *avoir*.

In den Partikeln *te/ti, se/sre, sa* (KrLou) sind Reste französischer Verbalperiphrasen mit *être* erhalten; ebenso in KrRéu *le/(le)te apre, le/(le)te pou, le/(le)te antren d*.

Die FKS verwenden in sehr vielen Fällen keine Kopula, so dass auch in dieser Funktion Formen von frz. *être* nur sehr beschränkt erhalten sind. Adjektive oder Substantive können in den FKS ohne ein zusätzliches verbales Element (Kopula) die Funktion des Prädikats übernehmen. Die Verbalpartikeln stehen dann vor dem (Prädikats-)Nomen wie vor einem verbalen Prädikat (siehe auch Kap. 5.3.3.2).

mo malad / mo pa malad	je suis malade / je ne suis pas malade
bagay la bon / bagay la pa bon	la chose /cela est bon(ne) / … n'est pas bon(ne)
mwen (te) lekol / mwen pa (te) lekol	je suis / j'étais à l'école / je ne suis / n'étais pas à l'école
mo (pa) ti / fek / pou / a / ti a / ti pou / ti fin malad;	
bagay la (pa) ava / te / ta / t'ava / ke bon;	
mwen (pa) te / ke / te ke / … lekol	

Das KrRéu nimmt wieder eine Sonderstellung ein, denn es kennt den Verlust der Kopula nicht. Diese lautet jeweils für alle Personen gleich: im Präsens *le* (frz. *il est*), in der Vergangenheit *lete* oder *te*, im Futur *sra* und im Konditional *sre*.[22]

Während vor adjektivischen oder adverbialen Prädikatsnomen alle FKS mit Ausnahme des KrRéu die kopulalose Konstruktion verwenden, ist diese vor einem nominalen Prädikatsnomen nur im KrMau, Sey und Guy möglich. Die FKS-Am (außer KrGuy) verwenden in diesem Fall als Kopula die Form *se* (frz. *c'est*), während das KrRéu auch hier die Form *le* hat. *Se* wird nach Tempus- und Aspektpartikeln, sowie nach der Negationspartikel nur fakultativ oder gar nicht verwendet. Die Regeln hierfür sind in den betreffenden FKS nicht einheitlich:

mwen se yon nonm	je suis un homme
mwen te / te ke / ke yon nonm	j'étais / serais / serai un homme
mwen (se) pa yon nonm	je ne suis pas un homme

Tritt die Kopula ans Ende eines Satzes oder Teilsatzes, so wird sie ebenfalls realisiert. Das KrRéu hat wieder *le,* KrMau und KrSey haben *ete* und die FKS-Am haben *ye*. Die Existenz einer Kopulaform in dieser Position erinnert an die Verwendung der Langform der Verben in den FKS-IO unter entsprechenden Bedingungen, während das Fehlen der Kopula der Verwendung der Kurzform in diesen FKS weitgehend entspricht.

Bollée (1977b, 56) hat die verschiedenen Möglichkeiten zusammengestellt. Wir geben ihre Tabelle hier als Zusammenfassung in leicht veränderter Form wieder:

---

[22] Im KrLou gibt es ebenfalls die Formen *sra* und *sre*, und zwar als Partikeln zur Markierung des Futurs bzw. des Konditionals.

	mon père est malade	Jean est chauffeur, …	… où il est
KrAnt:	papa mwen malad	Jan se mason	… ola li ye
KrHai:	papa mwen malad	Jan se chofe	… ki kote li ye
KrGuy:	mo papa malad	Jan mason	… òti / kote li fika?
KrLou:	mo popa malad	Jan se kordonye	… ou li ye
KrMau:	mo papa malad	Zan sofer	… kot li ete
KrSey:	mon papa i malad	Zan i sofer	… kot i ete
KrRéu:	mon papa le malad	Zan le sofer	… usa li le

6.4.6 Das Passiv

Da die FKS traditionellerweise aus der Perspektive der uns vertrauten europäischen Sprachen beschrieben werden, rückt auch die Frage nach dem Passiv ins Interesse.[23] Da das im Französischen gebrauchte Hilfsverb *être* oder eine spezielle (morphologische) Form des Verbs nicht zur Verfügung stehen, richtet sich der Blick auf andere Möglichkeiten, die den Passivkonstruktionen des Französischen entsprechen könnten. Vergleichbar den prädikativen Adjektiven, denen keine Kopula (die Ø-Kopula) vorausgeht (s. o. Kap. 5.3.3.2), steht in den FKS das Verb (das Partizip des Französischen) nach dem Ausfall des passivbildenden Hilfsverbs (frz. *être*) alleine und unterscheidet sich nicht vom aktiven Verb, außer dass es in den FKS-IO keine Kurzform besitzt. Hier entscheiden Verbsemantik und/oder Kontext, ob es sich um eine Aktiv- oder Passivkonstruktion handelt. Baissac (1880, 40–41) stellt entsprechend fest „L'emploi du passif est fort rare, il est vrai, et, dans la très-grande majorité des cas, le créole rétablit la tournure active". Als Beispiel für die Kontextabhängigkeit gibt er das Beispiel *tout ça béf là fin manzé*. Im Speisesaal bedeutet der Satz, dass das Rindfleisch aufgegessen ist; der Hirte wird dagegen feststellen, dass seine Rinder (ihr Gras) fertig gefressen haben. Im ersten Fall, der Passivbedeutung, kann der Sprecher das Verb *gagne* (frz. *gagner*, ‚bekommen, haben') hinzusetzen, damit der Satz eindeutig ist: *tout ça béf là fine gagne manzé*.[24]

Da sich die Passivdiathese in den anderen FKS nur in Einzelheiten vom hier mit Bezug zu Baissac (1880), also einer älteren Quelle, vorgestellten KrMau unterscheidet, wollen wir das Thema nicht weiter vertiefen.[25] Stattdessen richten wir unseren Blick noch einmal 100 Jahre hinter Baissac zurück, denn auch Oldendorp äußert sich zum Passiv, wo die Vorgaben in dem niederländisch basierten Negerhollands aufgrund des *werden*-Passivs noch etwas andere sind:

---

[23] Die reflexive Diathese haben wir schon im Zusammenhang mit den Pronomina behandelt, da es darum ging, welche Lösungen die FKS nach dem Schwinden der französischen Pronomina, *se* usw., gefunden haben, s. o. Kap. 6.2.8.
[24] Im Deutschen können wir ja auch etwas geschenkt *bekommen*.
[25] Wir verweisen dafür speziell zum KrMau auf Corne (1977b) und Kriegel (1996). Kurze Informationen zu einer größeren Zahl von FKS und anderen KS findet man in Michaelis/Maurer et al. (2013a) und Holm/Patrick (2007).

Das Passivum ist in dieser Sprache ungewöhnlich, und sie hat davon wenig oder nichts. Man drückt sich soviel als möglich active aus und kann durch vielerlei Veränderungen und Wendungen der Rede das Passivum ziemlich entbehren. [...] Bisweilen kann man eine passive Bedeutung durch *kom*, werden, ausdrücken, als *die goed kom bederf* es wird verdorben; [...] Das Perfectum, [...] wird in vielen Verbis mit eben diesen Zeiten des Activi gegeben. Man sagt: *Die goed ka* [Vergangenheitspartikel < span. *acabar*] *bederf* es ist verdorben worden; [...] *sender ka trouw* sie sind getrauet worden; *die brief* oder *die pampier ka skriev* der Brief ist geschrieben worden; [...]

Alle diese Arten, passive zu reden, sind [...] zur Übersetzung der heiligen Schrift und Kirchenlieder – bisweilen nicht hinreichend, wenn man alles recht deutlich, kurz und ohne Umschweife geben will. Daher sind manche ordentliche Passiva mit Hülfe der Wörter *woord* oder *woor* werden, und *wees* sein, eingeführt worden, wozu man denn auch notwendig holländische oder deutsche Participia der vergangenen Zeit im Passivo hat gebrauchen müssen. [...] Das Präsens heißt: *mi woor* oder *ben geliefd* ich werde geliebt; [...]. Solche Passiva kann man auch mehrenteils mit *kom* werden, machen und sagen: *Mi kom geliefd, pardonneerd* ich werde geliebet, begnadiget, u.s.w.; [...] Die Schwarzen verstehn solche passive Verba, ob sie gleich selber sie wenig gebrauchen. Man muß aber deren nicht zu viele machen, sonst redet man zu uncriolisch (Oldendorp 2000, 698–700; Text verfasst um 1770).

6.5 Die Wortstellung in den FKS

Mit dem Verlust (fast) sämtlicher Flexionsformen und vieler präpositionaler Markierungsmöglichkeiten geht in den FKS eine noch strengere Festlegung der Wortstellung einher, die fast keine Ausnahmen mehr zulässt. Die FKS setzen somit auch hier die Entwicklungstendenzen vom Lateinischen zum Französischen fort: Der allmähliche Verlust der Möglichkeit zur Markierung der grammatischen Funktion durch die Form (Endung) der Wörter wird durch strengere Regeln der Wortstellung kompensiert, die auf diese Weise zu einem wichtigen Mittel der Markierung der grammatischen Funktion wird.

In den FKS haben wir so die obligatorische Reihenfolge der Satzglieder:

(Adverbial) – Subjekt – Prädikat – Objekt(e) – Adverbial(e)
AS   NS   VS   NS   AS

Inversion des Subjekts ist nicht möglich, da das Subjekt durch seine Position vor dem Verbalsyntagma als solches markiert ist. Die Objekte, auch die pronominalen, folgen dem Verbalsyntagma; die Reihenfolge von direktem und indirektem Objekt kann variieren, ein unmarkiertes indirektes Objekt geht dem direkten voraus. Die Stellung der Objektpronomina hinter dem Verbalsyntagma gehört zu den wichtigen Neuerungen der FKS gegenüber dem Französischen. Die Adverbialsyntagmen stehen in der Regel am Anfang und/oder Ende des Satzes, kennen aber gewisse Freiheiten. Gerade in der gesprochenen Sprache sind jedoch textpragmatisch und textlinguistisch bedingte Abweichungen von diesen Regeln durchaus nicht selten.

Innerhalb der Syntagmen ist die Reihenfolge der Elemente in gleicher Weise festgelegt und bietet nur wenige Variationsmöglichkeiten. So stehen die attributiven

Adjektive wie im Französischen vor oder hinter dem Substantiv, und die Position der Determinanten kennt für jede FKS ihre speziellen Regeln. Die Abfolge der Partikeln im Verbalsyntagma folgt festen Regeln, wobei es aber Unterschiede zwischen den einzelnen FKS gibt.

6.6 Der Fragesatz in den FKS

Die FKS kennen nur zwei Möglichkeiten zur Markierung einer Frage: die Frageintonation und/oder die Einleitung durch ein Fragewort. Eine Änderung der Wortstellung, abgesehen von der Frontstellung des Fragewortes, die aber nicht in jedem Fall erfolgen muss, geschieht im Fragesatz nicht.

Die Entscheidungs- oder Satzfrage wird entweder nur durch die Intonation ausgedrückt oder durch die satzeinleitende Fragepartikel *eski* (frz. *est-ce que*) mit gleichzeitiger Frageintonation:

KrMau: *to vini?* *eski to vini?*
ta pa (pou) vini? *eski to pa (pou) vini?*
li pa ti/fin vin isi? *eski li pa ti/fin vin isi?*

Bei der Wortfrage tritt das Fragewort an den Anfang des Satzes, der Satz erhält Frageintonation und fakultativ kann *eski* nach dem Fragewort gesetzt werden. Einige Fragewörter sind in den FKS neu gebildet worden, z.T. findet man sie in allen FKS, z.T. nur in einigen von ihnen:

ki san la? kiles? kiles ki? kisa? ki moun? qui? qui est-ce qui?
kiler? (frz. *quelle heure?*), *kan?* quand?
(ki)kote?, akote?, kot? (frz. *(quel) côté?*) où?
oti? (frz. *où tu?* – unsicher)
kifer? (frz. *que faire?*), *pourkwa?* pourquoi?
akoz? (frz. *à cause?*)
kimanyer? (frz. *quelle manière?*), *koman?* comment?

Beispiele:
kiler (eski) to pou vini? quand viendras-tu?
kifer to pa ti vin kot nou yer? pourquoi n'es-tu pas venu chez nous hier?
kote li reste? ou habite-t-il?
kimanyer, twa? comment [vas-tu], (toi)?

6.7 Arbeitsaufgaben

6.1. Analysieren Sie die Sprache einiger kreolischer Texte und stellen Sie, soweit möglich, für jeden Text bzw. jede FKS grammatische Regeln zusammen. Achten Sie dabei auch auf Abweichungen von der vorausgehenden Darstellung. Folgende Punkte sind hier vor allem von Interesse:
- Artikelverwendung und Formen der Determinanten
- die Verbalpartikel, Formen und Funktionen
- Diathese (Reflexiv, Passiv) und (Lang-/Kurz-)Form der Verben
- Wortstellung
- Klassifizierung der Wörter nach ihrer syntaktischen Funktion

6.2. Vergleichen Sie die Darstellung des Verbalsystems in verschiedenen Grammatiken miteinander und mit dem hier Gesagten. Decken Sie Widersprüche auf und stellen Sie offene Fragen zusammen.

6.3. Übersetzen Sie die folgenden französischen Sätze in die verschiedenen FKS und beachten Sie dabei die jeweiligen grammatischen Besonderheiten:
- *Est-ce que tu as vu ma mère? – Non, je ne l'ai pas vue.*
- *Elle est allée chez notre voisine pour lui rendre les affaires qu'elle nous avait prêtées.*
- *Aimez-vous les gens qui viendront nous voir demain?*
- *Si les enfants ne savaient pas lire et écrire, ils devraient encore aller à l'école.* (Es kommt hier nicht auf völlig korrekte Übersetzung an. Wichtig ist, dass die wesentlichen Merkmale der FKS insgesamt sowie die Charakteristika der einzelnen FKS erkannt und wiedergegeben werden).

6.4. Überprüfen Sie, inwieweit sich die von Frei (1929) in seiner *Grammaire des fautes* aufgezeigten Tendenzen des Französischen in den FKS wiederfinden. Interpretieren und diskutieren Sie Ihre Ergebnisse.

6.5. Stellen Sie die wichtigsten strukturellen Unterschiede zwischen dem Französischen und den FKS zusammen. Beachten Sie dabei auch die Unterschiede zwischen den einzelnen FKS.

7 Die Entstehung der FKS und ihr Verhältnis zum Französischen

Die Frage nach der Entstehung der KS (und damit auch der FKS) und nach ihrem Verhältnis zu der oder den Ausgangssprachen (hier Französisch) sowie nach anderen, für ihre Entstehung und Einordnung maßgebenden Faktoren gehört von Beginn an zu den zentralen Fragen der Kreolistik. Grad und Umfang der Veränderungen der Ausgangssprache wie auch der kurze Zeitraum und die äußeren Bedingungen, die zum Entstehen der neuen Sprachen geführt haben, spielen eine Rolle.

Es gibt eine Reihe von Theorien und Erklärungsversuchen, deren Bedeutung inzwischen weit über den Rahmen der Kreolistik hinausreicht und zentrale Fragen der allgemeinen Linguistik berührt (u. a. Zweisprachigkeit, Zweitspracherwerb, Sprachentstehung und -veränderung). Eine endgültige und von allen akzeptierte Erklärung fehlt jedoch auch nach einigen Jahrzehnten intensiver Diskussion noch immer (zur aktuellen Diskussion siehe Kap. 2.1). Auch das Wissen über die sozio-historischen Umstände der Entstehung der FKS weist immer noch Lücken auf, und die Fakten können unterschiedlich bewertet und interpretiert werden. Zu diesen Fakten gehören auch die ersten Erwähnungen dieser neuen Sprachformen und erste konkrete Dokumente, deren kleinste Wörter und kurze Sätze sind, die in französische oder englische Texte eingestreut werden.

7.1 Die Herkunft der Sprecher – Sklavenhalter und Sklaven

Die Siedler in den neuen Kolonien kamen aus ganz Frankreich, in ihrer Mehrzahl aber aus den küstennahen Provinzen nordwestlich und westlich von Paris, bis hin nach Bordeaux im Süden. Die weiße Bevölkerung von Martinique belief sich so bereits 1664, 30 Jahre nach dem Entstehen der Kolonie, auf 2.722 Personen, 1680 waren es 3.102, und die Zahl stieg bis 1687 auf 5.019 Personen. Für ihre regionale Herkunft führt Chaudenson (1979a, 44) folgende Tabelle an (Daten nach David 1973):

Die regionale Herkunft der französischen Siedler auf Martinique, 1640–1700

Provinces d'origine	1640–1660	1670–1700
Normandie	38,0 %	17,0 %
Bretagne	9,3 %	9,7 %
Ile-de-France	9,3 %	9,7 %
Saintonge	4,3 %	9,0 %
Guyenne-Gascogne	2,7 %	9,6 %
Provence	0,9 %	2,9 %
autres	35,0 %	42,0 %

Die Situation in den übrigen Gebieten dürfte nur unwesentlich anders gewesen sein. Die soziale Herkunft der Siedler reichte vom Adel über das ganze soziale Spektrum bis hin zu einfachen Handwerkern, Seeleuten, Tagelöhnern und Sträflingen, wobei die niederen sozialen Klassen weit in der Überzahl waren. Nur wenige konnten lesen und schreiben, ihre Sprache lässt sich kaum mit dem heutigen Französisch vergleichen, denn die Dialekte unterschieden sich erheblich von dem in Paris gesprochenen Französisch und noch mehr von dem uns in der Literatur überlieferten. Einige Siedler kamen aus anderen europäischen Nationen, aber in den französischen Kolonien bildeten sie immer nur eine kleine Minderheit.

Viele der frühen Siedler waren *engagés*, mittellose Arbeitskräfte, die sich für eine gewisse Zeit als Leibeigene in der Hoffnung verkauft hatten, nach Ablauf dieser Zeit in der Kolonie eine eigene Existenz gründen zu können. Dieses System bewährte sich jedoch nicht, und an die Stelle der *engagés* traten immer mehr und in immer größerer Zahl aus Afrika importierte, schwarze Sklaven, denn die (Land-)Wirtschaft in den tropischen Kolonien erforderte eine große Zahl Arbeitskräfte, vor allem im Zuckerrohranbau. Dieser trat immer mehr an die Stelle von Gewürzen, Kaffee, Indigo usw. und wurde häufig zur Monokultur. Die autochthone Bevölkerung (Karaïben und andere Völker Mittelamerikas) war schon bald bis auf wenige Reste vernichtet worden, da sie sich nicht für die Arbeit eignete und sich einer Unterwerfung unter die neuen, weißen Herren widersetzte. Hinzu kamen die von den Europäern mitgebrachten Krankheiten.

Die Verwendung schwarzer Arbeitskräfte war nicht ungewöhnlich, denn afrikanische Sklaven hatte es in (Süd-)Europa seit dem Altertum und das ganze Mittelalter über gegeben. Die ersten afrikanischen Sklaven wurden so seit dem Beginn der Eroberung Amerikas durch die Spanier bald nach 1492 nach Hispaniola (Santo Domingo/ Saint Domingue; heute geteilt in Haiti im Westen und die Dominikanische Republik im Osten) gebracht. Für die französischen Kolonien, deren Inbesitznahme 1635 auf Martinique und Guadeloupe begann, berichtet Pelleprat (1655):

> Les François ne se seruent ny de bœufs ni de cheuaux dans la culture de leurs terres; mais seulement des Esclaues qui leur viennent d'Afrique, ou des costes de l'Amerique les plus éloignées des Isles (Pelleprat 1655, 50; siehe auch Chaudenson 1979a, 40).

Mit dem Wachsen und Aufblühen der Kolonien kamen immer mehr Sklaven nach Amerika, ihre Zahl überwog die der weißen Bevölkerung bald um ein Vielfaches, häufig um mehr als das Zehn- oder Fünfzehnfache.[1] Bis zum Verbot des Sklavenhandels zu Anfang des 19. Jahrhunderts und der Abschaffung der Sklaverei in der Mitte des 19. Jahrhunderts wurden 12–15 Millionen Menschen von Afrika nach Amerika gebracht, davon ca. 1,6 Millionen in die französischen Kolonien in Westindien.

---

[1] Curtin (1969) gibt einen sehr guten Überblick über den Sklavenhandel nach Amerika und belegt seine Darstellung mit vielen Zahlen und Tabellen. Siehe auch aus der großen Zahl der Publikationen zum Sklavenhandel Deschamps (1971); Loth (1981); Thomas (1997).

Nach Peytraud (1897, 137) betrug die Einwohnerzahl der *îles françaises de l'Amérique* im Jahr 1687 47.521 Personen, davon

17.888 Blancs libres	10.975 Nègres	538 Mulâtres
999 Engagés	9.197 Négresses	339 Mulâtresses
	7.086 Négrillons et Négrittes	299 Caraïbes

Die Zahl der Menschen afrikanischer Herkunft war 1780 auf 673.500 Sklaven und 36.400 freie *Neger* gestiegen (Peytraud 1897, 139), d. h., ihre Zahl hatte sich in knapp 100 Jahren mehr als verfünfundzwanzigfacht.

In seiner Blütezeit war der Sklavenhandel ein großes, wenn auch risikoreiches Geschäft. Alle europäischen Seefahrernationen beteiligten sich an ihm. Sie hatten ihre *Forts* an der westafrikanischen Goldküste und der Sklavenküste, wo ihre Schiffe von Europa kommend Sklaven kauften bzw. eintauschten, um sie über den Atlantik nach Amerika zu bringen und dort zu verkaufen. Auf dem Rückweg nach Europa, der letzten Etappe des *Dreieckshandels*, brachten sie die *Kolonialwaren* (Zucker, Rum, Gewürze, Kaffee, Kakao, Indigo) ins Mutterland.[2]

Die Herkunft der auf den Sklavenschiffen und den Plantagen zusammenlebenden Sklaven war fast immer recht gemischt, nur gelegentlich herrschten bestimmte ethnische Gruppen vor.[3] Um sich vor Aufständen zu schützen, achteten die Sklavenhändler und die Plantagenbesitzer bzw. -verwalter darauf, Sklaven verschiedener ethnischer und sprachlicher Herkunft zusammenzubringen, um so eine Verständigung untereinander gegen ihr Wissen zu verhindern. Pelleprat (1655) bemerkt zur Herkunft der Sklaven zu diesem frühen Zeitpunkt der Kolonien:

> Les Negres qu'on transporte aux Isles sont de diuerses nations d'Afrique, d'Angola, de Capuerd, de la Guinée, de Senegal, & de quelques autres terres voisines de la mer. On compte dans les Isles iusqu'à treize nations de ces Infideles, qui parlent toutes de differentes langues, sans y comprendre les Sauvages Esclauues [de la terre ferme], qui sont aussi de diuerses nations (Pelleprat 1655, 52–53, s. auch Chaudenson 1979a, 41–42).

Oldendorp konnte 1767/68 auf den damals dänischen Jungferninseln (heute U.S. Virgin Islands) Sprecher von 26 afrikanischen Sprachen eine Liste mit 30 Wörtern und einen kurzen Satz übersetzen lassen, die in Oldendorp (1777, 344–346 / 2000, 457–465) abgedruckt sind. Dies bedeutet, dass 100 Jahre nach Beginn der Kolonisierung von St. Thomas dort weiter zahlreiche afrikanische Sprachen gesprochen wurden, die vermutlich mehr durch die Ankunft immer neuer Sklaven am Leben erhalten wurden, als durch die Weitergabe der Sprache von den Eltern an ihre Kinder.

---

2 Degn (1974) beschreibt diesen Handel am Beispiel der Familie Schimmelmann, die Besitzungen auf den damals dänischen Jungferninseln hatte, gleichzeitig auch am Sklavenhandel beteiligt war und wichtige Positionen in der dänischen Politik innehatte.
3 Siehe dazu Fleischmann (1979; 1983).

Auf Réunion und Mauritius war die Situation ähnlich, allerdings brachte man nur in den ersten Jahren der Besiedlung eine gewisse Anzahl von Sklaven aus Westafrika in den Indischen Ozean, dann holte man sie aus Madagaskar und von der ostafrikanischen Küste (Moçambique). Außerdem gab es auf beiden Inseln, besonders auf Mauritius, schon früh (freie) indische Arbeiter, meist Tamulen aus den französischen Besitzungen an der Südostküste Indiens (Pondichéry).

7.2 Die Kommunikationsbedingungen und die Anfänge der Kreolsprachen

Zwei wesentliche Bedingungen für das Entstehen von KS scheinen folglich das Fehlen einer autochthonen Bevölkerung und eine zahlenmäßig große Überlegenheit der sozial unterlegenen Bevölkerungsgruppe gewesen zu sein, d. h. hier der Sklavenbevölkerung. Als dritter, allen kreolophonen Gebieten gemeinsamer Faktor kommt die isolierte Lage hinzu, denn es handelt sich fast immer um Inseln oder küstennahe Gebiete mit nur schwer zugänglichem Hinterland.

Selbst wenn unter den gegebenen Bedingungen eine afrikanische Sprache zur Verständigung innerhalb kleiner Gruppen dienen konnte und auch durch die Ankunft immer neuer Sprecher eine gewisse Zeit weiterlebte, so reichten die Muttersprachen der Sklaven doch nicht aus, um mit allen Sklaven, mit denen sie zusammen lebten und arbeiteten, kommunizieren zu können. Und vor allem reichten sie nicht aus, um die Aufträge und Befehle der weißen Herren verstehen und ausführen zu können. Von deren Wohlgesonnenheit aber hing das Schicksal und Wohlergehen, ja Überleben der Sklaven ab, so dass es sich aus der Situation von selbst ergab, dass die (europäische) Sprache der Weißen zum Ziel und Vorbild für die Sklaven wurde. Wer diese, und sei es auch nur rudimentär, verstehen und sprechen konnte, hatte große Vorteile gegenüber den anderen Sklaven, während der praktische Nutzen der afrikanischen Muttersprachen nur noch gering war. Es verwundert unter diesen Bedingungen nicht, dass diese irgendwann aufgegeben und durch die neue, *kreolische* (d. h. einheimische) Sprache ersetzt wurden. Dafür, wie lange sie tatsächlich noch weiterlebten und von den Sklaven im täglichen Leben gebraucht wurden, fehlen uns die Dokumente – Oldendorps Werk steht hier relativ alleine. Die Sklaven hatten keine Möglichkeit, ihre Sprachen zu dokumentieren, selbst wenn sie es gewollt hätten. Und für ihre weißen Besitzer waren diese ohne jedes Interesse, denn für sie zählte nur die Arbeitskraft, nicht der sprechende Mensch und sein sprachliches Erbe, das er sowieso nicht verstehen konnte – und wollte.

Stattdessen eigneten sich die Sklaven Elemente der Sprache ihrer Herren an, und daraus entstanden neue Sprachformen. Schon wenige Jahre nach Ankunft der Franzosen (Europäer) wird in Reiseberichten u. a. Dokumenten, deren Verfasser meist Geistliche waren, die Existenz solcher Sprachformen in den neuen Kolonien erwähnt, und es werden auch schon kurze Texte zitiert. So sagt Chevillard (1659) über die Sklaven und ihre Art zu sprechen:

> [...] les nègres sont diserts et intélligents; observateurs attentifs, ils se familiarisent rapidement avec le langage de l'européen, langage volontairement corumpu pour faciliter sa compréhension[4] (zitiert nach Goodman 1964, 104 ; wir haben das Zitat im Original nicht gefunden, stattdessen: „Pour les Noirs [...] ils sont plus diserts & intelligens: d'où vient qu'ils entendent plus facilement les Instructions, la familiarité domestique donnant grande ouuervture à ces esprits. On les enseigne pour l'ordinaire selon la matiere, en cette maniere", Chevillard 1659, 145).

Von dem in der Folge häufig zitierten „langage volontairement corrompu" ist bei Chevillard nicht die Rede. Es folgt ein längeres Beispiel für den Sprachgebrauch der Missionare, nicht der Sklaven selbst:

> *Toy sçauoir qu'il y a VN DIEV: luy grand Capitou: luy sçavoir tout faire sans autre pour l'ayder: luy donner à tous patates: luy mouche manigat pour tout faire, non point autre comme luy. Vouloir faire maison, non point faire comme homme, car toy aller chercher hache pour bois, puis coupper roseaux, prendre mahoc et lienes, & ainsi pequino faire case. Or Dieu mouche manigat, luy dire en son esprit, moy vouloir monde luy preste miré monde: luy dire, moy vouloir home luy preste miré homme [...]* (Chevillards 1659, 145; der Text in Goodman 1964, 104 weicht in Details ab).

Pelleprat (1655) beschreibt bereits die Grundzüge dieser Sprache:

> *Nous nous accomodons cependant à leur façon [des esclaves noirs] de parler qui est ordinairement par l'infinitif du verbe comme par exemple moy prier Dieu, moy aller à l'Eglise, moy point manger, pour dire i'ay prié Dieu, ie suis allé à l'Eglise, ie n'ay point mangé. Et y adioustant vn mot qui marque le temps à venir ou le passé, ils disent demain moy manger, hier moy prier Dieu, & cela signifie Ie mangeray demain, hier ie priay Dieu* (Pelleprat 1655, 53),

und er zitiert ebenfalls eine kurze Passage in dieser Sprache:

> *Seigneur, toy bien sçaué que mon frere luy, point mentir, point luy iurer, point dérober, point aller à femme d'autre, point luy méchant, pourquoy toy le voulé faire mourir [...] Mon frere, toy te confesser, toy dire comme moy: ‚Seigneur, si moy mentir, moy demander à toy pardon, si moy dérober, si moy iurer, si moy faire autre mal à toy, moy bien fâché, moy demander pardon* (1655, 63).

Nach Ablauf von kaum einer Generation hatte sich also diese neue Sprachform etabliert, und die überlieferten Sprachproben weisen, bei aller Vorsicht, mit der man ihnen begegnen muss, doch schon Ähnlichkeiten mit den heutigen FKS auf.

Wie lange gleichzeitig die afrikanischen Sprachen noch weiter existierten, bevor sie nicht mehr als Muttersprache weitergegeben und damit zugunsten der neuen, *kreolischen* Sprache aufgegeben wurden, lässt sich nicht mehr nachvollziehen. Die gesamte Situation dürfte recht komplex gewesen sein, denn das afrikanische Element wurde durch die fortlaufend neu ankommenden Sklaven immer wieder aufgefrischt

---

4 Eine ähnliche Aussage macht auch Oldendorp über 100 Jahre später: „Es ist, als wäre diese Sprache mit Fleiß erfunden worden, den ankommenden guineischen Schwarzen das Reden mit den Blanken recht leicht und sie in kurzer Zeit dazu geschickt zu machen. Sie fassen sie auch sehr geschwind und haben überhaupt eine große Fähigkeit, Sprachen zu lernen" (Oldendorp 2000, 711).

und lebendig erhalten. Die neuen *Bossal-Neger* wurden von den in der Kolonie geborenen *Kreol-Negern* angelernt und auch mit der *kreolischen* Sprache vertraut gemacht, ohne dass sie damit ihre afrikanische Sprache sogleich aufgegeben hätten.

Dass die KS auch von den Europäern im Umgang mit ihren Sklaven verwendet wurden, geht bereits aus dem Zitat von Pelleprat (1655) hervor. Und mit der Zeit gewann das Kreolische auch für sie immer mehr an Bedeutung. So stellt Girod-Chantrans in einem Brief aus Haiti aus dem Jahr 1782 fest:

> Quoi qu'il en soit, le langage créole a prévalu. Non-seulement il est celui des gens de couleur, mais même des blancs domiciliés dans la colonie, qui le parlent plus volontiers que le françois, soit par habitude, soit parce qu'il leur plait davantage (Girod-Chantrans 1785, 191).

Oldendorp äußert sich ähnlich:

> Criolisch braucht man unter den Negern. Es könnens auch die Criolen [das sind die auf der Insel Geborenen] und meisten weißen Einwohner des Landes. Sie reden es aber nicht alle gern mit Blanken, weil es zugleich die Negersprache ist. [...]. Die blanken Kinder werden teils von Negerinnen gewartet, teils wachsen sie unter Negerkindern auf und lernen also zuerst die criolische oder Negersprache. Man trifft welche an, die keine andere recht können. Überhaupt reden aber die blanken Criolen diese Sprache feiner als die Neger und haben ihre eigene zierlichere Ausdrücke und Redensarten (Oldendorp 2000, 357–358).

Das geringe Prestige der KS als Sprache der Sklaven, die nicht in der Lage waren, Französisch (die europäischen Sprachen) richtig zu lernen, beschränkte nichtsdestoweniger ihren Wert für die Weißen, für die ihre jeweilige europäische Muttersprache die wichtigere Sprache blieb.

7.3 Die Sonderstellung des KrRéu

Das KrRéu nimmt unter den FKS eine Sonderstellung ein, denn es hat neben der Entwicklung der typischen Strukturen der (F)KS auch eine Reihe morphologischer Formen des Französischen bewahrt: den vorangestellten bestimmten Artikel, eine größere Zahl von Verbalpartikeln, die z.T. noch das zugrundeliegende französische Hilfsverb erkennen lassen, die negativen Futurformen wie *mi santra pa* ‚je ne chanterai pas', die Stellung der Negationspartikel. Die Gründe für diese Sonderstellung können in einer späteren Dekreolisierung, d.h. Wiederannäherung des KrRéu ans Französische liegen – aber warum ist diese Entwicklung dann nur im KrRéu und nicht auch in anderen FKS, zumindest in den DOM erfolgt? – oder sie kann ihre Ursache bereits in den Bedingungen der Entstehung des KrRéu haben. Und hier fällt auf, dass auf Réunion (damals Bourbon) rund 50 Jahre lang die weiße, französische Bevölkerung gegenüber der schwarzen Sklavenbevölkerung in der Überzahl war, und dass unter den Sklaven der Anteil der auf Réunion geborenen *Kreolneger* relativ hoch war. Auf Réunion war das Französische damit im Vergleich zu den übrigen Gebieten in einer günstigeren Situation, da seine Sprecher gegenüber den anderssprachigen Bevölkerungsgruppen wesentlich länger in der Überzahl waren. Außerdem stieg die Bevölkerungszahl nur relativ langsam. Die konkreten Zahlen sind:[5]

1664:	Beginn der Besiedlung	
1704:	423 Weiße	311 Neger (erste offizielle Volkszählung)
1709:	507	387
1713:	633	538
1717:	ca. 900	ca. 1.100

7.4 Erklärungsversuche und Entstehungstheorien

7.4.1 Wer ist verantwortlich für die Entstehung der (F)KS?

Drei Antworten sind auf diese Frage möglich, und sie sind auch wiederholt und auf verschiedene Weise gegeben worden:

1. Die Weißen haben ihre Sprache bewusst verändert, um die Verständigung mit den Sklaven zu erleichtern: „langage volontairement corrompu pour faciliter sa compréhension" (Chevillard 1659, aber siehe zuvor). Diese Position ist allerdings seit Schuchardt (1909) kaum mehr vertreten worden, der festgestellt hatte:

> Alles Radebrechen einer Sprache geht von deren Erbbesitzern aus, ganz ähnlich wie die Kindersprache auf der Ammensprache beruht. (Schuchardt 1909, 443).

Dem widerspricht Alleyne mit seiner Position:

> Le français qui se parlait dans la situation de contact entre français et africain était donc un français qui n'avait rien perdu de sa morphologie. Il n'est pas question d'un français volontairement réduit ou simplifié ou corrompu par les sujets parlant français. (Alleyne 1976, 1084).

2. Die entgegengesetzte Position, dass nämlich die afrikanischen Sklaven die KS geschaffen haben, wurde ebenfalls in der Mitte des 17. Jahrhunderts zum ersten Mal vertreten, und zwar von Pelleprat, mit der schon angeführten Feststellung

> nous nous accomodons à leur façon de parler qui est ordinairement par l'infinitif du verbe. (Pelleprat 1655, 53).

---

[5] Vgl. zu diesen Daten und den vorausgehenden Ausführungen Chaudenson (1974a, 452ss.; 1979a, 42ss.). Verwiesen sei auf die zwischen Chaudenson und Baker/Corne geführte z.T. polemische Diskussion um die Entstehung des KrMau und sein Verhältnis zum KrRéu. Die entsprechenden Arbeiten sind (in Auswahl): Chaudenson (1974a, 1106ss.); Baker (1976); Chaudenson (1979a, 37ss.; 1979d; 1981a); Baker/Corne (1982); Chaudenson (1983); Chaudenson (2010).

Allerdings ist diese Art zu sprechen nur deswegen erfolgreich, weil sie von den Weißen, den Sprechern der Superstratsprache, übernommen und nachgeahmt, aber nicht korrigiert wird. Der bekannteste Vertreter dieser Theorie ist wohl Bloomfield (1933) mit seiner Babytalk-Theorie:

> This ‚baby-talk' is the masters' imitation of the subjects' incorrect speech. [...] The basis is the foreigner's desperate attempt at English. Then comes the English-speaker's contemptuous imitation of this, which he tries in the hope of making himself understood. [...] The third layer of alteration is due to the foreigner's imperfect reproduction of the English-speaker's simplified talk, and will differ according to the phonetic and grammatical habit of the foreigner's language (Bloomfield 1933, 472–473).

Bloomfield sieht die Ursache für die Entstehung der KS (und der Pidginsprachen) also in gleicher Weise wie Schuchardt, nämlich im nicht gelungenen Versuch, eine fremde Sprache richtig zu sprechen. Er interpretiert diese Situation jedoch genau entgegengesetzt, denn für Schuchardt war es der Sprecher dieser Sprache, der sie bewusst vereinfachte, während es nach Bloomfield dem Fremden nicht gelingt, die für ihn fremde Sprache richtig zu sprechen, und der Muttersprachler die Fehler des Fremden bewusst aufnimmt, um ihm zu helfen; der Fremde übernimmt diese Fehler wiederum in der Meinung, es handle sich um die korrekte Sprache, usw.

Bloomfields Ansatz, die Entstehung der KS mit dem Erlernen einer fremden Sprache in Verbindung zu bringen, war bereits von Coelho (1880) gesehen worden:

> Os dialectos romanicos o creolos, indo-portuguez e todas as formações similhantes representam o primeiro ou primeiros estadios na acquisição de uma lingua estrangeira por um povo que falla ou fallou outra (Coelho 1880, 193).

Er führte jedoch erst in den letzten Jahren zu neuen, wichtigen Überlegungen, als man in den KS bzw. ihrer Vorstufe, den Pidginsprachen, das Ergebnis eines ungesteuerten Zweitsprachenerwerbs unter speziellen, besonders schwierigen Bedingungen zu sehen begann. Der Brückenschlag zwischen der Kreolistik und der Spracherwerbsforschung führte in der Folge zu einer Ausweitung des Konzepts der Kreolisierung und Pidginisierung auf immer neue Sprachen und Sprachentwicklungsprozesse, so dass die eigentlichen Pidgin- und Kreolsprachen in dieser Diskussion oft nur noch am Rand eine Rolle spielen.[6]

3. Die dritte Antwort nimmt eine Mittelposition ein: Nicht eine der beiden Sprechergruppen ist für das Entstehen der KS verantwortlich, sondern die Umstände, d. h. die Lebensbedingungen in den Plantagengesellschaften und der Sklaverei führten notwendigerweise zum Entstehen dieser Sprachen:

---

6 Vgl. z. B. Schumann (1978a; 1978b); zusammenfassend zuletzt Siegel (2008).

> [...] la nécessité impérieuse qui s'imposait aux maîtres et aux esclaves de se créer, au plus tôt et coûte que coûte, un instrument d'échange quel qu'il fût (Baissac 1880, ii–iii).

Coelho (1880, 195) spricht von „leis psychologicas ou physiologicas por toda a parte as mesmas" und Gáldi (1949, 314) entsprechend von „certaines lois ‚panchroniques' de la psychologie humaine". Welcher Art diese Gesetze sind, bleibt jedoch offen.

Bickerton (1981) führt diesen Gedanken einer in der Sprache bzw. im Menschen angelegten Gesetzmäßigkeit noch weiter. Dabei bringt er die Entstehung der KS in Zusammenhang mit dem kindlichen Spracherwerb und der Entstehung der menschlichen Sprache überhaupt. Auch für ihn geht es also um Spracherwerb. Er geht davon aus, dass „one cannot learn a language unless one has a language" (207); d. h. dass der Mensch nur deshalb Sprache(n) lernen kann, weil Sprache in seinem Bioprogramm angelegt ist,[7] und zwar in einer der Struktur der KS ähnlichen Form.

> If the present model is in essence correct, and if a creole-like language was the end product of a long period of biological evolution, then the overall capacity to produce languages of this type (itself a composite of neural capacities that preexisted any kind of language and neural capacities that were added as language evolved) must at that point (and for the rest of the life of the species, it should go without saying) have formed a part of the genetic inheritance of every individual member of the species. It would then unfold [...] as part of the normal growth development of every child – in most cases, being quickly overlaid by the local cultural language, but in a few, emerging in something not too different from its original form. It would merely require triggering by some form of linguistic activity from others (Bickerton 1981, 289).

Die Strukturen der KS gehören nach Bickertons Theorie zu den frühesten Strukturen menschlicher Sprache. Sie kommen immer dann zu Tage und führen zur Entstehung von konkreten KS, wenn keine „local cultural language" dem sprechenlernenden Kind in angemessener Weise zur Verfügung steht.

Bickertons Theorie[8] hat lange Zeit die Kreolistik beherrscht. Auch wenn sie in dieser absoluten Form keinen Bestand hatte, so hat sie die Diskussion doch in vielen Punkten weitergeführt. Sie stellt einen wichtigen Schritt in dem Versuch dar, das Entstehen der KS insgesamt und ihre große strukturelle Ähnlichkeit zu erklären. Die KS sind durch diese Arbeit zu einem zentralen Thema in der Diskussion um die Entstehung und Entwicklung der menschlichen Sprache überhaupt geworden (zur Entstehungsthematik siehe auch Kap. 2.1).

---

[7] Bickerton steht damit in der Tradition von Chomsky und seiner Theorie des angeborenen Sprachwissens, einer der Grundthesen der frühen generativen Grammatik.
[8] Auf zwei Besprechungen vom Blickpunkt der FKS aus sei hier speziell hingewiesen: Hazaël-Massieux, Guy (1982) und Chaudenson (1982).

7.4.2 Wie sind die (F)KS entstanden?

Die Entstehung der KS stellt einen besonderen Fall des Sprachwandels und der Sprachentwicklung dar, dessen Ursachen in den speziellen äußeren Umständen liegen, ohne dass wohl eine der beteiligten Gruppen ihn bewusst und gezielt beeinflusst oder gesteuert hätte. Das Besondere an ihm sind die kurze Zeit, in der er erfolgte, und die Ähnlichkeit des Ergebnisses, denn unabhängig von den beteiligten Sprachen führte er in allen Fällen zu neuen Sprachen mit einer sehr ähnlichen grammatischen Struktur. Wie diese Entwicklung tatsächlich vor sich ging, lässt sich nur vermuten und rekonstruieren, denn Belege und Hinweise auf die Existenz der KS gibt es erst, nachdem sie bereits entstanden waren. Für die frühen Werke über die betreffenden Gebiete waren sie zudem zu wenig wichtig, um ihnen mehr als ein paar Zeilen zu widmen, wenn sie überhaupt erwähnt werden.

Wir können folglich lediglich die äußeren Umstände, unter denen es zu dieser Entwicklung kam, zu rekonstruieren versuchen. Bollée (1977b, 133) hat die wesentlichen „sozialen Faktoren", die bei der Entstehung der (F)KS eine Rolle gespielt haben, zusammengestellt:

- es [das Kreolische] entsteht in einer multilingualen Gesellschaft;
- es entsteht in einem isolierten Gebiet;
- Schulen und kulturelle Einrichtungen fehlen;
- der Spracherwerb der Nichteuropäer wird nicht gesteuert oder gefördert (etwa durch Sprachunterricht);
- die gesprochene Sprache, nicht eine normengerechte, standardisierte Schriftsprache, wird kreolisiert;
- die Basissprache ist die Sprache der herrschenden Klasse;
- die Sprecher der Basissprache gehören, gemessen an der Gesellschaftsstruktur ihres Herkunftslandes, den unteren Gesellschaftsschichten an.

Damit ist jedoch immer noch nicht gesagt, was mit den betroffenen Sprachen geschehen ist. Man kann aber davon ausgehen, dass es zunächst zu einer extremen Vereinfachung der europäischen Sprache kam. Mit der Zunahme der Situationen, in denen die neue Sprache verwendet wurde, vor allem aber durch ihre Übernahme als Muttersprache durch die Sklavenbevölkerung, erfolgte eine Restrukturierung und ein (Wieder-)Ausbau zu einer normalen Sprache. In der ersten Phase ist diese Sprache ihrer Funktion nach ein *pidgin* (= Nicht-Muttersprache), in der zweiten ist sie in ihrer Funktion zu einer *Kreolsprache* geworden. Beide Phasen können sich zeitlich überschneiden, abhängig von der Funktion dieser neuen Sprache für den einzelnen Sprecher. Für den Neuankömmling wird sie zuerst nicht mehr als ein Pidgin sein, während sie für den in der Kolonie Geborenen bereits zur Muttersprache (= Kreolsprache) geworden ist.

Valdman (1978a, 5ss.) hat beide Sprachtypen hinsichtlich der Charakteristika ihrer Entwicklung einander gegenübergestellt:

pidgins	créoles
– simplification de la forme externe	– complication de la forme externe
– réduction de la forme interne	– expansion de la forme interne
– réduction des domaines d'emploi	– expansion des domaines d'emploi
– langue maternelle et unique pour personne, mais emploi bilatéral ou multilatéral dans un contexte multilingue	– langue maternelle pour une partie de la population, sinon la majorité; et pour une proportion plus ou moins grande d'entre eux aussi langue unique

Valdman spricht im Zitat vom Sprachtyp, während wir zuvor von der Funktion gesprochen haben. Von der Funktion her ist die Unterscheidung relativ einfach: Eine Sprache ist entweder Mutter- und Erstsprache für einen Sprecher oder sie ist eine Sprachform, deren Verwendung auf den Kontakt mit den Sprechern anderer Sprachen beschränkt ist, sie ist also nicht Erstsprache für die betreffenden Sprecher. Dagegen ist aus typologischer Sicht die Differenzierung nur in der Theorie nach den von Valdman aufgeführten Kriterien unproblematisch, denn *simplification, complication, réduction und expansion* sind relative Kriterien, deren Anwendung auf konkrete Sprachdaten zu ihrer Klassifikation Probleme bereitet. Ob eine Äußerung zu einem Pidgin, einer KS oder einer *normalen* Sprache gehört, ist ohne Kenntnisse der äußeren Umstände und dem Bezug zu anderen Sprachen nicht möglich. Dies hat dazu geführt, dass das von Hall aufgestellte Modell der Pidginisierung als Vorstufe der Kreolisierung durchaus auch in Frage gestellt wird und ihm ein Modell der Kreolisierung ohne vorausgehende Pidginisierung gegenübergestellt wird, so z.B. im Titel der Arbeit von Bollée (1997b).

Mit diesen Überlegungen trifft die Frage nach der Entstehung der KS auf die Sprachkontaktforschung und den damit verbundenen ungesteuerten Erwerb von Teilen der Sprache des Anderen und seinen Einfluss auf die eigene Sprache. Wenn eine Sprache dabei dominiert und sich letztendlich vor allem im lexikalischen Bereich durchsetzt, aber es doch zu einer neuen Sprachform kommt, kann dies, wenn die soziohistorischen Bedingungen entsprechend sind, zur Entstehung von Pidgin- oder Kreolsprachen führen. Wenn dagegen ein gewisses Gleichgewicht herrscht und beide Sprachen ihren merklichen Anteil an der Bildung der neuen Sprache haben, wird in der aktuellen Forschung der Terminus *Mischsprache / mixed language / langue mixte* gebraucht. Explizit zu einem zentralen Forschungsansatz wurde für die Kreolistik die Sprachkontaktforschung vor allem durch die Arbeit von Thomason/Kaufmann (1988).

Da dies Forschungsansätze sind, deren Interesse weit über die traditionellen KS hinausreicht, wird die Kreolistik zu einem immer mehr Sprachen und Sprachformen umfassenden Forschungsgebiet, und Forschungsansätze zu Sprachkontakt, Sprachmischung usw. werden von einer so ausgerichteten Kreolistik immer mehr vereinnahmt, vor allem von der anglophonen Kreolistik, weniger von der frankophonen.

Da aber, so stellte Schuchardt schon 1884 fest, „es gibt keine völlig ungemischte Sprache" (Schuchardt [2]1928, 153), stellt sich das Problem der Abgrenzung zwischen Mischsprachen und normalen Sprachen. Oder sollten letztendlich alle Sprachen zum Gegenstand der Kreolistik werden? Das käme aber einer Selbstauflösung der Disziplin gleich.

7.4.3 Polygenese oder Monogenese?

Bei der Beschäftigung mit den verschiedenen KS entdeckte man schon bald ihre große strukturelle Ähnlichkeit, ja Gleichheit, unabhängig von der ihnen jeweils zugrundeliegenden europäischen Sprache und unabhängig von ihrer geographischen Verbreitung. So bemerkt Coelho bereits 1880:

> Os factos accumulados por nos mostram a evidencia que os caracteres essenciaes d'esses dialectos são por toda a parte os mesmos, apesar das differenças de raça, de clima, das distancias geographicas e ainda dos tempos (Coelho 1880, 195).

Diese Beobachtungen führten schließlich zu der Überlegung, ob die KS wirklich unabhängig voneinander in jedem Gebiet neu entstanden seien (*Polygenese*), oder ob sie nicht eher alle auf ein (portugiesisch basiertes) Ur-Kreolisch zurückgingen, das unter veränderten Bedingungen und der Beteiligung anderer Sprachen, genauer: einer anderen (europäischen) Basissprache jeweils *relexifiziert* wurde, d.h. der Wortschatz wurde ausgetauscht, während die grammatische Struktur erhalten blieb (*Monogenese*). Noch weiter zurückblickend wird gelegentlich sogar die seit der Spätantike und bis ins 19. Jahrhundert in den Hafenstädten des Mittelmeeres belegte *Lingua franca* als relexifizierte Ausgangssprache für die KS genannt.

Nachdem Faine (1939) die Existenz eines „Patois nautique [...] en usage sur les vaisseaux marchands et autres" (Faine 1939, 16) vorgeschlagen hatte, haben vor allem Goodman (1964) und Whinnom (1965) die Theorie der Monogenese und Relexifizierung vertreten. Goodman formuliert seine Position wie folgt:

> Having established both the existence of West African influence in Mauritius and the close historical connection of all the French Creoles, one is able to formulate a much clearer idea of how Creole originated and developed. Only by positing a single origin for Creole can one account for this historical connection, and its place of origin can scarcely have been other than West Africa, from which it was transported to the various parts of the world where Creole is now found (Goodman 1964, 130),

und Whinnom (1965) sagt entsprechend:

> Certain pidgins and creoles are relexifications of an advanced Portuguese pidgin; others may be relexifications of a more primitive Portuguese pidgin which originated as a relexification of Sabir, or, possibly, directly, of Sabir itself (Whinnom 1965, 522).

> In my view, indeed, the weight of probability is heavily against the independent origin of a Portuguese creole, as much as against the independent origin of other European-based pidgins and creoles (Whinnom 1965, 526).

Auch wenn eine Monogenese aller KS aus einer portugiesischen KS und die Verbreitung dieser KS in die heutigen kreolophonen Gebiete unter jeweiliger Erneuerung des Wortschatzes auf der Grundlage der dort dominierenden europäischen Sprache aufgrund der historischen Fakten durchaus möglich erscheint und zudem die strukturelle

Ähnlichkeit der KS untereinander erklären würde, wird diese Theorie doch heute nur noch wenig, und dann mit großen Einschränkungen vertreten. Eine unabhängige Herausbildung der KS, die unter ähnlichen äußeren Bedingungen zu jeweils entsprechenden Ergebnissen führte, erscheint wahrscheinlicher und hat zuletzt Bickerton zu seiner Theorie des „Bioprogramms" geführt. Eine solche unabhängige Entwicklung schließt natürlich gegenseitige Beeinflussungen nicht aus, denn zwischen den einzelnen Gebieten bestanden gerade in der Anfangszeit rege Kontakte, und die Sklaven wurden recht häufig von einer Insel auf die andere gebracht und verkauft.

7.4.4 Der Einfluss der beteiligten Sprachen und die genetische Klassifizierung der FKS

Aus den vorausgehenden Überlegungen zum Entstehen der KS ergibt sich die Frage nach der Rolle der beteiligten Sprachen am Ergebnis, und damit nach der genetischen Klassifizierung der FKS. Dass die Sprachen der europäischen Siedler als Superstratsprachen im Wortschatz dominierend waren (*lexifier*-Sprachen), ist unbestritten. Weiterhin Diskussionsgegenstand ist dagegen der Einfluss der Sprachen der Sklaven (Substratsprachen – zu den Termini *Sub- und Superstrat* siehe Kap. 2.1.1 und 8.1.3).
Es gibt drei Positionen, die besagen:
- die FKS sind aus dem Französischen entstanden und damit romanische Sprachen (der zweiten Generation);
- der Einfluss der afrikanischen Sprachen auf ihre grammatische Struktur ist so maßgebend, dass sie trotz ihres französischen Wortschatzes doch eher in die Nähe der afrikanischen Sprachen zu stellen sind;
- die FKS bilden zusammen mit den anderen KS eine eigene Gruppe von Sprachen.

Die beiden ersten Positionen haben vom Beginn der Kreolistik an ihre Vertreter, und es gibt um 1880 fast gleichzeitig zwei entgegengesetzte Aussagen über das KrMau:

Bos (1880, 571):
De même que du latin vulgaire est sorti le français, celui-ci à son tour a donné naissance aux divers créoles qui se parlent dans nos colonies. [...] De ce contact sont nées des langues néo-françaises.

Adam (1883, 9–10):
Comme les nègres de la Guyane et de la Trinidad les nègres de l'île Maurice ont plié le vocabulaire français aux lois de leur phonétique, et, dans cette accomodation, non moins que dans la substitution de leur grammaire à celle du français.

1936 erscheinen dann fast gleichzeitig zwei Werke zum KrHai und kommen zu genau entgegengesetzten Ergebnissen:

Faine (1936 [²1937, 1, 3]):
[Le créole d'Haïti] est formé des trois quarts, pour le moins, du dialecte normand des seizième et dix-septième siècles qu'il a conservé très pur.
[...] c'est l'influence des langues africaines qui aurait dû être prépondérante dans la morphologie du créole. Pourtant, il n'en est rien.

Sylvain (1936, 175, 178):
[...] si l'influence du français se reconnaît à beaucoup de détails, celle de l'africain est, en général, prépondérante.
Nous sommes en présence d'un français coulé dans le moule de la syntaxe africaine ou, comme on classe généralement les langues d'après leur parenté syntaxique, d'une langue éwé à vocabulaire français.

In der jüngeren Forschung werden solche extrem pro-afrikanischen Positionen nicht mehr vertreten, wenn auch von einigen Arbeiten (Bentolila 1970; Alleyne 1980; Boretzky 1983; Mufwene 1993; Lefèbvre 1998, 2004, 2011) der Einfluss der afrikanischen Sprachen der Sklaven hervorgehoben wird. Alleyne (1980) spricht bereits im Titel seines Buches von „Afro-American Dialects of the New World". Seine Position formuliert er so:

> Africans of varying linguistic and geographical origins [...] underwent linguistic change arising primarily out of new communicative needs within their own number, and secondarily out of communicative needs with Europeans. [...] It is axiomatic of all such change arising out of language contact that there will be transmissions or continuities from the native language of the people undergoing linguistic change. (Alleyne 1980, 138).

Eine extrem pro-französische Position findet man dagegen in den Arbeiten von Chaudenson, ausgehend vom KrRéu, dessen Sonderstellung wir ja schon gesehen haben, und den übrigen FKS-IO. So stellt Chaudenson (1974a) zum KrRéu fest:

> ... d'apparentes innovations du créole étaient très directement issues de structures ou de tendances du français populaire [...] nous n'avons pas relevé d'exemple de transferts originaux et ‚positifs' qui auraient conduit à l'adoption d'un trait nouveau qui s'inscrivît en opposition aux tendances générales de l'évolution du français. [...]
> Il ne fait pas de doute, à nos yeux, que le créole résulte de l'évolution du français populaire et dialectal du XVIIe siècle et que le rôle des langues vernaculaires est mineur si l'on considère les éléments ‚positifs' qu'elles ont pu introduire dans le parler. (Chaudenson 1974a, 1133).

Chaudenson (1979c), der sich mit dem Einfluss der afrikanischen Sprachen auf die FKS-IO beschäftigt, kommt für diese insgesamt zu entsprechenden Ergebnissen:

> L'étude historique fait donc apparaître que le rôle des langues africaines a été à peu près nul dans la genèse des créoles de l'Océan Indien. [...] en d'autres termes, les tendances fondamentales qui se manifestent dans l'évolution de la langue populaire, dans le ‚français avancé' (H. Frei) et dans les créoles de l'Océan Indien sont les mêmes. (Chaudenson 1979c, 235).

Die Untersuchungen Chaudensons sind sehr fundiert und detailliert. Es fragt sich jedoch, ob er seine Position in dieser extremen Form halten könnte, wenn er auch die FKS-Am und eventuell auch nicht-französische KS vertieft mit berücksichtigen und das Schwergewicht seiner Arbeiten mehr vom Wortschatz weg auf Morphologie und

Syntax legen würde. Denn während wir im Wortschatz und in der Phonetik und Phonologie trotz nicht-französischer Einflüsse in den FKS von einer französischen Grundlage für diese Sprachen ausgehen können, scheint dies hinsichtlich ihrer Morphologie und Syntax weniger abgesichert zu sein, da doch recht viele und vor allem zentrale Bereiche hier offensichtlich dem französischen Modell nicht folgen.

Als Beleg dafür kann die Arbeit von Sylvain (1936) dienen, die für das KrHai die strukturellen Übereinstimmungen mit afrikanischen Sprachen zusammengestellt hat. Auch wenn diese z.T. mit im Französischen angelegten Strukturen und Tendenzen zusammenfallen, so zeigen sie doch, dass man die Beteiligung der afrikanischen Sprachen der Sklaven an der Entstehung der (F)KS nicht übergehen darf:

1. Die Pluralmarkierung der Substantive geschieht durch das nachgestellte Personalpronomen der 3. Person Plural, im KrHai *yo*. In westafrikanischen Sprachen steht das entsprechende Personalpronomen z.T. vor dem Substantiv, z.T. folgt es ihm.
2. Die Nachstellung des bestimmten Artikels gibt es auch in afrikanischen Sprachen, so dass hier das Französische mit dem Demonstrativum *-là* und die afrikanischen Sprachen die gleiche Vorlage bieten. Ewe hat zudem mit *-la, -a* die gleichen Formen wie das KrHai. Die Möglichkeit, den Artikel an den Schluss eines ganzen Syntagmas zu setzen, kennen dagegen nur die afrikanischen Sprachen, nicht aber das Französische.
3. Die Verwendung der Personalpronomina als Possessivpronomina kommt in afrikanischen Sprachen häufig vor. Sie stehen in diesem Fall hinter dem Substantiv.
4. Eine dem unverbundenen Possessivpronomen des Französischen entsprechende Konstruktion wird in vielen afrikanischen Sprachen wie in den FKS aus einem Substantiv mit der Bedeutung ‚portion, part, propriété' und folgendem Possessiv- (= Personal-) Pronomen gebildet.
5. Die nominale Possessivkonstruktion erfolgt durch das unverbundene Nebeneinanderstellen der beiden Nomina; die Reihenfolge variiert je nach afrik. Sprache. Für diese Konstruktion gibt es auch im älteren Französisch Entsprechungen.
6. Als Vergleichspartikel nach dem Komparativ haben viele afrikanische Sprachen ein Verb mit der Bedeutung ‚dépasser, surpasser', in den FKS ist es *pase*.
7. Die Reflexivkonstruktionen mit *corps, cadavre, tête* usw. haben nicht nur im Altfranzösischen Vorbilder, sondern auch in vielen afrikanischen Sprachen.
8. Eine Kopula gibt es in den afrikanischen Sprachen meist nicht. Das adjektivische Prädikatsnomen verhält sich in diesen Fällen syntaktisch wie ein Verb.
9. Große Ähnlichkeit der Konstruktionen im Verbalsyntagma:
    – Unveränderlichkeit des Verbstamms;
    – Vorrang des Aspekts vor dem Tempus;
    – Zur Festlegung von Aspekt und Tempus fungieren Partikeln, die vor dem Verb stehen, zwischen Subjekt und Verbstamm.[9]

---

[9] Zusammengestellt nach Sylvain (1936, 175–178), die noch weitere Fälle anführt.

Trotz dieser Gemeinsamkeiten mit afrikanischen Sprachen ist die Beziehung der FKS zum Französischen doch dominierend und damit eine Zuordnung zu den romanischen Sprachen naheliegend, vielleicht mit dem Zusatz „der zweiten Generation" oder mit der Präzisierung „neo-romanische Sprachen". Dabei darf jedoch ihre Sonderstellung, bedingt durch die speziellen Bedingungen ihrer Entstehung, nicht übersehen werden. Während sich die romanischen Sprachen kontinuierlich über einen längeren Zeitraum hin aus dem Lateinischen entwickelt haben, und zwar so, dass man nicht sagen kann, wann genau der Beginn ihrer Existenz, d. h. ihrer Verselbstständigung vom Lateinischen stattgefunden hat, erfolgte die Entstehung der FKS abrupt und innerhalb kurzer Zeit. Es kam zu einem Bruch und folgendem Neuaufbau mit sicher starkem Einfluss der Sprachen der Sklaven, aber das französische Element blieb doch dominierend. Soweit es zu Veränderungen der Sprachstruktur kam, widersprachen diese nie, wie Chaudenson gezeigt hat, den im Französischen angelegten Tendenzen, auch wenn diese im Französischen selbst noch nicht oder nicht mehr realisiert sind. Dieser Position entspricht, dass wir heute von *französisch basierten Kreolsprachen* sprechen, und entsprechend für die anderen KS.

Die dritte Position, die in den KS eine eigene Gruppe von Sprachen sieht, beruft sich auf die große strukturelle Ähnlichkeit der KS untereinander, unabhängig von der ihnen jeweils zugrundeliegenden europäischen Sprache. Alleyne hat dazu bereits 1980 strukturell identische oder sehr ähnliche Formen aus englischen, spanischen und französischen KS der Karibik zusammengestellt. Wir wollen hier einige dieser Formen, die alle den Verbalbereich betreffen, als Beispiele anführen (siehe Alleyne 1980, 11–13).[10]

	KrHai/Ant	Papiamentu	engl. KS	Sranan/Saramaccan
j'ai chanté	mwen chante	mi a kantá	mi sing	mi singi
je suis malade	mwen malad	mi ta malo	mi siik	mi siki
je sais	mwen sav	mi a sabé	mi nuo	mi sabi
aspect complétif	mwen fin ...	mi a ... kabá	mi don ...	mi ... kaba
aspect progressif	mwen ape/ka ...	mi ta ...	mi (d)a ...	mi e/ta ...
conditionnel	mwen te va/ mwen te kay ...	lo mi a ...	mi bin sa/ mi bin go	mi bin sa/ mi bin (g)o
je chantais	mwen t ap/ te ka chante	mi ta ba kantá	mi bin a sing	mi bin e/ bin ta sing
pour/à moi = donne(z)-moi	bay mwen	da mi	gi(v) mi	gi mi
Pers. Pron. 3. Plur. ist Pluralmarker	nonm yo	homber nan	di man dem / dem man	de womi
konkrete Reflexiva	kò ou	su kurpa	yu (s)kin	i sikin

---

10 Für weitere vergleichende Studien sei verwiesen auf Holm/Patrick (2007) und Michaelis/Maurer et al. (2013a) mit dem dazugehörigen, im Internet verfügbaren *Atlas of Pidgin and Creole Language Structures* (*APiCS*), Michaelis/Maurer et al. (2013b). Siehe: http://apics-online.info. Dort werden über 70 KS nach gleichen Prinzipien beschrieben, so dass ein Vergleich gut möglich ist.

Unabhängig davon, ob man diese Gemeinsamkeiten als *Universalien der Kreolisierung* interpretiert, d. h. dass unter bestimmten äußeren Bedingungen die betroffenen Sprachen sich immer in gleicher oder doch sehr ähnlicher Weise verändern, auf im *Bioprogramm* des Menschen angelegte Strukturen zurückführt (Bickerton), oder in ihnen den Substrateinfluss der (afrikanischen) Sprachen der Sklaven sieht (Adam, Sylvain, Bentolila, Alleyne, Boretzky, Lefèbvre), legen sie es nahe, die KS als eine eigene Gruppe von Sprachen anzusehen, die sich durch eine Reihe von typischen Merkmalen – sowohl strukturellen als auch historischen und sozialen – von allen anderen Sprachen unterscheiden.

Die Frage, die sich hier stellt, ist, ob sich eine Klassifizierung der FKS als Sprachtyp *Kreolsprachen* mit ihrer Klassifizierung als *Romanische Sprachen (der zweiten Generation)* verträgt, d. h. ob diese Sprachen gleichzeitig zu zwei Sprachfamilien gehören – wobei die Kriterien für die Zugehörigkeit allerdings verschieden sind, sich aber nicht widersprechen, sondern ergänzen – oder ob die Zugehörigkeit zu einer der beiden Gruppen die Klassifizierung mit der anderen ausschließt, und welche Zugehörigkeit dann die dominierende ist. Eine solche Doppelcharakterisierung und -zugehörigkeit scheint angebracht, da sie sowohl die Verbindung zu den jeweiligen europäischen Sprachen, als auch die gemeinsame Sonderstellung der KS diesen gegenüber aufzeigt. Mufwene argumentiert für eine „complémentarité des diverses hypothèses génétiques" (Mufwene 1986, 1991 [Zitat dort p. 30]).

7.4.5 Sind die FKS *Sprachen* oder *Dialekte?*

Von den Sprechern der KS hört man oft die Meinung, dass die KS keine *Sprachen* seien, sondern nur *Dialekte* oder *Patois*. In diesem Arbeitsheft haben wir dagegen immer von den *(französisch basierten) Kreolsprachen* gesprochen, ohne dies weiter zu begründen, während z. B. Bollée (1977b) von den „französischen Kreolendialekten im Indischen Ozean" spricht. Die Antwort darauf, ob die (F)KS nun *Sprachen* oder *Dialekte* sind, hängt davon ab, wie man diese Begriffe definiert.

Für die Sprecher der KS selbst bezeichnet das Attribut *Dialekt, Patois* vor allem den sozial niederen Wert der KS im Gegensatz zu einer richtigen *Sprache,* wie es z. B. das Französische für sie ist, das man schreiben kann, das in der Schule unterrichtet wird usw. Dies sind jedoch keine linguistischen Kriterien. In der Linguistik haben beide Termini relativen Wert. Mit *Sprache* wird ein eigenständiges Sprachsystem bezeichnet, während ein *Dialekt* immer ein *Dialekt von ...* ist. In diesem Sinn ist das Französische eine *Sprache* und gleichzeitig, historisch gesehen, ein *Dialekt* des Lateinischen. Es hat, synchron gesehen, selbst *Dialekte* (Wallonisch, Pikardisch, Normannisch, Lothringisch, usw.), die jedoch diachron-historisch gesehen ebenso wie das aus dem Französischen entstandene Französisch Dialekte des Lateinischen sind. Durch historische, extralinguistische Umstände ist aus dem Dialekt eine selbstständige Sprache geworden, die als Norm- und Standardsprache die übrigen Dialekte, die ihm synchron als seine Dialekte zugeordnet werden, immer mehr verdrängt. Das ebenso aus dem Lateinischen entstandene Okzitanisch in Südfrankreich war der *langue d'oïl* im Mittelalter ebenbürtig und wird in der Romanistik als eigene Sprache gesehen, also auf ein Niveau mit dem Französischen gestellt; in der französischen Sprachpolitik wird es jedoch als Dialekt des Französischen behandelt und ihm damit untergeordnet.[11]

Die FKS sind also, diachron gesehen, wenn wir sie als romanische Sprachen (der zweiten Generation) klassifizieren, in gleicher Weise Dialekte des Französischen, wie dies ein Dialekt des Lateinischen ist. Synchron gesehen bleibt die Frage, ob sie sich so weit verselbstständigt haben, dass wir sie als *Sprachen* ansehen wollen, oder ob ihre Abhängigkeit noch so groß ist, dass wir besser von *Dialekten* des Französischen sprechen. Da es in der Linguistik keine objektiv-messbaren Kriterien zur Unterscheidung von Dialekt und Sprache gibt, ist die Bezeichnung der KS als Dialekt oder als Sprache keine sprachwissenschaftliche Klassifizierung, sondern hat mit der Bewertung der Sprache zu tun. Wenn wir also von Sprachen reden, bedeutet dies, dass die (F)KS für uns selbstständige, vollwertige sprachliche Einheiten sind.

Aus der Bezeichnung *französische* bzw. *französisch basierte Kreo*l**sprachen** geht hervor, dass uns die strukturelle Selbstständigkeit der FKS gegenüber dem Französischen dafür ausreichend groß zu sein scheint. Hinzu kommt ein politischer und sozialer Aspekt, der die Anerkennung der FKS als *Sprachen* auch durch die Linguistik wichtig erscheinen lässt. Zu diesem Aspekt gehört auch, dass in der Forschung *französisch* zunächst durch *à base lexicale française* ersetzt wurde, und dieses wiederum durch *französisch basiert / à base française*.

7.4.6 Wie viele FKS gibt es?

Auch auf diese Frage gibt es keine eindeutige Antwort. Valdman (1978a) hebt z. B. durch den Buchtitel *Le créole* die Zusammengehörigkeit der FKS hervor, während gleichzeitig Chaudenson (1979a) sein Buch *Les créoles français* nennt und damit die Vielfalt, vor allem der geographischen Verbreitung, betont. Im Gegensatz zu Valdman, für den es nur eine FKS gibt, die in den verschiedenen Gebieten jeweils spezielle, dialektale Ausformungen erfahren hat, und in Übereinstimmung mit Chaudenson scheint es uns günstiger, jedem Gebiet seine eigene (Kreol-)Sprache zuzuerkennen und damit bei allen Gemeinsamkeiten der FKS doch ihre Vielfalt zu betonen; denn abweichend vom Französischen, wo ein Dialekt sich zur Standardsprache herausgebildet hat, hat jedes kreolophone Gebiet seine eigene KS, die kaum je von einer anderen FKS verdrängt werden wird, auch wenn Beeinflussungen durchaus möglich sind. Zwar gibt es Gruppierungen mit besonders vielen Gemeinsamkeiten (die *ka*-FKS, die FKS-IO, bes. KrMau, Rod und Sey), aber letztendlich hat jede FKS ihre Eigenheiten, durch die sie sich von allen anderen unterscheidet. Auch wenn die gegenseitige Verständigung zwischen den Sprechern einer ganzen Reihe von FKS möglich ist, sich diese FKS also

---

[11] Vgl. dazu z. B. Heger (1969).

recht ähnlich sind, scheint es doch am unproblematischsten zu sein, jedem Gebiet seine eigene (Kreol-)Sprache zuzuerkennen.

7.5 Arbeitsaufgaben

7.1. Vergleichen Sie die Entstehung der romanischen Sprachen aus dem Lateinischen mit der Entstehung der FKS aus dem Französischen. Was ist gemeinsam? Wo sind Unterschiede? (Literatur u. a.: Schlieben-Lange 1977; Kramer 1999; Goyette 2000).
7.2. Überprüfen und diskutieren Sie Chaudensons Theorie, die Entwicklungen der FKS entsprächen Tendenzen, die im *français populaire* und im *français avancé* bereits angelegt sind (Literatur u. a.: Frei 1929; Chaudenson 1973; 1974a; 1979a).
7.3. Warum sind in Kanada und in den französischen Kolonien in Afrika und Indochina keine KS entstanden? Welche Voraussetzungen waren hier nicht oder nur teilweise gegeben?
7.4. Das Englische kennt gewisse strukturelle Ähnlichkeiten mit KS. Stellen Sie diese zusammen und versuchen Sie, diese Entwicklung des Englischen zu erklären.
7.5. Diskutieren Sie Vor- und Nachteile der verschiedenen Entstehungstheorien.

8 Das Kreolische in der Gesellschaft

8.1 Kreolisch und Französisch

Die FKS sind in Gebieten entstanden, in denen die Sprache der dominierenden Bevölkerungsgruppe das Französische war. Auch wenn die frankophone Bevölkerung zahlenmäßig gegenüber der Sklavenbevölkerung bald nur noch eine kleine Minderheit darstellte, blieb sie doch die bestimmende Gruppe, und folglich blieb auch ihre Sprache, das Französische, die dominierende Sprache. Bei aller Bedeutung, die die FKS für die Sklaven und auch für die weiße Bevölkerung bekamen, blieb ihnen die Anerkennung als vollwertige Sprachen versagt. Vielmehr sah man in ihnen einen Beleg für intellektuelle Unterlegenheit der Sklaven, die eben nicht imstande waren, eine so hochentwickelte Sprache wie die französische angemessen zu lernen. Kreolisch galt als *jargon, baragouin, français corrompu, français bâtard, mauvais patois*. Dagegen war und blieb Französisch die Kultursprache und die Sprache der (weißen) Elite, und es wurde durch die Gründung von Schulen seit der zweiten Hälfte des 18. Jahrhunderts weiter gefördert. Das Ergebnis ist, dass in allen franko-kreolophonen Gebieten heute mindestens zwei Sprachen existieren: Kreolisch und in der Regel Französisch. In einigen Gebieten ist aufgrund der historischen Entwicklung Englisch an die Stelle von Französisch getreten (Dominica, Sainte-Lucie, Grenada, Trinidad), oder beide Sprachen existieren neben dem Kreolischen und konkurrieren miteinander (Mauritius, Seychellen, Louisiana).

Die kreolsprachigen Gesellschaften sind folglich alle zwei- oder mehrsprachig. Die Analyse und Beschreibung solcher bilingualer (oder auch multilingualer) Gesellschaften ist Gegenstand der Soziolinguistik, die sich ihnen mit unterschiedlichen Perspektiven nähert und verschiedene Modelle entwickelt hat. Diese sollen im Folgenden vorgestellt und diskutiert werden. Dabei wird es nicht um unterschiedliche Fakten gehen, sondern um unterschiedliche Aspekte und Herangehensweisen. Die Fakten werden sich also wiederholen, aber ihre Analyse und Interpretation wird eine jeweils andere sein. Bei der Verwendung der im Folgenden behandelten Termini und Modelle sollte man darauf achten, diese nicht zu vermischen und die Perspektive und Intention jeweils deutlich erkennbar zu machen.

8.1.1 Sprachkenntnis: individueller vs. sozietaler Bilinguismus

Bilinguismus[1] ist als linguistisches Konzept weniger unproblematisch als es zunächst scheinen mag. Denn einerseits gilt es zwischen *individuellem Bilinguismus*, auf den

---

[1] Der Terminus Bilinguismus meint hier und in der Folge die Existenz von zwei und mehr Sprachen. Wir differenzieren also nicht zwischen Bi- und Multilinguismus. Wenn von Multlinguismus die Rede

sich der Begriff in der Mehrzahl seiner Vorkommen bezieht, und *gesellschaftlichem* oder *sozietalem Bilinguismus* zu unterscheiden. Ersterer betrifft das Individuum und seine Sprachkenntnisse, der zweite bezieht sich auf Sprachgemeinschaften. Hier ist wichtig, dass in einer zwei- oder mehrsprachigen Gesellschaft durchaus nicht jedes Individuum alle in der Gemeinschaft verbreiteten Sprachen kennen muss und es in einer bilingualen Gesellschaft durchaus monolinguale Menschen geben kann und gibt, es kann sogar die Mehrheit der Sprecher sein. Wir kommen auf dieses Thema im Zusammenhang mit der Diglossie zurück.

Der zweite und bisher noch nicht eindeutig definierte Aspekt ist ein linguistisch-definitorischer und betrifft die Frage, wann ein Mensch bilingual ist. Ab welchem Grad der Kenntnis und/oder Beherrschung einer zweiten und weiterer Sprachen soll man definieren, dass ein Individuum bilingual ist? In der entsprechenden Fachliteratur finden sich hier unterschiedliche Festlegungen, die in ihrer restriktivsten Form von der Forderung nach muttersprachengleicher Beherrschung auch der zweiten Sprache ausgehen und bis hin zur bloßen Kommunikationsfähigkeit in der zweiten Sprache reichen, ohne näher zu bestimmen, welcher Grad der Sprachkenntnis dafür gefordert wird. Der Verfasser dieses Arbeitsheftes ist Anhänger eines nicht-restriktiven Umgangs mit dem Konzept: Ein Sprecher ist bilingual, wenn er in der Zweitsprache kommunizieren kann, auch wenn er diese nicht vollständig beherrscht. Wo genau diese Kommunikationsfähigkeit beginnt, muss hier nicht geklärt werden. Für unseren Zusammenhang heißt dies, dass ein Kreolsprecher dann bilingual ist, wenn er ein Gespräch auf Französisch (bzw. dem lokalen Englisch) führen kann und sich sein Französisch bei allen Fehlern und Interferenzen doch deutlich vom Kreolischen unterscheidet und für nicht-Kreolsprecher verständlich ist, und vice versa er imstande ist, diese zu verstehen.

Eine weitere Abgrenzungsproblematik betrifft die Frage, wann wir es mit einer anderen, zweiten Sprache zu tun haben oder nur mit zwei Varietäten der gleichen Sprache, z.B. Standard und Dialekt, geschriebene und gesprochene Sprache, dies speziell im Bezug zum Französischen. Diese Fragestellung ist auch für das folgende Kapitel zur Diglossie relevant.

8.1.2 Sprachverwendung: Die Diglossie Französisch–Kreolisch

Das Modell der *Diglossie* wurde zum ersten Mal systematisch von Ferguson (1959) entwickelt, und der Begriff in Abgrenzung zum *Bilinguismus* definiert, und zwar als:

> a relatively stable language situation in which, in addition to the primary dialects of the language (which may include a standard or regional standards), there is a very divergent, highly codified (often grammatically more complex) superposed variety, the vehicle of a large and re-

---

ist, dann explizit als Spezialfall mit drei oder mehr beteiligten Sprachen. Neben Bilinguismus (frz. *bilinguisme*) gibt es gleichbedeutend auch den Terminus Bilingualismus (engl. *bilingualism*).

spected body of written literature, either of an earlier period or in another speech community, which is learned largely by formal education and is used for most written and formal spoken purposes but is not used by any sector of the community for ordinary conversation (Ferguson 1959, 336).

Die erste Form nennt Ferguson *low variety / variété basse / niedere soziale Varietät (Variante)*, die zweite *hight variety / variété haute / höhere soziale Varietät (Variante)*. Wichtig ist für ihn, dass beide Varietäten miteinander verwandt sind, die Standardsprache und eine nicht standardisierte Form der gleichen Sprache. Seine vier Beispiele sind das Deutsche in der Schweiz, das Griechische, das Arabische und Kreolisch und Französisch in Haiti. In allen diesen Fällen bildet die Standardsprache die *high variety*, die nicht-standardisierte Form die *low variety*.

In der Folge hat sich dann gezeigt, dass Fergusons Modell zu eng gefasst ist, denn entsprechende Diglossie-Situationen gibt es auch in Sprachgemeinschaften, deren beide (oder evtl. auch mehr) Sprachvarietäten nicht miteinander verwandt sind. So entspricht die Diglossie FKS–Englisch nicht Fergusons Definition, da beide Sprachen keine direkte Beziehung zueinander haben, trotzdem stehen sie auf den betreffenden Inseln in einer Diglossiebeziehung. Es erscheint deswegen sinnvoll, die ursprüngliche Definition hinsichtlich der betroffenen Sprachen zu öffnen. Denn da ja in der aktuellen allgemeinen Auffassung die FKS als eigenständige Sprachen gelten (dies war 1959 eher nicht so) und nicht mehr als Varietäten des Französischen, wäre nach Fergusons Definition die Beziehung FKS–Französisch keine Diglossiebeziehung mehr, zumindest wäre dies zu diskutieren.

Stewart (1962b) hat die Diglossie auf die Situation der KS der Karibik angewendet und folgendes Schema aufgestellt (Stewart 1962b, 39):

	formal	informal
public	Standard	Creole (Standard)
private	Standard (Creole)	Creole

Seine Ergebnisse fasst er so zusammen:

> each language [Creole and Standard] has its appropriate uses, which are largely correlated with the particular social situation. (39).
>
> Reflecting a traditionally rigid social structure, the relationship between Creoles and Standards has been one of a well defined, mutually exclusive social and functional distribution. (47).

Es gibt also eine *Sprachverwendungsgrammatik*, die festlegt, in welcher Situation sich wer zu wem in welcher Sprache bzw. Sprachvarietät auszudrücken hat. Verstöße gegen die Regeln dieser Grammatik gelten als Verstöße gegen die soziale Norm. Und wenn jemand die geforderte Sprache nicht kennt, bleibt er von der entsprechenden Situation ausgeschlossen.

Die sich aus dem Zusammenspiel von individuellem Mono- oder Bilinguismus in einer diglossisch geprägten Gesellschaft ergebenden Konstellationen hat Fishman 1967 analysiert und aufgezeigt (Fishman 1967, 30):

1. Both diglossia and bilingualism	2. Bilingualism without diglossia
3. Diglossia without bilingualism	4. Neither diglossia nor bilingualism

Dazu gibt er jeweils kurze Erläuterungen, aus denen wir hier die Kernsätze zitieren:

> [Quadrant 1] refers to those speech communities in which both **diglossia and bilingualism** occur. At times such communities comprise an entire nation, but of course this requires very widespread (if not all-pervasive) bilingualism (31). [...] These observations lead to the conclusion that many modern speech communities that are normally thought of as monolingual are, rather, marked by both diglossia and bilingualism if their several registers [...] are viewed as separate varieties or languages (32).
>
> **Diglossia Without Bilingualism.** There are situations in which diglossia obtains whereas bilingualism is generally absent (quadrant 3). Here, two or more speech communities are united religiously, politically or economically into a single functioning unit notwithstanding the socio-cultural cleavages that separate them. [...] However, one (or both) of the speech communities involved is (are) marked by relatively impermeable group boundaries (33).
>
> **Bilingualism Without Diglossia.** [...] situations in which bilingualism obtains whereas diglossia is generally absent (quadrant 2). Here [...] bilingualism is essentially a characterization of individual linguistic behavior whereas diglossia is a characterization of linguistic organization at the socio-cultural level. [...] Under what circumstances do the varieties or languages involved lack well defined or protected separate functions? [...] these are circumstances of rapid social change, of great social unrest, (34) of widespread abandonment of prior norms before the consolidation of new ones (35).
>
> **Neither Diglossia nor Bilingualism.** Only very small, isolated and undifferentiated speech communities may be said to reveal neither diglossia nor bilingualism (36).

Fishmans Charakterisierungen der vier Möglichkeiten können helfen, die Situation der FKS gegenüber dem Französischen und das Zusammenspiel beider Sprachen in den Gesellschaften und den im Gang befindlichen Wandel zu verstehen. Es handelt – oder müssen bzw. können wir jetzt sagen: es handelte – sich um diglossische Sprachgemeinschaften, für nicht wenige Sprecher ohne (individuellen) Bilinguismus. Dafür können die folgenden Erfahrungen stehen, die ich selbst 1975 in Mauritius bei meiner Enquête gemacht habe. Während der Begegnung mit Menschen aus unterschiedlichen Bevölkerungsgruppen in dieser vielsprachigen Gesellschaft konnte ich einige Regeln für die zu gebrauchende Sprache teilnehmend beobachten:

– Bei der Kontaktaufnahme mit unbekannten Personen war es ein *faux pas* meinerseits, dies als Fremder sogleich auf Kreolisch zu tun, denn das bedeutete, dass ich dem Angesprochenen eine Kenntnis des Französischen und/oder Englischen nicht zutraute. Nachdem das Gespräch dann auf Französisch (oder Englisch) begonnen hatte, war es ein Zeichen der Vertrautheit und förderte das gute Einvernehmen, wenn ich den Vorschlag machte, doch Kreolisch miteinander zu sprechen, da ich dies ebenfalls sprechen könne. Verstand dagegen der Angesprochene mein Französisch nicht, akzeptierte er gerne, das Gespräch mit dem (weißen) Ausländer auf Kreolisch zu führen; ja, er war stolz darauf, dass ich seine Sprache kannte und mit ihm Kreolisch sprechen wollte.
– Mit frankophonen (meist weißen) Sprechern verliefen die Gespräche weitgehend auf Französisch. Bei den Sprachaufnahmen[2] bereitete es ihnen dann häufig Schwierigkeiten, mit mir, dem weißen Europäer, Kreolisch zu sprechen, da es zu den Sprachverwendungsregeln dieser Bevölkerungsgruppe gehört, Kreolisch nur mit solchen Gesprächspartnern zu reden, die Französisch tatsächlich nicht verstehen oder entsprechend eingestuft werden. Die Schwierigkeit, Kreolisch mit mir zu sprechen, war bei Frauen noch mehr zu finden als bei Männern.
– Vor der (formellen) Sitzung einer Jugendgruppe wurde von allen Kreolisch gesprochen, in dem formellen Rahmen der Sitzung dann Französisch, und das Protokoll der vorausgegangenen Sitzung wurde auf Englisch verlesen, das auf Mauritius die dominierende Schriftsprache im offiziellen und halboffiziellen Rahmen ist.
– Als ein Minister zu einem offiziellen Anlass in einem Dorf eine Rede hielt, tat er dies dem Anlass entsprechend regelkonform auf Englisch, dann übersetzte er auf Kreolisch, damit es von allen verstanden wurde, beginnend *mo finn dir taler la* ‚ich habe gerade gesagt'.

Im Großen und Ganzen bestätigen die Ergebnisse der Enquête die Existenz einer Diglossie Kreolisch–Französisch (+ Englisch) auf Mauritius: Je höher das Prestige und die Förmlichkeit einer Situation bzw. die soziale Stellung des Gesprächspartners ist, umso wichtiger werden die europäischen Standardsprachen und umso weniger findet das Kreolische Verwendung.[3] Allerdings zeichnet sich eine Auflösung der strengen Regeln ab, denn das Kreolische wird immer mehr als gleichwertig angesehen, und damit wird seine Verwendung in immer mehr Situationen und Kontexten akzeptiert.

Zu vergleichbaren Ergebnissen kommen auch Chaudenson (1979b) für die Situation auf Réunion, Mauritius und den Seychellen, Saint-Pierre (1972) für Martinique, sowie weitere Enquêten. Saint-Pierre (1972) resümiert:

---

[2] Die Aufnahmen umfassen je einen kreolischen, französischen und englischen Teil.
[3] Eine ausführliche Vorstellung und Auswertung der Enquête findet sich in Stein (1982a), eine Zusammenfassung in Stein (1983). Zur Diglossie siehe Stein (1982a, 502ss., spez. das Diagramm, 610).

> [...] la langue n'est pas seulement un moyen de communiquer, elle est de plus le symbole de la position sociale du locuteur et de celui auquel il s'adresse. (Saint-Pierre 1972, 266).

1984 waren dann die folgenden Ausführungen zu lesen: Eine Diglossiesituation setzt nicht unbedingt allgemeine Zweisprachigkeit voraus. In den meisten kreolophonen Gebieten ist es sogar so, dass der größere Teil der Bevölkerung keine oder nur unzureichende Schulbildung erfährt und nur eine Sprache, nämlich Kreolisch, wirklich sprechen und verstehen kann. Damit verbunden sind dann Analphabetismus und soziale Benachteiligung. Eine der Voraussetzung zu ihrer Beseitigung ist die Überwindung der Diglossie, und dafür ist es wiederum erforderlich, die KS als gleichwertige Sprachen anzuerkennen und zu behandeln. Diese Erkenntnis scheint sich in immer mehr der betroffenen Gebiete durchzusetzen und zu konkreten Maßnahmen zu führen.

Inzwischen hat sich viel geändert und zugunsten der KS weiterentwickelt. Die Grundkonstellation ist zwar die gleiche geblieben, aber die strengen Regeln der Diglossie sind mehr und mehr in Auflösung begriffen. Verantwortlich dafür ist eine wachsende Akzeptanz des Kreolischen als gleichwertige Sprache, Bewusstseinswandel in immer mehr Kreisen der Bevölkerung und eine Veränderung der politischen Einstellung und des Verhaltens in der Öffentlichkeit und in den Medien. Eine mit entscheidende, zumindest auslösende Rolle kommt hier der Linguistik und der akademischen Diskussion in den Gebieten selbst zu. Die näher gerückte Auflösung der Diglossie, *bilingualism without diglossia* und die auch praktische Anerkennung des Kreolischen als gleichwertige Sprache neben Französisch scheint allerdings weniger unproblematisch zu sein, als man zunächst gedacht hatte, wie Bernabé (1989) mit Bezug zu einem Sprichwort mit Blick auf die sich auflösende Diglossie, aber auch auf die Zukunft des Kreolischen zu bedenken gibt:

> Les règles d'écosystème ou *de mal krab pa ka rete adan an menm twou!* [deux crabes mâles n'habitent pas dans un même trou].
> [...] les langues peuvent-elles avoir les mêmes fonctionnalités dans un même espace? La réponse fournie par l'histoire (ainsi que cela peut s'illustrer, par exemple, à partir des relations du latin et du français [...]), est négative: plusieurs langues ne peuvent pas occuper le même créneau fonctionnel dans un écosystème donné (principe d'exclusivité fonctionnelle). Tôt ou tard, l'une d'entre elles doit disparaître. Etre ou ne plus être, voilà assurément une question fondamentale pour les langues. (Bernabé 1989, 30–31).

Bernabé warnt hier vor existentiellen Problemen für die (F)KS, wenn die Regeln der Diglossie aufgelöst werden und es damit in allen sozialen Kontexten zu einem für das Kreolische als schwächerem Partner gefährlichen Wettbewerb mit dem Französischen kommen könnte. Aber wäre nicht eher eine Post-Diglossie-Situation vorstellbar, bei der zwar gewisse Regeln weiter existieren, diese aber immer durchlässiger werden und vor allem nicht mehr mit sozialen Sanktionen verbunden sind?

Das Diglossiemodell, wie wir es hier vorgestellt haben, geht von zwei wohl definierten Sprachen bzw. Sprachvarietäten aus, die einander gegenüberstehen. Bei aller Funktionalität des Modells bleibt aber die Frage, ob es die ganze Sprachrealität erfasst, denn aus der Koexistenz von *high* und *low variety* kommt es zu Beeinflussungen, es entstehen neue Varietäten, Prudent (1981), Reutner (2005) u.a. sprechen von Interlekten. Die Frage ist, ob diese anstelle einer *Überwindung* als Alternative zu einer *Auflösung* der Diglossie mit ihren Problemen führen kann, indem man sich auf diese neue interlektale Varietät einigt und ihr immer mehr Gewicht gibt.

8.1.3 Die soziolinguistische Analyse: Substratsprachen und Superstratsprache

Substrat und Superstrat sind Termini, die aus der historischen romanistischen Linguistik stammen, wo sie in Bezug zum Lateinischen als Bezugssprache fungieren. Substratsprachen sind die Sprachen der von den Römern besiegten Völker, die vom Lateinischen verdrängt und überlagert wurden, so dass nur wenige Reste in den romanischen Sprachen erhalten sind. Superstratsprachen sind die Sprachen der Völker, die die Römer besiegten und ihre Sprachen *über* das Lateinische legten, ohne sie aber durchsetzen zu können, so dass diese das Lateinische und dann die romanischen Sprachen aus der Überlagerung beeinflussten und Elemente von ihnen dort erhalten sind.

Beide Termini wurden in die Kreolistik übernommen – *Substratum* findet sich schon 1950 bei Hall, Superstrat findet erst deutlich später Verwendung – aber jetzt mit abweichendem Inhalt: Substratsprachen sind jetzt die Sprachen der beim Sprachkontakt unterlegenen Sprecher, der afrikanischen Sklaven also, die das Entstehen der KS beeinflussen, aber nicht bestimmten konnten. Die Superstratsprachen sind die Sprachen der Sprecher, die sozial bestimmend waren, der weißen Plantagenbesitzer und Sklavenhalter also, die zur Basis für die KS wurden, was vor allem im lexikalischen Bereich offensichtlich ist. *Substrat* und *Superstrat* haben damit zwar eine Affinität zu den Varietäten der *low variety* und der *high variety* in der Diglossie, sie gehören jedoch in einem ganz anderen terminologischen Kontext, was leider nicht immer bei ihrem Gebrauch berücksichtigt wird.

Wenn in der Kreolistik von Substratsprachen die Rede ist, dann sind die bei der Kreolentstehung unterlegenen Sprachen gemeint, deren konkreter Einfluss in Teilen weiterhin Diskussionsgegenstand ist, die als kulturelles Erbe der Sklaven aber von großer Bedeutung sind. Das Superstrat ist dagegen die Sprache, die sich durchgesetzt hat und auf der die betreffende KS basiert, die also die Rolle übernommen hat, die das Lateinische bei der Entstehung der romanischen Sprachen hatte.

8.1.4 Sprachvariation: Gibt es ein *Kontinuum* Kreolisch–Französisch?

KS kennen wie alle natürlichen Sprachen Varietäten. Das Kontinuummodell, das zuerst von DeCamp (1971) für die Beziehung zwischen der englischen KS und der englischen Standardsprache in Jamaica entwickelt und dann von Bickerton (1973; 1975) für Guyana (Britisch-Guayana), also ebenfalls ein Gebiet mit einer englischen KS, weiter ausgearbeitet wurde, besagt, dass es in den betreffenden Fällen ein Kontinuum von Sprachvarietäten gibt, das vom reinen Kreolisch, dem *Basilekt,* bis hin zur (europäischen) Standardsprache, dem *Akrolekt,* führt. Der Raum zwischen Basilekt und Akrolekt wird ausgefüllt von den Varianten des *Mesolekts.* Eine offensichtliche Grenze zwischen den *Lekten* gibt es nicht, die jeweilige Zuordnung interessiert den Sprachwissenschaftler mehr als den Sprachproduzenten. Jeder Sprecher beherrscht einen mehr oder weniger großen Abschnitt des Kontinuums, keiner jedoch das gesamte. Eine Zuordnung der mesolektalen Varianten zum Basilekt (Kreolisch) oder zum Akrolekt (hier: Englisch) ist nur sehr beschränkt möglich,[4] denn:

> one characteristic of the mesolect seems to be that it contains, not merely forms from the polar lects, but forms which in function, if not always in phonetic shape, are peculiar to itself (Bickerton 1973, 642).

Die linguistische Analyse, Bewertung und Klassifizierung der Sprachvarianten ist stark quantitativ ausgerichtet, d. h. bestimmte Merkmale werden auf ihr Vorkommen bzw. Fehlen hin ausgezählt (phonetische Varianten, Gebrauch morphologischer Formen und syntaktischer Konstruktionen) und die Sprachvarianten entsprechend eingeordnet. Wichtig für das Modell ist, dass die Sprachformen als eine Einheit mit Variationen angesehen werden, nicht als getrennte, sich gegenseitig beeinflussende Sprachsysteme; der Einfluss findet innerhalb des einen Varietätenraumes statt. Auch wenn der Gegenstand der gleiche bleibt, so liegt hier in der Perspektive doch ein deutlicher Unterschied zu den vorausgehenden Annäherungen.

Die Frage aus franko-kreolistischer Sicht ist, ob es diesen bruchlosen Übergang vom Basilekt (*le créole pur/rural/plat*) zum Akrolekt (*le français standard*) auch für die FKS gibt oder ob hier bei aller Annäherung auf der Kontinuumslinie doch ein Bruch stattfindet, der die Zuordnung gestattet. Die Untersuchung von Lefèbvre (1974/1976) zum KrMar ist hier immer noch von großem Interesse, und kann die Beziehung im Kontinuum gut illustrieren.[5] Sie zeigt, dass es offensichtlich in diesem Fall keinen Mesolekt im Sinn Bickertons gibt. Es gibt zwar eine Reihe von Varianten des KrMar und des Französischen auf Martinique, diese lassen sich jedoch immer eindeutig einer der beiden Sprachen zuordnen. Lefèbvre (1976, 110) unterscheidet sieben Varianten, drei des Kreolischen und vier des Französischen, und zeigt ihre Merkmale auf. Dabei ergibt sich ein enger Bezug zwischen der Sprachvariante und der sozialen Situation des Sprechers:

- *créole des vieux ou créole plat;*
- *créole moyen ou intermédiaire;*
- *créole rajeuni ou créole des jeunes*

- *mauvais français;*
- *français moyen;*
- *français correct*
- *français pur ou français livresque*

---

4 Erinnert sei hier an das „Nähe-Distanz-Kontinuum" zwischen Mündlichkeit und Schriftlichkeit von Koch/Oesterreicher (1990, 12 / ²2011, 13). Möglicherweise haben sich beide vom kreolistischen Kontinuum-Modell beeinflussen lassen.
5 Carayol/Chaudenson (1979) und Chaudenson (1981b) verwenden den Begriff *Kontinuum* etwas anders, indem sie ihn nur auf Varianten innerhalb einer bzw. mehrerer FKS beziehen.

Im Verlauf der Darstellung führt Lefèbvre vier Varianten eines Satzes an (1976, 89): [6]

- *Ils ont décidé d'entrer dans le bœuf. Compère lapin a choisi la vessie et compère tigre la panse.*
- *Quand Compè tig est arrivé, il a passé par la [kilas] d[ø] la bèt. Il est entré avec ses outilles.*
- *Alo, Compè tig entré adans pans bœuf la et Compè lapin adans vessi a.*
- *I rentré dans bèf pou manger trip bèf la an didans i. I rantré adans bloc pissa a bèf la*

Auch ohne weitere Charakterisierung der Varianten ist der Übergang vom *français pur* oder *correct* bis hin zum *créole plat* ebenso deutlich wie die klare Trennung zwischen den kreolischen und den französischen Varianten. An anderer Stelle stellt Lefèbvre dann je einen kurzen Text in *créole rajeuni* und in *mauvais français* einander gegenüber, um die Unterschiede zwischen diesen beiden Sprachformen aufzuzeigen (1976, 104):

téni an jou, Compè lapin et Compè tig té adans an savan, té ka jouer. Yo wè bœuf Missié Leroi té ka mangé zèb. Yo décidé entrer an bèf la pou manger. Alo, Compè lapin qui té pli malin quité Compè tig entrer avant. Y entré aprè. Alo Compè tig entre adans panse bèf la et Compè lapin adans vessi a [...]

Il y avait un jour, Compère lapin et Compère Tigre étaient dans une savane, ils jouaient. Ils virent le bœuf de Monsieur le roi [qui] mangeait des herbes. Ils décidèrent entrer dans le bœuf pour manger. Alors, Compère lapin qui était plus malin laissa Compère tigre entrer avant. Il entra après. Alors Compère tigre entra dans la panse du bœuf et Compère lapin dans la vessie [...] (Übers. PS).

Alo, Copè lapin il est toujou pli malin presque dans tout les animaux. La même façon i ka soté ... alo, voilà ce qui est arrivé. Il s'est entendi avec Compè tig pou aller abat une animal, une vache pa exemple. Quand il est arrivé, alo, il a passé par la [kilas] de la bèt [...]

Alors Compère lapin il est toujours le plus malin parmi presque tous les animaux. De la même façon [qu']il saute... Alors voilà ce qui est arrivé. Il s'est entendu avec Compère tigre pour aller abattre un animal, une vache par exemple. Quand il est arrivé, alors, il a passé par le cul de la bête [...] (Übers. PS).

In beiden Texten ist der Einfluss der jeweils anderen Sprache deutlich erkennbar, beide bleiben jedoch durch ihre grammatische Struktur klar als kreolisch bzw. französisch markiert, d. h. es besteht hier im Gegensatz zu bestimmten englischen KS kein Kontinuum Kreolisch-Französisch (= Standardsprache). Beide Sprachen beeinflussen sich zwar gegenseitig, so dass es zu einem mehr oder weniger stark französisierten Kreolisch und umgedreht zu einem mehr oder weniger stark kreolisierten Französisch kommen kann, aber es gibt doch sichere Merkmale, die es den Sprechern ermöglichen, eindeutig zu markieren, welche Sprache sie zu sprechen beabsichtigen. Es kann zur Annäherung von Kreolisch und Französisch kommen, aber es gibt eine unverkennbare

---

6 Die Schreibweise von Lefèbvre ist beibehalten, ungeachtet ihrer starken Anlehnung ans Französische und ihrer zahlreichen Inkonsequenzen, von denen wir einige wenige verbessert haben.

Trennungslinie, die dazu führt, dass jede Äußerung einer der beiden Sprachen zugeordnet werden kann.

Um dies zu belegen, hat Lefèbvre (1974/1976) einen Text verschiedenen Testpersonen zu Gehör gebracht und sie beurteilen lassen, welche Passagen des Textes kreolisch (KrMar) und welche französisch sind. Alle Testpersonen stimmten in ihrer Beurteilung überein. Im folgenden Ausschnitt aus dem Text (Lefèbvre 1976, 117) sind die als kreolisch identifizierten Passagen kursiv gesetzt, die französischen gerade:

> *Mais parfois bagaille là bel* surtout à l'heure qu'il est. *Mais enfin, nou ni an proverbe nou ka dit: C'est rien qui zèb nou ka fait ces jou tala.* Alors les herbes la veut dire enfin on fait le va-et-vient un peu partout. Le racollage des passagers. *Mais comme se jou tala* ça fait très dur, *an nou gadé tou ces taxis* a la, *nou la* en train de blaguer seulement. La Martinique on a toujou dit c'est un beau pays, mais au point de vue, *moins mem qui adans an ka wè sé an bon pays aussi* [...].

Nach unserer eigenen Erfahrung mit der Sprachensituation auf Mauritius gibt es auch dort kein Kontinuum Kreolisch–Französisch im Sinne Bickertons, so dass sich die Frage stellt, ob hier nicht ein wesentlicher Unterschied zwischen den FKS und den englischen KS liegt. Das folgende phonetische Transkript aus einer meiner Aufnahmen in Mauritius zeigt das kreolbeeinflusste Französisch. Auf dem Kontinuum steht es oberhalb der Mesolektlinie, aber ihr um vieles näher als dem Akrolekt:

> *komə zə vuz ave di, iljavɛ de tjikɛt ɛksamine; sa osi sɛ parɛj, si vuz ave done lџi da'ʒã, nave pa de tʃɛke dã vɔt bis, s vu nave pa li done, iljave tʃɛke, lave resɛ'se inə fɔt pu lə trape. mɛ ʒə nave pa done yn su, injave mə trape dø fwa. kom si iljave yn bys də karãt plas iljavɛ de sẽkãt-sẽkadøz, sẽkadø pɛ'son dədã, ʒə nə pø pa kõtrole, nave pa laparɛj avɛk mwa; ʒə done ka't sẽpləmã. ilãrãtrẽ e il truva en pasaze ki nave pa pɛje, i nave pa ka't avɛk lџi. il vənɛ e il avɛ ma'ke: di pasendʒə travals from hiᵃ tu hiᵃ wizaut tikɛt œn wizaut peʲ. sa sə fɛ yn rapo' dã le byro, vu puve syspan avɛk sa* (Stein 1982a, 628).

8.1.5 Sprachkontakt und Sprachwandel: Dekreolisierung

Ein weiterer Aspekt, der in Zusammenhang mit dem Kontinuum steht, ist die Dekreolisierung, d.h. die Aufgabe typisch kreolischer Formen und Strukturen und ihr Ersatz durch entsprechende Formen und Strukturen des Französischen. Während wir per definitionem unter *Kreolisierung* die Entwicklung von den europäischen Basissprachen weg hin zur Entstehung neuer KS verstehen, bezeichnen wir als *Dekreolisierung* eine Entwicklung oder charakterisieren damit eine Sprachvarietät, bei der das Kreolische unter dem Einfluss der *high variety* bzw. des *Akrolektes* bzw. der *Superstratsprache* sich dieser Basissprache wieder annähert, sei es nur sporadisch durch (bewusste oder unbewusste) Übernahmen oder Interferenzen in entsprechenden Redekontexten, oder sei es in Form eines konkreten Sprachwandels, durch den die jeweilige KS sich der europäischen Basissprache wieder annähert. In einer Reihe von Fällen steht man vor der Alternative, ob es sich um ursprüngliche, d. h. um von vorne herein nicht vollständig kreolisierte Sprachformen handelt, oder um spätere Wiederannäherung an das Französische, also Dekreolisierung. Die Entscheidung muss von Fall zu Fall getroffen werden. Ein gutes Beispiel für diese Problematik stellt das KrRéu dar, in dem Chaudenson (1974a; 1981a u. a.) die Dekreolisierung eines älteren Kreolisch, des KrBourbonnais sieht, während Baker und Corne (1982) seine relativ große Nähe zum Französischen als nur teilweise durchgeführte Kreolisierung interpretieren (siehe zuvor Kap. 7.4).

Der Einfluss des Französischen auf das Kreolische ist die logische Folge der Vorbildwirkung der sozial höheren Variante der Diglossie Kreolisch–Französisch. Dieser Einfluss führt zu französisierenden Varianten des Kreolischen, die als *créole raffiné* (KrMau) o. ä. bezeichnet werden. Diese Formen können neben den ursprünglichen Formen des Kreolischen eine immer größere Verbreitung erfahren und diese sogar verdrängen. Die Dekreolisierung kann so zu neuen dialektalen und soziolektalen Varietäten führen, so z. B. zu einer Unterscheidung zwischen städtischem und ländlichem Kreolisch.

Valdman (1978a, 296s.) zitiert als Beispiel zwei Ausschnitte aus formellen, bewusst auf Kreolisch gehaltenen Ansprachen in KrHai. Die Dekreolisierung betrifft hier vor allem die lautliche Ebene (Verwendung der gerundeten Palatalvokale und des nachvokalischen [ʀ] im Wortauslaut) und äußert sich in der direkten Übernahme französischer Redewendungen (*locutions figées*):

> Lò ou pa konnen **lir** ou genyen **katre ven di pour san de chans** ou né dan mizèr, ou viv dan mizèr, ou mouri dan mizèr. **Puiske** ou pa espéré **joui oken privilèj** nan **lavi térès**-la.
> Gèp li menm ki rivé ki **un pti peu orgeuyeu** dépi i rivé li prèt pour chanté kantamoua. é alòr yo **tou le deu** ap aprann. **mézalòr** mièl toujou pozé san-li pou li **bienadapté** a sa profeseù-a montré i. gèp ki ouè li menm aprè kèk **seu**mèn, li fè youn bel gato pou kont-li. Sa li fè konnen i fin konnen, li mété **deuyo** ... gen anpil élèv-yo tou, lè yo vini lékol kèk **seu**mèn yo vini **trè régulièr** é dépi ou tandé yo konmansé kapab li **preu**mié paj, deuzièm paj, yo pa tounen.[7]

Stein (1989 und 1995) hat den Gebrauch des KrMau in neuen Kontexten analysiert, zunächst sein Gebrauch in einer politischen *table ronde* im Fernsehen im Februar 1975, nach meinem Wissen die erste derartige öffentliche Diskussion auf Kreolisch überhaupt, und dann seine Verwendung für eine Kurzfassung der Nachrichten im Fernsehen 1993. Dafür soll je ein Beispiel stehen:[8]

> **dapre ski** mo fin atan, ban peʳson ki fin koze isi, **prəmyeʳmâ soʳ la kestyô də** Djego Gaʳsya **e la kestjô də la pe. Il me sâbl** ki nu bizê sepaʳ sa de kestjô la. Tu daboʳ eski nu dakoʳ ki nu bizê **lüte** pu la pe? Mo pâs pa ki oken mâb, kə sə swa məsjö Dʒagnat u misjö Berâʒe u misje Bajat, pu kapab dir nu, ki nu pa bizê lageʳ pu ena la pe dâ Djego Gaʳsja. Dezjem kestjô **tre brülât:** eski Djego Gaʳsja fin vâde umje pa fin vâde? Ki fin arive, ki pa pa arive? Nu les sa kestjô la la mem [...]
> Mêtnâ **lə dözyem pwê:** kifeʳ ban pwisâs, **grâd pwisâs**, kifeʳ zot pe êstal en baz? E ki dezavâtaz nu enâ kâ zot êstal en baz? Li tre neseseʳ pu nu **o kurâ**, paski tu ban **resuʳs natürel** dâ loseâ êdjê ... Se ki zot pu egzplwat tu ban [...] ban zafeʳ **natürel**. Se ki nu bizê feʳ, ki loseâ êdjê ... Li bizê nu, nu bizê kôtrol

---

[7] Die Orthographie Valdmans ist beibehalten. Sie ist angelehnt an das Pressoir/ONAAC-System. Dekreolisierte Passagen in **Fett**druck.
[8] Französisch beeinflusste Passagen sind **fett** markiert.

*li. Tu ban **resu's natürel**, se nu ki bizê **egzplwate** e nôpa ki tu sa la bizê **egzplwate pa**ʳ **dez etrâje**.* (Stein 1989, 222 – phonetische Schreibung, überarbeitet, Abweichungen von den API-Konventionen sind selbsterklärend; â, ê, ô stehen für die Nasalvokale).

Im zweiten Text wird der Vortrag eines Polizisten zum Verhalten am folgenden Feiertag eingespielt:

*Kouman dir, sa konsey ki nou pe donn zot la, li pas par lenn zorey e li sorti par lot zorey. La, nou pe dir **bann manb dü püblik** fer byen-n atansyon **a lokazyon** fet lavyerz, kot pou ena bokou bann dimoun zot pou al bor lamer **par plüsyör mwayen transpor**. Premyeman nou dir zot respekte kapasite ki sa veikil la kapav transporte. E osi fode pa zot fer lekours lor larout.*
 *An-n arivan a la mer nou pou dir zot vey byen, sirtou bann paran, vey byen lor bann zanfan. Atansyon ki dan lafet, lanbyans lafet zot oubliye zanfan e zanfan travers larout e i ale. E osi nou dir zot koum sa, kan zot pe ale denn pti ... ou denn pirog, respekte kapasite ki sa pirog la kapav, li kapav transporte. Si li kapav amenn dis dimoun fode pa zot met kenz dimoun ladan. **Li kapav ʃavire e kapav arive enn aksidan**. Mentnan **anskikonsern lalkol**, ankor enn fwa nou dir ki li enn sertenn bann dimoun zot atak enn ti grog. Nou dir zot, zot bizwen swasir, bann otomobilis **sürtou**. Ou zot bwar ouswa zot kondwir, pa fer **ledö anmemtan**.*
 *Ena bann laplaz ki dekrete, ena bann pano kot li dir zot li danze, **lotorite konserne** li n fini gete li n trouve ki (sa lapla...) sa lamer la li danzere pou pran enn ben laba. Alo fode pa zot azarde, zot al naze dan sa bann reʒyon la.*
 *Anskikonsern lanvironnman, nou lanvironnman li byen ʒoli, fode pa nou abim li. Mo anvi dir nou pa alim dife kot bann **zarb** ou nou zet tou nou bann **ordir** partou lor laplaz.* (Stein 1995, 394–395 – Grafi larmoni, die Schreibung der phonetischen Abweichungen ist selbsterklärend).

Neumann (1985, 44ss. und bes. 52ss.) analysiert die Dekreolisierung des KrLou, die jedoch nicht direkt zum Französischen, sondern zum Cajun hin erfolgt, der wichtigsten Variante des Französischen in Louisiana. Sie hat dafür u. a. ältere Texte des KrLou mit eigenen, modernen Sprachaufnahmen verglichen:

In den Varianten des KrLou, die in engem Kontakt zum Cajun stehen, war die Dekreolisierung auf der lexikalischen und auf der lautlichen Ebene bereits 1985 schon weit fortgeschritten, so dass das KrLou auf diesen beiden Ebenen seine Eigenständigkeit gegenüber dem Cajun fast vollständig verloren hat, auch wenn noch häufig Fluktuation zwischen den ursprünglichen und den neuen Formen herrscht.

Auf der morphologischen und der syntaktischen Ebene hatte das KrLou dagegen noch weitgehend seine Eigenständigkeit bewahrt, aber die Dekreolisierung war auch hier schon deutlich erkennbar, vor allem im System der Determinanten, aber auch im Verbalbereich. So wird der bestimmte Artikel weit häufiger verwendet als in den älteren Texten des KrLou und als in den anderen FKS; und neue aus dem Cajun (oder auch dem Französischen) übernommene Formen haben die ursprünglichen Artikelformen immer mehr verdrängt. Diese neuen Artikelformen *l, la, le* (Pl.) stehen wie im Französischen vor dem Nomen, führen die Genusmarkierung wieder ein und bieten eine eigene Form zur Pluralmarkierung an. Die ursprünglichen, nachgestellten Artikel *la* und *yo* gelten weitgehend als veraltet.

Entsprechende Möglichkeiten der Genus- und Numerusdifferenzierung findet man auch schon bei den Possessivpronomina: *mo – ma – me* usw., und beim Adjektiv:

gro – gros, bon – bonn, wenn auch die alten, nicht-differenzierenden Konstruktionen hier (noch) vorherrschen. Hier einige Beispiele für Konstruktionen mit den neuen Artikelformen (Neumann 1985, 56ss.):

la fiy vini reste avek mwa isi	la fille est venue habiter avec moi ici;
n'a plõte le pichtach	nous planterons des cacahouetes;
me ẽ neg te pa gẽ l drwa ...	mais un noir n'avait pas le droit ...;
m'ale joue la mizik pou mo living	Je vais faire de la musique pour gagner ma vie.

Ähnliche Phänomene der Dekreolisierung findet man auch in den anderen FKS, wobei aber Umfang und Bedeutung von Sprache zu Sprache verschieden sind, abhängig vor allem von der jeweiligen Bedeutung des Französischen und seinem Einfluss auf die FKS. In diesem Zusammenhang stellt sich die Frage, wie weit die Tendenz der Dekreolisierung der FKS führen kann und wird. Letzte Konsequenz wäre ein Wiederaufgehen der FKS im Französischen. Ob es je so weit kommen wird, erscheint bei dem Stadium der Unabhängigkeit, das die FKS inzwischen erlangt haben, und bei dem wachsenden Selbstbewusstsein ihrer Sprecher, jedoch wenig wahrscheinlich. Und wenn, dann wären politische und soziale Gründe dafür verantwortlich, nicht aber im sprachlichen System der (F)KS angelegte Tendenzen.

Einen speziellen Fall stellen die Verwendung und der Ausbau des Kreolischen als Schriftsprache dar. Denn wer sich dafür entscheidet, kreolische Texte schriftlich zu verfassen, kann bereits lesen und schreiben und ist folglich mit dem Französischen vertraut. Französisch ist für ihn das Vorbild, an dem seine kreolischen Texte auszurichten er leicht versucht ist. Ähnlich verhält es sich auch beim Kreolischen im öffentlichen Sprachgebrauch oder bei seiner Verwendung in Fachtexten, die es bis dahin nur auf Französisch gibt (siehe die Textbeispiele zur Entlehnung französischer Wörter in die FKS, S. 89–92). Die Situation der (F)KS in den letzten Jahrzehnten kennt hier durchaus Analogien zur Entwicklung der romanischen Sprachen im 15. und 16. Jahrhundert mit der latinisierenden Entwicklung des Wortschatzes, die *mots savants,* und der Verwendung latinisierender syntaktischer Konstruktionen.

Die Problematik solcher Übernahmen wurde bereits früh erkannt. So findet man bei Oldendorp zum Negerhollands und seinem Gebrauch durch die Herrnhuter Missionare im 18. Jahrhundert die folgenden Aussagen:

> Diese Genauigkeit der Construction ist wohl zu beobachten, sonderlich bei Übersetzung der heiligen Schrift und geistlichen Lieder, wo man sich leicht verführen lassen kann, dem Deutschen von Wort zu Wort zu folgen, woraus eine Verwirrung der Begriffe, ja viel Seltsames, Ungereimtes und Falsches entstehen würde.
>
> Die Schwarzen verstehn solche passive Verba [werden + Partizip], ob sie gleich selber sie wenig gebrauchen. Man muß aber deren nicht zu viele machen, sonst redet man zu uncriolisch. Es können auch nicht Participien nach Belieben dazu gebraucht werden, [...] Denn diese Wörter sind ganz uncriolisch und werden von niemand, als der deutsch oder holländisch kann, verstanden (Oldendorp 2000, 714 und 700).

8.1.6 Zusammenfassung

Bei den in den vorausgehenden Kapiteln behandelten Annäherungen an das Zusammenspiel von Kreolisch und Französisch in den kreolsprachigen Gebieten ging es immer um Phänomene der Zwei- bzw. Mehrsprachigkeit und des Sprachkontaktes. *Bilinguismus* (wie auch *Multi-/Plurilinguismus*) bezieht sich auf die Sprachkenntnis, einerseits des Individuums, andererseits der Gesellschaft. *Diglossie* mit ihrer Differenzierung in *high variety* und *low variety* bezieht sich auf die Sprachverwendung in bi- bzw. multilingualen Gesellschaften. Die Termini *Substrat* und *Superstrat* beziehen sich einerseits historisch auf die Sprachen, die an der Herausbildung der KS konstitutiv beteiligt waren, andererseits soziolinguistisch auf den Status dieser Sprachen, auf der einen Seite die bei der Herausbildung und dann in der aktuellen Sprache vor allem im Lexikon dominierende Sprache und auf der anderen die unterlegenen Sprachen, deren Beitrag oft nicht gleich zu erkennen ist. Das *Continuum*, das vom *Basilekt* über den *Mesolekt* zum *Akrolekt* reicht, sieht diese Beziehung als einen Varietätenraum, zu an einem Ende das „reine" (was auch immer das heißen mag), von der europäischen Sprache unbeeinflusste Kreolisch steht, am anderen Ende die europäische Standardsprache. Natürlich gibt es hier Berührungspunkte, es stehen sich immer Paare gegenüber, aber die Modelle, die Perspektive auf die Fakten, der Blick auf das Phänomen *Kreolisch* sind jeweils andere und dürfen nicht vermischt werden.[9] Bei der *Dekreolisierung* wie zuvor schon bei der *Kreolisierung* geht es nicht um einen Zustand, sondern um einen Prozess. Die Kreolisierung ist der Prozess, der zur Entstehung von KS geführt hat und dessen Erforschung eine der Grundfragen der Kreolistik ist, die Dekreolisierung ist dann der Prozess, der unter dem Einfluss der europäischen, in den betreffenden Gesellschaften (immer noch) dominierenden Sprachen zu Entwicklungen der KS führt, die diese den europäischen Sprachen wieder annähern, vielleicht in zumindest einigen Fällen zu ihrem Aufgehen in diesen führen kann. Die KS sind entstanden, als die Sklaven mit den europäischen Sprachen konfrontiert waren und diese zu lernen versuchten. Dieser Prozess blieb „au milieu du gué" (Stein 2002a) stehen, das Ergebnis sind die KS. Durch die Dekreolisierung wird er weitergeführt und ein mögliches Ergebnis könnte die Reintegration in die europäische Sprache und damit das Verschwinden des Kreolischen sein, es sei denn, die betroffenen KS hätten sich inzwischen so weit etabliert, gefestigt und verselbstständigt, dass sie trotz Dekreolisierungseinflüssen diese Selbstständigkeit bewahren können.

---

[9] Leider ist dies jedoch allzu häufig der Fall. Aufmerksamer, kritischer Umgang mit der Lektüre ist deswegen angebracht.

8.2 Die gegenwärtige Situation der FKS

8.2.1 Die (F)KS und ihr (fehlendes) Prestige

Trotz unterschiedlicher historischer und politischer Entwicklungen befinden sich die (F)KS in allen Gebieten in einer recht ähnlichen Lage. Eines ihrer wichtigsten Merkmale ist das geringe Prestige und das soziale Stigma, mit dem sie als Sprache der Sklaven versehen wurden, d. h. als Sprache derjenigen, die nicht in der Lage waren bzw. sind, Französisch richtig zu lernen und zu sprechen. Wer zur sozialen Oberschicht gehört – und das sind vor allem die Weißen französischer (europäischer) Abstammung – hütet sich, kreolisch zu sprechen, es sei denn mit seinen Dienstboten oder anderen ihm Untergebenen. Für die Kinder dieser frankophonen Familien war es bis vor nicht allzu langer Zeit ein streng geahndetes Vergehen, in Gegenwart der Eltern kreolisch zu sprechen, obwohl sie es doch von ihren Kindermädchen gelernt hatten, und die Eltern selbst mit den Dienstboten kreolisch sprachen. Ebenso war das Kreolische in der Schule verboten, selbst in der Pause; der Unterricht fand auf Französisch (oder Englisch) statt, ohne die Bedürfnisse der kreolophonen Kinder zu berücksichtigen. Das Ergebnis war und ist das Scheitern der Schüler aus den nicht-frankophonen, unteren sozialen Schichten und der Abbruch des Schulbesuchs nach kurzer Zeit, so dass ein großer Teil der Bevölkerung nur Kreolisch sprechen und weder lesen noch schreiben kann. Die Betroffenen sind von allen den Teilen des öffentlichen (und privaten) Lebens ausgeschlossen, für die die offizielle (Standard-)Sprache Voraussetzung ist. Vielen gelingt es nicht, aus diesem sprachlich bedingten sozialen Ghetto auszubrechen.

Die Verbindung der Geringschätzung der KS mit der sozial benachteiligten Stellung ihrer Sprecher stellt eines der großen sozialen Probleme der kreolsprachigen Gebiete dar. Es gilt, die negativen Vorurteile gegenüber den KS abzubauen, um den Sprechern dieser Sprachen die Möglichkeit zu geben, in ihrer eigenen Sprache lesen und schreiben zu lernen, und damit auch die Möglichkeit zum sozialen Aufstieg. Diese Erkenntnis setzt sich in den letzten Jahren in immer mehr Gebieten durch.

Das gerade Ausgeführte habe ich gegenüber 1984 nur geringfügig geändert. Das damals Gesagte hat sich inzwischen deutlich zum Besseren hin entwickelt, aber es hat seine Gültigkeit noch nicht verloren, und die gerade gemachten Ausführungen über das Kreolische sind auch heute noch eine verbreitete Meinung und in Gesprächen zu hören. Dafür soll als extremes und in dieser Form wohl auch isoliertes Beispiel ein Auszug aus einer Internetpublikation stehen:[10]

> What a shame for a country which prides itself for its high level of literacy and education when, for purely political reasons to gain the votes of a few misguided (even racist) voters, the Mauritian government degrades the Mauritian education system by deciding to introduce to very

---

10 Siehe http://www.kotzot.com/news/pm-navin-ramgoolam-forces-french-based-slave-creole-in-mauritian-education/. Teilnehmer meines Seminars an der FU in Berlin im Sommersemester 2011 haben mich auf den Text hingewiesen. Die Seite scheint nicht mehr verfügbar zu sein.

young and vulnerable children in Standard 1 as an option from January 2012 a French-based spoken slave creole language (called ‚Kreol Morisien') written in the most distorted phonetics to be considered pari passu with proper spoken and written languages such as Hindi, Urdu and Bhojpuri. Such a move can only debase the whole education system [...]. During the late 1960's the newly-formed Mouvement Militant Mauricien [...] tried to revive slave creole as a political tool. They influenced vulnerable people who had a history of slavery behind them by making them believe that creole is their ancestral language which should be introduced in the education system, in Parliament, in offices and everywhere else. [...] A child who underperforms or is unable to understand languages, grammar, syntax and so on, needs a speech and other therapists but certainly not the creole language of slaves packaged by political linguists and historians. Such children are special needs children and slave creole can only harm them further. How can a child who spells « l'éducation » as ‚ledykasyon' and « académie » as ‚akademi' possibly have a good education? What sort of modernity is this? [...] 23 May 2011.

Der vorausgehende Text spiegelt nicht die heute dominierende Meinung wider, dass er aber in dieser Form überhaupt geäußert werden konnte, sollte uns nachdenklich machen. In den letzten 30 Jahren hat sich im Gegensatz zu diesem Text sehr viel geändert, die Einstellung zum Kreolischen ist in allen Bevölkerungskreisen sehr viel positiver und offener geworden. Und was für die weitere Entwicklung noch wichtiger ist, auch von staatlicher Seite. In der Politik sind die FKS inzwischen akzeptiert und spielen eine nicht unwichtige Rolle, allerdings mit deutlichen Unterschieden zwischen den Gebieten.

8.2.2 Die Überwindung der Vorurteile gegen die FKS

Als Beispiel für die Überwindung der Vorurteile und die veränderte Wahrnehmung im Umgang mit diesen Sprachen sei die Situation auf Sainte-Lucie (und ähnlich auch Dominica) angeführt. Das Zitat aus Vérin (1958) steht für die bis in die 1960er Jahre gängige Haltung:

However, English, the official language of both islands, is also the language of prestige; and many of their inhabitants would be offended if a stranger were to address them in Creole. [...] in schools[1] [...] *patois* is forbidden, and several postulates are pumped into the scholars' heads: – Patois is not a language, Patois cannot be written, Patois has no grammar – it is only ‚broken French', to speak Patois displays inferiority, and so forth.
  1 In many schools, teachers punish children who are heard speaking Patois even in the school yard; as, for example, during recreation. (Vérin 1958, 164).

Gut 20 Jahre später kommt dagegen der *Final Report of a Seminar on an Orthography for St. Lucian Creole, [...] Castries, St. Lucia, January 29 – 31, 1981* in seiner Einleitung zu der Feststellung:

Language is one of the most vital issues in the present development of St. Lucia. The role of the French Creole or ‚St. Lucian Patwa' has always been a focus of controversy. [...] Today there is a measure of concensus on the essential value of the Creole. At the recent ‚National Consultation on Education' (April 1980), a number of resolutions on the subject were adopted including one requesting the Government to set up the necessary machinery to give Creole equal status with the English Language in St. Lucia. In a report commissioned by the Government [...] the indispensable role of Creole in any proposed national literacy program was vigorously argued. (Carrington 1981, 1).

Und St-Hilaire (2011) zitiert aus einer Rede des Premierministers Kenny Anthony aus dem Jahr 2004:

> I must [...] applaud the schools of our island, in particular those where students were encouraged to appreciate the culture and speak our Kwéyòl language with pride. The schools are doing a great job in defending, promoting and expressing our culture [...]. It is my belief that while Government can encourage the population to promote its culture and language, Government must also lead by example. That is why we have encouraged our government officials to conduct the daily business of the nation in the language of the people. This is in fact being done. The Governor General has set the tone with her Annual Throne Speech to Parliament. The rules in Parliament have been changed to allow our Parliamentarians to use Kwéyòl in the presentations. But while we all applaud what has become a norm even that is not enough. We all need to do more – much more – to continue to promote our language. It must always be taken from one stage to the next. We must always aim to ensure that no stone is left unturned to ensure our national language is brought to life. [...] Indeed, Kwéyòl has led to the discovery of our soul and our spirit. Once it was treated as a bastard language; today it is recognized as the language of St Lucians, the mother tongue of our nation, the language we best speak and understand. (St-Hilaire 2011, 81).[11]

Der erste und wichtigste Schritt für eine Aufwertung und Anerkennung der (F)KS besteht in der Beseitigung der Vorurteile gegen diese Sprachen, vor allem bei ihren Sprechern selbst. In einem auf Kreolisch abgefassten, politisch motivierten, vervielfältigten Skript aus Mauritius aus dem Jahr 1974 werden diese Vorurteile diskutiert und zurückgewiesen. Der Text stand im Gegensatz zur allgemeinen Meinung, kann aber von seinem Inhalt her als einer der Auslöser für die weitere Entwicklung gelten, die dann in Etappen und mit häufigen Unterbrechungen verlief:[12]

> Dâ nu pei sel lâgaz ki vremâ dinamik, ki vremâ reflekté lespri morisiê sé nu lâgaz Morisiê.
> Mé ena buku prezizé kôt nu lâgaz. Kumâ tu prezizé zot bazé lor ignorâs. Nu pu prâ ban argimâ kôt nu lâgaz ên par ên pu môtré komiê zot fos.
> i) Morisiê pa ên lâgaz: Ban dimun ki dir sa napa koné ki zot pé kozé. Morisiê li ên zuti kominikasiô ki ena tu karakteristik ban lâgaz. Li ena so prop gramer, so prop fonolozi, so prop vokabiler.

---

[11] Vermutlich wurde die Rede auf Kwéyòl gehalten. St-Hilaire bringt alle Zitate jedoch nur auf Englisch. In seiner Bibliographie hat die betreffende Quelle einen kreolischen Titel.
[12] Die im Original unterstrichenen Passagen sind hier fett hervorgehoben. Mit *Morisiê* bezeichnen die Verfasser das KrMau. 40 Jahre später ist es zum offiziellen Namen geworden, jetzt in der Schreibung *Morisien*.

ii) Morisiê pa ena gramer: Ki eté ên gramer? Sé ban reglemâ ki nu bizê swiv letâ nu kozé pu ki dimun ki ekut nu kapav kôprâ. [...] Savedir Morisiê li enâ so prop reglemâ. Si nu pa swiv zot, person pa pu kôprâ nu. [...] Morisiê ena so prop gramer ki diferâ ek gramer anglé usa frâsé.

iii) Pa kapav ekrir Morisiê: Sa letid lamem pruvé ki kapav ekrir nu lâgaz. So sistem ekrir nu lâgaz li bazé lor ên letid so fonolozi. Pu sak sô ki nu servi dâ nu lâgaz nu fin swazir ên sêbol (let alfabet). Pu apran ekrir Morisiê li biê fasil. Li zis diman êpé pasiâs. [...]

iv) Morisiê napa ena literatir: Sa li ên argimâ ban foser. Literatir li napa sap dâ lesiel. Li ên prodwi ban imê. Si ban morisiê napa ole servi zot lâgaz pu eksprim zot talâ, lâgaz la zamé napa pu gagn ên literatir. Si ban dimun kuma Chaucer napa ti kumâs ekrir â Âgle, napa ti pu ena literatir âglé zordi. [...]

v) **Morisiê li lâgaz ban Kreol:** Sa napa vré ditu. Okôtrer Morisiê li sel lâgaz dâ nu pei ki tu dimun kôprâ, ki tu dimun kozé. [...] Li sel lâgaz ki fin né lor nu later, li sel 1âgaz ki fin devlopé ek nu listwar; sel lâgaz ki eksprim personalité ek idâtité ên morisiê.

vi) **Morisiê li napa ên lâgaz; li ên dialek; li ên patwa:** [...] Ên dialek li ên varieté rezional, usa ên varieté de klas, ên lâgaz. [...] Moris osi parey: Morisiê ki kozé Rivière Noir li pa parey kuma Morisiê ki kozé Flacq; [...] kuma tu ban lâgaz Morisiê li divizé â dialek. Ên patwa li ên su-dialek. Savedir ki Morisiê li ni ên dialek, ni ên patwa. **Li ên lâgaz parey kuma tu lâgaz ki ekzisté dâ lemòd. Li ena tu seki neseser pu fer ên lâgaz. Morisiê li lâgaz lepep morisiê.**

vii) **Morisiê napa ena valer êternasional:** [...] Li vré ki Morisiê li napa ên 1âgaz êternasional. [...] ki Morisiê lâgaz ban morisiê, li pu servi nu âdâ nu pei, mé pu nu ban kôtak ek leksteryer nu bizê kôtinié apran otâ lâgaz êternasional ki posib. [...] **Mé meyer lâgaz ki pu fasilit kominikasiô âdâ nu pei li res Morisiê.** (Mouvement Militant Mauricien – Socialiste Progressiste (MMMSP) 1974, 2–5).

Wenn man diesen für einen kleinen Leserkreis als Diskussionsgrundlage bestimmten Text mit dem Schlussabsatz des Vorwortes von Hookoomsing zum weit über 1000 Seiten starken *Diksioner Morisien* von Carpooran aus dem Jahr 2009 (^{2}2011) vergleicht, sieht man, welche Veränderungen es gegeben hat, und dass das Ansehen der KS heute ein ganz anderes ist, vielleicht (noch) nicht bei allen, aber doch bei immer mehr seiner Sprecher. Dafür steht auch die Nachfrage nach dem Wörterbuch, die nach nur zwei Jahren zu einer erweiterten Neuauflage führte:

> Me Diksioner Carpooran so vre valer, li dan enn lot dimansion evolision lang kreol: enn evolision ki swiv model sosiete oral tradisionel ki zordi finn vinn sosiete ekri modern. Bann sosiete kreol dan lemond, zot enn kreasion nouvo e zot finn rant dan lekritir ek literesi atraver bann lang kolonial. Selon zot kontext istorik, sosial ek politik, ena finn aksepte sa laranzman-la, lezot finn konpran nesesesite depas sa stad-la e devlop lekritir ek literesi dan zot prop lang. Moris pe al dan sa direksion-la, e so nouvo *Diksioner Morisien,* li kouma enn far pou ekler sime pli divan, pa zis pou nou dan Moris, me osi pou lezot pei ki anvi servi zot prop lang pou devlopman ek progre dan tou domenn e pou tou dimounn (Carpooran 2009, 2 / ^{2}2011, 5).

Der entscheidende Schritt geschieht durch den Einzug des Kreolischen ins öffentliche Leben, und vor allem durch seine Beachtung und Anerkennung durch die Gesellschaft, die Politik und damit durch den Staat. Dazu gehört seine Verwendung in öffentlichen Medien bis hin zum formellen politischen Diskurs, sein Einzug ins Unterrichtswesen, als Unterrichtssprache speziell für die Schulanfänger auf der einen Seite, als Studiengang und Forschungsgegenstand an den Universitäten auf der anderen. Am Ende der dafür erforderlichen Standardisierung und Instrumentalisierung als Schriftsprache kann die Anerkennung als (ko-)offizielle Sprache wie auch die Gründung von Sprach(pflege-)Organisationen bis hin zu Akademien stehen. Diese Entwicklung ist in den verschiedenen Gebieten bzw. Staaten unterschiedlich weit fortgeschritten, wofür eine Reihe von Faktoren verantwortlich sein können.

8.2.3 Der politische Aspekt

Die Position der (F)KS in der Gesellschaft und ihre weitere Entwicklung hängen nicht nur von der Einstellung der Sprecher zu ihrer Sprache ab, sondern werden vor allem auch von politischen Entscheidungen bestimmt; beide Aspekte sind oft nicht voneinander abgrenzbar. In der Politik wird über den Status und die Stellung der (F)KS gegenüber den bisherigen offiziellen Sprachen entschieden; und die Politik ist es auch, die über einen ganz wesentlichen Aspekt entscheidet: die Verwendung der KS im Schulwesen, sowie alle damit verbundenen technischen Probleme der Standardisierung, Aufstellung von Regeln, Erstellung von Texten.

Zwei Positionen stehen sich hier gegenüber: Die eine, traditionelle, 1984 noch dominierende, sieht in der Existenz der KS keine besonderen Probleme im sozialen Leben der Gesellschaft und möchte sie möglichst unbeachtet lassen. In allen offiziellen Funktionen findet die europäische Standardsprache Verwendung, und ebenso ist sie Ziel- und Unterrichtssprache. Die KS wird von den Verantwortlichen nur verwendet, wenn sie sich der breiten Masse verständlich machen wollen oder müssen. In den Fragebögen zur Volkszählung in Mauritius hieß es bis 1972 bei den Fragen nach der *langue parlée par les ancêtres* und der *langue parlée habituellement ou le plus souvent:*[13] «Pour les besoins du recensement seulement, le ‚patois créole' doit être considéré comme une langue / For the purposes of the census only, ‚creole patois' should be considered as a language», und selbst 2011 heißt es immer noch «For Census purposes, consider creole and bhojpuri as languages». Man konnte das Kreolische aufgrund seiner Bedeutung nicht unberücksichtigt lassen, wollte sich aber von offizieller Seite über seinen Status nicht festlegen.

Die andere Position, vertreten durch eher links orientierte Parteien und Regierungen, macht dagegen das Kreolische zu einem ihrer Werkzeuge im Bemühen um die Veränderung der gesellschaftlichen Verhältnisse. So verwundert es nicht, dass auf den Seychellen nach dem Umsturz 1978 die neue Regierung 1981 das Kreolische neben Englisch und Französisch zur dritten offiziellen Sprache machte und damit zum Vorreiter wurde, und dass kreolische Texte in Mauritius, wie auch in den anderen Gebieten, bis vor nicht allzu langer Zeit von ganz wenigen Ausnahmen abgesehen von linken Gruppen und Organisationen publiziert wurden. Für diese Gruppen war der

---

13 Die Fragebögen sind englisch und französisch abgefasst. Für eine Diskussion der Ergebnisse der sprachbezogenen Fragen der Volkszählungen in Mauritius bis 1972, siehe Stein (1982a, 197–245). Eine Diskussion der weiteren Entwicklung ginge über den Rahmen des Arbeitsheftes hinaus.

Gebrauch des Kreolischen ein Mittel der politischen Agitation. Der zuvor zitierte längere Text des schon lange nicht mehr existierenden MMM-SP in Mauritius gehört dazu; viel wichtiger und im Parteiensystem bis in die Regierung angekommen ist der MMM (*Mouvement Militant Mauricien*), von dem seit November 1976 in ein- oder zweimonatlichem Abstand ein ca. 50 Seiten starkes, innerhalb der Gruppe zirkulierendes Skript mit dem Titel *Lalit de Klas* herausgegeben wurde, der Ausgangspunkt für den noch existierenden Verlag *Ledikasyon pou Travayer*. Ab August 1981 erschien für eine gewisse Zeit *Lalit de Klas* vierzehntägig als Zeitung, später im Monatsrhythmus. Daneben gibt es nicht wenige weitere Publikationen zur Politik, Kultur, Literatur usw. Ähnliche Bemühungen und Aktivitäten findet man auch in den anderen Gebieten; Umfang, Einfluss und Bedeutung variieren jedoch stark. Verantwortlich für alle diese Publikationen ist die Opposition, nicht die Regierung.

8.2.4 Haiti

Haiti gehört zu den ersten Gebieten, in denen konkrete Maßnahmen zugunsten des Kreolischen unternommen wurden und zwar in Form von Alphabetisierungsprogrammen seit den 1940er Jahren. Bei der Staatsgründung 1804 spielte das Kreolische keine Rolle, die geschriebene und damit relevante Sprache war das Französische, und dies galt, abgesehen von den nach 1940 beginnenden Alphabetisierungskampagnen, bis in die 1970er Jahre. In diesem Rahmen gab es eine Reihe von Publikationen, die von der katholischen Kirche und ihrem Verlag Bon Nouvel ausgingen. Erst nach dem Ende der Duvalierdiktatur wurde Kreolisch zum Thema der Politik, wurde als Sprache Haitis neben Französisch in die Verfassung aufgenommen, im Schulsystem etabliert, entsprechend standardisiert und normiert ... Wir wollen hier eine längere Passage aus der *Entrodiksyon* von Renauld Govain zum Tagungsband zur Gründung einer *Akademi Kreyòl Ayisyen* (Govain 2013a) zitieren. Der Text kann auch als Beleg dienen, dass das KrHai eine voll ausgebaute, moderne Sprache ist:

> **Prensipal aksyon politik lengwistik Leta poze, ki konsène kreyòl la**
> Soti nan premye Konstitisyon Tousen Louvèti a (1801) rive nan konstitisyon 1957 yo te vote sou Franswa Divalye, (yon ventèn vèsyon konstitisyon) okenn vèsyon manman lwa peyi a pa sonje kreyòl la. Pa egzanp, Konstitisyon 1843 a nan atik 29 li ak konstitisyon 1867 la nan atik 34 li ekri menm bagay la konsènan lang yo pratike nan peyi a san yo pa nonmen yo:« *Les langues usitées dans le pays seront enseignées dans les écoles* ».Yo kontante yo endike lang yo pratike nan peyi a san yo pa ba yo okenn non. Menm pou fransè a, nou te dwe tann Konstitisyon 1918 yo te vote nan peryòd Okipasyon amerikèn (sa ki ta ka etone moun) pou yo te mansyone lang fransè a nan konstitisyon peyi a. Men anvan sa, lwa peyi a pa te di anyen sou kesyon lang peyi a yo.
>   Atik 62 konstitisyon 1983 a rekonèt kreyòl la kòm « lang nasyonal »: « *Les langues nationales sont le français et le créole. Le francais est la langue officielle de la République* » (Yo pa te ni ekri li ni tradui li an kreyòl). Se jis nan konstitisyon 29 mas 1987 la, yo vin presize wòl ak plas kreyòl la. Atik 5 la endike: « Sèl lang ki simante tout Ayisyen ansanm, se lang kreyòl. Kreyòl ak franse se lang ofisyèl Repiblik d Ayiti ».Epi nan atik 213 la, li prevwa: «Yo mete yon Akademi ayisyen pou li fikse lang kreyòl la epi pou fè l kapab devlope anfòm, ann òd epi selon prensip

lasyans ». Konstitisyon 1964 la, yo te vote sou prezidan Francois Duvalier, endike nan atik 35 li: « *Le francais est la langue officielle de la République. Son emploi est obligatoire dans les services publics. Néanmoins, la loi détermine les cas et conditions dans lesquels l'usage du créole est permis et même recommandé pour la sauvegarde des intérêts matériels et moraux des citoyens qui ne connaissent pas suffisamment la langue française* ». [...]

Le 28 septanm 1979, Leta pibliye yon lwa kote yo entwodui kreyòl nan lekòl paske jis nan tan sa a, se te fransè sèlman yo te konn itilize ofisyèlman nan lekòl. Nan atik premye lwa sa a, yo ekri « *L'usage du créole, en tant que langue commune parlée par les 90% de la population haïtienne est permis dans les Écoles comme langue instrument et objet d'enseigement* ». Nan menm ane sa a, yo adopte yon refòm edikatif – Refòm Bèna – [...] kote yo ofisyalize entwodiksyon kreyòl nan lekòl kòm lang ansèyman, kidonk, kreyòl dwe sèvi kòm zouti lengwistik pou anseye elèv nan lekòl primè. Pou soutni fòs lwa 1979 sou itilizasyon kreyòl la nan lekòl, ministè edikasyon nasyonal pran yon lòt dekrè le 30 mas 1982 ki site lwa 1979 la ki pwopoze modèl òganizasyon lengwistik sistèm edikatif ayisyen an: « *le créole est langue d'enseignement et langue enseignée tout au long de l'École fondamentale* », que « *le français est langue enseignée tout au long de l'École Fondamentale, et langue d'enseignement à partir de la 6ᵉ année* » et qu' « *en 5ᵉ année de l'Enseignement Fondamental, l'enseignement du français est renforcé en vue de son utilisation comme langue d'enseignement en 6ᵉ année* ».

Deba sou itilizasyon kreyòl nan edikasyon an Ayiti kòmanse anvan 1979. Georges Sylvain, an 1898, te panse si yo entwodui kreyòl la nan lekòl nan peyi a, sistèm nan t ap fè yon gran pa an avan. Konsa, li deklare: « *Le jour où (...) le créole aura droit de cité dans nos écoles primaires, rurales et urbaines, le problème de l'organisation de notre enseignement populaire sera près d'être résolu ...* [...]

Le 31 janvye 1980, yon dekrè prezidansyèl fikse yon òtograf ofisyèl pou tout moun ki vle ekri nan kreyòl ayisyen an sèvi. Nan menm dat sa a Ministè edikasyon nasyonal pibliye yon papye sikilè kote li mande pou tout manm sistèm edikasyon an ki ap ekri kreyòl pou yo sèvi avèk sistèm òtograf ofisyèl la.

27–29 oktòb 2011, Inivèsite Leta Ayiti òganize yon kòlòk sou planifikasyon kreyasyon Akademi pou kreyòl ayisyen an [...].[14] Anvan esperyans sa yo, majorite aksyon politik lengwistik Leta te pran an favè kreyòl la te plis konsène kesyon alfabetizasyon. [...] Nou pral prezante kèk nan aksyon sa yo nan lòd kwonolojik. Nou pa tradui yo an kreyòl. Nou kenbe non «orijinèl» Leta te ba yo lè li te kreye yo:

1941: Comité de littérature et d'alphabétisation (CLA);
1943: Bureau haïtien de l'éducation des adultes (BHEA);
1947: Direction générale de l'éducation des adultes (DGEA);
1948: Programme d'Éducation Ouvrière (PEO) développé par le Département des Affaires sociales et qui tentait d'alphabétiser en français les ouvriers de Port-au-Prince et des villes de province;
1957: Office National de Développement Communautaire (ONDC);
1961: Office National d'Éducation Communautaire (ONEC);
1969: Office National d'Alphabétisation et dAction Communautaire (ONAAC) en remplacement de l'ONEC;
1975: Groupe de Recherches et d'Expérimentation en Alphabétisation (GRAL);
1986: Office National de Participation et d'Éducation Populaire (ONPEP);
1989: Office National d'Éducation Communautaire et d'Alphabétisation (ONECA);
1995: Secrétairerie d'État d'Alphabétisation (SEA).

---

14 In Govain (2013a) sind die Vorträge dieser Tagung publiziert, weitgehend auf Kreolisch.

> [...] Evènman sosyopolitik ane 1980 yo ki debouche sou dechoukay prezidan diktatè avi Jean Claude Duvalier sou pouvwa a le 7 fevriye 1986 mennen Ayiti nan sa yo te rele nan epòk la « libersayon [sic] lapawòl » ki te mache avèk eslogan «baboukèt la tonbe». Sa vle di evènman sa a te fasilite Ayisyen rejwenn libète lapawòl kote yo te kapab esprime panse yo jan yo vle sou nenpòt ki sijè lavi politik peyi a. Men tou, espresyon « libète lapawòl » la te konsène lang kreyòl la ki te vin jwenn tout dwa granmoun li paske moun te kòmanse pran dwa pale kreyòl kote yo vle. Sa fè lang nan te vin jwenn yon gwo kout pous pou li layite kò li nan divès domèn kote anvan sa se fransè sèlman ou te rankontre menm si moun yo pa te toujou metrize fransè a vre. Konsa, Fakilte Lengwistik Aplike vin kreye andedan Inivèsite Leta Ayiti a an 1978 kote yo kòmanse fè kou sou kreyòl, mete sou Lekòl Nòmal Siperyè ki te konn fè kou sou lang nan tou. Men, an 1986, lè li tounen soti nan egzil nan peyi Etazini, pwofesè Yves Dejean, non sèlman fè kou sou kreyòl men fè yo an kreyòl tou. Sa se te yon gwo pa pou kreyòl anpil moun te konsidere kòm « tèt kanna » sètadi yon pwodui ki pa sosyab, ki pa monte tab. Sa te etone kèk Ayisyen ki pa te panse kreyòl ta kapab sèvi pou anseye nan Inivèsite. Anpil etidyan nan epòk la te konn suiv pwofesè Dejean nan fenèt fakilte a epi, kèk fwa, yo youn te konn ap wounou wounou nan zòrèy lòt: « O o ! Mèt la gen lè pa fò, apa se an kreyòl sèlman li ap fè kou ! » (Govain 2013b, 11–15).

Die Eckdaten für die Anerkennung des KrHai sind also die Zulassung des KrHai im Unterricht 1979, die Festlegung der offiziellen, neuen Orthographie 1980 und die Verfassung von 1987, die auf Französisch und Kreolisch abgefasst ist und in der die Gründung einer Akademi Kreyòl Ayisyen Gegenstand ist.[15]

8.2.5 Die FKS in den DOM, von der Gründung des GEREC bis zur Etablierung des CAPES créole

Die Position der FKS in den vier DOM (*Départements d'Outre-Mer*) Guadeloupe, Martinique, Französisch-Guayana und La Réunion ist politisch und juristisch eine ganz andere, denn die DOM sind Teil Frankreichs und damit gilt hier Artikel 2 der französischen Verfassung: „*La langue de la République est le français.*"

Durchaus bis zu einem gewissen Grad vergleichbar den Bewegungen zugunsten der *langues régionales* entwickelte sich in den DOM zu Beginn der 1970er Jahre an den neu gegründeten *Université des Antilles et de la-Guyane* und *Université française de l'Océan Indien* das Interesse an der eigenen (Kreol-)Sprache, angeregt von jungen *chercheurs*, wobei der Anstoß für dieses Interesse zumeist von französischen Universitäten ausging. Die KS wurden ähnlich wie die Regionalsprachen in Frankreich selbst gesehen, mit wachsendem Interesse an ihrer Erforschung und an ihrer Bewahrung. So wurde auf dem *4e Colloque International des Études Créoles* im Mai 1983 in Lafayette, Louisiana[16] eine *Déclaration* des Rektors der *Académie des Antilles et de la Guyane* verlesen, in der für die drei amerikanischen DOM die Folgerungen aus dem *Circulaire n° 82–261* vom 21. Juni 1982 zur *Loi Haby* von 1975 über *L'enseignement des cultures et*

---

15 Für die Zeit bis zum Ende der 1970er Jahre siehe sehr ausführlich und kritisch Fleischmann (1986).
16 Diese Kolloquien finden seit 1976 regelmäßig statt, das 15. im November 2016 auf Guadeloupe.

langues régionales ... gezogen werden. Nach praktischen Überlegungen über die verschiedenen Etappen der Einführung der FKS ins Schulwesen der drei DOM von der *école pré-élémentaire et élémentaire* bis hin zum *enseignement supérieur*, schließt die *Déclaration* mit dem folgenden Absatz:

> Pour conclure, la finalité de l'enseignement du créole et de la culture antillaise et guyanaise est d'insérer l'école dans son contexte régional spécifique et d'œuvrer ainsi à l'épanouissement des hommes, dans le respect de l'identité culturelle de chacun. Au-delà de l'enrichissement que constitue la parfaite maîtrise des langues dans un milieu caractérisé par la diglossie, cette finalité répond à la nécessité de l'instauration d'un nouvel ordre culturel mondial plus juste et plus fraternel.[17]

Noch deutlicher war die Forderung nach der Anerkennung des Kreolischen kurz vorher in der *Charte Culturelle Créole* (1982) des GEREC (*Groupes d'Etudes et de Recherches en Espace Créolophone*) an der *Université des Antilles et de la Guyane* gestellt worden. In der *Charte* heißt es u. a.:

> Quels que soient les projets gouvernementaux en matière culturelle, le G.E.R.E.C. réclame que le créole acquière le statut juridique de *langue première* des Antilles et de la Guyane, le français étant déclaré *langue seconde*. Aucun linguiste sérieux, aucun observateur objectif ne *peut refuser le rôle premier du créole dans le volume total des échanges linguistiques antillo-guyanais* et *le rôle second du français*. [...] Même si nous n'ignorons pas les difficultés inhérentes à une telle décision, [...] nous demandons qu[e ...] le créole soit déclaré langue licite dans les institutions officielles des Antilles et de la Guyane. (*Charte Culturelle Créole* 1982, 47).

Von diesen doch recht radikal klingenden Forderungen, die mit den Unabhängigkeitsbestrebungen einiger politischer Gruppen zusammenfielen, ist nicht mehr viel geblieben, aber die Erfolge des GEREC sind deutlich. Für die neue Ausrichtung steht 2001 die Namenserweiterung GEREC-F, „et francophone".

Der GEREC wurde 1976 gegründet und hatte sich als Programm gesetzt:[18]

> 1. – d'étudier, grâce à la convergence de multiples disciplines (littérature, linguistique, sociologie, histoire, géographie, archéologie, etc.) la culture et les sociétés sous-tendues par les créoles en général, mais plus particulièrement ceux qui sont: dits « de base lexicale française ».

---

17 Im Gegensatz dazu hieß es noch 1975 in einem Brief des Vice-Recteur von La Réunion: «Mon attention a été attirée sur le fait que des enseignants, voire des formateurs font pratiquer le créole dans certaines classes élémentaires ou maternelles du Département. Je rappelle à nouveau que le règlement scolaire modèle du 18 janvier 1887, dispose expressément en son article 14: » Le français sera seul en usage dans l'école. « Mesdames et Messieurs les Inspecteurs Départementaux de l'Éducation et Mesdames et Messieurs les Chefs d'Établissements voudront bien veiller au respect de ce règlement» (zit. nach Gauvin 1977, 112). Die Veränderung der Einstellung zum Kreolischen in nur knapp zehn Jahren ist mehr als deutlich.
18 Siehe *Espace créole* 1, 1976, 8. Siehe auch als aktuelle Texte: http://www.potomitan.info/travaux/ declaration.htm und http://www.potomitan.info/travaux/publications.htm. Aktuellere Informationen haben wir leider nicht gefunden.

> 2. – de promouvoir la communication interdialectale à l'intérieur de la Créolophonie particulière ainsi définie. de mettre au point un code graphique intégré (valable pour toutes les aires de cette créolophonie)
> – de lancer les bases d'une alphabétisation en créole; corrélative de la normalisation graphique et préalable à la nécessaire activité de lecture dans cette langue.
> – d'inclure progressivement le créole dans le champ de la pédagogie (jusqu'ici monopolisé par la francophonie). [...]
> – de recueillir, d'étudier de manière systématique la tradition orale et de promouvoir la production écrite, voire cinématographique ou de bandes dessinées à caractère pédagogique ou plus largement culturel [...]
> – de repérer, voire d'« apatrier » les sources documentaires [...]
> 3. – de promouvoir une culture conforme aux valeurs d'une créolophonie mieux assumée et d'une francophonie bien comprise.
> Ce groupe a vocation à devenir par la suite, au sein de l'Université, Centre, voire Institut de Recherches [...].
> L'urgence de la tâche, sa nature aussi, fondent le G.E.R.E.C. à se donner comme devise liminaire la phrase suivante:
> « Nan mada goumen-an pou tout bet kréyol, sé pwan douvan anvan douvan pwan nou »
> que la langue française traduit, en édulcorant l'image:
> « Dans la grande bataille de la créolité, il convient de se hâter, avant qu'il ne soit trop tard ».

Nicht wenige dieser Programmpunkte scheinen aus heutiger Sicht selbstverständlich zu sein; als sie aufgestellt wurden, waren sie jedoch alles andere als das. Der GEREC hat seit seiner Gründung sehr viel erreicht; wie weit dies wirklich ins allgemeine Bewusstsein vorgedrungen ist, muss offen bleiben. In seinem Umfeld sind zahlreiche Publikationen entstanden, neben linguistischen und literarischen Werken vor allem in den 1980er Jahren die Periodika *Espace créole, Mofwaz, Antilla créole, Kabouya, Kourilet-UNESCO,* und er engagierte sich politisch für eine größere Unabhängigkeit der DOM vom Mutterland, verbunden mit der Anerkennung des Kreolischen als offizielle Sprache neben dem Französisch – es gab auch die Forderung anstelle des Französischen. Dazu gehört beim Umgang mit der Sprache und ihrem Ausbau die Suche nach Distanz zum Französischen, was sich vor allem im Umgang mit dem Wortschatz und in der Suche nach einer Orthographie äußert.[19]

Die Anerkennung als neben dem Französischen gleichwertig verwendbare Sprache ist in einigen Bereichen schon fortgeschritten, kann aber, entgegen der Absicht der Initiatoren, für die Existenz des Kreolischen durchaus problematisch werden, wie Bernabé (1989) zeigt:

> La première conséquence de cette évolution est forcément l'accélération de la décréolisation qualitative (en l' occurrence une francisation accrue du créole). La seconde conséquence, non encore visible, mais qui est conforme au principe écolinguistique énoncé plus haut *(dé mal krab pa ka rété adan an menm trou)* risque bien, selon moi, de consister dans le recul, voire l'élimination de la langue socialement plus faible. Dans la bataille du pot de fer et du pot de terre, la

---

[19] Siehe dazu die betreffenden Abschnitte in Kap. 4 zur Orthographie und Kap. 5 zum Wortschatz.

victoire va, on le sait, au plus solide. L'aspiration du créole à la promotion sociale serait, dès lors, mortifère (Bernabé 1989, 38).

La Réunion, das vierte DOM, ist von diesen Überlegungen und Aktivitäten kaum betroffen. Erst durch die Etablierung des *CAPES créole* und der entsprechenden Studiengänge für die vier DOM ändert sich diese Situation. Nachdem der GEREC über Jahre auf dieses Ziel hingearbeitet hatte, kündigte der Kultusminister Jack Lang im Oktober 2000 zu diesem Zeitpunkt völlig unerwartet die Einrichtung eines *CAPES créole* für 2002 an, wobei die Aufgabenstellung für alle gleich sein sollte, ohne Berücksichtigung der Unterschiede zwischen den Antillen einerseits und La Réunion im Indischen Ozean andererseits. Dies ging jedoch an den sprachlichen Realitäten vorbei, stellte die Verantwortlichen vor im Grunde unlösbare Probleme, und zudem bekam La Réunion die Leitung übertragen, während doch die Initiative bisher von der Université des Antilles et de la Guyane ausgegangen war.[20]

8.2.6 Der praktische Aspekt: die Standardisierung der FKS

1984, in der ersten Auflage dieses Arbeitsheftes konnte ich feststellen, dass die FKS in den meisten Gebieten auf dem Weg zur Anerkennung als normale Sprachen waren. Über die politische und ideologische Anerkennung hinaus waren und sind damit auch eine Reihe praktischer Probleme verbunden, denn noch fehlt(e) den FKS weitgehend die für eine gleichwertige Verwendung neben dem Französischen (oder Englischen) nötige Ausrüstung und Standardisierung, sie waren noch nicht *ausgebaut*. Auch wenn es schon eine beachtliche Zahl literarischer und anderer Sprachdenkmäler gibt, deren älteste bis ins 18. Jahrhundert zurückreichen, so waren und sind auch heute noch die FKS weitgehend gesprochene Sprachen, deren systematischer, regelgemäßer und regelmäßiger schriftlicher Gebrauch noch hinter dem der etablierten Standardsprachen zurücksteht. Aber es ist doch auch schon viel geschehen, um die weit verbreitete Meinung zu widerlegen, dass die (F)KS keine richtigen Sprachen seien, da man sie nicht schreiben könne und sie keine Grammatik hätten. Die vorausgehenden kreolischen Zitate sollten dies u. a. belegt haben.

Wenn wir uns bewusst werden, über welche Ausstattung und Instrumentalisierung unsere standardisierten *Kultursprachen* verfügen, wird offensichtlich, welche Arbeit für die FKS und ihren Ausbau als Schriftsprache, ihre Standardisierung inzwischen geleistet wurde und noch zu leisten bleibt:
– eine Orthographie und feste Orthographieregeln müssen erstellt werden;
– Wörterbücher müssen verfasst werden;
– in Grammatik müssen Regeln für den richtigen Gebrauch vorgegeben werden;

---

[20] Siehe dazu *études créoles* XXIV.1, 2001: *CAPES créole(s): le débat;* Reutner (2005, spez. 75–130) und viele weitere Publikationen, besonders auch die Diskussion im Internet, *Potomitan* u. a.

- (literarische und Sach-)Texte für den Schulunterricht müssen verfügbar sein;
- administrative, juristische usw. Texte müssen auf Kreolisch verfasst oder übersetzt werden;
- die FKS müssen in den Massenmedien (Presse, Rundfunk, Fernsehen) gleichberechtigt Einzug halten.

Die Bereiche der Sprache, wo Ausbau und Standardisierung am offensichtlichsten sind, sind die Festlegung einer Orthographienorm (Kap. 4) und der Ausbau des Wortschatzes (Kap. 5), denn hier können die Sprachgemeinschaften durch ihr Verhalten und durch die Arbeit ausgewählter Gremien in die Entscheidungen eingreifen. Dagegen handelt es sich auf den Ebenen der Aussprache und der Grammatik eher um Präferenzen für bestimmte, bereits existierende Varietäten sowie die Entwicklung schriftsprachlicher Ausdrucksweisen. Dazu müssen Gebrauchsnormen für die Verwendung als Schriftsprache entwickelt werden.

Es reicht jedoch nicht, die Sprachen auszubauen und Regeln festzulegen, diese müssen auch schriftlich fixiert werden, denn „le créole n'est pas une langue parcequ'il n'a pas de grammaire et on ne peut pas l'écrire", ein Satz, den ich in Mauritius häufig gehört habe. Es geht also nicht nur darum, Orthographiesysteme und -regeln zu entwickeln, es muss auch der Wortschatz in Wörterbüchern zusammengestellt und die Regeln und Strukturen der Sprache in Grammatiken beschrieben, richtig von falsch unterschieden werden.

8.2.6.1 Wörterbücher

Während der Bestand an Wörterbüchern – vor allem an solchen, die für den praktischen Bedarf und den Gebrauch im Unterricht ausgerichtet sind – 1984 noch recht lückenhaft war, sind in der Zwischenzeit Wörterbücher für alle FKS erschienen. Einige sind auch oder nur im Internet zugänglich.[21] In Kap. 9, Ressourcen, haben wir eine relativ vollständige Auswahl zusammengestellt. Was bei den Wörterbüchern auffällt ist, dass diese fast ausschließlich zweisprachig Kreolisch–Französisch oder Kreolisch–Englisch, je nach Gebiet, sind. Lediglich das Wörterbuch von Carpooran (2009/ [2]2011) ist einsprachig, wie auch schon im Titel steht *Premie diksioner kreol monoleng dan Lemond*, gefolgt von *& Ekivalan lexikal an franse ek angle*. Wie in französischen Wörterbüchern üblich, wird jedes Wort definiert, auf Kreolisch, und erst dann folgen die Übersetzungen. Die anderen Wörterbücher begnügen sich mit der Übersetzung. Die (F)KS sind eben doch immer noch, trotz allem Prestigegewinn und Ausbau, abhängige Sprachen geblieben.

---

[21] Wir geben hier keine Internet-Adressen an und überlassen es jedem, selbst zu suchen, um dabei noch weitere Entdeckungen zu machen, wie groß das Angebot im Internet für unseren Bereich ist, denn dieses bietet den kreolsprachigen Gemeinschaften zum ersten Mal die Möglichkeit, weltweit gelesen und auch gehört zu werden.

Die Erstellung von Wörterbüchern für die FKS stößt auf Schwierigkeiten, die zwar nicht spezifisch für diese Sprachen sind, die aber gerade an ihnen besonders deutlich werden. Sie betreffen sowohl die Auswahl der aufzunehmenden Wörter als auch ihre lautliche Form, falls mehrere Varianten existieren. So müssen sich die Verfasser von Wörterbüchern hinsichtlich des erfassten und in das Wörterbuch aufgenommenen Wortschatzes entscheiden, inwieweit sie gruppen- und fachspezifischen Wortschatz aufnehmen; gleiches gilt für Ausdrücke des *français populaire* oder *vulgaire*. Ein weiteres Problem stellen die Neuentlehnungen aus dem Französischen dar, denn im Grunde stehen fast alle französischen Wörter als potentielle Kandidaten für eine Aufnahme in die FKS zur Verfügung, so dass es oft schwer, wenn nicht unmöglich, ist zu entscheiden, ob das betreffende Wort bereits zum Wortschatz der betreffenden FKS gehört. Chaudenson (1974a) hat so z. B. nur die Wörter des KrRéu berücksichtigt, die in ihrem Lautstand oder ihrer Bedeutung Besonderheiten gegenüber dem Französischen aufweisen. Weiterhin ist der Bestand an schriftlichen Quellen als Basis für ein Wörterbuch noch zu gering, so dass ein Verfasser sich auf seine eigene Sprachkenntnis und auf diejenige seiner Informanten verlassen muss. Seine Aufgabe ist es dann, die Informationen zu verschriften und damit der Sprache überhaupt erst eine schriftliche Form (und Norm) zu geben.

Gibt es nun für ein Wort mehrere Varianten, muss sich das Wörterbuch für eine von ihnen als Leitform entscheiden, auch wenn noch weitere Varianten mit aufnehmen werden. Durch eine solche Entscheidung begünstigen die Autoren dann bestimmte dialektale und/oder soziolektale und/oder stilistische Ebenen der Sprache, was bei einer noch nicht standardisierten Sprache von großer Tragweite für die weitere Entwicklung dieser Sprache sein kann, aber auch für die Einstellung bestimmter Sprechergruppen gegenüber der durch das Wörterbuch zur Norm erhobenen Variante ihrer Sprache.

8.2.6.2 Grammatiken, Sprachbeschreibungen, Sprachlehrwerke
Bei dem Stichwort *Grammatik* erweist sich die Bestandsaufnahme bestehender und gewünschter Werke wesentlich komplizierter. Denn wenn wir von der (geschriebenen, in Buchform verfügbaren) Grammatik einer Sprache sprechen, denken wir zunächst einmal an normative Grammatiken, die uns sagen, was richtig und was falsch ist. Solche Grammatiken – es muss ja nicht gleich ein dem *bon usage* von Maurice Grevisse vergleichbares Werk sein – gibt es für die FKS bisher eigentlich nicht, und vor allem gibt es sie nicht in der jeweiligen KS selbst. Es gibt zwar, und das seit dem 19. Jahrhundert, Beschreibungen einzelner FKS, beginnend mit Thomas (1869), Saint-Quentin (1872), Baissac (1880), Faine (1936), Sylvain (1936), dann später Hall (1953); Taylor (1968); Baker (1972); Bollée (1977a); Neumann[-Holzschuh] (1985); Bernabé (1983; 1987); Staudacher-Valliamé (2004) usw., dazu dann ganz aktuell die Beiträge in Holm/Patrick (2007) und in Michaelis/Maurer et al. (2013a). Die Beschreibung und Analyse von FKS ist auch ein beliebtes Thema für universitäre Abschlussarbeiten, MA, PhD, Diploma, Mémoire de maîtrise, Thèse de doctorat, Dissertationen, sei es als Be-

schreibung des gesamten Sprachsystems oder sei es die Analyse spezieller Aspekte. Nicht wenige dieser Arbeiten sind publiziert (was nicht unbedingt etwas über besondere Qualität aussagt, wie ich gerade beim Rezensieren einer hier nicht genannten Arbeit feststellen konnte bzw. musste), noch mehr von ihnen nicht, obwohl eine Reihe von ihnen es verdient hätte. Aber *Grammatiken* sind es eigentlich nicht, zumindest keine Referenzgrammatiken. In Kap. 9 haben wir eine Auswahl uns wichtig erscheinender solcher Werke zusammengestellt.

Unter den uns bekannten Grammatiken erfüllt nur die *Gramer Kreol Morisien* der *Akademi Kreol Morisien* (Police-Michel/Carpooran/Florigny 2012) die beiden Anforderungen, in der Sprache selbst verfasst zu sein und als Referenzgrammatik für die Erstellung von Unterrichtsmaterial verfasst zu sein:

> *Gramer Kreol Morisien* pe elabore par AKM [Akademi Kreol Morisien] dan enn lobzektif lon term, kot nou pe rann kont striktir e fonksionnman KM [Kreol Morisien] selon trwa perspektiv lingwistik ki pou permet bann pedagog konsevwar ek prodir bann materyel pedagozik pou formasion bann profeser e lansegnman/aprantisaz KM dan lekol:
> 1. perspektiv lingwistik striktiral servi pou dekrir ek definir lord ek lidantite sintaxik bann mo dan enn sekans lingwistik, avek bann apor fondamantal ki sorti depi gramer tradisionel;
> 2. perspektiv lingwistik enonsiasion servi pou identifie ek dekrir itilizasion bann mo ek sekans lingwistik dan enn sitiasion reel kominikasion;
> 3. perspektiv lingwistik text rann kont diferan striktir ki organiz enn text an fonksion lobzektif parol enn dimoun (Police-Michel/Carpooran/Florigny 2012, 15).

Sprachlehrwerke gab es lange Zeit nur für Ausländer, die in den Gebieten tätig sein und die Sprache dafür lernen wollten, wie z. B. das amerikanische Peace Corps (Valdman 1970, KrHai), Valdman/Carrington (1969, KrSLu), Goodman/Nussbaum (1968, KrMau), unabhängig davon Baker (1972–74, KrMau). Inzwischen hat Assimil die Kreolsprachen entdeckt und bietet seine Kurse an, und für die Touristen gibt es zahlreiche mehr oder weniger gelungene Einführungen in die Sprache.

Didaktisches Material für die einheimische Bevölkerung wurde zunächst zur Erwachsenenalphabetisierung entwickelt, systematisch aber nur in Haiti, bereits seit den 1940er Jahren (siehe das Zitat S. 190–192). Aus Mauritius kennen wir vervielfältige Skripten von Virahsawmy (*Anu Aprân Morisiê*) und *Ledikasyon pu Travayer* (*alfa ennbuk*). Unterrichtsmethoden und Lehrwerke für die Grundschule konnten erst ein Thema werden, als das Kreolische für den Unterricht zugelassen oder zumindest geduldet war. Dies geschah zuerst auf den Seychellen seit 1981, in den anderen Gebieten dann erst in den letzten zehn Jahren. Ich kenne, ohne systematische Suche, Lehrbücher oder Begleitmaterial aus Guadeloupe (Facthum Sainton 2009; Facthum Sainton/Gaydu/Chery 2010) und Mauritius (Mauritius Institute of Education 2012).

8.2.7 Die FKS als Schriftsprachen

Das vielleicht entscheidende Argument für die Anerkennung der (F)KS als vollwertige Sprachen ist über ihren Ausbau und ihre Standardisierung hinaus die praktische Verwendung als geschriebene Sprachen in der Literatur, der Presse, dem Verwaltungs- und Gerichtswesen, dem Schulunterricht usw. Die FKS haben zwar auf diesen Gebieten bereits einiges vorzuweisen, aber sie stehen immer noch weit hinter den etablierten europäischen Standardsprachen zurück.

Von der Kolonialverwaltung ausgehend gibt es erste gedruckte Texte in der Zeit der Revolution und dann einige Jahrzehnte später anlässlich der Freilassung der Sklaven, von der Kolonialverwaltung verfasst und zum Vorlesen für die Sklaven bestimmt, denn diese hatten ja im Prinzip keine Gelegenheit, lesen und noch weniger schreiben zu lernen.[22] Als Literatursprache finden dann einige FKS bereits im 19. Jahrhundert Verwendung und kennen einige bemerkenswerte Werke (KrLou: Fortier 1895; KrHai: G. Sylvain 1901; KrMar: Marbot 1846; KrGuy: Parépou 1885, der erste Roman in einer FKS; KrRéu: Héry 1849; KrMau: Chrestien 1822; Baissac 1888),[23] worauf eine lange Periode bis in die 1970er Jahre mit nur wenigen kreolischen Werken folgte (z.B Baudot 1923, KrGua oder Le Juge de Segrais 1939 und 1952, KrMau). Seitdem, verbunden mit dem neuen Bewusstsein und politischem und kulturellem Interesse, gibt es eine wachsende Zahl von Publikationen und Übersetzungen. Diese Literatur kann auf dem inzwischen erfolgten Ausbau und der Standardisierung der Sprachen aufbauen und bietet gleichzeitig die Freiheit, an ihrer Gestaltung mitzuwirken.

Bei den Übersetzungen spielten die Fabeln von La Fontaine lange Zeit eine wichtige Rolle, in der neuen Literatur finden wir mehr klassische Theaterautoren, Shakespeare, Corneille, Molière, auch Sokrates. Saint-Exupérys *Petit Prince* wurde in zahlreiche KS übersetzt, und natürlich die Bibel, vor allem das Neue Testament.

Zu den literarischen Werken kommen Sachtexte zu verschiedenen Bereichen hinzu, die politische Diskussion wurde in bestimmten Kreisen auf Kreolisch geführt, und als Zeitungssprache haben die FKS ebenfalls ihre Bewährungsprobe bestanden, wenn auch fast alle Versuche bisher nur von relativ kurzer Dauer waren, da das Publikum für eine kreolsprachige Presse fehlte. Wer lesen und schreiben konnte, tat dies auf Französisch, der Sprache, in der er es gelernt hatte und an die er gewöhnt war. Für eine kreolische Presse hatte er kein Interesse, da sie ihm keine neuen Informationen bieten konnte, und vor allem, da ihre Lektüre wegen fehlender Vertrautheit mit dem jeweiligen Orthographiesystem recht mühsam war; dies gilt auch für literarische Texte. Mit dem Anwachsen des Personenkreises, der systematisch Kreolisch lesen lernt, und

---

22 Es gibt solche *Proclamations* und vergleichbare Texte in den verschiedenen Kolonien. Sie sind abgedruckt z. B. in Denis (1935), Prudent (1988), Contout (2003) oder den umfangreicheren Ausgaben alter Texte (siehe die folgende Anmerkung).
23 Es gibt einige mehr oder weniger vollständige Publikationen alter kreolischer Texte, Chaudenson (1981a); Furlong/Ramharai (2006); Baker/Fon Sing (2007); Stein (2007a); Neumann-Holzschuh (1987); Hazaël-Massieux (2008).

dem es vertrauter ist als Französisch, wird auch die Bedeutung einer kreolsprachigen Presse wachsen.

8.3 Arbeitsaufgaben

8.1. Kennen Sie aus Ihrem Erfahrungsbereich und/oder Ihrer Lektüre weitere Fälle von Diglossie? Vergleichen Sie diese Fälle mit der Diglossie FKS–Französisch.

8.2. Lesen Sie vergleichend zu Kap. 8.1 Hazaël-Massieux (2011, 17–23) und stellen Sie die beiden Texte kritisch einander gegenüber.

8.3. Analysieren Sie die Texte in Kap. 8.1.5 hinsichtlich der gegenseitigen Beeinflussung der Sprachen. Welche Bereiche sind besonders „anfällig" und welche sind stabil?

8.4. Interpretieren und diskutieren Sie die Argumente des KrMau-Textes auf S. 187–188. Fassen Sie die wesentlichen Aussagen zusammen.

8.5. Ist eine Standardisierung und volle Anerkennung der FKS wirklich nötig und sinnvoll? Wäre es nicht besser, die Position des Französischen weiter auszubauen und die Schüler auf angemessene Weise zu dieser Sprache als ihrer Schrift- und „Kultur"-Sprache hinzuführen? Führen Sie eine Diskussion zu dieser Frage und stellen Sie Argumente für beide Positionen zusammen.

9 Ressourcen (Katrin Mutz und Peter Stein)

Für die weitere Beschäftigung mit unserem Thema soll zum Abschluss ein Überblick über Quellen, Dokumentationen und Publikationen zur Kreolistik und speziell den FKS gegeben werden. Wie in vielen Bereichen gibt es in der kreolistischen Publikationslandschaft neben den üblichen Einzelpublikationen und Beiträgen in Periodika und Sammelbänden einige themenspezifische Publikationsreihen und Zeitschriften. Neben Arbeiten zu speziellen, mehr oder weniger engen Themen stehen die Handbücher und Übersichtswerke. Dazu bietet das Internet weit über Wikipedia hinaus (das es übrigens auch in *kreyòl ayisyen* gibt) vielfältige und umfangreiche Ressourcen zu den KS und damit natürlich auch zu den FKS und in den verschiedenen FKS. Auf all dies soll im Folgenden in Auswahl genauer hingewiesen werden. Neben Werken von allgemein kreolistischem und linguistischem Interesse stehen für die FKS spezifische Grammatiken, Wörterbücher, Sprachatlanten und Sprachdokumente zur Verfügung

9.1 Fachspezifische Zeitschriften und Publikationsreihen

Fachspezifisch kreolistische Zeitschriften gibt es seit der zweiten Hälfte der 1970er Jahre. Sie werden dominiert vom *Journal of Pidgin and Creole Languages* (*JPCL*, gegründet von der eher anglophon ausgerichteten *Society of Pidgin and Creole Languages*), das seit 1986 mit jährlich zwei Heften erscheint. Neben den Artikeln und Rezensionen findet man im *JPCL* Gastkolumnen namhafter Kreolisten sowie unter der Rubrik *Short Notes* kleinere Beiträge mit Überlegungen zu aktuellen Problemen oder zu Kontroversen im Bereich der Kreolistik. In unregelmäßigen Abständen sind gewisse Ausgaben themenspezifisch ausgerichtet; bisher erschienen sind: 20.1 (2005): *Creole Language in Creole Literatures*; 22.1 (2007): *Substrate Influence in Creole Formation*; 25.1 (2010): *Pidgins and Creoles in Asian Contexts*; 26.1 (2011): *Creoles and Typology*; 29.2 (2014): *Arabic-based Pidgins and Creoles*. Als Vorläufer kann das *Journal of Creole Languages* (*JCL*) gelten, von dem aber nur die beiden Ausgaben 1977 erschienen sind.

Während das JPCL zunächst vornehmlich Artikel zu europäisch basierten Kreolsprachen (vor allem des karibischen Raums) veröffentlichte, ist in den letzten Jahren ein zunehmendes Interesse an Sprachen, die nicht unter europäischem lexifier-Einfluss und/oder außerhalb der Karibik entstanden sind, zu verzeichnen (vgl. die oben genannten thematischen Bände 25.1 und 29.2); auch Sprachen, die nicht unter das klassische Pidgin- oder Kreol-Label fallen, werden zunehmend behandelt, wie das AAVE (African American Vernacular English) in Heft 24.1 (2009), Mischsprachen wie z. B. das Michif oder die Media Lengua (in der gleichen Ausgabe) oder das Tsotsitaal, eine jugendsprachliche Stadtvarietät Kapstadts (Heft 28.1, 2013).

Dem *JPCL* stehen seit 1978 die *études créoles* (*éc*) als frankokreolistische Zeitschrift mit ebenfalls zwei Heften im Jahr gegenüber; herausgegeben werden sie vom *Comité International des Études Créoles*. Die Beiträge sind mehr als im *JPCL* über die Linguistik hinaus auch soziokulturellen und literaturwissenschaftlichen Themen rund um die FKS gewidmet. Die Zeitschrift wurde 2010 eingestellt und 2015 als Internetzeitschrift *études créoles – nouvelle série* neu gestartet, http://www.lpl-aix.fr/~fulltext/Etudes_Creoles.

Mehr auf die portugiesisch und spanisch basierten KS ausgerichtet ist die *Revista Brasileira de Estudos Crioulos e Similares* (*PAPIA*). Sie ist im Internet frei zugänglich: http://revistas.fflch.usp.br/papia/issue/archive. Außerdem gibt es seit 2009 die Online-Zeitschrift *Revista de crioulos de base lexical portuguesa e espanhola*, http://www.acblpe.com/revista.

Die Online-Zeitschrift *Creolica, Revue du Groupe Européen de Recherches en Langues Créoles* wurde 2003 gegründet. Bis zu ihrer Einstellung 2013 sind in unregelmäßigen Abständen rund 25 Beiträge erschienen, die weiterhin im Netz abrufbar sind: www.creolica.net.

Chronologisch am Anfang stehen die seit 1973 in unregelmäßigen Abständen erscheinenden *Occasional Papers* der *Society of Caribbean Linguistics* (*SCL*), ursprünglich *Working Papers*, die einen starken Fokus auf kreolische Sprachen legen. Ähnlich sind auch die Anfänge der Periodika für die Frankokreolistik zunächst regional begrenzt. Initiator war der *Groupe d'Études et de Recherches en Créolophonie* (*GEREC* – s. o. Kap. 8.2.5), mit den beiden unregelmäßig erscheinenden, zunächst auf die speziellen Interessen des GEREC ausgerichteten Zeitschriften *Espace créole* (22 Ausgaben von 1976 bis 2002), ergänzt durch den didaktisch ausgerichteten *Mofwaz* (sechs Ausgaben von 1977 bis 2004). Der *Groupe de recherche sur le créole haïtien* an der Université du Québec à Montréal gab seit 1988 eine Reihe von mehr oder weniger umfangreichen Arbeiten heraus, die *Travaux de recherche sur le créole haïtien*. Bereits 1994 waren über 20 Bände erschienen.

Artikel mit kreolistischen Themen finden sich darüber hinaus und schon lange vorher natürlich in sehr vielen linguistischen Fachzeitschriften und Sammelbänden.

Von 1973 bis 2002 gab es den *Carrier Pidgin*, zunächst viermal, zuletzt nur noch einmal im Jahr: „A Newsletter for those interested in Pidgin and Creole Languages", der neben kurzen Informationen vor allem Hinweise zu aktuellen Publikationen und Tagungen enthielt. Als frankokreolistische Entsprechung gab es von 1984 bis 2008 ebenfalls vierteljährlich den Newsletter *Gazet Sifon Blé, Lavwa ka bay*. Beide waren in der noch nicht digitalisierten Welt überaus wichtige Informationsquellen und Kommunikationsplattformen für die Kreolistik. Als dritter Newsletter ist noch *Pidgins and Creoles in Education* (*PACE*) zu nennen, der von 1990 bis 2003 einmal jährlich erschienen ist. Die Ausgaben sind im Internet zugänglich, http://www.hawaii.edu/satocenter/pace/index.htm.

Von den genannten Zeitschriften verfügt nur das *JPCL* über eine begleitende Buchreihe, Beihefte, die seit 1986 ebenfalls bei Benjamins erscheinen, die *Creole Language Library* (*CLL*). Neben Monographien sind es vor allem thematisch gebundene Sammelbände mit ausgewählten Beiträgen der Jahrestagungen der *Society of Pidgin and Creole Languages* (*SPCL*) und anderer Tagungen sowie Festschriften. Bislang sind in dieser Reihe 50 Bände erschienenen; darunter auch zwei Handbücher, Arends/Muysken/Smith (1995a) und Velupillai (2015). Das Verzeichnis der bisher erschienen Bände findet man unter https://benjamins.com/#catalog/books/cll/volumes.

Die *Westminster Creolistics Series* erschien ab 1995 bei der University of Westminster Press, ab 2002 (Band 7) im Verlag Battlebridge. Verantwortlich für die Reihe, die inzwischen zehn Bände zählt, zeichnet von Beginn an Philipp Baker. Im Verlag Battlebridge sind weitere kreolistische Publikationen außerhalb der Reihe erschienen. Die im Verlag Battlebridge bisher erschienenen Bände findet man unter http://www.battlebridge.com/pc.html.

Bereits 1981 wurde die *Kreolische Bibliothek* (Buske-Verlag Hamburg) von Annegret Bollée gegründet, in der mittlerweile 26 Bände erschienen sind (vor allem, aber nicht ausschließlich, zu den FKS). Die Reihe ist vielfältig und umfasst Wörterbücher, Texteditionen, Grammatiken, soziolinguistische Studien usw. Das Verzeichnis der bisher erschienenen Bände findet man unter https://buske.de/monographien-und-reihen/kreolische-bibliothek-kreolb.html?p=1.

Auch wenn es diese Reihen gibt, so erscheinen die meisten kreolistischen Publikationen doch weiterhin unabhängig von ihnen und bei einer Vielzahl von Verlagen und z.T. in anderen Reihen.

9.2 Handbücher und einführende Werke

Handbücher stellen den Wissensstand einer Disziplin zusammen, sind also Zusammenfassungen und Nachschlagewerke zugleich. Ihr Umfang kann je nach Intention und Zielgruppe stark variieren. Im Folgenden wollen wir zwischen diesen beiden Aspekten differenzieren: Werke die zur einführenden Lektüre empfohlen sind und solche, die zum Nachschlagen und zur Wissensvertiefung dienen können. Nur in speziellen Fällen sind Kongressakten oder themenspezifische Sammelbände berücksichtigt. Wir werden zwischen allgemeinen und FKS-spezifischen Werken unterscheiden.

Das vielleicht umfangreichste Nachschlagewerk zum aktuellen Forschungsstand in den verschiedenen Disziplinen ist das *Handbook of Pidgin and Creole Studies* von Kouwenberg/Singler (2008) mit 26 Beiträgen bekannter Kreolisten. Das neueste unter den allgemeinen Handbüchern ist Velupillai (2015), ein für Studierende gut geeignetes theorieneutrales Einführungswerk, das die Genese, die strukturellen und auch die soziolinguistischen Charakteristika von Kreolsprachen und Pidgins sowie Mischsprachen darstellt. In der gleichen Reihe (CLL) ist 1995 die Einführung von Arends/Muysken/Smith mit Beiträgen verschiedener Autoren erschienen. Holm (1988/1989) besteht aus zwei Bänden, *Theory and Structure* und dem *Reference Survey*. Holm (2000), *An Introduction*, richtet sich als Einführungswerk sehr viel mehr an Studierende.

Am Anfang der Einführungswerke steht Hall (1966), der den damaligen Wissensstand zusammenfasst und mit seinem Werk einer der Initiatoren für die moderne Kreolistik wurde. Wichtig ist dann Hymes (1971) mit den Beiträgen des zweiten

Kreolistenkongresses 1968 in Mona, Jamaica. Weitere Werke, die in der Folgezeit unter die Rubrik Handbücher und Grundlagenwerke fallen können, sind Bickerton (1981), Mühlhäusler (1986, ²1997), Romaine (1988), Thomason/Kaufman (1988), Manessy (1995), Sebba (1997). Valdman (1977) steht am Anfang einer langen Reihe von Sammelbänden, Publikationen mit mehr oder weniger themengebundenen Beiträgen verschiedener Autoren, die bis heute immer neue Fortsetzungen finden.

Sprachvergleichende Werke sind Holm/Patrick (2007) mit der Beschreibung von 18 Kreolsprachen nach jeweils gleichen Vorgaben durch verschiedene Autoren und der dreibändige *Survey of Pidgin and Creole Languages* (Michaelis/Maurer/Haspelmath/Huber 2013a) mit der grammatischen Kurzbeschreibung von 74 Pidgin- und Kreolsprachen (Band 1, englisch und niederländisch basierte KS; Band 2, romanisch basierte KS und Band 3, nicht-europäisch basierte KS). Der *Survey* liefert die Datenbasis für den sprachtypologisch grundlegenden *Atlas of Pidgin and Creole Language Structures (APiCS)* der gleichen Herausgeber, (2013b, der auch im Internet verfügbar ist, http://apics-online.info/). Der Atlas beschreibt nach eigenen Angaben 76 Pidgin- und Kreolsprachen (sowie Mischsprachen) hinsichtlich 130 sprachlich-struktureller (online auch soziolinguistischer) Merkmale. Es werden zahlreiche illustrierende Beispiele aufgeführt, die sowohl glossiert als auch ins Englische übersetzt sind. In der Online-Version wird zudem für jede Sprache ein längerer glossierter Text bereitgestellt, der zum Großteil auch als Audiodatei vorliegt. Kontrastive Untersuchungen auch zu Nicht-Kreolsprachen werden dadurch begünstigt, dass die Daten entsprechend derjenigen des *WALS* (*World Atlas of Language Structures*, Dryer/Haspelmath 2013, wals.info) aufbereitet wurden.

In Handbüchern zu Disziplinen, die für Pidgin- und Kreolsprachen ebenfalls eine Rolle spielen (Soziolinguistik, Sprachtypologie, Sprachkontaktforschung), finden sich entsprechende Beiträge, so in den fünf von Holm/Michaelis (2009) herausgegebenen Bänden *Contact Languages: Critical Concepts in Language Studies*, eine Anthologie von Arbeiten zur Kontaktsprachenforschung, oder in der Reihe der *Handbücher zur Sprach- und Kommunikationswissenschaft (HSK)* in den Bänden *Language Typology and Language Universals* (Haspelmath/König et al. 2001), *Soziolinguistik* (Ammon/Dittmar et al. 2008) oder *Kontaktlinguistik* (Goebl/Ungeheuer/Burkhardt 1996/1997).

Einen Überblick über die FKS liefert zuerst Goodman (1964) mit seiner *Comparative Study of Creole French Dialects*. Das Werk ist für die Frankokreolistik ähnlich wichtig wie Hall (1966) für die Gesamtkreolistik, zeigt aber auch, wie groß bei seinem Entstehen noch die Wissenslücken waren. Erste Gesamtdarstellungen sind Valdman (1978a) und Chaudenson (1979a), beide mit Blick auf die Stoffmenge recht bescheidene, aber grundlegende Werke, sowie Heft 37 (février 1978) der Zeitschrift *Langue française, Les parlers créoles* (Chaudenson 1978). 1984 ist dann die erste Auflage dieses Arbeitsheftes erschienen. Ein wichtiges, auch ins Englische übersetzte und dafür überarbeitete Werk ist Chaudenson (1992 bzw. 2001), und es folgte 1995 sein *Que sais-je?*-Bändchen (Chaudenson 1995). Alleyne (1996) ist die erste historisch-vergleichende Grammatik der FKS. Ein breites Spektrum von Themen wird in dem posthumen Band von Guy Hazaël-Massieux (1996) behandelt. Zu nennen sind weiterhin Corne (1999) und die kompakte Einführung von Marie-Christine Hazaël-Massieux (2011);[1] ganz neu ist die Aufsatzsammlung von Thibault (2015), die die Antillen im Focus hat. In Vorbereitung ist ein Band in der Reihe der *Manuals of Romance Linguistics* mit dem Titel *Manuel des langues créoles à base française*, herausgegeben von Philipp Krämer, Katrin Mutz und Peter Stein. In den bereits erschienenen Bänden der Reihe sind einschlägige Artikel zu unserem Thema zu finden, so vor allem in Klump/Kramer/Willems (2014). Für die iberoromanisch basierten KS sei verwiesen auf Bartens (1995) und Perl/Schwegler (1998).

Für die Romanistik gibt es weiterhin zwei große mehrbändige Handbücher, in denen die Kreolsprachen natürlich auch berücksichtigt sind. Es ist dies einmal das *LRL* (Holtus/Metzeltin/Schmitt 1988–2005, speziell Bd. 7, 1998) und dann die drei Bände der *Romanischen Sprachgeschichte* (Ernst/Gleßgen et al. 2003–2008, HSK Bd. 23.1–3). Im *LRL* sind allerdings nur wenige Artikel einschlägig, *Romanische Kreolsprachen I bis V*, Artikel 486 bis 490 in Band 7 (1998, *Kontakt, Migration, Kunstsprachen*) – rund 80 Seiten des siebenbändigen Werkes. Offensichtlich wurde das *LRL* zu einem Zeitpunkt konzipiert, als die Kreolistik in der Romanistik noch relativ wenig beachtet wurde. In der *Romanischen Sprachgeschichte* sind am Ende des ersten Bandes fünf Artikel der *Sprachgeschichte der Romania creolica* gewidmet, Artikel 97 bis 100, dazu Artikel 26 zur Geschichte der Reflexion, insgesamt rund 60 Seiten der drei Bände.

9.3 Internetadressen

Das Internet bietet fast unbegrenzte Möglichkeiten zur Informationssuche und Diskussion. Für die Frankokreolistik wollen wir nur auf zwei Adressen hinweisen: *Potomitan* (http://www.potomitan.info/archives/index.php) enthält zahlreiche Diskussionsforen, aktuelle Informationen, Bibliographien (meist auf Französisch) und vor allem auch literarische kreolische Texte; und *Montraykreol* (http://www.montraykreyol.org/) viele kritische Stellungnahmen und Diskussionsanregungen, meist auf Französisch. Wörterbücher und zahlreiche weitere Dokumente findet man bei *Lexilogos*, http://www.lexilogos.com/creole_antillais_dictionnaire.htm.

Um einen Einblick in Forschungsfragen zur Kreolistik um die Jahrtausendwende zu bekommen, kann man das Archiv der Mailingliste *Creolist*, die es von 1999 bis 2002 gab, zu Rate ziehen (http://listserv.linguistlist.org/pipermail/chinook/). 2002 wurde *Creolist* unter Änderung einiger Strukturen in *CreoleTalk* umbenannt (http://www.educyberpg.com/Linguistics/Home_Linguistics.html).

Wikipedia liefert die bekannte Menge an Informationen zu fast allen Fragen, die nur mit der bekannten Vorsicht genutzt und nicht ungeprüft weitergegeben werden sollten. Ansonsten gebe man geschickte Suchbegriffe und Kombinationen ein, um die

---

[1] Siehe dazu die Rezension von Stein (2015).

passenden Informationen zu finden, nicht nur auf Deutsch, sondern (vielleicht noch besser) auf Französisch und/oder Englisch.

9.4 Dokumentation

9.4.1 Sprachatlanten

Sprachatlanten sind ein wichtiges Instrument zur Dokumentierung nicht-standardsprachlicher, diatopischer Varietäten und ihrer Verbreitung im Raum. Für Frankreich wurden die fast 2000 Karten des *Atlas linguistique de la France (ALF)* von Gilliéron und Edmont zwischen 1902 und 1914 in zehn Bänden publiziert. Da das Belegnetz nicht sehr dicht war (nur 639 Ortspunkte für ganz Frankreich) entstand das Projekt des *N [ouveau] ALF par régions*, das aus 24 drei-bis fünfbändigen Atlanten besteht und dessen Publikation 1950 begann. Als Ergänzung zu diesen Atlanten und in gleicher Aufmachung, entstanden der *Atlas linguistique et ethnographique de La Réunion* (Carayol/Chaudenson/Barat 1984–1995, 3 Bde.) und der *Atlas linguistique et ethnographique de l'île Rodrigues* (Chaudenson/Carayol/Barat 1992, 3 Bde.). Ihnen folgte in veränderter Aufmachung der *Atlas linguistique d'Haïti, cartes et commentaires* (Fattier 1998, 6 Bde., auch im Internet verfügbar: https://www.u-cergy.fr/fr/laboratoires/labo-ldi/publications/these-creole.html). Die beiden Bände des *Atlas linguistique des Petites Antilles* (Le Dû/Brun-Trigaud 2011/2013) folgten mit einem gewissen zeitlichen Abstand. Der Atlas reicht von St. Martin im Norden bis Trinidad im Süden und einem Ortspunkt in Brasilien an der Grenze zu Französisch-Guayana.

Der bereits erwähnte *APiCS* ist zwar auch ein Sprachatlas, aber auf einer abstrakteren Ebene und breiteren, zahlreiche Sprachen umfassenden Basis. Er ist typologisch ausgerichtet und es geht ihm darum, typologische Entsprechungen und Ähnlichkeiten bzw. Unterschiede innerhalb der Kreol- und Pidginsprachen der Welt aufzuzeigen.

9.4.2 Textsammlungen und Korpora

Kreolische Texte sind im Gegensatz zu 1984 inzwischen schon alleine aufgrund der Vielzahl kreolsprachiger und kreolistischer Publikationen, von denen nicht wenige einen Anhang mit kreolischen Texten einschließen, leicht zugänglich, weswegen wir für die Neuauflage des Arbeitsheftes auf eine Textanthologie verzichtet haben. Stattdessen sollen hier Korpora kreolischer Texte und Textsammlungen vorgestellt werden.

An erster Stelle für den Umgang mit den aktuellen, gesprochenen FKS (KrDom, KrGua, KrGuy, KrHai, KrMau, KrSey) steht hier Ludwig/Telchid/Bruneau-Ludwig (2001). Texte aus Sprachaufnahmen werden transkribiert präsentiert, z.T. mit französischer Übersetzung, und können dank der beiden beigefügten CD gehört werden. Auch wenn die Aufnahmequalität nicht bei allen Texten gleich gut ist, liegt hier ein Korpus von hohem Wert zur Dokumentation der FKS und als Basis für die Sprachanalyse vor. Der *APiCS* (Michaelis/Maurer et al. 2013b) stellt in seiner Onlineversion (apics-online.info) für jede Sprache ebenfalls je einen Text (transkribiert und i.d.R. auch im Audio-Format) zur Verfügung. Prudent (1984) ist eine Anthologie der beim Erscheinen des Werkes aktuellen kreolischen Lyrik. Von den zahlreichen anderen Textsammlungen wollen wir nur noch Hall (1953) erwähnen, der rund 150 Seiten transkribierter mündlicher Texte in KrHai zu einer Zeit publiziert hat, als kaum kreolische Texte zugänglich waren. Für weitere Informationen zu aktuellen kreolischen Texten und Publikationen sei auf das Internet verwiesen. Als Suchbegriff kann z. B. dienen „littérature créole réunionnaise / martiniquaise / mauricienne" usw. Ein Autor, der sein Werk ins Internet gestellt hat, ist Dev Virahsawmy aus Mauritius (http://www.boukiebanane.orange.mu/). Literarische Texte findet man auf der bereits erwähnten Website des *Potomitan* (http://www.potomitan.info/archives/index.php) und unter zahlreichen weiteren Adressen.

Frühe und ältere kreolische Texte und Sprachdokumente sind von großem Interesse für die Erforschung der Entstehung und frühen Entwicklung der Kreolsprachen. Als Erster hat Chaudenson (1981a) die frühen Texte der FKS-IO herausgegeben und linguistisch analysiert und kommentiert. Neumann-Holzschuh (1987) hat die alten Texte aus Louisiana herausgegeben. Drei recht umfangreiche Werke sind dann fast gleichzeitig erschienen, Furlong/Ramharai (2006) ist eine Geschichte der *production créolophone [mauricienne]* und enthält eine umfangreiche Sammlung älterer Texte bis hin zur Unabhängigkeit 1968 mit einem Ausblick auf die bis 2005 erschienenen Werke. Baker/Fon Sing (2007) ist ebenfalls eine Ausgabe der alten Texte (mit Ausnahme einiger auch sonst zugänglicher oder zu langer Texte) aus Mauritius, gefolgt von 10 Beiträgen verschiedener Autoren mit Analysen zur Sprache dieser Texte. Eine Reihe von Texten sind in beiden Werken enthalten. Bollée (2007a) ediert zwei Texte aus Réunion aus dem 18. Jahrhundert und analysiert und kommentiert ihre Sprache. Stein (2007a) hat die ältesten Texte in KrSey aus dem Schuchardt-Nachlass in Graz herausgegeben. Das geographische Pendant liefert Hazaël-Massieux (2008). Die Texte von den Inseln der Karibik sind eingebettet in historische, literarische und linguistische Erläuterungen und Analysen.

9.5 Grammatiken und Wörterbücher der FKS

Zum Instrumentarium für die Beschreibung und Dokumentation einer Sprache einerseits, und andererseits als Regelwerk für ihren kontrollierten Gebrauch und ihre Etablierung im Unterricht gehören Grammatiken, Wörterbücher und Schreibregeln. Ein in Gesprächen mit Kreolsprechern über ihre Sprache häufig zu hörender Satz war und ist durchaus immer noch, auch wenn inzwischen wohl widerlegt: „Le créole n'est pas une langue, parce qu'il n'a pas de grammaire, [ni de dictionnaire] et on ne peut pas l'écrire." Die Orthographie hat uns schon in Kap. 4 beschäftigt, der Wortschatz in Kap. 5 und die Grammatik in Kap. 6. Hier soll noch ein Überblick über die wichtigsten Referenzwerke folgen, in denen der Wortschatz und die Grammatik für die einzelnen FKS erfasst sind. 1984 gab es diesbezüglich noch große Lücken und manchmal nur schon in die Jahre gekommene Werke. Inzwischen wurden die Lücken weitgehend geschlossen, so dass wir eine Zusammenstellung relevanter Werke zu den Einzelsprachen machen können. Zu den Wörterbüchern und Grammatiken im engeren Sinn haben wir Übersichtswerke hinzugenommen, die eine Grammatik der Sprache enthalten. Je geringer der Bestand an Werken zu den Einzelsprachen ist, umso vollständiger wird unsere Liste sein. Nicht berücksichtigt werden sollen linguistische Arbeiten zu speziellen Themen.

Für den Aufbau der Präsentation bieten sich drei Kriterien an: chronologisch, dafür steht am Ende eine Tabelle, nach Textsorte, also Wörterbücher und Grammatiken getrennt, oder nach Gebieten. Wir haben uns für die Textsorte als Gliederungskriterium entschieden, dann für eine grobe chronologische Gliederung vor der Betrachtung der einzelnen Gebiete. Ein zunächst angedachtes Vorgehen nach Gebieten erwies sich als zu repetitiv und wenig übersichtlich.

9.5.1 Grammatiken und Sprachbeschreibungen[2]

Das Interesse an den FKS beginnt im letzten Drittel des 19. Jahrhunderts mit Grammatiken für das KrTri (Thomas 1969), KrGuy (Saint-Quentin 1872), KrMar (Turiault (1872–75) und KrMau (Baissac 1880).[3] Dann folgt eine lange Pause bis in die 1930er Jahre mit zwei recht gegensätzlichen Grammatiken des KrHai, Faine (1936) und Sylvain (1936). Dazu kommt Faine (1939) zum KrMau.

Bis in die 1970er Jahre kommen nur wenige Werke hinzu: die streng strukturalistische Grammatik des KrHai von Hall (1953), die traditionelle Beschreibung des KrMar von Jourdain (1956a), dann Taylor (1968) für das KrDom und Saint-Jacques Fauquenoy (1972) für das KrGuy. Für die FKS-IO haben wir zunächst Baker (1972) für das KrMau, die grammatische Skizze für das KrRéu in der Wortschatzarbeit von Chaudenson (1974a) und zuletzt Bollée (1977a) und Corne (1977a) für das KrSey. Für diese drei FKS folgen dann nur noch Staudacher-Valliamé (2004) für das KrRéu und Police-Michel/Carpooran/Floriny (2012) für das KrMau.

Für Martinique und Guadeloupe haben wir im Zusammenhang mit dem GEREC die Grammatiken von Bernabé (1983, 3 Bde.; 1987; 2003), Pinalie/Bernabé (1999) und Damoiseau (1999; 2003; 2005). Die neueren Bände stehen hier im Zusammenhang mit der Einführung des *CAPES créole* und sind primär für Studierende gedacht. Für das KrGua gibt es die grammatische Skizze im Wörterbuch von Ludwig (1990) sowie bereits

---

[2] Wie eine Grammatik auszusehen hat und was sie von einer bloßen Beschreibung einer Sprache unterscheidet, lässt sich kaum genau bestimmen, zumal es ja auch zwischen präskriptiven und deskriptiven Grammatiken zu unterscheiden gilt. Im Folgenden werden wir immer von Grammatiken sprechen.

[3] Zu dieser Epoche der Kreolistik siehe Krämer (2014).

1980 die *Grammaire créole* von Germain, die aber trotz ihrer vier Auflagen (zuletzt 2010) linguistischen Anforderungen nur begrenzt genügen kann. Carrington (1984) betrifft das KrSLu, Neumann (1985) das KrLou ebenso wie Klingler (1992) und Valdman/Klingler (1997), und das *tayo* in Neukaledonien wird von Ehrhart (1993) behandelt. Gerade erschienen ist Valdman (2015) zum KrHai.

9.5.2 Wörterbücher und Wortlisten

Eigenständige Wörterbücher zu den FKS entstehen deutlich später als Grammatiken. Als Vorläufer gibt es Wortlisten als Ergänzung zu Grammatiken oder anderen Werken. Die früheste dieser Wortlisten ist Ducœurjoly (1801) für das KrHai, wohl als Hilfestellung für neue Kolonisten gedacht (die es ja schon bald dann nicht mehr gab). Ähnliche Zwecke hatten ja auch die Wörterbücher der Herrnhuter Missionare für das Negerhollands (Oldendorp 1996) und für das Sranan Tongo und Saramaccan in Surinam (Kramp 1983, Schuchardt 1914) gehabt. Wortlisten als Anhang zu Grammatiken bieten Faine (1936) und Hall (1953) für das KrHai, Germain (1980) für das KrGua, Bollée (1977a) für das KrSey, Neumann (1985) für das KrLou und andere.

Das Wörterbuch von Jourdain (1956b) für das KrMar folgt als Band 2 der Grammatik, Band 1 (1956a), Bazerque (1969) für das KrGua ist ein umfangreiches Werk, in dessen Mittelpunkt der Wortschatz steht. Beide können als Vorläufer gelten, ebenso das erst 1974 herausgegebene Wörterbuch von Faine aus den 1930er Jahren. Ab Mitte der 1970er Jahre erscheinen dann eigenständige Wörterbücher und es gibt sie inzwischen für alle FKS. Wir listen sie hier nach Sprachen geordnet auf, wobei wir von Louisiana im Nordwesten nach Südosten wandern, uns im Indischen Ozean dann aber freier bewegen:

KrLou: Valdman/Klingler et al. (1998).
KrHai: Bentolila (1976); Valdman (1981); Valdman/Pooser/Rozevel (1996); Valdman/Iskrova/Hebblethwaite (2007); Freeman (1996, [4]2004 – auch im Internet: http://kuscholarworks.ku.edu); Vilsaint/Heurtelou (1997, [4]2009 – auch im Internet: http://ufdc.ufl.edu/AA00010738/00001/print?options=1JJ*).2007). Das *Diksyonè Kreyòl Vilsen* ist einsprachig, mit kreolischen Definitionen anstelle der Übersetzungen.
KrGua: Ludwig/Montbrand et al. (1990); Bernini-Montbrand/Ludwig et al. ([4]2012); Tourneux/Barbotin (1995); Barbotin (1995) betrifft die FKS der Insel Marie-Galante.
KrDom: Fontaine (1991).
KrMar: Pinalie (1992, [2]2009); Confiant (2007) (auch im Internet: http://www.potomitan.info/dictionnaire/index.php).
KrSLu: Mondesir (1992); Frank (2001).
KrGuy: Barthélémi (1998; 2007).
KrRéu: Chaudenson (1974a); Armand (1987, [2]2014); Baggioni (1987, [2]1990). Chaudenson ist eine Darstellung des Wortschatzes, aber nicht ein Wörterbuch im eigentlichen Sinn.

KrMau: Ledikasyon pu Travayer (1985); Baker/Hookoomsing (1987); Carpooran (2009, ²2011), einsprachig, mit kreolischen Worterklärungen.

KrSey: D'Offay/Lionnet (1982); de St. Jorre/Lionnet (1999). Beide sind inhaltlich identisch.

Etymologische Wörterbücher: Bollée (1993–2007) (DECOI); Bollée/Fattier/Neumann-Holzschuh in Vorb. (DECA).

Chronologische Übersicht der Grammatiken, Sprachbeschreibungen und Wörterbücher, nach Regionen getrennt[1]

	Haiti / Louisiana / Guyana	Kleine Antillen (Gua, Mar, Dom SLu, Tri)	Indischer Ozean (Réu, Mau, Sey)
1801	ᴴ*Ducœurjoly 1801*		
1869–1880		ᵀThomas 1869	
	ᴳSaint-Quentin 1872	ᴹTuriault 1872–75	ᴹBaissac 1880
1930–1940	ᴴSylvain 1936		
	ᴴ*Faine1936 +Lex*		
	ᴴ*Faine publ. 1974*		ᴹFaine 1939
1953–1968	ᴴHall 1953 +Lex		
		ᴹJourdain 1956	
		ᴹJourdain 1956	
		ᴰTaylor 1968	
		ᴳBazerque 1969	
1970–1980	ᴳSt.J. Fauquenoy 1972		ᴹBaker 1972
	ᴴ*Bentolila 1976*		ᴿChaudenson 1974a
			ˢBollée 1977 +Lex
		ᴳGermain 1980 + Lex	ˢCorne 1977a
1981–1999	ᴴ*Valdman 1981*	ᴹBernabé 1983	ˢ*D'Offay/Lionnet 1982*
		ᴸCarrington 1984	ᴹ*Ledikasyon 1985*
	ᴸNeumann 1985 +Lex	ᴹBernabé 1987	ᴹ*Baker/Hookoomsing 1987*
			ᴿArmand 1987
			ᴿBaggioni 1987
	ᴸKlingler 1992	ᴳLudwig 1990	
		ᴰFontaine 1991	
		ᴹPinalie 1992	
		ᴸ*Mondesir 1992*	
	ᴴ*Freeman 1996*	ᴹᴳBarbotin 1995	
	ᴴ*Valdman et al. 1996*	ᴳ*Tourneux/Barbotin 1995*	
	ᴴ*Vilsaint/Heur. 1997*		
	ᴸValdman/Klingler 1997		
	ᴸ*Valdman/Klingler 1998*	ᴹPinalie/Bernabé 1999	
	ᴳ*Barthélémi 1998*	ᴹDamoiseau 1999	

Chronologische Übersicht der Grammatiken, Sprachbeschreibungen und Wörterbücher, nach Regionen getrennt[1] *(Fortsetzung)*

	Haiti / Louisiana / Guyana	Kleine Antillen (Gua, Mar, Dom SLu, Tri)	Indischer Ozean (Réu, Mau, Sey)
ab 2000		[L]*Frank 2001*	
	[G]Damoiseau 2003	[M]Bernabé 2003	[R]Staudacher 2004
	[H]Damoiseau 2005		
	[H]Valdman et al 2007	[M]*Confiant 2007*	
			[M]*Carpooran 2009*
	[H]Valdman 2015		[M]Police Michel 2012

[1] Wörterbücher sind kursiv gesetzt, die hochgestellten Anfangsbuchstaben stehen für die Sprachen bzw. Gebiete

10 Literaturverzeichnis

Die folgende Bibliographie ist nicht vollständig, sie kann es auch gar nicht sein. Sie basiert auf der Bibliographie der Ausgabe von 1984, aus der wir eine gewisse Zahl von Titeln herausgenommen haben, um diese durch aktuellere zu ersetzen, oder weil wir sie für nicht mehr relevant im Kontext des Arbeitsheftes gehalten haben. Hinzu gekommen sind alle im Text erwähnten Arbeiten, auch wenn sie vielleicht nur für diesen speziellen Kontext von Relevanz sind. Hinzu gekommen sind weiterhin vor allem größere Werke, Sammelwerke, Werke, die uns für die weitere Beschäftigung mit dem Thema relevant erscheinen. Nicht hinzugekommen sind viele Bücher und Artikel, die eigentlich hätten genannt werden sollen, die aber zufällig-unglücklicherweise während der Arbeit am Arbeitsheft nicht in unser Blickfeld gekommen sind. Die Lücken sind zahlreich, Ansätze zur Kritik ausreichend vorhanden, aber nicht der Platz, um alle Titel aufzunehmen. Gerade bei Aufsätzen in Periodika, Sammelbänden und Übersichtswerken sind wir eher „sparsam" gewesen, in der Annahme, dass der interessierte Benutzer diese Arbeiten finden wird.

Bis auf wenige Fälle verzichten wir in der Bibliographie auf Abkürzungen für Zeitschriften oder Reihenzugehörigkeit; Reihenzugehörigkeit wird nur in den unter den Abkürzungen aufgeführten Fällen konsequent genannt:

CLL	Creole Language Library
éc	études créoles
HSK	Handbücher zur Sprach- und Kommunikationswissenschaft
JPCL	Journal of Pidgin and Creole Languages
KrBibl	Kreolische Bibliothek

außerdem:
UP / PU	University Press / Presses Universitaires
U / Univ	Universität / Université / University

Aboh, Enoch O. (2009): „Competition and Selection: that's all!", in: Aboh/Smith 2009, 317–344.
Aboh, Enoch. O. / Smith, Norval, eds. (2009): *Complex Processes in New Languages*. Amsterdam, Benjamins (CLL 35).
Acosta, P. José de (1590): *Historia natural y moral de las Indias*. (Neuausgabe: Madrid 1954, Biblioteca de Autores Espanoles 73).
Adam, Lucien (1883): *Les idiomes négro-aryen et maléo-aryen. Essai d'hybridologie linguistique*. Paris, Maisonneuve.
Adamson, Lilian / Smith, Norval (1995): „Sranan", in: Arends/Muysken/Smith 1995a, 219–232.
Adone, Dani (1994): *The Acquisition of Mauritian Creole*. Amsterdam, Benjamins.
Adone, Dani, ed. (2003): *Recent Developments in Creole Studies*. Tübingen, Niemeyer.
Adone, Dani (2012): *The Acquisition of Creole Languages. How Children Surpass their Input*. Cambridge, Cambridge UP.
Adone, Dani / Plag, Ingo, eds. (1994): *Creolization and Language Change*. Tübingen, Niemeyer.
ALF, siehe Gilliéron/Edmont 1903–1910.
Alleyne, Mervyn C. (1966): „La nature du changement phonétique à la lumière du créole français d'Haïti", in: *Revue de Linguistique Romane* 30, 279–303.
Alleyne, Mervyn C. (1969): „L'influence des dialectes régionaux français sur le créole français d'Haïti", in: *Revue de Linguistique Romane* 33, 254–269.
Alleyne, Mervyn C. (1976): „Langues créoles – dialectes néo-romans ou dialectes négro-africains?", in: *Actes du 13e Congrès International de Linguistique et de Philologie Romanes*. Québec, PU Laval, Bd. 1, 1081–1089.

Alleyne, Mervyn C. (1980): *Comparative Afro-American. An Historical-Comparative Study of English-based Afro-American Dialects of the New World.* Ann Arbor, Karoma.
Alleyne, Mervyn C. (1994): „Problems of Standardization of Creole Languages", in: Morgan 1994, 7–18.
Alleyne, Mervyn C. (1996): *Syntaxe historique créole.* Paris, Karthala / Schoelcher, PU Créole.
Alleyne, Mervyn C. / Garvin, Paul L. (1980): „Les langues créoles à la lumière de la théorie des langues standard", in: *éc* 3.1, 54–68.
Ammon, Ulrich / Dittmar, Norbert / Mattheier, Klaus J. / Trudgill Peter, eds. (^{2}2004–2006): *Sociolinguistics – Soziolinguistik.* Berlin, de Gruyter (HSK 3.1–3).
Andersen, Roger W. (1999): „Temporal Frames in Spoken Papiamentu Discourse", in: Rickford/ Romaine 1999, 353–371.
Ansaldo, Umberto / Matthews, Stephen (2007): „Deconstructing Creole. The Rationale", in: Ansaldo/Matthews/Lim 2007, 1–18.
Ansaldo, Umberto / Matthews, Stephen / Lim, Lisa, eds. (2007): *Deconstructing Creole.* Amsterdam, Benjamins.
Arends, Jacques (1986): „Genesis and Development of the Equative Copula in Sranan", in: Muysken/Smith 1986, 103–127.
Arends, Jacques, ed. (1995a): *The Early Stages of Creolization.* Amsterdam, Benjamins (CLL 13).
Arends, Jacques (1995b): „The Socio-Historical Background of Creoles", in: Arends/Muysken/Smith 1995a, 15–24.
Arends, Jacques (2002): „The Historical Study of Creoles and the Future of Creole Studies", in: Gilbert 2002, 49–68.
Arends, Jacques / Muysken, Pieter / Smith, Norval, eds. (1995a): *Pidgins and Creoles. An Introduction.* Amsterdam, Benjamins (CLL 15).
Arends, Jacques / Muysken, Pieter / Smith, Norval (1995b): „Conclusions", in: Arends/Muysken/ Smith 1995a, 319–330.
Arends, Jacques / Perl, Matthias, eds. (1995): *Early Suriname Creole Texts. A Collection of 18th-Century Sranan and Saramaccan Documents.* Frankfurt, Vervuert / Madrid, Iberoamericana.
Armand, Alain (1987, ^{2}2014): *Dictionnaire kréol rénioné – français.* Saint-André, Ed. Océan Indien / EPICA.
Baggioni, Daniel (1987, ^{2}1990): *(Petit) Dictionnaire créole réunionnais – français.* Saint-Dénis, Univ. de La Réunion / Azalées.
Bailey, Charles-James N. / Maroldt, Karl (1977): „The French Lineage of English", in: Meisel 1977, 21–53.
Bailey, Guy / Maynor, Natalie / Cukor-Avila, Patricia, eds. (1991): *The Emergence of Black English. Text and Commentary.* Amsterdam, Benjamins (CLL 8).
Baissac, Charles (1880): *Étude sur le patois créole mauricien.* Nancy, Berger-Levrault. Reprint: Genève, Slatkine 1976.
Baissac, Charles (1888 / 1967): *Le folk-lore de l'île Maurice (Texte créole et traduction française).* Paris, Maisonneuve & Larose (Les littératures populaires de toutes les nations XXVII).
Baissac, Charles / Ledikasyon Pu Travayer (1989): *Sirandann Sanpek. Zistwar an kreol. 28 hundred-year-old folk stories in Kreol with English translation alongside.* Port Louis, LPT.
Baissac, Charles (2006), *Märchen aus Mauritius / Ti-Zistwar Pei Moris, Zweisprachige Ausgabe, Deutsch und Kreolisch,* hgg. u. übers. von Walter Sauer. Neckarsteinach, Tintenfaß.
Baker, Philip (1972): *Kreol. A Description of Mauritian Creole.* London, Hurst.
Baker, Philip (1972–74): *Course in Mauritian Creole.* Moka (Mauritius), MCA.
Baker, Philip (1976): *Towards a Social History of Mauritian Creole.* B.Ph.Diss., Univ. of York.
Baker, Philip (1994): „Creativity in Creole Genesis", in: Adone/Plag 1994, 65–84.

Baker, Philip, ed. (1995): *From Contact to Creole and Beyond*. London, Westminster UP (Westminster Creolistics Ser. 1).
Baker, Philip (2001): „No Creolisation without Prior Pidginisation?", in: Crowley, Terry / Siegel, Jeff, eds. (2001): *Studies in Creole Linguistics in Memory of Chris Come, 1942–1999*, Auckland, Ling. Soc. of New Zealand (Te Reo 44), 31–50.
Baker, Philip / Corne, Chris (1982): *Isle de France Creole: Affinities and Origines*. Ann Arbor, Karoma
Baker, Philip / Fon Sing, Guillaume, eds. (2007): *The Making of Mauritian Creole. Analyses diachroniques à partir des textes anciens*. United Kingdom and Sri Lanka, Battlebridge (Westminster Creolistics Ser. 9).
Baker, Philip / Hookoomsing, Vinesh (1987): *Diksyoner kreol morisyen. Dictionary of Mauritian Creole. Dictionnaire du créole mauricien*. Paris, L'Harmattan.
Baker, Philip / Mühlhäusler, Peter (2007): „Creole Linguistics from its Beginnings, through Schuchardt to the Present Day", in: Stewart 2007, 84-107.
Baker, Philip / Syea, Anand, eds. (1996): *Changing Meanings, Changing Functions. Papers Relating to Grammaticalization in Contact Languages*. London, Westminster UP (Westminster Creolistics Ser. 2).
Bakker, Peter (1995): „Pidgins", in: Arends/Muysken/Smith 1995a, 25–39.
Bakker, Peter (2002): „Some Future Challenges for Pidgin and Creole Studies", in: Gilbert 2002, 69–92.
Bakker, Peter (2009): „Phonological Complexity in Pidgins", in: Faraclas/Klein 2009, 7–28.
Bakker, Peter (2014): „Creolistics: Back to Square One?", in: *JPCL* 29.1, 177–194.
Bakker, Peter / Daval-Markussen, Aymeric / Parkvall, Mikael / Plag, Ingo (2011): „Creoles are Typologically Distinct from Non-Creoles", in: *JPCL* 26.1, 5–42.
Bakker, Peter / Parkvall, Mikael (2005): „Reduplication in Pidgins and Creoles", in: Hurch, Bernhard, ed. (2005): *Studies in Reduplication*. Berlin/New York, de Gruyter, 511–524.
Baptista, Marlyse (2003): *The Syntax of Cape Verdean Creole. The Sotavento Varieties*. Amsterdam, Benjamins.
Baptista, Marlyse / Guéron, Jacqueline, eds. (2007): *Noun Phrases in Creole Languages: a Multi-Faceted Approach*. Amsterdam, Benjamins (CLL 31).
Barat, Christian / Carayol, Michel / Vogel, Claude (1977): *Kriké Kraké. Recueil de contes créoles réunionnais*. Saint-Denis, Centre Univ. de La Réunion.
Barbotin, Maurice (1995): *Dictionnaire du créole de Marie-Galante*. Hamburg, Buske (Kreol. Bibl. 15).
Bartens, Angela (1995): *Die iberoromanisch-basierten Kreolsprachen*. Frankfurt, Lang.
Bartens, Angela (2014): „Les langues créoles à base portugaise", in: Klump/Kramer/Willems 2014, 724–747.
Barthélémi, Georges (1995, [2]2007): *Diksyoner pratik kreol gwiyane – franse, ke eleman gramatikal, suivi d'un index français – créole / Dictionnaire pratique créole guyanais – français*. Cayenne, Ibis Rouge.
Baudot, Paul (1923, [2]1935): *Œuvres créoles*. Basse-Terre, Impr. Officielle.
Bavoux, Claudine (1990): *Islam et métissage. Des musulmans créolophones à Madagascar: Les indiens sunnites sourti de Tamatave*. Paris, L'Harmattan.
Bavoux, Claudine, ed. (1996): *Français régionaux et insécurité linguistique*. Paris, L'Harmattan.
Bazerque, Auguste (1969): *Le langage créole*. Guadeloupe, ARTRA.
Bébel-Gisler, Dany (1976): *La langue créole, force jugulée*. Paris, L'Harmattan.
Bébel-Gisler, Dany / Hurbon, Laënnec ([2]1975): *Culture et pouvoir dans la Caraïbe. Langue créole, vaudou, sectes religieuses en Guadeloupe et en Haïti*. Paris, L'Harmattan.
Benedict, Burton (1961): *Indians in a Plural Society. A Report on Mauritius*. London, Pall Mall.
Bentolila, Alain (1970): *Créoles et langues africaines: comparaison des structures verbales*. Thèse de doctorat, Paris, Univ. René Descartes.

Bentolila, Alain (1976): *Ti diksyonnè kreyòl – franse. Dictionnaire elementaire créole haïtien – français*. Paris, Éds Caraïbes.
Bentolila, Alain (1978): „Créole d'Haïti – nature et fonction – fonction naturelle", in: *éc* 1, 65–75.
Bernabé, Jean (1976): „Propositions pour un code orthographique intégré des créoles à base lexicale française", in: *Espace créole* 1, 25–57.
Bernabé, Jean (1977a): „Écrire le créole. 1ère partie: Écriture et phonétique", in: *Mofwaz* 1, 11–29.
Bernabé, Jean (1977b): „Écrire le créole. 2e partie: Écriture et syntaxe", in: *Mofwaz* 2, 11–20.
Bernabé, Jean (1980): „Écrire le créole. 3e partie: Présentation de la base syntaxique de l'écriture du créole; suivie d'une brève tentative d'évaluation de la socialisation de ce système orthographique, après quatre années d'existence", in: *Mofwaz* 3, 9–15.
Bernabé, Jean (1981): „Créole et emprunt (préliminaires à une analyse sociogénérative)", in: *éc* 4.1, 97–117.
Bernabé, Jean (1983): *Fondal–Natal, grammaire basilectale approchée des créoles guadeloupéen et martiniquais*. Paris, L'Harmattan, 3 vols.
Bernabé, Jean (1985): „Créole et code de communication scolaire", in: *Antilla Kréyôl* 4, 9–13.
Bernabé, Jean (1987): *Grammaire créole. Fondas Kréyol-la. Éléments de base des créoles de la zone américano-caraïbe*. Paris, L'Harmattan.
Bernabé, Jean (1989): „Réflexions pour une glottopolitique des aires concernées par le créole: approche du cas guyanais", in: *Les Exposés–débats du CRESTIG 2: La créolité, la guyanité*. Cayenne: Ville de Cayenne, 29–41.
Bernabé, Jean (2001): *La graphie créole*. s.l., Ibis Rouge.
Bernabé, Jean (2003): *Précis de syntaxe créole*. s.l., Ibis Rouge.
Bernabé, Jean (2015): *Approche cognitive du créole martiniquais. Ranboulzay 1 / Révolution 1*. Paris, L'Harmattan.
Bernabé, Jean / Chamoiseau, Patrick / Confiant, Rafaël (1989 / 1993): *Éloge de la créolité. In Praise of Creolness. Édition bilingue*. Paris, Gallimard.
Bernini-Montbrand, Danièle / Ludwig, Ralph / Poullet, Hector / Telchid, Sylviane ([4]2012): *Dictionnaire créole-français (Guadeloupe)*. Paris, Ophrys (= Ludwig/Montbrand et al [1]1990).
Berthelot, Jack / Gaumé, Martine (2002): *Kaz antiyé. Jan moun ka rété. Caribbean popular dwelling. L'habitat populaire aux Antilles*. Goyave, Perspectives créoles.
Bhatt, Parth / Plag, Ingo, eds. (2006a): *Stress, Tone and Intonation in Creoles and Contact Languages*. = *Sprachtypologie und Universalienforschung / Language Typology and Universals (STUF)* 59.2, 131–218.
Bhatt, Parth/ Plag, Ingo, eds. (2006b): *The Structure of Creole Words: Segmental, Syllabic and Morphological Aspects*. Tübingen, Niemeyer.
Bhatt, Parth / Veenstra, Tonjes, eds. (2013): *Creole Languages and Linguistic Typology*. Amsterdam, Benjamins.
Bickerton, Derek (1973): „The Nature of a Creole Continuum", in: *Language* 49, 640–669.
Bickerton, Derek (1975): *Dynamics of a Creole System*. Cambridge, Cambridge UP.
Bickerton, Derek. (1980): „Decreolization and the creole continuum", in: Valdman/Highfield 1980, 109–128.
Bickerton, Derek (1981): *Roots of Language*. Ann Arbor, Karoma.
Bickerton, Derek (1984): „The Language Bioprogram Hypothesis", in: *The Behavioral and Brain Sciences* 7, 173–188.
Bickerton, Derek (1989): „Seselwa Serialization and its Significance", in: *JPCL* 4.2, 155–183.
Bickerton, Derek (2004): „Reconsidering Creole Exceptionalism", in: *Language* 80, 828–833.
Bloomfield, Leonard (1933): *Language*. New York, Allen & Unwin.
Bollée, Annegret (1977a): *Le créole français des Seychelles. Esquisse d'une grammaire – textes – vocabulaire*. Tübingen, Niemeyer.

Bollée, Annegret (1977b): *Zur Entstehung der französischen Kreolendialekte im Indischen Ozean. Kreolisierung ohne Pidginisierung.* Genève, Droz.

Bollée, Annegret (1980): „Zum Projekt eines *Dictionnaire Etymologique du Créole*", in: Bork, Hans Dieter, ed. (1980): *Romania Europaea et Americana, FS für Harri Meier zum 8. Januar 1980.* Bonn, Bouvier, 68–75.

Bollée, Annegret (1981): „Le vocabulaire du créole haïtien et du créole seychellois: une comparaison", Beitrag zum 3e Colloque International des Etudes Créoles, Ste. Lucie, Mai 1981.

Bollée, Annegret (1982): „Die Rolle der Konvergenz bei der Kreolisierung", in: Ureland, P. Sture, ed. (1982): *Die Leistung der Strataforschung und der Kreolistik. Typologische Aspekte der Sprachkontakte.* Tübingen, Niemeyer, 391–405.

Bollée, Annegret (1989): „Le développement du créole écrit aux Seychelles", in: Ludwig 1989, 183–197.

Bollée, Annegret (1993–2007): *Dictionnaire étymologique des créoles français de l'Océan Indien (DECOI).* Hamburg, Buske (Kreol. Bibl. 12), 4 Bde.

Bollée, Annegret (1998): „Romanische Kreolsprachen V. Französische Kreolsprachen", in: Holtus/ Metzeltin/Schmitt 1998, 662–679.

Bollée, Annegret (2002): „Pidgin- und Kreolsprachen auf französischer Basis", in: Kolboom, Ingo, ed. (2002): *Handbuch Französisch. Sprache, Literatur, Kultur, Gesellschaft. Für Studium, Lehre Praxis.* Berlin, Erich Schmidt, 121–127.

Bollée, Annegret (2007a): *Deux textes religieux de Bourbon du 18e siècle et l'histoire du créole réunionnais.* United Kingdom and Sri Lanca, Battlebridge.

Bollée, Annegret (2007b): *Beiträge zur Kreolistik*, hgg. von Ursula Reutner. Hamburg, Buske (Kreol. Bibl. 21).

Bollée, Anngret / Fattier, Dominique / Neumann-Holzschuh, Ingrid (in Vorb.): *Dictionnaire étymologique des créoles français d'Amérique (DECA).*

Bollée, Annegret / Kriegel, Sibylle (2016): „Kodifizierung und Ausbau des Kreolischen der Seychellen", in: Dahmen/Holtus et al. 2016, 319–332.

Bollée, Annegret / Neumann-Holzschuh, Ingrid (1998): „Français marginaux et créoles", in: Brasseur, Patrice, ed. (1998): *Français d'Amérique, variation, créolisation, normalisation.* Avignon, Centre d'Etudes Canadiennes, 181–203.

Bollée, Annegret / Neumann-Holzschuh, Ingrid (2002): „La créolisation linguistique: un processus complexe", in: *éc* 25.1, 87–104.

Bollée, Annegret / D'Offay, Danielle (1978): *Apprenons la nouvelle orthographe. Proposition d'une orthographe rationnelle pour le créole des Seychelles, avec six contes seychellois.* Cologne / Mahé, chez les auteurs.

Booij, Geert (1995): „Inherent versus Contextual Inflection and the Split Morphology Hypothesis", in: *Yearbook of Morphology* 1995, 1–16.

Bord La Mer ([1980]), ed. by Port Louis Harbour and Docks Workers Union. Port Louis, PLHDWU.

Boretzky, Norbert (1983): *Kreolsprachen, Substrate und Sprachwandel.* Wiesbaden, Harrassowitz.

Bos, Alphonse (1880): „Note sur le créole que l'on parle à l'Ile Maurice", in: *Romania* 9, 571–578.

Bossong, Georg (2008): *Die romanischen Sprachen: Eine vergleichende Einführung.* Hamburg, Buske.

Boyd-Bowman, Peter (1971): *Léxico hispanoamericano del siglo XVI.* London, Tamesis.

Braun, Maria (2009): *Word-Formation and Creolisation: The Case of Early Sranan.* Tübingen, Niemeyer.

Braun, Maria / Plag, Ingo (2003): „How Transparent is Creole Morphology? A Study of Early Sranan Word-Formation", in: *Yearbook of Morphology* 2002, 81–104.

Bretegnier, Aude (1999): *Sécurité et insécurité linguistique: approches sociolinguistique et pragmatique d'une situation de contacts de langues: La Réunion.* Thèse de doctorat, Université de la Réunion.

Bretegnier, Aude / Ledegen, Gudrun, eds. (2002): *Securité/insécurité linguistique: terrains et approches diversifiés*. Paris, L'Harmattan.
Bricault, Maurice, ed. (1976a): *Lectures bilingues graduées (créole–français)*. Paris, ACCT.
Bricault, Maurice, ed. (1976b): *Contes créoles illustrés. Textes bilingues créoles – français*. Paris, ACCT.
Brousseau, Anne-Marie (2003): „The Accentual System of Haitian Creole: The role of Transfers and Markedness Values", in: Plag 2003b, 123–147.
Brousseau, Anne-Marie (2011): „One Substrate, two Creoles: the Development of Segmental Inventories in St. Lucian and Haitian", in: Lefèbvre 2011, 105–125.
Brunot, Ferdinand (1905–1938): *Histoire de la langue française des origines à 1900*. Paris, Armand Colin, 13 Bde. in 23.
Bruyn, Adrienne (1995): *Grammaticalization in Creoles: the Development of Determiners and Relative Clauses in Sranan*. Amsterdam, Univ. of Amsterdam.
Bruyn, Adrienne (1996): „On Identifying Instances of Grammaticalization in Creole Languages", in: Baker/Syea 1996, 29–46.
Bruyn, Adrienne (2008): „Grammaticalization in Pidgins and Creoles", in: Kouwenberg/Singler 2008, 385–410.
Bucheli-Berger, Claudia (2009): *Serielle Verbkonstruktionen in Frankokreolsprachen. Beschreibung, Genesethorie und typologischer Vergleich*. Zürich, Univ. Zürich.
Byrne, Francis / Holm, John, eds. (1993), *Atlantic Meets Pacific. A Global View of Pidginization and Creolization. Selected Papers from the Society for Pidgin and Creole Linguistics*. Amsterdam: Benjamins (CLL 11).
Byrne, Francis / Winford, Donald, eds. (1993): *Focus and Grammatical Relations in Creole Languages*. Amsterdam, Benjamins (CLL 12).
Cadely, Jean-Robert (2003): „Nasality in Haitian creole", in: Adone 2003, 5–30.
Caid-Capron, Leila (1996): „La classe adjectivale en créole mauricien et réunionnais", in: Véronique 1996, 163–192.
Calvet, Louis-Jean (2000): „De l'extension des termes „créole" et „pidgin" à certaines variétés véhiculaires. Une critique du point de vue de l'écologie linguistique", in: *éc* 23.1, 47–60.
Carayol, Michel / Chaudenson, Robert (1978a): *Les aventures de Petit Jean. Contes créoles de l'Océan Indien*. Paris, EDICEF/CILF.
Carayol, Michel / Chaudenson, Robert (1978b): *Lièvre, Grand Diable et autres. Contes créoles de l'Océan Indien*. Paris, EDICEF/CILF.
Carayol, Michel / Chaudenson, Robert (1979): „Essai d'analyse implicationnelle d'un continuum linguistique: français – créole", in: Manessy, Gabriel / Wald, Paul, eds. (1979): *Plurilinguisme: Normes, situations, strategies. [...]*. Paris, L'Harmattan, 129–172.
Carayol, Michel / Chaudenson, Robert / Barat, Christian (1984–1995): *Atlas linguistique et ethnographique de la Réunion*. Paris, CNRS, 3 vol.
Carden, Guy (1993): „The Mauritian Creole ‚lekor' Reflexive: Substrate Influence on the Target-Location Parameter", in: Byrne/Holm 1993, 105–117.
Carden, Guy / Stewart, William A. (1988): „Binding Theory, Bioprogram, and Creolization: Evidence from Haitian Creole", in: *JPCL* 3, 1–67.
Carden, Guy / Stewart, William A. (1989): „Mauritian Creole reflexives: A reply to Corne", in: *JPCL* 4, 65–101.
Carpooran, Arnaud (2003): *Île Maurice: des langues et des lois*. Paris, L'Harmattan.
Carpooran, Arnaud (2009 / ²2011a): *Diksioner Morisien. Premie diksioner kreol monoleng*. Sainte Croix, chez l'auteur / Eds. Le Printemps.
Carpooran, Arnaud (2011b): *Lortograf Kreol Morisien*. Phoenix, AKMorisien. (http://ministryeducation.govmu.org/English/educationsector/Documents/Lortograf%20Kreol%20Morisien.pdf).

Carpooran, Arnaud, ed. (2014): *Langues créoles, mondialisation et éducation. Actes du XIIIe colloque du Comité International des Études Créoles (Maurice, 5–9 novembre 2012)*. Maurice: CSU-ELP.
Carrington, Lawrence D., ed. (1981): *Language and Development: the St. Lucian Context. Final Report of a Seminar on an Orthography for St. Lucian Creole, [...]*. Castries, St. Lucia.
Carrington, Lawrence D. (1984): *St. Lucian Creole. A Descriptive Analysis of its Phonology and Morpho-Syntax.* Hamburg, Buske (Kreol. Bibl. 6).
Cellier, Pierre (1981): „Variation et standardisation syntaxique du créole réunionnais", in: *éc* 4.1, 78–96.
Chanvalon, Jean-Baptiste Thibault de (1763): *Voyage à la Martinique, contenant diverses observations [...] faites en 1751 et dans les années suivantes*. Paris, Bauche.
Charte Culturelle Créole (1982). s.l. [La Martinique], GEREC.
Chaudenson, Robert (1973): „Pour une étude comparée des créoles et des parlers français d'outre-mer: survivances et innovations", in: *Revue de Linguistique Romane* 37, 342–371.
Chaudenson, Robert (1974a): *Le lexique du parler créole de la Réunion*, Paris, Champion, 2 Bde.
Chaudenson, Robert (1974b): „Le Noir et le Blanc: la classification raciale dans les parlers créoles de l'Océan Indien", in: *Revue de Linguistique Romane* 38, 75–94.
Chaudenson, Robert, ed. (1978): *Les parlers creoles = Langue française* n° 37.
Chaudenson, Robert (1979a): *Les créoles français*. Paris, Fernand Nathan.
Chaudenson, Robert (1979b): „Le français dans les îles de l'Océan Indien (Mascareignes et Seychelles)", in: Valdman 1979, 543–617.
Chaudenson, Robert (1979c): „Créoles français de l'Océan Indien et langues africaines", in: Hancock 1979a, 217–237.
Chaudenson, Robert (1979d): „A propos de la genèse du créole mauricien: le peuplement de l'Île de France de 1721 à 1735, in: *éc* 2.1, 43–57.
Chaudenson, Robert (1981a): *Textes créoles anciens (La Réunion et Ile Maurice). Comparaison et essai d'analyse.* Hamburg, Buske, Kreol. Bibl. 1).
Chaudenson, Robert (1981b): „Continuum intralinguistique et interlinguistique", in: *éc* 4.1, 19–46.
Chaudenson, Robert (1982): Besprechung zu Bickerton 1981, *Roots of language*, in: *Studies in Second language acquisition*, 5.1, 82–102.
Chaudenson, Robert (1983): „Où l'on reparle de la genèse et des structures des créoles de l'Océan Indien", suivi de „Commentaires" de Philip Baker et Chris Corne, in: *éc* 6, 157–238.
Chaudenson, Robert (1989): *Créoles et enseignement du français*. Paris, L'Harmattan.
Chaudenson, Robert (1992): *Des îles, des hommes, des langues. Essais sur la créolisation linguistique et culturelle*. Paris, L'Harmattan.
Chaudenson, Robert (1995): *Les créoles*. Paris, PUF (Que sais-je? 2970).
Chaudenson, Robert (2000): „Peut-on décrire un créole sans référence à sa genèse ? Pronoms et adjectifs dans les créoles français", In: *Langages* 138 (34e année), 22–35.
Chaudenson, Robert (2001): *Creolization of language and culture*. London, Routledge.
Chaudenson, Robert (2002): „Une théorie de la créolisation: le cas des créoles français", in: *éc* 25.1, 25–44.
Chaudenson, Robert (2003): „Histoire des langues créoles à base lexicale française: l'Océan Indien", in: Ernst/Gleßgen et al. 2003, 1120–1130.
Chaudenson, Robert (2004): *La créolisation: théorie, applications, implications*. Paris, L'Harmattan.
Chaudenson, Robert (2006): *Éducation et langues. Français, créoles, langues africaines*. Paris, L'Harmattan.
Chaudenson, Robert (2010): *La genèse des créoles de l'Océan Indien*, Paris, L'Harmattan.
Chaudenson, Robert / Carayol, Michel / Barat, Christian (1992): *Atlas linguistique et ethnographique de l'île Rodrigues*. Paris, ACCT, 3 vol.

Chevillard, André (1659): *Les desseins de son eminence de Richelieu pour l'Amerique [...]*. Rennes, Durand. Reprint: Basse-Terre, Soc. d'Historie de la Guadeloupe.
Chrestien, François (1822, ²1831, ³1869): *Les essais d'un bobre africain*. Ile Maurice, Deroullède.
Christian (1977, ²2009): *Zistoir Kristian. Mes-aventures. Histoire vraie d'un ouvrier réunionnais en France. Ed. bilingue créole et française*, Paris, Maspéro / Ile-sur-Têt, Editions K'A.
Cichon, P. (2011): „Anforderungen an die schriftsprachliche Kodifizierung von Regional- und Kleinsprachen am Beispiel des créole martiniquais", in: *Quo vadis, Romania?* 37, 25–38.
Clements, J. Clancy / Gooden, Shelome, eds. (2011): *Language Change in Contact Languages. Grammatical and Prosodic Considerations*. Amsterdam, Benjamins.
Clements, J. Clancy / Klingler Thomas A. / Piston-Hatlen, Deborah / Rottet Kevin J., eds. (2006): *History, Society, and Variation: in honor of Albert Valdman*. Amsterdam, Benjamins.
Coelho, F. Adolpho (1880 / 1882 / 1885): „Os dialectos romanicos ou neo-latinos na Africa, Asia e America", in: *Boletim da Sociedade de Geografia de Lisboa* 2.3, 129–196 / 3.8, 451–478 / 6.9–11, 705–755.
Comhaire-Sylvain, Suzanne (1937 / 1938): „Creole Tales from Haiti", in: *The Journal of American Folklore* 50, 207–295; 51, 219–346.
Comhaire-Sylvain, Suzanne / Comhaire-Sylvain, Jean (1955): „Survivances africaines dans le vocabulaire religieux d'Haïti", in: *Etudes Dahoméennes* 14, 3–20.
Confiant, Raphaël (1978): *Jik deye do Bondye*. Martinique, Supplément 33 à *Grif an ter*.
Confiant, Raphaël (2001): *Dictionnaire des néologismes créoles. Tome 1*. Petit-Bourg, Ibis Rouge (http://www.potomitan.info/dictionnaire/neologismes.php).
Confiant, Raphaël (2007): *Dictionnaire créole martiniquais–français*, Matoury, Ibis Rouge, 2 vols. (http://www.potomitan.info/dictionnaire/index.php).
Contout, Auxence (2003): *Le parler guyanais*. Cayenne, CRDP de la Guyane.
Corne, Chris (1970): *Essai de grammaire du créole mauricien*. Auckland, Univ. of Auckland.
Corne, Chris (1977a): *Seychelles Creole Grammar. Elements for Indian Ocean Proto-Creole Reconstruction*. Tübingen, Narr.
Corne, Chris (1977b): „A note on ‚Passives' in Indian Ocean Creole Dialects", in: *Journal of Creole Studies* 1.1, 33–57.
Corne, Chris (1981): „A Re-Evaluation of the Predicate in Ile-de-France Creole", in: Muysken 1981a, 103–124.
Corne, Chris (1988): „Mauritian Creole Reflexives", in: *JPCL* 3.1, 69–94.
Corne, Chris (1989a): „On French Influence in the Development of Creole Reflexive Patterns", in: *JPCL* 4.1, 103–115.
Corne, Chris (1989b): „Un créole à base lexical française en Nouvelle-Calédonie: le tayo ou le patois de St-Louis", in: *éc* 12.2, 29–42.
Corne, Chris (1999): *From French to Creole. The Development of New Vernaculars in the French Colonial World*. London, Westminster UP (Westminster Creolistcs Ser. 5).
Corne, Chris (2003): „Histoire des langues créoles à base lexicale française: Saint-Louis (Nouvelle Calédonie)", in: Ernst/Gleßgen et al. 2003, 1131–1135.
Corne, Chris / Coleman, Deirdre / Curnow, Simon (1996): „Clause Reduction in Asyndetic Coordination in Isle de France Creole: the ‚Serial Verbs' Problem", in: Baker/Syea 1996, 129–154.
Craig, Dennis (2008): „Pidgins/Creoles and Education", in: Kouwenberg/Singler 2008, 593–614.
Croft, William (2000): *Explaining Language Change: an Evolutionary Approach*. Harlow, Longman.
Crowley, Terry (2008): „Pidgin and Creole Morphology", in: Kouwenberg/Singler 2008, 74–97.
Curtin, Philip (1969): *The Atlantic Slave Trade. A Census*. Madison, Wisconsin UP.
Dahmen, Wolfgang / Holtus, Günter et al., eds. (2016): *Romanische Kleinsprachen heute. Romanistisches Kolloquium XXVII*. Tübingen, Narr.
Damoiseau, Robert (1996): „Les adjectivaux en créole haïtien", in: Véronique 1996, 151–161.

Damoiseau, Robert (1999): *Eléments de grammaire comparée français – créole.* s.l., Ibis Rouge.
Damoiseau, Robert (2002): *Eléments de grammaire comparée français – créole martiniquais.* s.l., Ibis Rouge.
Damoiseau, Robert (2003): *Éléments de grammaire comparée français – créole guyanais.* s.l., Ibis Rouge.
Damoiseau, Robert (2005): *Éléments de grammaire comparée français – créole haïtien.* s.l., Ibis Rouge.
Damoiseau, Robert (2012): *Syntaxe créole comparée: Martinique, Guadeloupe, Guyane, Haïti.* Paris, Karthala.
Damoiseau Robert / Saint-Louis Gérald (1986): „Les verbo-adjectivaux en créole haïtien", in: *Modèles linguistiques* VIII.1, 103–135.
David, Bernard (1973): *Les origines de la population martiniquaise au fil des ans (1635–1902).* Fort-de-France, Société d'Histoire de la Martinique.
DeCamp, David (1971): „Toward a Generative Analysis of a Post-Creole Speech Continuum", in: Hymes 1971, 349–370.
Degn, Christian (1974): *Die Schimmelmanns im atlantischen Dreieckshandel. Gewinn und Gewissen.* Neumünster, Wachholtz.
DeGraff, Michel, ed. (1999): *Language Creation and Language Change: Creolization, Diachrony, and Development.* Cambridge (Mass.), MIT Press.
DeGraff, Michel (2001): „Morphology in Creole Genesis: Linguistics and Ideology", in: Kenstowicz, Michael, ed. (2001): *Ken Hale: A Life in Language.* Cambridge, Ma, MIT Press, 53–121 (http://web.mit.edu/linguistics/www/degraff/degraff-hale-festschrift.pdf).
DeGraff, Michel. (2003): „Against Creole Exceptionalism", in: *Language* 79, 391–410.
DeGraff, Michel (2004): „Against Creole Exceptionalism. Redux", in: *Language* 80, 834–839.
DeGraff, Michel (2005a): „Linguists' most Dangerous Myth: The Fallacy of Creole Exceptionalism", in: *Language in Society* 34, 533–591.
DeGraff, Michel (2005b): „Do Creole Languages constitute an Exceptional Typological Class?", in: *Revue française de linguistique appliquée* 10.1, 11–24.
Dejean, Yves (1980): *Comment écrire le créole d'Haïti?.* Outremont, Collectif Paroles.
Denis, Serge (1935): „Notre créole", in: Denis, Serge, ed. (1935): *Trois siècles de vie française: Nos Antilles.* Orléans, Luzéray /Paris, Maison du Livre, 325–376.
Detges, Ulrich (2000): „Two Types of Restructuring in French Creoles. A Cognitive Approach to the Genesis of Tense Markers", in: Neumann-Holzschuh/Schneider 2000, 135–162.
Devonish, Hubert (2002): *Talking Rhythm Stressing Tone: the Role of Prominence in Anglo-West African Creole Languages.* Kingston, Arawak Publ.
Devonish, Hubert (2008): „Language Planning in Pidgins and Creoles" in: Kouwenberg/Singler 2008, 615–636.
Domingue, Nicole Z. (1977): „Middle English – another Creole?", in: *Journal of Creole Studies* 1, 89–100.
Dryer, Matthew S. / Haspelmath, Martin, eds. (2013): *The World Atlas of Language Structures Online (WALS).* Leipzig, Max Planck Institute for Evolutionary Anthropology (http://wals.info).
Ducœurjoly, S. J. (1802/3 = an XI): *Manuel des habitants de Saint-Domingue [...],* Paris, Arthus-Bertrand, 2 Bde.
Durizot Jno-Baptiste, Paulette (2015): *Bilinguisme créole-français en milieu scolaire guadeloupéen. Récit d'une expérience.* Paris, L'Harmattan.
Durizot Jno-Baptiste, Paulette, ed. (2016): *Les langues creoles. Palé kréyol! = Les cahiers créoles du patrimoine de la Caraïbe. Pawòl maké asi mès é labitid an péyi Karayib* 6, [Guadeloupe], Canopé.
Durrleman-Tame, Stephanie (2007): *The Syntax of Jamaican Creole. A Cartographic Perspective.* Amsterdam, Benjamins.

Echu, George (2008): „Description sociolinguistique du camfranglais", in: Ntsobé/Biloa/Echu 2008, 41–61.
Edwards, Walter F. / Winford, Donald, eds. (1991): *Verb Phrase Patterns in Black English and Creole*. Detroit, Wayne State UP.
Ehrhart, Sabine (1993): *Le créole français de St-Louis (le tayo) en Nouvelle-Calédonie*. Hamburg, Buske (Kreol. Bibl. 10).
Erfurt, Jürgen, ed. (2005a): *Transkulturalität und Hybridität. L'espace francophone als Grenzerfahrung des Sprechens und Schreibens*. Frankfurt, Lang,
Erfurt, Jürgen (2005b): „De même I hope j'te bother pas: Transkulturalität und Hybridität in der Frankophonie", in: Erfurt 2005a, 9–36.
Ernst, Gerhard / Gleßgen, Martin-Dietrich / Schmitt, Christian / Schweickard, Wolfgang, eds. (2003): *Romanische Sprachgeschichte. Teilband 1*. Berlin/New York, de Gruyter (HSK 23.1) [Artikel 26, 97–100].
Escure, Geneviève (1991): „Gender Roles and Linguistic Variation in the Belizean Creole Community", in: Cheshire, Jenny, ed. (1991, ²1996): *English Around the World: Sociolinguistic Perspectives*. Cambridge, Cambridge UP, 595–608.
Escure, Geneviève (2001): „Belizean Creole: Gender, Creole, and the Role of Women in Language Change", in: Hellinger, Marlies / Bußmann, Hadumod, eds. (2001): *Gender across Languges: the Linguistic Represetation of Women and Men*. Amsterdam, Benjamins, 35–65.
Escure, Geneviève (2008): „Pidgins/creoles and discourse", in: Kouwenberg/Singler 2008, 567–592.
Escure, Geneviève / Schwegler Armin, eds. (2004): *Creoles, Contact, and Language Change: Linguistics and Social Implications*. Amsterdam, Benjamins (CLL 27).
études créoles 24.1 (2001): *CAPES créole(s): le débat*. Aix-en-Provence, CIEC / Paris, L'Harmattan.
Facthum Sainton, Juliette (2007): *Manuel de la graphie du créole guadeloupéen*, Basse-Terre, Conseil Général de la Gudeloupe.
Facthum Sainton, Juliette / Gaydu, Annick Josy / Chery, Christian (2010): *Adaptation de la didactique du français aux situations de créolophonie. Guide du maître: Guadeloupe*. s.l., OIF / LeWebPédagogique.
Faine, Jules (1936, ²1937): *Philologie créole. Etudes historiques et étymologiques sur la langue créole d'Haïti*. Port-au-Prince, Impr. de l'Etat.
Faine, Jules (1939): *Le créole dans l'univers. Etudes comparatives des parlers français-créoles, tome I: Le Mauricien*. Port-au-Prince, Impr. de l'Etat.
Faine, Jules (1974): *Dictionnaire français – créole*. [éd. revue par Gilles Lefèbvre]. Ottawa, Léméac.
Faraclas, Nicholas, ed. (2012): *Agency in the Emergence of Creole Languages*. Amsterdam, Benjamins (CLL 45).
Faraclas, Nicholas /Klein, Thomas B., eds. (2009): *Simplicity and Complexity in Creoles and Pidgins*. London, Battlebridge (Westminster Creolistics Ser. 9).
Farquharson, Joseph T. (2007): „Typology and Grammar: Creole Morphology Revisited", in: Ansaldo/Matthews/Lim 2007, 21–37.
Fattier, Dominique (1998): *Contribution à l'étude de la genèse d'un créole: l'Atlas linguistique d'Haïti, cartes et commentaires*. Villeneuve d'Ascq, PU du Septentrion, 6 vol. (http://www.u-cergy.fr/fr/laboratoires/labo-ldi/publications/these-creole.html).
Fattier, Dominique (2003): „Grammaticalisations en créole haïtien: Morceaux choisis", in: *Creolica* (http://www.creolica.net/article-19.html).
Fattier, Dominique, ed. (2005): *Les créoles: des langues comme les autres*. Revue française de linguistique appliquée 10.1 (http://www.cairn.info/revue-francaise-de-linguistique-appliquee-2005–1-page-5.htm).
Ferguson, Charles (1959): „Diglossia", in: *Word* 15, 325–340.
FEW, siehe Wartburg 1922–2002.

Filliot, Jean-Michel (1974): *La traite des esclaves vers les Mascareignes au XVIIIe siècle.* Paris, ORSTOM.
Fishman, Joshua (1967): „Bilingualism with and without Diglossia; Diglossia with and without Bilingualism", in: *Journal of Social Issues* 23.2, 29–38.
Fleischmann, Ulrich (1979): „Afrikanische und kreolische Sprachen in den karibischen Sklavengesellschaften", in: *Iberoamericana* 3.3, 44–65.
Fleischmann, Ulrich (1980): „Alphabetisierung und Sprachpolitik: der Fall Haiti", in: Werner, Reinhold, ed. (1980): *Sprachkontakte. Zur gegenseitigen Beeinflussung romanischer und nicht-romanischer Sprachen.* Tübingen, Narr, 87–120.
Fleischmann, Ulrich (1983): „Communication et langues de communication pendant l'esclavage aux Antilles. Contribution au problème de la geneèse des langues créoles", in: *éc* 6.1–2, 29–46.
Fleischmann, Ulrich (1986): *Das Französisch-Kreolische in der Karibik. Zur Funktion von Sprache im sozialen und geographischen Raum.* Tübingen, Narr.
Fleischmann, Ulrich (1987): *Kreyòl franse donnen nan Karayib la. Edisyon ayisyen dapre Jeannot Hilaire.* Fribourg, Edikreyol.
Foltys, Christian (1984): „Die Belege der Lingua Franca", in: *Neue Romania* 1, 1–37.
Fontaine, Marcel (1991): *Dominica's Diksyonnè Kwéyòl-Anglé.* Roseau, The Folk Research Institute.
Fortier, Alcée (1895): *Louisiana Folk-Tales in French Dialect and English Translation.* Boston, American Folklore Society.
Frank, David (2004): „TMA and the St. Lucian Creole Verb Phrase", in: Escure/Schwegler 2004, 237–257.
Frank, David (2001): *Kwéyòl Dictionary.* Castries: [St. Lucia] Ministry of Education / SIL (http://www.saintluciancreole.dbfrank.net/dictionary.htm).
Franketienne (1975): *Dezafi. Roman.* Port-au-Prince, Fardin.
Freeman, Bryant C. (1996, ⁵2004): *Haitian-English Dictionary.* Lawrence, Univ. of Kansas, Haitian Studies (https://kuscholarworks.ku.edu/handle/1808/13312).
Frei, Henri (1929): *La grammaire des fautes.* Paris, Geuthner.
Furlong, Robert / Ramharai, Vicram (2006): *Panorama de la littérature mauricienne, la production créolophone, volume 1: des origines à l'indépendance.* [Ile Maurice], coll. TIMAM.
Gadelii, Karl / Zribi-Hertz, Anne, eds. (2007): *Grammaires créoles et grammaire comparative.* Saint-Denis, PU de Vincennes.
Gabriel, Christoph / Meisenburg, Trudel (2007): *Romanische Sprachwissenschaft.* Paderborn, Fink.
Gáldi, Lászlo (1949): „De l'importance des parlers français-créoles pour la linguistique générale", in: *Actes du 6ᵉ Congrès International des Linguistes (Paris, Juillet 1948).* Paris, Klincksieck, 307–315.
Garcilaso de la Vega el Inca (1605): *La Florida del Inca.* (Neuausgabe: Madrid 1965, Biblioteca de Autores Espanoles 132).
Garde Paul (1981): „Des parties du discours notamment en russe", in: *Bulletin de la Société de Linguistique de Paris* 76.1, 155–189.
Gauvin, Axel (1977): *Du créole opprimé au créole libéré. Défense de la langue réunionnaise.* Paris, L'Harmattan.
Gauvin, Axel (2004): *L'écriture du créole réunionnais. Les indispensables compromis (Essai).* Saint-Denis, UDIR.
Germain, Robert (1980, 1995, 2000): *Grammaire créole.* Paris, L'Harmattan.
Gilbert, Glenn, ed. (2002): *Pidgin and Creole Linguistics in the Twenty-First Century.* Frankfurt, Lang.
Gilliéron, Jules / Edmont, Edmond (1903–1910): *Atlas Linguistique de la France* [ALF], Paris, Champion (http://cartodialect.imag.fr/cartoDialect/).
Girod-Chantrans, Justin (1785): *Voyage d'un Suisse dans différentes colonies d'Amérique pendant la dernière guerre.* Neuchâtel, Société typographique.

Givón, T[almy] (1982): „Tense-Aspect-Modality: the Creole Prototype and Beyond", in: Hopper, Paul J., ed. (1982): *Tense-Aspect: Between Semantics and Pragmatics.* Amsterdam, Benjamins, 115–163.

Glessgen, Martin-Dietrich (2008): *Linguistique romane. Domaines et méthodes en linguistique française et romane.* Paris, Armand Colin.

Goebl, Hans / Ungeheuer, Gerold / Burkhardt, Armin, eds. (1996/1997): *Kontaktlinguistik.* Berlin, de Gruyter (HSK 12.1–2), 2 Bde.

Goodman, Morris F. (1964): *A Comparative Study of Creole French Dialects.* The Hague, Mouton.

Gougenheim, Georges (1929): *Etude sur les périphrases verbales de la langue française.* Paris, Les Belles Lettres.

Govain, Renauld, ed. (2013a): *Akademi Kreyòl Ayisyen. Ki pwoblèm? Ki avantaj? Ki defi? Ki avni? Ak Kòlòk Enténasyonal sou Akademi Kreyòl Ayisyen an 26–29 oktòb 2011.* Port-au-Prince, Éditions de l'Université d'Etat d'Haïti.

Govain, Renauld (2013b): „Akademi Kreyòl Ayisyen an: pou kreyòl la jwenn plas li nan peyi a", in: Govain 2013a, 9–33.

Goyette, S. (2000): „From Latin to Early Romance: a case of partial creolization?", in: McWhorter 2000, 103–131.

Grant, Anthony P. (1995): „Article Agglutination in Creole French: a wider perspective", in: Baker 1995, 149–76.

Grevisse, Maurice (⁹1969 ... ¹⁵2011): *Le Bon Usage. Grammaire française.* ⁹Gembloux, Duculot / ¹⁵Bruxelles, de Boeck/Duculot.

Gugenberger, Eva (2009): „Der Dritte Raum in der Sprache: Sprachkontakt und Hybridisierungsprozesse in der Romania", in: Dolle, Verena / Helfrich, Uta, eds. (2009): *Zum ‚spatial turn' in der Romanistik. Akten der Sektion 25 des XXX. Romanistentages (Wien, 23.–27. September 2007).* München, Meidenbauer, 255–287.

Gugenberger, Eva (2010): „Das Konzept der Hybridität in der Migrationslinguistik", in: Ludwig, Ralph / Röseberg, Dorothee, eds. (2010): *Tout-Monde: Interkulturalität, Hybridisierung, Kreolisierung: Kommunikations- und gesellschaftstheoretische Modelle zwischen ‚alten' und ‚neuen' Räumen.* Frankfurt, Lang, 67–91.

Guillemin, Diana (2011): *The Syntax and Semantics of a Determiner System. A Case Study of Mauritian Creole.* Amsterdam, Benjamins (CLL 38).

Hall, Robert A. jr. (1950): „The African Substratum in Negro English", in: *American Speech* 25, 51–54.

Hall, Robert A. jr. (1953): *Haitian Creole. Grammar – Texts – Vocabulary.* Philadelphia, The American Anthropological Association.

Hall, Robert A. (1962): „The life cycle of pidgin languages", in: *Lingua* 11, 151–156.

Hall, Robert A. (1966): *Pidgin and Creole Languages.* Ithaca, Cornell UP.

Hancock, Ian F. (1969): „A Provisional Comparison of the English-based Atlantic Creoles", in: *African Language Review* 8, 7–72.

Hancock, Ian F. (1971): „A Survey of the Pidgins and Creoles of the World", in: Hymes 1971, 509–523.

Hancock, Ian F. (1977): „Repertory of Pidgin and Creole Languages", in: Valdman 1977, 362–391.

Hancock, Ian F. ed. (1979a): *Readings in Creole Studies*, Ghent, Story-Scientia.

Hancock, Ian F. (1979b): „On the Origins of the Term ‚Pidgin'", in: Hancock 1979a, 81–86.

Haspelmath, Martin / König, Ekkehard / Oesterreicher, Wulf / Raible, Wolfgang, eds. (2001): *Language Typology and Language Universals.* Berlin, de Gruyter (HSK 20.1–2), 2 Bde.

Haudry, Jean, ed. (1991): *Questions créoles – questions linguistiques. Actes de la table ronde de novembre 1989*, Lyon, Univ. Lyon III Jean Moulin.

Hazaël-Massieux, Guy (1981): „Ambiguïté génétique et bipolarité dans le fonctionnement du créole de Guadeloupe", in: *éc* 4.1, 47–61.

Hazaël-Massieux, Guy (1982): „Sur ‚l'origine' des créoles: ‚Roots of Language' de D. Bickerton", in: éc 5.1–2, 109–122.
Hazaël-Massieux, Guy (1983): „Les parties du discours en créole de la Guadeloupe", in: *Travaux du CLAIX 1: Les parties du discours*. Aix-en-Provence, PU de Provence, 73–85; wieder in Hazaël-Massieux, Guy 1996, 269–281.
Hazaël-Massieux, Guy (1993): „The African Filter in the Genesis of Guadeloupean Creole: at the Confluence of Genesis and Typology", in: Mufwene 1993, 81–110.
Hazaël-Massieux, Guy (1996): *Les créoles. Problèmes de genèse et de description*. Aix-en-Provence, PU de Provence.
Hazaël-Massieux, Marie-Christine (1993): *Écrire en créole. Oralité et écriture aux Antilles*. Paris, L'Harmattan.
Hazaël-Massieux, Marie-Christine (2008): *Textes anciens en créole de la Caraïbe. Histoire et analyse*. Paris, Publibook.
Hazaël-Massieux, Marie-Christine (2011): *Les créoles à base française*. Paris, Ophrys.
Hazareesingh, Kissoonsingh (1973): *Histoire des Indiens à l'Ile Maurice*, Paris, Librairie d'Amérique et d'Orient.
Hebblethwaite, Benjamin (2012): „French and Underdevelopment, Haitian Creole and Development: Educational Language Policy Problems and Solutions in Haiti", in: *JPCL* 27.2, 255–302.
Heger, Klaus (1969): „‚Sprache' und ‚Dialekt' als linguistisches und soziolinguistisches Problem", in: *Folia Linguistica* 3, 46–67.
Heine, Bernd (1973): *Pidgin-Sprachen im Bantu-Bereich*. Berlin, Reimer.
Heine, Bernd (2005); „On Reflexive Forms in Creoles", in: *Lingua* 115, 201–257.
Henri, Fabiola / Abeillé, Anne (2008): „Verb Form Alternations in Mauritian", in: Müller, Stefan, ed. (2008): *Proceedings of the 15th International Conference on Head-Driven Phrase Structure Grammar*, 378–398 (http://web.stanford.edu/group/cslipublications/cslipublications/HPSG/2008/henri-abeille.pdf).
Herlein, J. D. (1718): *Beschryvinge van de Volk-Plantinge Zuriname. [...]*. Leeuwarden, Meindert Injema.
Héry, Louis-Emile (1849, ²1883): *Esquisses africaines. Fables créoles et explorations dans l'intérieur de l'île Bourbon*. Saint-Denis, Delval / ²Paris, Rigal.
Hesseling, Dirk Christiaan (1905): *Het Negerhollands der Deense Antillen. Bijdrage tot de geschiedenis der nederlandse taal in Amerika*. Leiden, Sijthoff.
Highfield, Arnold (1979): *The French Dialect of St. Thomas, U.S. Virgin Islands. A Descriptive Grammar with Texts and Glossary*. Ann Arbor, Karoma.
Hill, Kenneth C., ed. (1979): *The Genesis of Language*, Ann Arbor, Karoma.
Hinnenkamp, Volker / Meng, Katharina, eds. (2005): *Sprachgrenzen überspringen. Sprachliche Hybridität und polykulturelles Selbstverständnis*. Tübingen, Narr.
Hinrichs, Lars (2006): *Codeswitching on the Web: English and Jamaican Creole in E-mail Communication*. Amsterdam, Benjamins.
Hinrichs, Lars / Farquharson, Joseph T., eds. (2011): *Variation in the Caribbean. From Creole Continua to Individual Agency*. Amsterdam, Benjamins (CLL 37).
Holm, John (1988/89): *Pidgins and Creoles*. Cambridge, Cambridge UP, 2 Bde.
Holm, John (2000): *An Introduction to Pidgins and Creoles*. Cambridge, Cambridge UP.
Holm, John (2002): „The Study of Semi-Creoles in the 21st Century", in: Gilbert 2002, 173–197.
Holm, John (2004): „Pidgin and Creole Studies", in: Ammon et al. 2004–2006, Bd. 1, 58–67.
Holm, John / Michaelis, Susanne, eds. (2009): *Contact Languages: Critical Concepts in Language Studies*. London, Routledge, 5 Bde.
Holm, John / Patrick, Peter L., eds. (2007): *Comparative Creole Syntaxe. Parallel Outlines of 18 Creole Grammars*. United Kingdom & Sri Lanka, Battlebridge (Westminster Creolistics Ser. 7).

Holtus, Günter / Metzeltin, Michael / Schmitt, Christian, eds. (1998): *Lexikon der Romanistischen Linguistik (LRL), Band 7: Kontakt, Migration und Kunstsprachen/Kontrastivität, Klassifikation und Typologie*. Tübingen, Niemeyer [Artikel 486–490].

Hookoomsing, Vinesh Y. (2013): „Une académie pour la langue créole: bref historique de projets d'institutionnalisation du créole à l'ère des indépendances. Le cas du mauricien et du seychellois", in: Govain 2013a, 53–77.

Hualde, José Ignacio /Schwegler, Armin (2008): „Intonation in Palenquero", in: *JPCL* 23.1, 1–31.

Huber, Magnus / Velupillai, Viveka, eds. (2007): *Synchronic and Diachronic Perspectives on Contact Languages*. Amsterdam, Benjamins (CLL 32).

Hymes, Dell (1968): „Pidginization and Creolization of Languages", in: *Items* 22.2, 13–18.

Hymes, Dell, ed. (1971): *Pidginization and Creolization of Languages. Proceedings of a Conference held at the University of the West Indies, Mona, Jamaica, April 1968*. Cambridge, Cambridge UP.

Jourdain, Élodie (1956a): *Du français aux parlers créoles*. Paris, Klincksieck.

Jourdain, Élodie (1956b): *Le vocabulaire du parler créole de la Martinique*. Paris, Klincksieck.

Kihm, Alain (2003): „Inflectional Categories in Creole Languages", in: Plag 2003b, 333–363.

Kihm, Alain (2008): „Creoles, Markedness, and Default Settings. An Appraisal", in: Kouwenberg/ Singler 2008, 411–439.

Kihm, Alain (2011): „Pidgin-Creoles as a Scattered Sprachbund: Comparing Kriyol and Nubi", in: *JPCL* 26.1, 43–88.

Klein, Thomas B. (2006): „Creole Phonology Typology. Phoneme Inventory Size, Vowel Quality Distinctions and Stop Consonant Series", in: Bhatt/Plag 2006, 3–21.

Klein, Thomas B. (2011): „Typology of Creole Phonology. Phoneme Inventories and Syllable Templates", in: *JPCL* 26.1, 155–193.

Klingler, Thomas A. (1992): *A Descriptive Study of the Creole Speech of Pointe Coupee Parish, Louisiana with Focus on the Lexicon*. Bloomington, Indiana Univ.

Klingler, Thomas A. (2003): „Histoire des langues créoles à base lexicale française: la Louisiane et les Antilles", in: Ernst/Gleßgen et al. 2003, 1105–1120.

Klingler, Thomas A. / Neumann-Holzschuh, Ingrid (2013): „Louisiana Creole", in: Michaelis/Maurer et al. 2013a, 229–240.

Kloss, Heinz (1952, ²1978): *Die Entwicklung neuer germanischer Kultursprachen von 1800 bis 1930*. München, Pohl / Düsseldorf, Schwann.

Klump, André / Kramer, Johannes / Willems, Aline, eds. (2014): *Manuel des langues romanes*. Berlin/Boston, de Gruyter.

Koch, Peter / Oesterreicher, Wulf (1990, ²2011): *Gesprochene Sprache in der Romania: Französisch, Italienisch, Spanisch*. Tübingen, Niemeyer / Berlin, deGruyter (RA 31).

Konetzke, Richard (1956): *Die Indianerkulturen Altamerikas und die spanisch-portugiesische Kolonialherrschaft*. Frankfurt, Fischer.

Kouwenberg, Silvia, ed. (2003): *Twice as Meaningful: Reduplication in Pidgins, Creoles, and Other Contact Languages*. United Kingdom & Sri Lanka, Battlebridge (Westminster Creolistics Ser. 8).

Kouwenberg, Silvia / Singler, John Victor, eds. (2008): *The Handbook of Pidgin and Creole Studies*. Oxford, Wiley-Blackwell.

Krämer, Philipp (2014): *Die französische Kreolistik im 19. Jahrhundert. Rassismus und Determinismus in der kolonialen Philologie*. Hamburg, Buske (Kreol. Bibl. 25).

Kramer, Johannes (1999): „Sind die romanischen Sprachen kreolisiertes Latein?", in: *Zeitschrift für romanische Philologie* 115, 1–19.

Kramer, Johannes (2004): *Die iberoromanische Kreolsprache Papiamento: eine romanistische Darstellung*. Hamburg, Buske.

Kramp, André A. (1983): *Early creole lexicography. A study of C.L. Schumann's manuscript dictionary of Sranan*. Diss., Univ. Leiden.

Kriegel, Sibylle (1996): *Diathesen im Mauritius- und Seychellenkreol.* Tübingen, Narr (ScriptOralia 88).
Kriegel, Sibylle (2000): „Distribution fonctionnelle des morphèmes réfléchis en créole mauricien et seychellois", in: *éc* 23.2, 66–78.
Kriegel, Sibylle, ed. (2003): *Grammaticalisation et réanalyse: Approches de la variation créole et française.* Paris, CNRS.
Kube, Sabine (2005): *Gelebte Frankophonie in der Côte d'Ivoire. Dimensionen des Sprachphänomens Nouchi und die ivorische Sprachsituation aus der Sicht Abidjaner Schüler.* Münster, LIT.
= *La francophonie vécue en Côte d'Ivoire.* Paris, L'Harmattan.
Kurylowicz, Jerzy. (1965): „L'évolution des catégories grammaticales" / The evolution of grammatical categories", in: *Diogène* 51, 55–71. (wieder in id.: *Esquisses linguistiques II.* München, Fink 1975, 38–54).
Labat, Jean-Baptiste (1722): *Nouveau voyage aux isles de l'Amerique [...].* Paris, Cavelier.
La Courbe, [Michel Jajolet] Sieur de (1913): *Premier voyage du Sieur de La Courbe fait à la Coste d'Afrique en 1685,* éd. par Prosper Cultru. Paris, Champion / Larose; nouv. éd. 1973.
Lang, Jürgen (2007): „Pg. *crioulo,* esp. *criollo* et fr. *créole* en tant que termes désignant des langues: les premiers témoignages de l'Ouest africain", in: *Creolica* (http://www.creolica.net/article-63.html).
Lang, Jürgen / Neumann-Holzschuh, Ingrid, eds. (1999): *Reanalyse und Grammatikalisierung in den romanischen Sprachen.* Tübingen, Niemeyer.
Langacker, Ronald (1977): „Syntactic Reanalysis", in: Li, Charles N., ed. (1977): *Mechanisms of Syntactic Change.* Austin, U. of Texas Press, 57–139.
Lass, R. (1990): „How to Do Things with Junk: Exaptation in Language Evolution", in: *Journal of Linguistics* 26, 79–102.
Lavallé, Bernard (1980): „De ‚l'esprit colon' à la revendication créole (les origines du créolisme dans la vice-royaute de Pérou)", in: Pérez, Joseph, ed. (1980): *Esprit créole et conscience nationale,* Paris, CNRS, 9–36.
Le Dû, Jean / Brun-Trigaud, Guylaine (2011/2013): *Atlas linguistique des Petites Antilles.* Paris, cths, 2 Bde.
Le Juge de Segrais, Xavier (1939 + 1952 / ²1976): *Quarante zolies zistoires Missié Lafontaine.* Port Louis, Typographie Moderne / General Printing.
Lebon-Eyquem, Mylène (2010): „Productions interlectales réunionnaises dans la dynamique créole-français", in: Blanchet, Philippe / Martinez, Pierre, eds. (2010): *Pratiques innovantes du plurilinguisme. Emergence et prise en compte en situations francophones.* Paris, Eds. des Archives Contemporaines, 37–64.
Ledegen, Gudrun (2003): „Regards sur l'évolution des mélanges codiques à la Réunion: l'avènement de l'interlecte?", in: *Glottopol, Revue de sociolinguistique en ligne* 2, 101–107 (http://glottopol.univ-rouen.fr/telecharger/numero_2/10ledegen.pdf).
Ledikasyon pu Travayer (1985): *Diksyoner Kreol–Angle.* Port Louis, LPT.
Lefèbvre, Claire (1974 / 1976): „Discreteness and the Linguistic Continuum in Martinique", in: *Anthropological Linguistics* 16, 47–78; und in: Snyder, Emile / Valdman, Albert, eds. (1976): *Identité culturelle et francophonie dans les Ameriques (l).* Québec, PU Laval, 87–121.
Lefèbvre, Claire (1998): *Creole Genesis and the Acquisition of Grammar. The Case of Haitian Creole.* Cambridge, Cambridge UP.
Lefèbvre, Claire (2001): „The Interplay of Relexification and Levelling in Creole Genesis and Development", in: *Linguistics* 39, 371–408.
Lefèbvre, Claire (2002): „The Field of Pidgin and Creole Linguistics at the Turn of the Millennium: the Problem of the Genesis and Development of PCs", in: Gilbert 2002, 247–287.

Lefèbvre, Claire (2003): „The Emergence of Productive Morphology in Creole Languages: The Case of Haitian Creole", in: *Yearbook of Morphology 2002*, 35–80.
Lefèbvre, Claire (2004): *Issues in the Study of Pidgin and Creole Languages*, Amsterdam, Benjamins.
Lefèbvre, Claire, ed. (2011): *Creoles, their Substrates and Language Typology*, Amsterdam, Benjamins.
Lefèbvre, Claire, ed. (2015): *Functional Categories in three Atlantic Creoles: Saramaccan, Haitian and Papiamentu*. Amsterdam, Benjamins (CLL 50).
Lefèbvre, Claire / Lumsden, John S., eds. (1989): *Le créole haïtien. Revue québécoise de linguistique* 18.2. Montréal, U. du Québec.
Lefèbvre, Claire / Magloire-Holly, Hélène / Piou, Nanie, eds. (1982): *Syntaxe de l'haïtien*, Ann Arbor, Karoma.
Lefèbvre, Claire / White, Lydia / Jourdan, Christine, eds. (2006): *L2 Acquisition and Creole Genesis. Dialogues*. Amsterdam, Benjamins.
Leland, Charles G. (1876, ^{2}1887, ^{4}1897): *Pidgin English Sing-song or Songs and Stories in the China-English Dialect*. London, Trübner.
Lenstiti Kreol (1999/2006/2013): *Leksik Kreol Seselwa*. Victoria, Ministère Ledikasyon.
Léotin, Térèz (2014): *Yo. An tan lalin poko té sav. Du temps où la lune ne savait pas, d'après le conte populaire allemand ,Les musiciens de Brême'*. Fort-de-France, Exbrayat.
Loth, Heinrich (1981): *Das Sklavenschiff. Die Geschichte des Sklavenhandels Afrika – Westindien – Amerika*. Berlin, Union.
Lüdtke, Helmut (1980): „Sprachwandel als universales Phänomen", in: Lüdtke, Helmut, ed. (1980): *Kommunikationstheoretische Grundlagen des Sprachwandels*. Berlin, de Gruyter, 1–20.
Ludwig, Ralph, ed. (1989): *Les créoles français entre l'oral et l'écrit*. Tübingen, Narr (ScriptOralia 16).
Ludwig, Ralph (1996a): *Kreolsprachen zwischen Mündlichkeit und Schriftlichkeit. Zur Syntax und Pragmatik atlantischer Kreolsprachen auf französischer Basis*. Tübingen, Narr (ScriptOralia 86).
Ludwig, Ralph (1996b): „L'adjectif en créole guadeloupéen: une approche prototypique", in: Véronique 1996, 137–149.
Ludwig, Ralph (2003): „Geschichte der Reflexion über die romanischen Sprachen: Kreolsprachen", in: Ernst/Gleßgen et al. 2003, 297–309.
Ludwig, Ralph / Montbrand, Danièle / Poullet, Hector / Telchid, Sylviane (1990, ^{2}2002): *Dictionnaire créole – français (Guadeloupe), avec un abrégé de grammaire*. [Pointe-à-Pitre], Servedit/Jasor.
Ludwig, Ralph / Telchid, Sylviane / Bruneau-Ludwig, Florence, eds. (2001): *Corpus créole. Textes oraux dominicais, guadeloupéens, guyanais, haïtiens, mauriciens et seychellois. Enregistrements, transcriptions et traductions*. Hamburg, Buske (Kreol. Bibl. 18).
Luís, Ana R. (2008): „Tense Marking and Inflectional Morphology in Indo-Portuguese Creoles", in: Michaelis 2008, 81–121.
Lumsden, John S. (1999): „Language acquisition and creolization", in: DeGraff 1999, 129–157.
Marbot, François Achille (1846, ^{2}1869, ...): *Les Bambous. Fables de LaFontaine travesties en patois martiniquais par un vieux commandeur*. Fort-de-France, Thomas.
Masuda, Hirokuni (1999): „Verse Analysis and the nature of Creole Discourse: Universals and Substrata", in: *JPCL* 14.2, 285–337.
Mauritius Institute of Education (2012): *Kreol Morisien; Kaye zelev / Liv profeser*, [Le Réduit], MIE.
McConnell, Henry Ormonde (1945): *Nap kose sous parabole yo*, Port-au-Prince, Impr. de l'Etat.
McConnell, H. Ormonde / Swan, Eugene (1945, ^{2}1953): *You can Learn Creole. A Simple Introduction to Haitian Creole for English Speaking People*. Port-au-Prince: Impr. de l'Etat.
McWhorter, John (1997): *Towards a New Model of Creole Genesis*. New York, Lang.

McWhorter, John (1998): „Identifying the Creole Prototype: Vindicating a Typological Class", in: *Language* 74, 788–818.
McWhorter, John, ed. (2000), *Language Change and Language Contact in Pidgins and Creoles*. Amsterdam, Benjamins (CLL 21).
McWhorter, John (2001): „The World's Simplest Grammars are Creole Grammars", in: *Linguistic Typology* 5, 125–166.
McWhorter, John (2005): *Defining Creole*. Oxford, Oxford UP.
McWhorter, John (2012a): „Case Closed? Testing the Feature Pool Hypothesis", in: *JPCL* 27.1, 171–182.
McWhorter, John (2012b): „The Nature is Argument: Is the Creole Exceptionalism Hypothesis dead?", in: *JPCL* 27.2, 377–387.
McWhorter, John (2014): „A Response to Mufwene", in: *JPCL* 29.1, 172–176.
Meillet, Antoine (1921 [1912]): „L'évolution des formes grammaticales", in: Meillet, Antoine (1921): *Linguistique historique et linguistique générale*. Paris, Champion, 130–148.
Meisel, Jürgen M., ed. (1977): *Langues en contact – Pidgins – Creoles – Languages in contact*. Tübingen, Narr.
Meisenburg, Trudel / Selig, Maria (1998): *Phonetik und Phonologie des Französischen*. Stuttgart, Klett.
Michaelis, Susanne (1993): *Temps et aspect en créole seychellois: valeurs et interférences*. Hamburg, Buske (Kreol Bibl. 11).
Michaelis, Susanne (1994): *Komplexe Syntax im Seychellen-Kreol. Verknüpfung von Sachverhaltsdarstellungen zwischen Mündlichkeit und Schriftlichkeit*. Tübingen. Narr (ScriptOralia 49).
Michaelis, Susanne, ed. (2008): *Roots of Creole Structures. Weighing the Contributions of Substrates and Superstrates*. Amsterdam, Benjamins (CLL 33).
Michaelis, Susanne Maria / Maurer, Philippe / Haspelmath, Martin / Huber, Magnus, eds. (2013a): *The Survey of Pidgin and Creole Languages*. Oxford, Oxford UP, 3 vols.
Michaelis, Susanne Maria / Maurer, Philippe / Haspelmath, Martin / Huber, Magnus, eds. (2013b): *Atlas of Pidgin and Creole Language Structures*. Oxfort, Oxford UP / Leipzig: Max Planck Institute for Evolutionary Anthropology (http://apics-online.info).
Migge, Bettina / Léglise, Isabelle / Bartens, Angela, eds. (2010): *Creoles in Education: a Critical Assessment and Comparison of Existing Projects*. Amsterdam, Benjamins (CLL 36).
Minervini, Laura (1996): „La lingua franca mediterranea. Plurilinguismo, mistilinguismo, pidginizzazione sulle coste del Mediterraneo tra tardo medioevo e prima età moderna", in: *Medioevo Romanzo* 20, 231–301.
Mondesir, Jones E. (1992): *Dictionary of St. Lucian Creole*, ed. by Lawrence D. Carrington. Berlin, de Gruyter.
Moñino, Yves. (2007): „Les rôles du substrat dans les créoles et les langues secrètes: le cas du palenquero, créole espagnol de Colombie", in: Gadelii/Zribi-Hertz 2007, 49–72.
Morgan, Marcyliena, ed. (1994): *Language and the Social Construction of Identity in Creole Situations*. Los Angeles, Center for Afro-American Studies.
Mouvement Militant Mauricien – Socialiste Progressiste (MMMSP) (1974): *Lâgaz Morisiê*, Rose Hill.
Mühleisen, Susanne (2002): *Creole Discourse: Exploring Prestige Formation and Change Across Caribbean English-lexicon Creoles*. Amsterdam: Benjamins (CLL 24).
Mühleisen, Susanne (2005): „Forms of Address in English-lexicon Creole: the Presentation of Selves and Others in the Caribbean Context", in: Mühleisen/Migge 2005, 195–223.
Mühleisen, Susanne / Migge, Bettina, eds. (2005): *Politeness and Face in Caribbean Creoles*. Amsterdam, Benjamins.
Mühlhäusler, Peter (1986, ²1997): *Pidgin and Creole Linguistics*. Oxford, Blackwell / London, Westminster UP (Westminster Creolistics Ser. 3).

Mühlhäusler, Peter (1995): *Linguistic Ecology. Language Change and Linguistic Imperialism in the Pacific Region.* London, Routledge.
Mufwene, Salikoko S. (1986): „The Universalist and Substrate Hypotheses Complement One Another", in: Muysken/Smith 1986, 129–162.
Mufwene, Salikoko S. (1991): „La genèse des créoles: Quelques questions pour la recherche à venir", in: Haudry 1991, 21–36.
Mufwene, Salikoko S., ed. (1993): *Africanisms in Afro-American Language Varieties*, Athens, UP of Georgia.
Mufwene, Salikoko S. (1996a): „The Founder Principle in Creole Genesis", in: *Diachronica* 13, 83–134.
Mufwene, Salikoko S. (1996b): „Creolization and Grammaticization: what Creolistics could contribute to Research on Grammaticization", in: Baker/Syea 1996, 1–28.
Mufwene, Salikoko S. (2000): „La fonction et les formes réfléchies dans le mauricien et le haïtien", in: *Langages* 138, 114–127.
Mufwene, Salikoko S. (2001): *The Ecology of Language Evolution.* Cambridge, Cambridge UP.
Mufwene, Salikoko S. (2003): „Genetic linguistics and Genetic Creolistics: a Response to Sarah G. Thomason's ‚Creoles and Genetic Relationships'", in: *JPCL* 18.2, 273–288.
Mufwene, Salikoko S. (2008): *Language Evolution. Contact, Competition, and Change.* London, Continuum.
Mufwene, S. (2014): „The Case was Never Closed: McWhorter Misinterprets the Ecological Approach to the Emergence of Creoles", in: *JPCL* 29.1, 157–171.
Munteanu Colán, Dan (1996). *El papiamento, lengua criolla hispánica.* Madrid, Gredos.
Munteanu Colán, Dan (2014): „Les langues créoles à base espagnole", in: Klump/Kramer/Willems 2014, 701–723.
Mutz, Katrin (2004): „Reflexivity in French-based Creoles", in: Escure/Schwegler 2004, 307–329.
Mutz, Katrin (2005), „Reflexiva und Verwandtes im Französischen und französisch-basierten Kreolsprachen. Ein Vergleich", in: Sinner, Carsten / Veldre, Georgia, eds. (2005): *Diathesen im Französischen / Les diathèses en français.* Frankfurt, Lang, 115–136.
Mutz, Katrin (2007): „Formation des mots et autres processus d'enrichissement lexical dans les langues créoles à base lexicale française", in: Schrader-Kniffki, Martina / Morgenthaler García, Laura, eds. (2007): *La Romania en interacción: Entre historia, contacto y política. Ensayos en homenaje a Klaus Zimmermann.* Madrid, Iberoamericana / Frankfurt, Vervuert, 533–563.
Mutz, Katrin (2013): „Kreolisierung und Hybridisierung", in: Müller, Gesine / Ueckmann, Natascha, eds. (2013): *Kreolisierung revisited. Debatten um ein weltweites Kulturkonzept.* Bielefeld, transcript, 99–127.
Muysken, Pieter, ed. (1981a): *Generative Studies on Creole Languages*, Dordrecht, Foris.
Muysken, Pieter (1981b): „Creole Tense/Mood/Aspect Systems: the Unmarked Case?", in: Muysken 1981a, 181–199.
Muysken, Pieter (1988): „Lexical Restructuring and Creole Genesis", in: Boretzky, Norbert / Enninger, Werner / den Besten, Hans, eds. (1988): *Beiträge zum 4. Essener Kolloquium über ‚Sprachkontakt, Sprachwandel, Sprachwechsel, Sprachtod'.* Bochum, Brockmeyer, 193–210.
Muysken, Pieter (2001): „Creolization", in: Haspelmath/König et al. 2001, 1656–1667.
Muysken, Pieter (2008): „Creole Studies and Multilingualism", in: Kouwenberg/Singler 2008, 287–308.
Muysken, Pieter / Smith, Norval, eds. (1986): *Substrata versus Universals in Creole Genesis.* Amsterdam, Benjamins (CLL 1).
Muysken, Pieter / Smith, Norval (1995a): „The Study of Pidgin and Creole Languages", in: Arends/Muysken/Smith 1995a, 3–14.
Muysken, Pieter / Smith, Norval (1995b): „Reflexives", in: Arends/Muysken/Smith 1995a, 271–288.

Muysken, Pieter /Veenstra, Tonjes (1995): "Serial Verbs", in: Arends/Muysken/Smith 1995a, 289–301.
Muysken, Pieter /Veenstra, Tonjes (2005): "Serial Verb Constructions", in: Everaert, Martin / van Riemsdijk, Henk C., eds. (2005), *The Blackwell Companion to Syntax*. London, Blackwell (5 Bde.), Bd. 4, 232–268.
Nero, Shondel J., ed. (2006): *Dialects, Englishes, Creoles, and Education*. Mahwah, Erlbaum.
Neumann, Ingrid (1981): "Quelques observations sur la situation actuelle du créole en Louisiane", in: *Te Reo* 24, 37–54.
Neumann, Ingrid (1985): *Le créole de Breaux Bridge, Louisiane – Etude morphosyntaxique – textes – vocabulaire*. Hamburg, Buske (Kreol. Bibl. 7).
Neumann-Holzschuh, Ingrid, ed. (1987): *Textes anciens en créole louisianais*. Hamburg, Buske (Kreol.Bibl. 8).
Neumann-Holzschuh, Ingrid (2003): "Formes invariables en créole – un cas de réanalyse", in: Kriegel 2003, 69–86.
Neumann-Holzschuh, Ingrid / Schneider, Edgar W., eds. (2000): *Degrees of Restructuring in Creole Languages*. Amsterdam, Benjamins (CLL 22).
Nikiema, Emmanuel / Bhatt, Parth (2003): "Two Types of R Deletion in Haitian Creole", in: Plag 2003b, 43–69.
Nikiema, Emmanuel / Bhatt, Parth (2006): "Empty Positions in Haitian Creole Syllable Structure", in: Bhatt/Plag 2006b, 85–106.
Noll, Volker (2004): "El origen de esp. *criollo*, port. *crioulo*", in: Lüdtke, Jens / Schmitt, Christian, eds. (2004): *Estudios sobre la historia del léxico español: enfoques y aplicaciones*. Frankfurt, Vervuert / Madrid, Iberoamericana, 257–264.
Ntsobé, André M. / Biloa, Edmond / Echu, George (2008): *Le camfranglais: quelle parlure?*. Frankfurt, Lang.
Numa, Nono (1975): *Jénéral Rodrig. pies-teyat an 5 ak*. Pòtoprins [Port-au-Prince], Bon Nouvel (Bearbeitung von Corneille's Cid in KrHai).
Offay, Danielle D' / Lionnet, Guy (1982): *Diksyonner kreol – franse / Dictionnaire créole seychellois – français*. Hamburg, Buske (Kreol. Bibl. 3).
Oldendorp, Christian Georg Andreas (1777): *Geschichte der Mission der evangelischen Brüder auf den caraibischen Inseln S. Thomas, S. Croix und S. Jan*. Barby, Laux.
Oldendorp, Christian Georg Andreas (1996): *Criolisches Wörterbuch. Erster zu vermehrender und wo nöthig zu verbessernder Versuch [1767/68]*, ediert von Peter Stein. Tübingen, Niemeyer.
Oldendorp, Christian Georg Andreas (2000): *Historie der caribischen Inseln Sanct Thomas, Sanct Crux und Sanct Jan, insbesondere der dasigen Neger und der Mission der Evangelischen Brüder unter denselben. Erster Teil*, ediert von Gudrun Meier, Stephan Palmié, Peter Stein und Horst Ulbricht. Berlin, VWB – Verlag für Wissenschaft und Bildung.
Ortiz López, Luis A. (2010): *El español y el criollo haitiano: contacto lingüístico y adquisición de segunda lengua*. Frankfurt, Vervuert.
Papen, Robert A. (1978): *The French-based Creoles of the Indian Ocean: an Analysis and Comparison*. PhD, San Diego, Univ. of California (Univ. Microfilms 78–14991).
Parépou, Alfred (1885): *Atipa. Roman guyanais*. Paris, Ghio; Neuausgabe: Paris, Éds. Caribéennes 1980.
Parkvall, Mikael (2000): *Out of Africa. African Influences in Atlantic Creoles*. London, Battlebridge.
Parkvall, Mikael (2002): "Cutting off the branch", in: Gilbert 2002, 355–367.
Parkvall, Mikael (2008): "The Simplicity of Creoles in a Cross-linguistic Perspective", in: Miestamo, Matti, ed. (2008): *Language Complexity. Typology, Contact, Change*. Amsterdam, Benjamins, 265–285.
Parsons, Elsie Clews (1933–1943): *Folk-Lore of the Antilles. French and English*. New York, American Folklore Society, 3 Bde.

Patzelt, Carolin (2014): "Les langues créoles à base française", in: Klump/Kramer/Willems 2014, 677–700.
Pelleprat, P. Pierre (1655): *Relation des missions des P.P. de la Compagnie de Jesus dans les isles et dans la terre firme de l'Amerique meridionale [...]*. Paris Cramoisy.
Perl, Matthias / Schwegler, Armin, eds. (1998): *América negra: panorámica actual de los estudios lingüísticos sobra variedades hispanas, portuguesas y criollas*. Frankfurt, Vervuert / Madrid, Iberoamericana.
Peytraud, Lucien (1897): *L'esclavage aux Antilles françaises avant 1789, d'après les documents inédits des Archives Coloniales*. Paris, Hachette.
Pfänder, Stefan (2000): *Aspekt und Tempus im Frankokreol: Semantik und Pragmatik grammatischer Zeiten im Kreol unter besonderer Berücksichtigung von Französisch-Guayana und Martinique*. Tübingen, Narr (ScriptOralia 120).
Pfänder, Stefan (2013): "Guyanais", in: Michaelis/Maurer et al. 2013a, 220–228.
Pinalie, Pierre (1992/2009): *Dictionnaire élémentaire français–créole*. Paris, L'Harmattan.
Pinalie, Pierre / Bernabé, Jean (1999): *Grammaire du créole martiniquais en 50 leçons*. Paris, L'Harmattan.
Plag, Ingo (1994): "Creolization and Language Change. A Comparison", in: Adone/Plag 1994, 3–21.
Plag, Ingo (2001): "The Nature of Derivational Morphology in Creoles and Non-Creoles", in: *JPCL* 16.1, 153–160.
Plag, Ingo (2002): "On the Role of Grammaticalization in Creolization", in: Gilbert 2002, 229–246.
Plag, Ingo, ed. (2003a): "The Morphology of Creole Languages", *Yearbook of Morphology 2002*. Dordrecht, Kluwer, 1–134.
Plag, Ingo, ed. (2003b): *Phonology and Morphology of Creole Languages*. Tübingen, Niemeyer.
Plag, Ingo (2005): "Morphology in pidgins and creoles", in: Brown, Keith, *Encyclopedia of Language and Linguistics, 2nd Edition*. Oxford, Elsevier, Bd. 8, 304–308.
Plag, Ingo. (2008a): "Creoles as Interlanguages: Inflectional Morphology", in: *JPCL* 23.1, 114–135.
Plag, Ingo (2008b): "Creoles as Interlanguages: Syntactic Structures", in: *JPCL* 23.2, 307–328.
Plag, Ingo (2009a): "Creoles as Interlanguages: Phonology", in: *JPCL* 24.1, 121–140.
Plag, Ingo (2009b): "Creoles as Interlanguages: Word-Formation", in: *JPCL* 24.2, 339–362.
Plag, Ingo / Schramm, Mareile (2006): "Early Creole Syllable Structure: A Cross-Linguistic Survey of the Earliest Attested Varieties of Saramaccan, Sranan, St. Kitts and Jamaican", in: Bhatt/Plag 2006b, 131–150.
Ploog, Katja (2002): *Le français à Abidjan. Pour une approche syntaxique du non-standard*. Paris, CNRS.
Poirier, Claude (1979): "Créoles à base lexicale française, français régionaux et français québécois: éclairages réciproques", in: *Revue de Linguistique Romane* 43, 400–425.
Police-Michel, Daniella / Carpooran, Arnaud / Florigny, Guilhem (2012): *Gramer Kreol Morisien, volim I: Dokiman referans*. Phoenix, Akademi Kreol Morisien (http://ministry-education.govmu.org/English/educationsector/Documents/GRAMER%20KREOL%20MORISIEN%202211.pdf).
Pourchez, Laurence, ed. (2014): *Créolité, créolisation: regards croisés*. Paris, Archives Contemporaines.
Poyen-Bellisle, René de (1894): *Les sons et les formes du créole dans les Antilles*. Baltimore, Murphy.
Pressoir, Charles-Fernand (1947): *Débats sur le créole et le folklore*. Port-au-Prince, Impr. de l'Etat.
Price, Richard / Price, Sully (2003): *Les Marrons*. Châteauneuf, Vents d'ailleurs.
Prudent, Lambert Félix (1980, ^{2}1999): *Des baragouins à la langue antillaise. Analyse historique et sociolinguistique du discours sur le créole*. Paris, L'Harmattan.
Prudent, Lambert Félix (1981): "Diglossie et interlecte", in: *Langages* 61, 13–38.
Prudent, Lambert Félix, ed. (1984): *Anthologie de la nouvelle poésie créole. Kout pou tann! Akout pou tande!*. Paris, Eds. Caribéennes / ACCT.

Prudent, Lambert Félix (1988): „Les langues créoles en gestation: crise politique et linguistique à la fin de l'esclavage antillais", in: *Nouvelle Revue des Antilles* 1.1, 21–44 und 1.2, 31–56.

Prudent, Lambert Félix (2003): „Les nouveaux défis de la standardisation. (Comment écrire les langages littéraires, techniques et scientifiques en créole martiniquais?)", in: *Glottopol* 2, 9–28.

Pustka, Elissa (2007): *Phonologie et variétés en contact. Aveyronnais et Guadeloupéens à Paris.* Tübingen, Narr.

Pustka, Elissa (2012): „Le caméléon dans la jungle sonore: variations du r en Guadeloupe", in: Thibault, André, ed.: *Le français dans les Antilles: études linguistiques.* Paris, L'Harmattan, 271–311.

Rajah-Carrim, Aaliya (2008): „Choosing a spelling system for Mauritian Creole", in: *JPCL* 23.2, 193–226.

Reinecke, John E. (1937): *Marginal Languages. A Sociological Survey of the Creole Languages and Trade Jargons*, PhD, Yale Univ. (Univ. Microfilms 68–546).

Reinecke, John E. (1938): „Trade Jargons and Creole Dialects as Marginal Languages", in: *Social Forces* 17, 107–118.

Reinecke, John E. / Tsuzaki, Stanley M. / DeCamp, David / Hancock, Ian F. / Wood, Richard E. (1975): *A Bibliography of Pidgin and Creole Languages.* Honolulu, UP of Hawaii.

Rens, Lucien Leo Eduard (1953): *The Historical and Social Background of Surinam's Negro-English.* Amsterdam, North-Holland Publ.

Reutner, Ursula (2005): *Sprache und Identität einer postkolonialen Gesellschaft im Zeitalter der Globalisierung. Eine Studie zu den französischen Antillen Guadeloupe und Martinique.* Hamburg, Buske (Kreol. Bibl. 20).

Rice, Frank A., ed. (1962): *Study of the Role of Second Languages in Asia, Africa and Latin America.* Washington, Center for Applied Linguistics.

Rickford, John R. (1987): *Dimensions of a Creole Continuum: History, Texts, and Linguistic Analysis of Guyanese Creole.* Stanford, Stanford UP.

Rickford, John R. / Romaine, Suzanne, eds. (1999): *Creole Genesis, Attitudes, and Discourse. Studies Celebrating Charlene J. Sato,* Amsterdam, Benjamins (CLL 20).

Roberge, Paul T. (2006): „The Development of Creolistics and the Study of Pidgin Languages: An Overview", in: Auroux, Sylvain / Körner, E F. K. / Niederehe, Hans-Josef / Versteegh, Kees, eds. (2006): *History of the Language Sciences. / Geschichte der Sprachwissenschaften.* Berlin/New York, de Gruyter (HSK 18.1–3), Bd. 3, 2398–2413.

Roberts, Peter Arthur (1971): *The Verb in Grenadian French Creole*, PhD, Mona (Jamaica): Univ. of the West Indies.

Roberts, Sarah Julianne (1998): „The Role of Diffusion in the Genesis of Hawaiian Creole", in: *Language* 74, 1–39.

Roberts, Sarah Julianne. (1999): „The TMA System of Hawaiian Creole and Diffusion", in: Rickford/Romaine 1999, 45–70.

Roberts, Sarah Julianne (2000): „Nativization and the Genesis of Hawaiian Creole", in: McWhorter 2000, 257–300.

Rottet, Kevin J. (2001): *Language Shift in the Coastal Marshes of Louisiana.* Frankfurt, Lang.

Sabino, Robin (2012): *Language Contact in the Danish West Indies: Giving Jack his Jacket.* Leiden, Brill.

St-Hilaire, Aonghas (2011): *Kwéyòl in Postcolonial St. Lucia. Globalization, Language Planning, and National Development.* Amsterdam, Benjamins (CLL 40).

Saint-Jacques-Fauquenoy, Marguérite (1972): *Analyse structurale du créole guyanais.* Paris, Klincksieck.

St Jorre, Danielle de / Lionnet, Guy (^{2}1999): *Diksyonner kreol – franse / Dictionnaire créole seychellois – français.* Bamberg/Mahé, [Selbstverlag] (Neuauflage von D'Offay / Lionnet 1982).

Saint-Pierre, Madeleine (1972): „Créole ou français? Cheminements d'un choix linguistique", in: Benoist, Jean, ed. (1972): *L'Archipel inachevé. Culture et société aux Antilles françaises.* Montréal, PU de Montréal, 251–266.
Saint-Quentin, Auguste de (1872): „Notice grammaticale & philologique sur le créole de Cayenne", in: Saint-Quentin, Alfred de (1872): *Introduction à l'histoire de Cayenne, suivi d'un recueil de contes, fables & chansons en créole [...].* Antibes, Marchand, 99–169; nouv. éd. augmentée d'une préface de Serge Patient. Cayenne, Comité de Culture ... (1989), 127–175.
Schieffelin, Bambi B. / Doucet, Rachelle Charlier (1994): „The ‚Real' Haitian Creole: Ideology, Metalinguistics and Orthographic Choice", in: *American Ethnologist* 21, 176–200.
Schlieben-Lange, Brigitte (1977): „L'origine des langues romanes – un cas de créolisation?", in: Meisel 1977, 81–101.
Schlupp, Daniel (1997): *Modalités prédicatives, modalités aspectuelles et auxiliaires en créole à base lexicale française de la Guyane française, XVIIIe–XXe siècles.* Tübingen, Niemeyer.
Schramm, Mareile (2014): *The Emergence of Creole Syllable Structure. A Cross-linguistic Study.* Berlin/ Boston, de Gruyter.
Schuchardt, Hugo (1882–1890): „Kreolische Studien" I–IX, in: *Sitzungsberichte der philosophisch-historischen Classe der kaiserlich-königlichen Akademie der Wissenschaften zu Wien* 101–122 (http://schuchardt.uni-graz.at/site-suche/suche?schlagwort=kreolische+studioen&x=0&y=0).
Schuchardt, Hugo (1888–1889): „Beiträge zur Kenntnis des kreolischen Romanisch" I–VI, in: *Zeitschrift für romanische Philologie* 12–13.
Schuchardt, Hugo (1909): „Die Lingua Franca", in: *Zeitschrift für romanische Philologie* 33, 441–461.
Schuchardt, Hugo (1914): *Die Sprache der Saramakkaneger in Surinam.* Amsterdam, Müller.
Schuchardt, Hugo (^{2}1928): *Hugo Schuchardt-Brevier. Ein Vademecum der allgemeinen Sprachwissenschaft*, hgg. von Leo Spitzer, Halle, Niemeyer (Nachdruck: Darmstadt, WBG 1976).
Schumann, John H. (1978a): *The Pidginization Process: a Model for Second Language Acquisition.* Rowley (Mass.), Newbury.
Schumann, John H. (1978b): „The Relationship of Pidginization, Creolization and Decreolization to Second Language Acquisition", in: *Language Learning* 28, 367–379.
Schwartz, Barton M., ed. (1967): *Caste in Overseas Indian Communities.* San Francisco, Chandler.
Schwegler, Armin (2000): „The Myth of Decreolization: the Anomalous Case of Palenquero", in: Neumann-Holzschuh/Schneider 2000, 409–436.
Sebba, Mark (1987): *The Syntax of Serial Verbs. An Investigation into Serialisation in Sranan and other Languages.* Amsterdam, Benjamins (CLL 2).
Seuren, Pieter (1990): „Still no Serials in Seselwa. A Reply to ‚Seselwa Serialization and its Significance' by Derek Bickerton", in: *JPCL* 5.2, 271–292.
Seuren, Pieter / Wekker, Herman (2001): „Semantic Transparency as a Factor in Creole Genesis", in: Seuren, Pieter, ed. (2001): *A View of Language.* Oxford, Oxford UP, 421–431.
Sidnell, Jack (2001): „Conversational Turn-Taking in Caribbean English Creole", in: *Journal of Pragmatics* 33, 1263–1290.
Siegel, Jeff (1997): „Mixing, Leveling, and Pidgin/Creole Development", in: Spears/Winford 1997, 111–149.
Siegel, Jeff (2000): „Substrate influence in Hawai'i Creole English", in: *Language in Society* 29, 197–236.
Siegel, Jeff (2002): „Applied Creolistics in the 21st Century", in: Gilbert 2002, 7–48.
Siegel, Jeff (2007): „Sociohistorical Contexts: Transmission and Transfer", in: Ansaldo/Matthews/Lim 2007, 167–201.
Siegel, Jeff (2008a): *The Emergence of Pidgin and Creole Languages.* Oxford, Oxford UP.

Siegel, Jeff (2008b): „Pidgins/Creoles and Second Language Acquisition", in: Kouwenberg/Singler 2008, 189–218.
Siegel, Jeff (2010): „Decreolization: A Critical Review", in: *IULC, Indiana University Linguistics Club Working Papers* 9, 83–98.
Siegel, Jeff (2012): „Accounting for analyticity in creoles", in: Kortmann, Bernd / Szmrecsanyi, Benedikt, eds. (2012): *Linguistic Complexity: Second Language Acquisition, Indigenization, Contact.* Berlin/Boston, de Gruyter, 35–61.
Siegel, Jeff / Kortmann, Bernd / Szmrecsanyi, Benedikt (2014): „Measuring Analyticity and Syntheticity in Creoles", in: *JPCL* 29.1, 49–85.
Singaravélou (1975): *Les Indiens de la Guadeloupe. Etude de géographie humaine.* Bordeaux, chez l'auteur.
Singler, John Victor (1995): „The Demographics of Creole Genesis in the Caribbean: a Comparison of Martinique and Haiti", in: Arends 1995a, 203–232.
Singler, John Victor ed. (1990): *Pidgin and Creole Tense-Mood-Aspect Systems.* Amsterdam, Benjamins (CLL 6).
Smith, Norval (1995): „An Annotated List of Creoles, Pidgins, and Mixed Languages", in: Arends/Muysken/Smith 1995a, 331–374.
Smith, Norval (2008): „Creole phonology", in: Kouwenberg/Singler 2008, 98–129.
Smith-Thibodeaux, John (1977): *Les francophones de Louisiane.* Paris, Eds. entente.
Spears, Arthur K. (1990): „Tense, Mood and Aspect in the Haitian Creole Preverbal Marker System", in: Singler 1990, 119–142.
Spears, Arthur K. (1993): „Foregrounding and Backgrounding in Haitian Creole Discourse", in: Byrne/Winford 1993, 249–265.
Spears, Arthur K. / Berotte Joseph, Carole M., eds. (2012): *The Haitian Creole Language. History, Structure, Use, and Education.* Plymouth, Lexington.
Spears, Arthur K. / Winford, Donald, eds. (1997): *The Structure and Status of Pidgins and Creoles.* Amsterdam, Benjamins (CLL 19).
Staudacher-Valliamée, Gillette (1992): *Phonologie du créole réunionnais: unité et diversité.* Paris, Peeters.
Staudacher-Valliamée, Gillette (2004): *Grammaire du créole réunionnais.* Paris, Sedes.
Stein, Peter (1982a): *Connaissance et emploi des langues à l'Ile Maurice*, Hamburg, Buske (Kreol. Bibl. 2).
Stein, Peter (1982b): „Quelques dates nouvelles de l'histoire du mot ‚créole'", in: *éc* 5, 162–165.
Stein, Peter (1983): „Connaissance et emploi des langues à l'Ile Maurice. Présentation des résultats d'une enquête menée auprès de 720 Mauriciens", in: *éc* 6, 79–114.
Stein, Peter (1987): „Kreolsprachen als Quelle für das gesprochene Französisch des 17. und 18. Jahrhunderts", in: *Archiv für das Studium der neueren Sprachen* 139, 52–66.
Stein, Peter (1989): „Aspects syntaxiques des débuts de l'emploi du créole mauricien dans les débats politiques télévisés: Le ‚Forum sur Diégo Garcia' du 3 février 1975", in: Ludwig 1989, 213–230.
Stein, Peter (1991): „Überlegungen zur Geschichte und zum aktuellen Stand der Verschriftung des Kreolischen auf Mauritius", in: Dahmen, Wolfgang / Gsell, Otto et al., eds. (1991): *Zum Stand der Kodifizierung romanischer Kleinsprachen. Romanistisches Kolloquium V.* Tübingen: Narr, 363–375.
Stein, Peter (1993a): „La sérialisation verbale existe-t-elle dans le créole mauricien?", in: *éc* 16.1, 119–129.
Stein, Peter (1993b): „Zur Fakultativität grammatischer Markierungen im Kreolischen", in: Schmidt-Radefeld, Jürgen / Harder, Andreas, eds. (1993): *Sprachwandel und Sprachgeschichte. Festschrift für Helmut Lüdtke zum 65. Geburtstag.* Tübingen, Narr, 203–210.

Stein, Peter (1995): „Das Vordringen des Kreolischen in den öffentlichen Sprachgebrauch auf Mauritius", in: Kattenbusch, Dieter, ed. (1995): *Minderheiten in der Romania*. Wilhelmsfeld, Egert, 383–396.
Stein, Peter (1997): „Kreolistik (Forschungsbericht)", in: *Grenzgänge* 8 (= 4. Jahrgang, Heft 2), 96–121.
Stein, Peter (1998): „Romanische Kreolsprachen I. Begriffsbestimmung und Bezeichnungen", in: Holtus/Metzeltin/Schmitt 1998, 610–618.
Stein, Peter (1999): „Nähe oder Distanz? Zur Kreation und Integration von Neologismen beim Ausbau nicht verschrifteter Sprachen und Sprachvarietäten", in: Döring, Brigitte / Feine, Angelika / Schellenberg, Wilhelm, eds.: *Über Sprachhandeln im Spannungsfeld von Reflektieren und Benennen*. Frankfurt, Lang, 275–291.
Stein, Peter (2002a): „Au milieu du gué. Quelques réflexions à propos de l'origine et de l'avenir des langues créoles", in: Heinemann, Sabine / Bernhard, Gerald / Kattenbusch, Dieter, eds. (2002): *Roma et Romania. FS Gerhard Ernst zum 65. Geburtstag*. Tübingen, Niemeyer, 385–396.
Stein, Peter (2002b): „Pourquoi écrire les langues créoles: qui écrit quoi, pour qui et comment?", in: [kein ed. genannt] *Écrire les langues d'oïl. Actes du colloque organisé à Marcinelle les 27 et 28 septembre 1997*. Charleroi, MicRomania, 211–219.
Stein, Peter (2005): „'Kreolisch und Französisch' oder 'Kreolisch oder Französisch'. Kann die Standardisierung des Kreolischen seine Existenz bedrohen?", in: Erfurt 2005a, 249–262.
Stein, Peter (2006): „Nachwort", in: Baissac 2006, 169–175.
Stein, Peter (2007a): „Le créole seychellois en 1882: les textes récoltés par Hugo Schuchardt", in: Brasseur, Patrice / Véronique, Daniel, eds. (2007): *Mondes créoles et francophones. Mélanges offerts à Robert Chaudenson*. Paris, L'Harmattan, 129–139.
Stein, Peter (2007b): „L'absence de marqueurs préverbaux et les fonctions du marqueur zéro", in: Baker/Fon Sing 2007, 157–172.
Stein, Peter (2013): „Histoire d'une langue créole, le *Negerhollands*, 1736–1985, suivie d'une étude du début de la grammaticographie créole: C. G. A. Oldendorp", in: Pourchez 2013, 53–78.
Stein, Peter (2014): „La situation linguistique à l'Ile Maurice en 1975 et aujourd'hui", in: Carpooran 2014, 223–246.
Stein, Peter (2015): Rezension zu Hazaël-Massieux 2011, in: *Zeitschrift für romanische Philologie* 131, 814–819.
Stein, Peter (2016): „Das *Morisien* und seine Verschriftung: auf dem Weg zur *Grafi larmoni*", in: Dahmen/Holtus et al. 2016, 333–355.
Steinicke, Lars / Schlaak, Claudia (2011): „Die Präsenz französisch-basierter Kreolsprachen im Internet", in: Stehl, Thomas, ed. (2011): *Spachen in mobilisierten Kulturen. Aspekte der Migrationslinguistik*. Potsdam, Univ.-Vlg. Potsdam, 151–172.
Steinkrüger, Patrick (2003): „Morphological Processes of Word Formation in Chabacano (Philippine Spanish Creole)", in: Plag 2003b, 253–268.
Steinkrüger, Patrick (2006): „The Puzzling Case of Chabacano: Creolization, Substrate, Mixing, and Secondary Contact", Paper, 10th International Conference on Austronesian Linguistics, Palawan, Philippines (http://www.sil.org/asia/philippines/ical/papers.html).
Stewart, Charles, ed. (2007, [2]2010): *Creolization: History, Ethnography, Theory*. Walnut Creek, CA, Left Coast Press.
Stewart, William A. (1962a): „An Outline of Linguistic Typology for Describing Multilingualism", in: Rice 1962, 15–25.
Stewart, William A. (1962b): „Creole Languages in the Caribbean", in: Rice 1962, 34–53.
Stewart, William A. (1963): „The Functional Distribution of Creole and French in Haiti", in: *Monograph Series on Languages and Linguistics* 15, 149–162.

Stewart, William A. (1964): „Urban Negro Speech: Sociolinguistic Factors Affecting English Teaching", in: Shuy, Roger W., ed. (1964): *Social Dialects and Language Learning*. Champaign, National Council of Teachers of English, 10–18.
Stolz, Thomas (1986): *Gibt es das kreolische Sprachwandelmodell? Vergleichende Grammatik des Negerholländischen*. Frankfurt, Lang.
Stolz, Thomas (1989): „Kreolische Morphologie", in: *Zeitschrift für Phonetik, Sprachwissenschaft und Kommunikationsforschung* 42, 56–70.
Straka, Georges (1990): „Französisch: Phonetik und Phonemik / Phonétique et phonématique", in: Holtus, Günter / Metzeltin, Michael / Schmitt, Christian, eds. (1990): *Lexikon der romanistischen Linguistik, Bd. V.1: Französisch*. Tübingen, Niemeyer, 1–33.
Strobel-Köhl, Michaela (1994): *Die Diskussion um die ‚ideale' Orthographie. Das Beispiel der Kreolsprachen auf französischer Basis in der Karibik und des Französischen im 16. und 20. Jahrhundert*. Tübingen, Narr (ScriptOralia 59).
Syea, Anand (1996): „The Development of a Marker of Definiteness in Mauritian Creole", in: Baker/Syea 1996, 171–186.
Syea, Anand (2002): „Future Developments in Creole Languages. Moving away from Analyticity", in: Gilbert 2002, 199–228.
Syea, Anand (2006): „Tense, Mood and Aspect and the Deixis Ordering Principle", in: Clements/Klingler et al. 2006, 273–296.
Syea, Anand (2007): „The Development of the Noun Phrase in Mauritian Creole and the Mechanisms of Language Development", in: Baker/Fon Sing 2007, 93–112.
Syea, Anand (2013a): *The Syntax of Mauritian Creole*. London, Bloomsbury.
Syea, Anand (2013b): „Serial Verb Constructions in the Indian Ocean Creoles (IOCs): Substrate, Universal or an Independent Diachronic Development?", in: *JPCL*, 28.1, 13–64.
Sylvain, Georges (1901, ²1929): *Cric? Crac! Fables de La Fontaine, racontées par un montagnard haïtien et transcrites en vers créoles*. Port-au-Prince, [chez l'auteur]. Reprint: Genf, Slatkine 1971.
Sylvain, Suzanne (1936): *Le créole haïtien. Morphologie et syntaxe*. Wetteren, Meester / Port-au-Prince, chez l'auteur. Reprint: Genf, Slatkine 1979.
Taylor, Douglas R. (1968): „Le créole de la Dominique", in: Martinet, André, ed. (1968): *Le Langage*, Paris, Pléiade, 1022–1049.
Tesnière, Lucien (²1969): *Éléments de syntaxe structurale*. Paris, Klincksieck.
Tessonneau, Louise (1980): *Contes créoles d'Haïti*. Paris, CILF.
Thibault, André, ed. (2015): *Du français aux créoles. Phonétique, lexicologie et dialectologie antillaises*. Paris, Garnier.
Thomas, Hugh (1997): *The Slave Trade. The Story of the Atlantic Slave Trade: 1440–1870*. New York, Simon & Schuster.
Thomas, John Jacob (1869): *The Theory and Practice of Creole Grammar*. Port-of Spain, The Chronicle. Reprint London, Beacon 1969.
Thomason, Sarah G. (1997): „A Typology of Contact Languages", in: Spears/Winford 1997, 71–88.
Thomason, Sarah G. (2002): „Which Route(s) to Creole Genesis", in: *JPCL* 17.2, 265–272.
Thomason, Sarah G. (2003): „A Response to Mufwene's Response", in: *JPCL* 18.2, 289–298.
Thomason, Sarah G. / Kaufman, Terrence (1988): *Language Contact, Creolization and Genetic Linguistics*. Berkeley, UP of California.
Tinker, Hugh (1974): *A New System of Slavery. The Export of Indian Labour Overseas 1830–1920*. London, Oxford UP.
Tourneux, Henry / Barbotin, Maurice (1995, 2000): *Dictionnaire pratique du Créole de Guadeloupe*. Paris, Karthala.
Toussaint, Auguste (1969): „La langue française à l'ile Maurice", in: *Revue française d'histoire d'outre-mer* 56, 398–427.

Turiault, Jean (1873–76): „Étude sur le langage créole de la Martinique", in: *Bulletin de la Société Académique de Brest*, 2e serie, 1, 401–516 und 3, 1–111.
Valdman, Albert (1970): *Basic Course in Haitian Creole*. Bloomington, Indiana Univ. /The Hague, Mouton.
Valdman, Albert (1976): „Vers la standardisation du créole en Haïti", in: Snyder, Emile / Valdman, Albert, eds. (1976): *Identité culturelle et francaphonie dans les Ameriques (I)*. Québec, PU Laval, 166–201.
Valdman, Albert, ed. (1977): *Pidgin and Creole Linguistics*. Bloomington, Indiana UP.
Valdman, Albert (1978a): *Le créole: structure, statut et origine*. Paris, Klincksieck.
Valdman, Albert (1978b): „On the Structure and Origin of Indian Ocean Creole", in: *Romance Philology* 32, 65–93.
Valdman, Albert, ed. (1979): *Le français hors de France*. Paris, Champion.
Valdman, Albert (1981): *Haitian Creole – English – French Dictionary*. Bloomington, Indiana Univ., 2 Bde.
Valdman, Albert, ed. (1997): *French and Creole in Louisiana*. New York, Plenum.
Valdman, Albert (1999): „L'orthographe du créole haïtien: au delà de l'alphabet", in: *éc* 22.1, 81–96.
Valdman, Albert (2015): *Haitian Creole. Structure, Variation, Status, Origin*. Sheffield, Equinox.
Valdman, Albert / Carrington, Lawrence D. (1969): *Saint-Lucian Creole Basic Course*. Washington D.C., Peace Corps.
Valdman, Albert / Highfield, Arnold, eds. (1980): *Theoretical Orientations in Creole Studies*. New York, Academic Press.
Valdman, Albert / Iskrova, Iskra (2003): „A New Look at Nasalization in Haitian Creole", in: Plag 2003b, 25–42.
Valdman, Albert / Iskrova, Iskra / Hebblethwaite, Benjamin (2007): *Haitian Creole – English Bilingual Dictionary*. Bloomington, Indiana Univ.
Valdman, Albert / Joseph, Yves, eds. (^{2}1980): *Créole et enseignement primaire en Haïti*. Bloomington, Indiana Univ.
Valdman, Albert / Klingler, Thomas (1997): „The Structure of Louisiana Creole", in: Valdman 1997, 109–144.
Valdman, Albert / Klingler, Thomas A. / Marshall, Margaret M. / Rottet, Kevin G. (1998): *Dictionary of Lousiana Creole*. Bloomington, Indiana UP.
Valdman, Albert / Pooser, Charles / Rozevel, Jean-Baptiste (1996): *A learner's dictionary of Haitian Creole*. Bloomington, Indiana Univ.
Van Name, Addison (1869/70): „Contributions to Creole Grammar", in: *Transactions of the Amercian Philological Association* 1, 123–167.
Veenstra, Tonjes (1996a): *Serial Verbs in Saramaccan. Predication and Creole Genesis*. The Hague, Holland Academic Graphics.
Veenstra, Tonjes. (1996b): „Grammaticalized Verbs in Saramaccan: the Interplay between Syntax and Semantics", in: Baker/Syea 1996, 95–112.
Veenstra, Tonjes (2003): „What Verbal Morphology can tell us about Creole Genesis", in: Plag 2003b, 231–252.
Velupillai, Viveka (2015): *Pidgins, Creoles & Mixed Languages. An Introduction*. Amsterdam, Benjamins (CLL 48).
Vérin, Pierre (1958): „The Rivalry of Creole and English in the West Indies", in: *De West-Indische Gids* 38, 163–167.
Véronique, Daniel (1983): „Existe-t-il une classe adjectivale en mauricien?", in: *Travaux du Cercle Linguistique d'Aix-en-Provence 1, Les parites du discours*, 201–222.
Véronique, Daniel, ed. (1994): *Créolisation et acquisition des langues*. Aix-en Provence, PU de Provence.

Véronique, Daniel, ed. (1996): *Matériaux pour l'étude des classes grammaticales dans les langues créoles*. Aix-en-Provence, PU de Provence.
Véronique, Daniel, ed. (2000a): *Syntaxe des langues créoles. En hommage à Chris Corne*. Langage 138 (34ᵉannée). Paris, Larousse.
Véronique, Daniel, ed. (2000b): *Les créoles français*. L'Information Grammaticale 85, 31–60.
Véronique Daniel (2000c): „Note sur les ‚adjectifs' dans quelques créoles français", in: Véronique 2000a (*Langages* 138), 61–69.
Vilsaint, Féquière / Heurtelou, Maude (1997, ⁴2009): *Diksyonè Kreyòl Vilsen*, Coconut Creck, FL, Educa Vision / Pòtoprens, Kopivit-Laksyon Sosyal (http://ufdc.ufl.edu/AA00010738/00001/print?options=1JJ*).
Virahsawmy, Narendraj (1967): *Towards a Re-Evaluation of Mauritian Creole*. Dipl. Diss, Edinburgh Univ.
Wartburg, Walter von (1922–2002): *Französisches Etymologisches Wörterbuch* (FEW). Bonn, Schroeder et al., 25 Bde. (https://apps.atilf.fr/lecteurFEW/).
Wartburg, Walther von (1950): *Die Ausgliederung der romanischen Sprachräume*. Bern, Francke.
Wassink, Alicia Beckford (1999): „Historic low prestige and seeds of change: Attitudes toward Jamaican Creole", in: *Language in Society* 28.1, 57–92.
Watbled, Jean-Philippe (2003): „Le système verbal du créole réunionnais: flexion, auxiliaires, relation prédicative", in: *éc* 26.2, 67–105.
Watbled, Jean-Philippe (2013): „Le système verbal du créole réunionnais: principes syntaxiques et prosodiques", in: Pourchez 2013, 79–96.
Wekker, Herman, ed. (1996): *Creole Languages and Language Acquisition*. Berlin, de Gruyter.
Whinnom, Keith (1956): *Spanish Contact Vernaculars in the Philippine Islands*. Hong Kong, Hong Kong UP.
Whinnom, Keith (1965): „The Origin of the European-based Creoles and Pidgins", in: *Orbis* 14, 509–527.
Whinnom, Keith (1971): „Linguistic Hybridization and the ‚Special Case' of Pidgins and Creoles", in: Hymes 1971, 91–115.
Whinnom, Keith (1977): „The Context and Origins of Lingua Franca", in: Meisel 1977, 3–18.
Wiesinger, Evelyn (2016): „*to pé pa fè san ekri-a*: Verschriftung und Normierung des Créole guyanais. Eine diachrone und synchrone Korpusstudie", in: Dahmen/Holtus et al. 2016, 357–400.
Winford, Donald (1985): „The Concept of ‚Diglossia' in Caribbean Creole Situations", in: *Language in Society* 14, 345–356.
Winford, Donald (2002): „Creoles in the Context of Contact Linguistics", in: Gilbert 2002, 287–354.
Winford, Donald (2008): „Atlantic Creole Syntax", in: Kouwenberg/Singler 2008, 19–47.
Woll, Dieter (1997): „Esp. *criollo* y port. *crioulo*: volviendo a la cuestión del origen y la historia de las dos palabras", in: Bollée, Annegret / Kramer, Johannes, eds. (1997): *Latinitas et Romanitas, Festschrift für Hans Dieter Bork zum 65. Geburtstag*. Bonn, Romanistischer Verlag, 517–535.
Young, Rodolphine (1983): *Fables de La Fontaine, traduites en créole seychellois, éditées par Annegret Bollée et Guy Lionnet*. Hamburg, Buske (Kreol. Bibl. 4).
Zink, Gaston (1990): *Le moyen français*, Paris, PUF (Que sais-je? 1086).
Zinzendorf, Nikolaus Ludwig von (1742): *Büdingische Sammlung*, Band I, Büdingen, Stöhr. Reprint, hgg. von Beyreuther, Erich / Meyer, Gerhard, Hildesheim, Olms 1965.
Zribi-Hertz, Anne /Glaude, Herby (2007): „La réflexivité en haïtien: réexamen et comparaison" in: Gadelii/Zribi-Hertz 2007, 151–182.

www.ingramcontent.com/pod-product-compliance
Lightning Source LLC
Chambersburg PA
CBHW080924300426
44115CB00018B/2931